费尔巴哈文集
第 6 卷

宗教本质讲演录

刘磊 荣震华 译

Ludwig Feuerbach
VORLESUNGEN ÜBER DAS WESEN DER RELIGION
本书根据 W. Bolin 和 F. Jodl 所编
Ludwig Feuerbach's sämmtliche Werke
第 8 卷（1908 年 Stuttgart 版）和俄文版《费尔巴哈哲学著作选集》第 2 卷译校

文 献 说 明

一、本文集主要依据的费尔巴哈著作集

1. 德文版《费尔巴哈全集》第 1 版

费尔巴哈的著作在其在世时曾以单行本、小册子及各种文集的形式出版,其本人于 1846 年着手编纂并出版自己的全集(莱比锡,由奥托·维甘德[Otto Wigand]出版),截至 1866 年共出版 10 卷,该版通常被称为《费尔巴哈全集》第 1 版。

第 1 版 10 卷卷名如下:

第 1 卷 *Erläuterungen und Ergänzungen zum Wesen des Christenthums*(1846)

第 2 卷 *Philosophische Kritiken und Grundsätze*(1846)

第 3 卷 *Gedanken über Tod und Unsterblichkeit*(1847)

第 4 卷 *Geschichte der neuern Philosophie von Bacon von Verulam bis Benedict Spinoza*(1847)

第 5 卷 *Darstellung, Entwicklung und Kritik der Leibnitz'schen Philosophie*(1848)

第 6 卷 *Pierre Bayle*(1848)

第 7 卷 *Das Wesen des Christenthums*(1849)

第 8 卷 *Vorlesungen über das Wesen der Religion*(1851)

第 9 卷 *Theogonie nach den Quellen des classischen, hebräischen und christlichen Alterthums*(1857)

第 10 卷 *Gottheit, Freiheit und Unsterblichkeit vom Standpunkte der Anthropologie*(1866)

2. 德文版《费尔巴哈全集》第 2 版

1903 年费尔巴哈的友人 W. 博林(W. Bolin)和 F. 约德尔(F. Jodl)为纪念费尔巴哈 100 周年诞辰(1904 年),从 1903 年到 1911 年,整理出版了 10 卷本的《费尔巴哈全集》(斯图加特,弗罗曼出版社[Frommann])。这部全集通常被称为《费尔巴哈全集》第 2 版,它比《费尔巴哈全集》第 1 版全备,但 W. 博林和 F. 约德尔对著者在世时出版的原本进行了加工,他们不仅改变书法、标点以及拉丁文和其他外文引文的德译,还在许多地方按照自己的意思改变在他们看来过于尖锐的文句,删去他们认为无关紧要的地点。

第 2 版 10 卷卷名如下:

第 1 卷 *Gedanken über Tod und Unsterbkeit*(1903)

第 2 卷 *Philosophische Kritiken und Grundsätze*(1904)

第 3 卷 *Geschichte der neueren Philosophie von Bacon von Verulam bis Benedikt Spinoza*(1906)

第 4 卷 *Darstellung, Entwicklung und Kritik der Leibniz'schen Philosophie*(1910)

第 5 卷 *Pierre Bayle. Ein Beitrag zur Geschichte der Philosophie und Menschheit*(1905)

第 6 卷 *Das Wesen des Christenthums*(1903)

第 7 卷 *Erläuterungen und Ergänzungen zum Wesen des Christenthums*(1903)

第 8 卷 *Vorlesungen über das Wesen der Religion*(1908)

第 9 卷 *Theogonie nach den Quellen des classischen，hebräischen und christlichen Alterthums*(1910)

第 10 卷 *Schriften zur Ethik und nachgelassene Aphorismen*(1911)

3. 俄文版及中文版《费尔巴哈哲学著作选集》

苏联国家政治书籍出版社 1955 年出版了两卷本的俄文版《费尔巴哈哲学著作选集》(*Людвиг Фейербах，Избранные философские произведения*，Госполитиздат，Москва．1955)，该俄译本在遇到第 1 版和第 2 版有歧义时，均恢复了费尔巴哈本人（即第 1 版）的原文。上卷包含"路德维西·费尔巴哈"（葛利高利扬著）、"黑格尔哲学批判"、"论'哲学的开端'"、"改革哲学的必要性"、"关于哲学改造的临时纲要"、"未来哲学原理"、"谢林先生"、"反对身体和灵魂、肉体和精神的二元论"、"说明我的哲学思想发展过程的片段"、"对《哲学原理》的批评意见"、"从人本学观点论不死问题"、"论唯灵主义和唯物主义，特别是从意志自由方面着眼"、"幸福论"以及"法和国家"；下卷包含"基督教的本质"、"因《唯一者及其所有物》而论《基督教的本质》"、"宗教的本质"以及"宗教本质讲演录"。

商务印书馆 1984 年依据此俄文版《费尔巴哈哲学著作选集》翻译出版了中文版《费尔巴哈哲学著作选集》，此版本在篇目编排上依据俄文版《费尔巴哈哲学著作选集》，译文能找到德文的均依据德文译出，找不到的则依据俄文译出。

此外，俄文版《费尔巴哈哲学著作选集》上下卷卷末均有较长的注释，除介绍了版本信息和内容概要外，还在尾注中对正文内容做了一些补充说明，对了解费尔巴哈的学术思想颇有帮助。商务印书馆1984年版《费尔巴哈哲学著作选集》翻译了这些注释。

本次编选《费尔巴哈文集》时，将这些注释中的版本信息和内容概要加以整理，列在相应的各卷"编选说明"中；将尾注内容改为脚注，附在对应各卷的正文中，并注明"俄文编者注"。

4. 中文版《费尔巴哈哲学史著作选》

商务印书馆1978—1984年依据《费尔巴哈全集》第2版第3、4、5卷翻译出版3卷本《费尔巴哈哲学史著作选》，卷名如下：

第1卷《从培根到斯宾诺莎的近代哲学史》(1978年)

第2卷《对莱布尼茨哲学的叙述、分析和批判》(1979年)

第3卷《比埃尔·培尔对哲学史和人类史的贡献》(1984年)

二、其他主要德文编选文献

卡尔·格留恩(Karl Grün)编：《费尔巴哈的通信和遗著及其哲学发展》(*Ludwig Feuerbach in seinem Briefwechsel und Nachlass sowie in seiner philosophischen Charakterentwicklung*)，两卷，1874年出版于莱比锡和海德堡，C. F. 温特书店(C. F. Winter'sche Verlagshandlung)。

卡普(August Kapp)编：《路德维希·费尔巴哈和克里斯提安·卡普通信集》(*Briefwechsel zwischen Ludwig Feuerbach und Christian Kapp*)，1876年，莱比锡，由奥托·维甘德出版。

博林(W. Bolin)编：《费尔巴哈来往通信集》(*Ausgewählte*

Briefe von und an Ludwig Feuerbach），两卷，1904 年，莱比锡，由奥托·维甘德出版。

朗格（Max Gustav Lange）编：《费尔巴哈短篇哲学论文集》（*Kleine philosophische Schriften*，1842—1845），1950 年，莱比锡，费利克斯·迈纳出版社（Felix Meiner）。

舒芬豪尔（Werner Schuffenhauer）编：《费尔巴哈通信集》（*Ludwig Feuerbach*，*Briefwechsel*），1963 年，莱比锡，雷克拉姆出版社（Reclam Verlag）。

舒芬豪尔编：《费尔巴哈全集》（*Ludwig Feuerbach：Gesammelte Werke*），22 卷，1967 年，柏林，科学院出版社（Akademie-Verlag），其中第 1—12 卷为费尔巴哈生前发表著作，第 13—16 卷为遗著，第 17—21 卷为通信，第 22 卷为附录。

舒芬豪尔编：《费尔巴哈：短著集》（*Ludwig Feuerbach*，*Kleinere Schriften*），3 卷。第 1 卷（1835—1839），1969 年，柏林，科学院出版社；第 2 卷（1839—1846），1970，柏林，科学院出版社；第 3 卷（1846—1850），1971 年，柏林，科学院出版社。

埃利希·蒂斯（Erich Thies）编：《费尔巴哈文集》（*Ludwig Feuerbach：Werke in sechs Bänden*），1975—1976 年，法兰克福，苏尔坎普出版社（Suhrkamp Verlag）。

商务印书馆编辑部
2021 年 7 月

本卷编选说明

本卷是费尔巴哈从1848年12月1日到1849年3月2日这三个月中间对海德堡大学学生的演讲。虽然这时正是革命时期，虽然费尔巴哈极有声望，学校当局却不许他走进大学校门，使他被迫在市政厅里讲读自己的演说。费尔巴哈自己曾经指出，本卷《宗教本质讲演录》与《宗教的本质》有着直接的联系，后者是前者的基础，而前者乃是对后者的详细注释。

本卷最先出版于1851年《费尔巴哈全集》第1版的第8卷(Vorlesungen über das Wesen der Religion)；在《费尔巴哈全集》第2版中收入第8卷(Vorlesungen über das Wesen der Religion)，W. 博林(W. Bolin)和F. 约德尔(F. Jodl)为"讲演录"做了详细的目录。俄文版的《宗教本质讲演录》于1926年载于《费尔巴哈著作集》(俄文)的第3卷中，俄文版《费尔巴哈哲学著作选集》收在下卷，译文由鲁宾对照德文原本校对过；本卷依据《费尔巴哈全集》第2版第8卷译出，也依据俄文版《费尔巴哈哲学著作选集》做了译校。

商务印书馆编辑部

2021年7月

目　　录

序言 ··· 1
第一讲 ·· 4
第二讲 ·· 14
第三讲 ·· 22
第四讲 ·· 31
第五讲 ·· 41
第六讲 ·· 49
第七讲 ·· 60
第八讲 ·· 71
第九讲 ·· 82
第十讲 ·· 94
第十一讲 ··· 106
第十二讲 ··· 120
第十三讲 ··· 133
第十四讲 ··· 145
第十五讲 ··· 157
第十六讲 ··· 168
第十七讲 ··· 180

第十八讲……………………………………………… 191
第十九讲……………………………………………… 203
第二十讲……………………………………………… 214
第二十一讲…………………………………………… 227
第二十二讲…………………………………………… 239
第二十三讲…………………………………………… 248
第二十四讲…………………………………………… 261
第二十五讲…………………………………………… 271
第二十六讲…………………………………………… 281
第二十七讲…………………………………………… 293
第二十八讲…………………………………………… 304
第二十九讲…………………………………………… 316
第三十讲……………………………………………… 328
附录和注释…………………………………………… 341

序　　言

我现在付印的这些讲演,乃是我从1848年12月1日到1849年3月2日在海德堡市——不是在海德堡大学——接受当地大学生的建议而对着形形色色的听讲者讲的。

我现在把它们刊印为我的《全集》的第8卷,是因为用《基督教的本质》来结束这一版《全集》是不合理的;这样做完全不符合于作为我的文集的基础的那个计划和思想。与此相适应地,我使《基督教的本质》成为自己最初的、也即最早的著作,从而有意识地用《对〈基督教的本质〉一书的注解与补充》来开始我的文集。可是,因为《基督教的本质》同样也应当收进我的文集,故而它现在刊印出来就显得是我的最后一篇著作,也即显得是我的最后的意志和思想的表现了。这种容易导致误解的处理应该加以澄清,基督教理应放置在实际上属于它的地位上面。这一点,我在附加到第1卷的"补充"上面去的这些讲演中做到了;这些讲演进一步叙述、发展和阐明了那些已经十分简要地在《宗教的本质》一书中表述过的思想。

众所周知,我不是一个基督徒,也即不属于反刍动物——因为,正像路德所说的,"基督徒反复咀嚼,就像绵羊一般"。故而,虽然现在不改原样地将这些讲演付印,但我还是补充以新的证明、阐述和注释；并且我还尽可能删去了一切我认为纯粹是反刍的东西。例如，我将有关我的《哲学原理》的一回讲演①整个去掉了。然而，我还是留下了最初几讲；虽说它们并未包含有任何从未在我的其他著作中刊印出来过的内容，但是，在这几讲中，这些内容却是用另外的话摘要地表述出来的。我这样做，乃是因为我考虑到这个讲演录可能会落到那些没有我的其余著作（至少是我的哲学著作）的读者手中。

至于这个讲演录何以到现在才得出版，这是完全不用奇怪的。在现在，还有什么东西比关于1848年的议论更合乎时流呢？然而，提到1848年，我应当声明，这些讲演乃是在所谓革命时代里我的社会活动的唯一表现。在这个时代我亲身经历到的一切政治的和非政治的波动与会议中，我都是仅仅作为一个批判的观者或听者来参加进去的。原因很简单，因为我不能以任何方式积极参加到徒然的、从而毫无意义的事情里面去。然而，在这些波动与会议一开始时，我便已经预见到或预感到其结局。一位有名的法国作家不久以前问我为什么没有积极参加1848年的革命运动。我回答说：戴昂蒂埃先生，如果革命再次爆发，而我积极参加的话，那时，叫你的虔诚心感到严重的是，你可以确信，这次革命是胜利的革命，君主制度和等级制度的末日审判已经到来。可是，很遗憾的，我不会活着经历到这样一次革命。不过，我却正在积极参加一次伟大的和胜利的革命，只是，这次革命的真正作用与成绩，却只有经过好多世纪才能显露出来。因为，要知道，戴昂蒂

---

① 见《费尔巴哈文集》第11卷，《哲学短篇集》。——中文编者

埃先生，按照我的学说，不承认任何上帝，从而也就不承认任何政治领域中的奇迹。你完全不知道、也不了解我的学说，虽然你不去研究我，却来评判我。按照我的学说，空间与时间是一切存在与本质、一切思维与活动、一切繁荣与胜利的基本条件。革命之所以落到如此可耻的和如此无成效的结局，并不是因为议会还缺乏虔诚，像在巴伐利亚帝国议会中议员们令人发笑地相信的那样——其实，议会的大多数议员都是很虔诚的，并且连上帝同样也是考虑多数意见的。而是因为这次革命没有任何地点感和时间感。

三月革命仍旧还是基督教信仰的果实，虽然也是非法的。立宪党人相信，只要对君主说"要自由，要正义！"便立刻会有正义与自由。共和党人相信，只要愿望有共和国，就可以产生出共和国；他们就是这样相信，共和国是可以凭空产生出来的。立宪党人把基督徒对行奇迹的圣语的信仰移置到政治领域中来，而共和党人则把基督徒对奇迹作用的信仰移置到政治领域中来。可是，戴昂蒂埃先生，关于我，你总应当知道吧，我是绝对非信仰的。这样，你怎么还可以把我的精神跟议会的精神联系起来，把我的本质跟三月革命的本质联系起来呢？

布鲁克堡
1851年1月1日

去读书和写作、讲授和研习。我们从事于并满足于谈论和书写已经够久了；现在我们要求语言终能变成血肉，精神终能变成物质；我们既餍足了哲学的唯心主义，也餍足了政治的唯心主义；我们现在想要成为政治的唯物主义者。

我厌弃讲学，除了这个基于时代的一般原因之外，还有我个人的理由。从我的理论方面看来，我的天性与其说适宜于做教师，毋宁说更适宜于做思想家和研究者。教师不厌烦也不应厌烦把同一个东西重复千百遍，而我却只说一遍就够，只要我心里明白：我说得正确。一个对象，只有当它还给我提出难题，还没有被我完全掌握，还必须同它搏斗的时候，它才能引起我的兴趣，才能抓住我。可是一旦被我克服了，我便立即转到其他新的对象去，因为我的兴趣并不限于某一学科、某一对象；我对一切属人的事情都感到兴趣。当然，我决不是个吝啬人或利己主义者，只为自己积蓄和储藏；不是的，凡是我为自己所做和所想的事情，我也必定为别人去想去做。但是，只有当教诲别人同时也能教诲我自己的时候，我才感觉到教诲别人的需要。至于这次讲演的题目——宗教，是我早已清算完毕了的；在我的著作里面，这个问题的一切最本质的方面，或至少一切最困难的方面，都被我探究清楚了。此外，就我的天性说来，我是不喜欢写作和讲论的。质言之，只有在问题激起我的热情、引发我的灵感的时候，我才能够讲论和写作。但是热情和灵感是不为意志所左右的，是不由钟表来调节的，是不会依照预定的日子和钟点迸发出来的。一般说来，只有我认为值得讲论和写作的东西，我才能够去讲论和写作。而我认为值得讲论和写作的，则只有那种既非简单明了又未经他人探究清楚的问题。所以，即使在我的著作中,我也总是从对象中抓住那些其他书籍所未曾谈过,或者至少谈得不能使我满意和谈得不够透彻的东西,其余的东西我都搁置一边。因此,我的精神是格言式的精神,像我的批评家所责备我的,但这是同他们所设想的意义和所根据的理由完全不同的一种格言式的精神;其所以是格言式的,因为它是批判的,因为它从假象判别出本质,从可有可无的东西判别出必然的东西。最后,我在乡村的孤寂中度过了好多年头,度过了整整十二年,只埋头于研究和著述,因而失去了言谈和口头讲述的才能,或者至少没有下功夫去培养这种才能,因为我没有想到,有一天我会再度拿口头语言当作我的活动工具,况且是在一个大学城里面;我说"再度",是因为好多年前我曾在巴伐利亚的一个大学里面讲过学。

我决心同学院生涯永远告别并退隐乡村的时代,是如此阴郁和黑暗的时代,以致使我不会产生那种想法。在那个时代,一切社会关系都如此沾染了毒素和疫菌,以致只有放弃一切官职、一切公务、甚至一个编制外讲师的位置,才能保持精神的自由和健康;在那个时代,一切官职的升迁、一切政府的许可、甚至讲学(venia docendi)的许可,都必须用政治上的奴颜婢膝和宗教上的欺蒙诈骗作代价才能到手;在那个时代,只有学术上的著述文字才是自由的,但也只是在极严格限制的范围内。而且这种自由并非出于对学术的尊重,毋宁说出于对学术的轻视——因为据说科学对于社会生活是没有影响的、漠不关心的(不管这一点是真是假)。在这样一个时代,特别是自觉持有与占统治地位的政治制度相敌对的思想和情绪的人,除了退隐并且使用著述文字作为唯一的手段,以便逃避专制政府的无理压迫(当然也要抱着安命和自制的态度)以外,又能做些什么呢?

　　不过,我之所以退隐和埋头从事著述,也并非仅仅由于对政治的厌恶。我不仅同那个时代的统治的政治制度经常处于对立的地位,而且同那个时代的统治的思想体系、即哲学思潮和宗教思潮,也是处于对立的地位。为了把这种分歧的实质和原因探究清楚,我需要有不受骚扰的、持续不断的闲暇。除了乡村以外,这种闲暇又能到何处去找呢?因为在乡村里面,人们可以摆脱城市生活的一切有意识的和无意识的倚赖、顾虑、虚荣、享乐、倾轧和诽谤,而只管顾自己的事情。凡是信仰别人所信仰的、教授和思想别人所教授和思想的人,简言之,凡是同别人保持政治见解和宗教信仰的一致的人——这种人也就无须乎在肉体上同别人分离,无须乎去过那退隐的生活;反之,那种走上了自己的道路、甚至已同整个信神的世界决裂、并且正想为这种决裂进行辩护和提出论证的人,却是有这个需要的。他需要有自由的时间和自由的地点。只有不了解人类本性的人才会相信,人在任何地点、任何环境、任何状况和关系下面,都能够自由地思考和研究,而除了自己的意志以外再不需要其他什么。不是的,要有一种真正自由的、无所顾虑的、超凡出众的思想——这种思想至少应当是一种能生效益并具有决定力的思想——必须也有一种不平凡的、自由的、无所顾虑的生活。谁要从精神上探究人事的根源,谁也就应当感性地、肉体地立足在这个根源上面。这个根源就是自然界。只有直接同自然界打交道,人才能使自己健全起来,才能摆脱一切牵强附会的、超自然或反自然的观念和幻想。

　　但是,凡是好多年来过孤寂生活——虽然不是过那种基督教隐士或修道士的抽象的孤寂生活,而是过一种人的孤寂生活——并且只是通过著述同世界保持联系的人,他就要失去讲论的兴趣和才能;因为口头语言和书面语言之间存在着巨大的差别。口头语言同确定地、实在地站在眼前的听众打交道,而书面语言则同不定的、不在眼前的、只存在于作者观念中的读者打交道。语言以人为对象,而文字则以人的精神为对象,因为我为之而著述的人,对我说来不过是存在于精神、观念中的东西罢了。因此,文字缺少语言所具有的那一切吸引力、自由,以及所谓社交上的美德;文字使人习惯于严密的思想,使人养成一种习惯,凡是不能在他人批评之下自圆其说的话都不愿吐露出口;但正因为如此,它也使得人沉默寡言,在选择字眼时谨严而审慎,不轻易发表自己的意见。先生们,我提请你们注意这样一点,即我的一生的最美好的部分不是在讲坛上度过的,而是在乡村中度过的;不是在大学的教室中度过的,而是在自然界的庙堂中度过的;不是在沙龙和会客厅中度过的,而是在我的书斋的孤寂生活中度过的——为的是使你们不要存着奢望来听我的讲演,不要期望从我这里听到一篇惊人的、雄辩的演说。

既然迄今为止著述活动是我的社会活动的唯一工具,既然我把一生最美好的时光和精力奉献给著述,既然我的精神只表现在著述里面,而我的声名也只从著述得来,那末当然地,我要把我的著作当作这次讲演的基础和线索,要拿我的著作当作经文,而拿我的口语当作注疏了;所以,我这次讲演的任务,就是要把我在著作中所说过的东西加以摘要、解释和证明。我认为这种办法是比较适当的,因为我在我的著作里面习惯于把我的意见表述得极其简短而鲜明;我只限于谈论那些最本质和最必要的东西,而把一切冗长乏味的媒介环节抛在一边,把一切自明的中间命题和结论交付于读者的理智。但正是因为这个原故,我才惹起了人们对我的极大误解,像那些批评我的人所充分证明了的那样。可是在我举出我拿来做这次讲演的蓝本的那些著作以前,我认为对我的全部文字著述做一个简要的说明是必要的。

我的著作可以分成两部分,一部分以一般哲学为对象,另一部分则主要地探讨宗教和宗教哲学。属于前者的是:我的《近世哲学史——从培根到斯宾诺莎》;我的《莱布尼茨》;我的《比埃尔·培尔(论哲学史和人类史)》;我的哲学批评著作和《哲学原理》。属于后者的是:我的几部《论死与不死》的著作;《基督教的本质》;最后,对《基督教的本质》一书的注解和补充。尽管我的著作这样分成两部分,但严格说来它们却都只有一个目的、一个意志和思想、一个主题。这个主题正是宗教和神学,以及与之有关的一切东西。我属于这样一种人,他宁愿有成效地专攻一方面,而不愿无成效地、无用场地驰骛于多方面并写出许多东西;我属于这样一种人,他毕生只追求一个目的,把一切都集中在这个目的上面;他虽然刻苦钻研和不断学习,但只教诲人一件事情,只写作一个问题,确信只有这种专一性才是把某件事情探究清楚并加以实现的必要条件。因此,我在我的一切著作里面从来没有放过宗教问题和神学问题;它们一直是我的思想和我的生命的主要对象。自然,对于这些问题,我是在不同时期按照我的已经改变了的观点来加以不同的探讨的。不过我必须着重指出一点,即我的《哲学史》一书在初版的时候,不是由于政治上的考虑,而是由于青年时代的心性不定和厌恶心情,竟把一切直接与神学有关的东西都删除了;可是在再版的时候,即收入我的文集出版的时候,我填补了这个缺陷,但已经不是根据我以前的观点,而是根据我现在的观点去填补的。

在这本书中提到的同宗教和神学有关的第一个人便是维鲁拉姆的培根——好多人不无根据地称他为近代哲学和自然科学之父。他在好多人眼里是虔诚的基督教自然研究家的典范,因为他曾经郑重地声明:他不想把他在自然科学方面所做的尘俗的批评应用到宗教和神学问题上去;他只在人事上是个非信仰者,但在神事上则是个最虔诚的信徒。他曾经说过一句名言:"肤浅的哲学从神离去,深刻的哲学回到神来。"这句名言也像以往思想家的其他许多名言一样,曾经实际上是一个真理,但是现在却不再是什么真理了,虽然我们那些不分别过去和现在的历史家直到现在还拿它当真理看待。我在我的论述中指出,培根在神学方面所承认的那些原则,他在物理学方面又加以否定了;旧的目的论的自然观、即关于自然界具有意向和目的的学说,是基督教唯心主义的必然结论,因为这种唯心主义硬说自然界来自一个按照一定的意向有意识地进行活动的实体;培根则推翻了中世纪时基督教在忠实信徒中间所赢得的那种不可一世的地位;他不是作为物理学家、哲学家、历史地活动的人,而只是作为一个私人来实现自己的宗教原则;因此,给培根加上基督教自然研究家的头衔是不正确的。我所提到的与宗教哲学有关的第二个人,就是较培根年轻的他的同时代人兼朋友霍布斯。他主要由于他的政治观点而出名。在近代哲学家中,他是第一个被加上"无神论者"这个可怕头衔的人。可是到了上一世纪,那些学者先生们长期地在争论:他究竟是不是一个无神论者。我则把这个争论调和了,即承认霍布斯既是一个无神论者,又是一个有神论者;霍布斯虽然像所有的近代哲学家一样,也设置了一个神,但这个霍布斯式的神是有等于无,因为照他的学说,凡是实在的都具有形体,他既然不能说他的神具有任何形体性,那末从他的哲学原理说来,他的神便不是什么实质,而只不过是个空名了。第三个重要人物是笛卡儿,不过他在宗教方面没有什么重大的特点。我在《莱布尼茨》和《比埃尔·培尔》两书中才第一次讨论到他对宗教和神学的态度,因为只是在我的《近代哲学史》第1卷出版以后,笛卡儿才被人宣布为宗教、尤其是天主教哲学家的典范。但是关于他,我也曾指出,作为哲学家的笛卡儿和作为信徒的笛卡儿,乃是完全互相矛盾的两个人。我在第1卷中提到的对于宗教哲学最重要和最具特色的人物,是雅科布·波墨和斯宾诺莎;这两个人同上面列举的几个哲学家不同,因为他们不仅显示了信仰和理性之间的矛盾,而且都提出了独自的宗教哲学原理。前者——雅科布·波墨,是哲学化的神学家或有神论者的偶像;后者——斯宾诺莎,是神学化的哲学家或泛神论者的偶像。近来那些崇拜雅科布·波墨的人,把雅科布·波墨宣扬为解消我的学说的毒质的最可靠的特效药,而这个学说也构成我这次讲演的内容。不久以前,我在准备再版的时候,又把雅科布·波墨重新认真研究一次。但是,这次研究恰好引导我达到我从前所达到的那同一个结论,就是说,他的神智学的秘密,一方面在于神秘的自然哲学,另一方面则在于神秘的心理学;因此,他的学说不仅不反驳我的观点,反而在证实我的观点,因为照我的观点看来,神学是分为自然学和人学两部分的。斯宾诺莎是我的第1卷中的殿后人。

他是近代哲学家中唯一给批评和认识宗教与神学奠定初步基础的人;他第一个同神学立于积极的对立地位;他第一个经典式地表述了这样一个思想,即不能够把世界看作是某个有人格的、按照自己的意向和目的而行动的实体的产物或业迹;他第一个认为自然界具有普遍的宗教哲学的意义。所以我高兴地向他表示我的感佩和崇敬;我只责备他一点,那就是他——仍然作为旧神学观念的俘虏——把这个不带既定的目的也不按照自己的心思和意志而行动的实体,规定为最完美的属神的实体,从而截断了自己向前发展的道路;他把有意识的属人的实体,不是看作无意识的实体的发展完成的顶峰,而只是看作它的一部分,而用斯宾诺莎的话来说,则是看作它的"样态"。

　　斯宾诺莎的反面是莱布尼茨;我专为他写了一卷书。如果说斯宾诺莎获得了把神学降低为哲学的奴婢地位的荣誉,那末相反地,莱布尼茨则获得了把哲学重新置于神学脚下的荣誉和耻辱。这件事情,莱布尼茨在他那本有名的著作《神正论》中做得特别彻底。大家知道,莱布尼茨写作这部书,是为了献媚于一位因受比埃尔·培尔的怀疑论影响而发生信仰上的不安的普鲁士王后。但是他写作此书来献媚的真正对象却是神学。虽然如此,他却并没有使神学家感到满意。莱布尼茨随时随地向两方面讨好,正因为如此,无论哪一方面他都不能使之满意。他不愿意得罪任何人、触犯任何人;他的哲学是一种外交式的献殷勤的哲学。甚至那个单子,即莱布尼茨认为一切能被感知的事物由以构成的实体,也是相互间没有任何物理上的影响,以免彼此有所损伤。但是,凡是连无意中也不愿损害和触犯任何东西的人,他定然缺乏一切毅力、一切气魄,因为人不践踏生物便要寸步难行,人不吞咽微生物便要滴水难进。莱布尼茨是介于中世纪和近代之间的中间人。他——正如我所称呼他的——是哲学上的布拉黑。但正因为他这种骑墙态度,他直到今天仍然是一切不果断无毅力的人的偶像。所以,我在1837年的第1版中,便已把莱布尼茨的神学观点,连同一般神学,当作批判的对象了。我在批判时所采取的观点,老实说,仍然是斯宾诺莎主义的或抽象哲学的观点。也就是说,我把人的理论观点和实践观点判然分开,而把前者归之于哲学,把后者归之于神学和宗教。我说:站在实践观点上,人只是为了自己,为了自己的利益和用场,去同一切事物打交道;而站在理论观点上,则是为了事物本身去同事物打交道。因此——我在那里又说——必须弄清神学和哲学之间的本质差别;谁混淆了二者,谁也就混淆了本质上不同的观点,因而只能造成一种四不像的怪物。批评我这部著作的人,絮絮不休地指责我的这种区分;但是他们忘记了,斯宾诺莎在他的《神学政治论》中已经用这种观点去考察并批判神学和宗教了;甚至亚里士多德,只要他把神学当作自己批判的对象,他也只能这样去批判。不过,我当时用以批判神学的这个观点,决不是我后来的著作的观点,决不是我的最后的、绝对的观点,而只是一种相对的、受历史制约的观点。所以在我的《莱布尼茨哲学的叙述和批判》一书新版中,我又重新批判地考察了莱布尼茨的神正论和神学,以及他的与此有关的精灵学。

第二讲

正如莱布尼茨是斯宾诺莎的反面一样，在神学方面，法国的学者和怀疑论者比埃尔·培尔又是莱布尼茨的反面。Audiatur et altera pars（兼听则明）这句话不仅可以应用于法律学方面，而且也可以应用于一般科学方面。按照这句名言，我在那位信神的或者至少在思想上信神的德国哲学家之后，紧跟着就写了一部论述这位不信神的或者至少是怀疑的法国哲学家的著作。我写这部著作并非单纯出于学问上的兴趣，而兼含有一种实践上的兴趣。正和我的一切著作一样，我的《比埃尔·培尔》一书也是为了对抗这样一个时代而产生的，在这个时代，人们力图把人类吓退到过去世纪的黑暗中去。这本书出版的时候，正值天主教和新教之间的老斗争在巴伐利亚和普鲁士的莱茵各省以最激烈最丑恶的形式爆发起来。培尔是为启蒙、人道和宗教宽容而斗争的最早、最杰出的战士之一；他既摆脱了天主教的羁绊，也摆脱了新教的羁绊。用这过去时代的声音来教训那些被愚弄和被激怒的当代人并使他们感到羞愧，这就是我写《比埃尔·培尔》一书的目的。

那本书的第1章是论天主教的。我根据天主教的修道院、圣者以及教士过独身生活等等，指出天主教的本质，与新教不同，乃是肉体和精神之间的矛盾。第2章论新教，指出新教的本质，与天主教不同,乃是信仰和理性之间的矛盾。第 3 章论神学同哲学即一般科学之间的矛盾,因为我说,神学只把它认为是神圣的,看作是真实的,而哲学则只把它认为是真实的,看作是神圣的。神学总是立足在一条特殊的原则、一部特殊的经典上面,设想在这部经典中包括着一切真理,至少是必要的和于人有益的真理。因此,神学必然是狭隘的、排外、不宽容的、目光短浅的。哲学、科学则不是立足于一部经典上面,而是从整个自然界和历史汲取真理。它立足于理性——理性在本质上是普遍的;而不是立足于信仰——信仰在本质上是个别的。第 4 章论宗教和道德之间的对立或矛盾,亦即论培尔关于无神论的思想。培尔断言,人不信宗教也可以有道德,因为有许多人虽然信仰宗教却是不道德的,而有许多人虽然背弃宗教却能生活得很安分;无神论和不道德之间根本没有任何必然的联系;因此,无神论者也能很好地组成一个国家。这些话是培尔早在 1680 年时说的,可是去年在普鲁士联合邦议会中居然有一个贵族议员恬不知耻地宣称,他主张除了无神论者以外,一切宗教信仰都可以得到国家的承认,并享受到一切政治权利。第 5 章专门谈的道德的独立性,指出道德是不依赖于宗教信条和意见的。凡是第 4 章中用历史上和日常生活上的实例来证明的东西,在这一章中都用事物本身的实质来证明。第 6 章论基督教信条和理性间的矛盾,第 7 章论信仰和理性间的矛盾在培尔那里所具有的意义。在培尔所生活的时代,信仰还具有这样一种威信,使得人们能够设想,即使是人们根据自己的理性认为是错误的和荒谬的东西,也可以相信或者迫使自己相信。第 8 章论培尔作为反对当时宗教偏见的论战家的作用和功绩。最后,在第 9 章中谈到了培尔的性格和他在哲学史上的地位。

关于培尔的一本书是我的最后一本历史著作。对于晚近的哲学家,我都不是作为历史家,而是作为批评家来加以考察的。当我们研究到晚近哲学的时候,我们立刻可以发现晚近的哲学家跟以往的哲学家有极大的不同。以往的哲学家严格区分哲学和宗教,甚至把两者置于直接对立的地位,认为宗教立足于属神的智慧和权威之上,而哲学则立足于属人的智慧和权威之上,或者用斯宾诺莎的话来说,宗教以人的利益和幸福为目的,而哲学则以真理为目的;与此相反,晚近的哲学家断言哲学和宗教的同一性,至少在它们的内容上、本质上是如此。我反对这样的同一性。早在1830年我的《论死与不死》一书出版时,我就对一位黑格尔学派的独断论者——他硬说宗教和哲学之间只有形式上的差别,哲学不过把在宗教那里采取观念(表象)形式的东西提高为概念罢了——援引了如下的诗句:

"本质本身就是形式";谁要是抹杀
观念这个信仰的特有形式,
谁也就抹杀了信仰的内容。

因此,我责备黑格尔哲学,说它把宗教中本质的东西变成非本质的东西,反过来又把非本质的东西变成本质的东西。宗教的本质,恰好是被哲学变成纯粹形式的那个东西。

在这一方面,我必须特别提起的一部著作,便是1839年出版的一本小册子《论哲学和基督教》。我在这本小册子中说,尽管人们力图调和哲学和宗教,哲学和宗教之间的差别却是不能消除的,因为哲学是思维、理性的事,而宗教则是感情和幻想的事。但是宗教,并不像黑格尔所说的,仅仅包含着思辨思维的为感情所左右的幻想形象,而是在大得多的程度上包含着与思维不同的本原,并且这个本原不仅仅是宗教的一种形式,而且就是它的本质。这个本原,我们可以用一个词来表明,这就是"感性"(Sinnlichkeit),因为感情和幻想都是以感性为基础的。有些人为"感性"这个词而感到不安,因为按照习惯的用法,这个词仅仅意味着"情欲"。我请求这些人深思熟虑一下:不仅是脏腑,而且头脑也是感性的东西啊!在我看来,感性不是别的,正是物质的东西和精神的东西的真实的、非臆造的、现实存在的统一;因此,在我看来,感性也就是现实。为了把刚刚说到的那种宗教和哲学间的差别弄得清晰明了起见,我在这里举出一种学说来作例,它可以特别清楚地表明这种差别。旧时的哲学家,至少其中一部分人,曾经主张不死之说,但只是主张我们身上那个能思想的部分的不死,即只是与人身上的感性本原有别的精神的不死。有些人甚至明确地说,死后连记忆、回忆都要消失,而只能留下纯粹的思维,——这纯粹的思维当然是实际上根本不存在的一种抽象。但是这种不死,正是抽象的不死,而不是宗教的不死。因此,基督教摒弃了这种哲学的不死,而用整个实在的、肉体的人的长存来代替它;因为只有这种长存才是感情和幻想所能借以摄取营养的长存,因为只有这种长存才是感性的长存。但是,就这个学说说来是如此,就整个宗教说来也是如此。上帝本身就是感性的实体,就是直观、幻视的对象,固然不是形体的直观,而是精神的直观,亦即幻想中的直观的对象。因此,我们可以把哲学和宗教之间的差别简单地归结如下:宗教是感性的、审美的,而哲学则是非感性的、抽象的。

虽然我在我的早期著作中便已承认感性是宗教有别于哲学的本质，但是那时我却不能承认宗教的感性。第一，因为这是一种违反现实的感性，只是一种幻想的感性和感情的产物。就上面所引的那个例子来说，宗教拿来对抗哲学的不死的那个肉体，不过是一种幻想的肉体、感情的肉体、"精神的"肉体，亦即并非肉体的肉体。因此，宗教所承认、肯定的感性是与感性相矛盾的。第二，我所以不能承认宗教的感性，也是因为那时我在这方面还站在抽象思想家的观点上，因而还不能估计感觉的全部意义，至少还没有彻底弄清它的全部意义。我真正彻底承认感性，一方面是由于我再次对宗教做了深入的研究，另方面是由于我对自然界做了感性的研究——我的乡村生活给我的这种研究提供了绝妙的机会。所以，只是在我的较晚期的哲学和宗教哲学著作中，我才既坚决地反对哲学的抽象的非人性，又坚决地反对宗教的幻想的、虚无飘渺的人性。只是在这些著作中，我才完全有意识地拿实在的世界或自然界，来代替那个抽象的、只是被思想出来的、名之曰神的世界本质，用具有理性的、实在的、感性的人，来代替哲学的那个离开人的、没有感觉的理性本质。

在我的宗教哲学著作中，我的几本"论死与不死"的著作最足以概括地表明我的思想历程、我的发展及其结果。我就这个主题一共探讨了三次：第一次是在1830年，那时我初次以作家资格发表上述著作；第二次是在1834年，书名叫作《亚培拉和赫罗依斯》；[①]第三次

[①] Pierre Abélard（1079—1142），又译阿伯拉尔，法国经院哲学家。他和少女Héloïse的恋爱遭到当时社会的非议。——译者

是在1846年,书名叫作《从人本学观点论不死问题》。第一本关于这个论题的论著,我是作为抽象的思想家来写的,第二本是在思维本原与感性本原之间的矛盾之支配下写成的,第三本则是站在那业经同感官调和的思想家的立场上写成的;或者说,我作为哲学家写第一本,作为幽默家写第二本,而作为人写第三本。虽然如此,1830年出版的《论死与不死》一书,已经以抽象的形式,即在思想中,包含了我后来的著作中用具体的形式所详尽发挥的东西。像我在晚期的、最后的著作中拿自然界当作人的前提一样,我在这本书中已经立论反对那种违反自然的、绝对的、因而也是无限延续的人格,简言之,即反对那种超出实在范围之外的、无限扩张的、幻想的人格,像一般对于上帝和不死的信仰所设想的那样。收入我的全集的这一著作的第1章叫作"死的形而上学的或思辨的根据"。这一章论人格对实体或自然界的关系。自然界是人格的界限——我在那里字面上虽然不是这样说,但至少意思确实是这样的。在我之外的每一件事物,都是我的有限性的一种标志,都证明我不是绝对的实体,我是以其他实体的存在为我的界限的,因而我不是什么不死的人格。这个起初只是一般地、形而上学地表述出来的真理,在其他各章中得到了进一步的发挥。第2章叫作"死的物理的根据"。我在这一章中说,空间或时间的规定性,是人的人格、一般人格的本质所固有的。是的,人不仅是一般的属于空间的实体,而且也是本质上属于地上的实体,是不能从地球分离的。因此,硬说这样的实体具有永恒的、非地上的生存,这是何等的愚蠢啊!我用下面的诗句表达了这种思想:

>你在何处诞生,你也将在何处安息;
>任何人都离不开大地的怀抱。

第3章即最后一章的标题是:"死的精神的或心理的根据"。这一章的基本思想简单说来是这样:人格不仅在形体上或感性上,而且在精神上也是被规定的、受限制的;人在人类这个大团体中,在历史中,都有他一定的命运、地位和使命;但是,生存的无限的延续性恰恰是与这一点不相容的。人只在他的创造中、事业中才是长存的,而这创造和事业又是他在他的环境范围内、历史使命范围内实现的。只有这个,才是精神的、道德的不死。这第3章即最后一章的思想,就是我的《幽默哲学格言》一书的基本思想,不过在《格言》中得到更进一步的发挥罢了。人只是在他的创造中才有精神的、道德的不死。人所热爱和热烈从事的东西,也就是人的灵魂。人的灵魂是各自不同的,正像人本身具有各自不同的特征一样。就不死这个词的古老意义说来,是某种永恒的、无限的生存。因此它只适用于不确定的、虚无飘渺的、实际上不存在的、只不过是人的抽象或幻想的那种灵魂。但是,这个思想,亦即那部著作的基本思想,我只特别拿作家作例来加以证明,指出作家的不死的精神无非就是他的著作的精神。

第三次,即最后一次,我是在我的《从人本学观点论不死问题》一文中讨论不死问题的。第1章论一般的不死信仰,即一切或大多数处于幼稚或蒙昧状态的民族的信仰。我在这一章中指出:信仰不死的人是拿自己的观念去附会各民族的信仰;实际上,各民族所信仰的不是另一个生命,而只是今世的生命;死者的生命不过是回忆王国中的生命,而活着的死人不过是死者的被人格化了的活的影像。接着我又指出:即使是信仰一种属人的或个人的不死,也必须本着朴素的原始民族的精神——照他们看来,人在死后也和生前一样,有着情欲、职业和需要,因为人是离不开这些东西的。第 2 章论不死信仰之主观必然性,亦即论产生人的不死信仰的内在的、心理的根据。这一章的结论是:真正说来,不死只是那些逃避生活而耽于幻想的梦想家和懒汉所需要的,而决不是那些忙于现实生活的各种事物的人所需要的。第 3 章论"批判的不死信仰",亦即论述这样一种观点,在这种观点下,人们不再相信人死后会在自己的肉体躯壳下继续生存下去,而是把人的可死的本质和不死的本质加以批判的区分。但是我说,这种信仰本身便必须受到怀疑、批判;它同人所具有的直接的统一感和统一意识相矛盾,这种统一感和统一意识不容许把人的本质这样批判地区别开来和划分开来。最后一章论目前仍在我们中间流行的一种不死信仰,即"唯理主义的不死信仰";这种信仰在信和不信之间犹豫不决、模棱两可,虽然表面上肯定不死,实际上却在否定不死,却在用不信偷换信仰、用今世偷换彼世、用暂时偷换永恒、用自然界偷换神性、用天文学上的世俗的天堂偷换宗教的天堂。

上面我对我的几本"论死与不死"的著作的内容做了一个简单扼要的说明。我所以要做这样一个说明,也是因为不死问题通常并且应该构成宗教和宗教哲学的一个主要构成部分。可是往下我便要把这种信仰撇开不谈,而只当这种信仰同神的信仰发生联系,或者更确切地说,同神的信仰构成一个统一整体的时候,我才将加以议论。

第三讲

现在我要说到我的那些包含着这次讲演的内容和对象的著作了,就是说要说到我的学说、宗教、哲学,或者你们爱称之为什么便称之为什么的那个东西了。我的这个学说用几个字来表明,这便是:神学就是人本学;换言之,希腊文称之为 Theos,德文称之为 Gott(神)的这个宗教的对象,表明的不外就是人的本质,或者说,人的神不外就是人的被神化了的本质。因此,宗教史,或者神史(这是一样的),正是人的历史,因为宗教不同,神就不同,而宗教不同就是由于人的不同。现在就用一个例子——而且不仅仅是一个例子——来具体地说明这个论断。例如,甚至连我们的神学家和哲学家也承认,希腊、罗马以及一般异教的神,只是异教的对象,它只是存在于异教徒的信仰和观念中,而不是存在于基督教民族和基督教徒的信仰和观念中,因而它只是异教精神或异教本质的表现、反映;同样地,基督教的神也只是基督教的对象,因而它只是基督教徒的精神或本质的特殊表现。异教神和基督教神之间的差别,不过是异教徒(或民族)和基督教徒(或民族)之间的差别。异教徒是爱国主义者,基督教徒是世界主义者;因而,异教徒的神是爱国主义的神,而基督教的神则是世界主义的神;也就是说,异教徒有一个具有民族局限性的神,因为异教徒不能超出民族的界限之外,在他看来民族是超乎个人之上的;基督教徒则有一个一般的、普遍的、包罗万象的神,因为基督教徒本身就超出民族的界限之外,并且不用某个一定的民族来限制人的价值和本质。

多神教和一神教之间的差别,不外就是种和类之间的差别。种是多,而类则是一,因为类是各种不同的种的集合。例如,有各种不同的人种——种族、部族,或者你随便叫它什么便是什么——但是它们都属于一个类,即人类。凡是人未曾超乎人的种概念之上,凡是人只承认同种的人才与自己平等、才是具有同等权利和同等能力的生物的地方,那里一定盛行多神教。在种这个概念中就包含着多,因而凡是人把种的本质当作绝对本质的地方,那里自然就有好多的神。但是,当人上升到类的概念——在类中一切人都是共同一致的,他们的种族、部族和民族的差别都消失了——那时人也就上升到一神教。一神教徒的单一的或普遍的(这是一样的)神同异教徒或多神教徒的复多的或特殊的(这是一样的)民族神之间的差别,不过是许多不同的人同一切人都共同一致的人类之间的差别罢了。多神教诸神的能见性、直观性,简言之,可感知性,不外就是人种差别和民族差别的可感知性:例如,希腊人显而易见地有别于其他民族;一神教的神的不可见性、不可感知性,不外就是类的不可见性、不可感知性,因为作为一切人的集合的类,其本身不是感性地、可见地存在着的;存在着的不过是种罢了。

总而言之,多神教和一神教间的差别,不外就是种和类之间的差别。类当然与种有别,因为我们在类中撇开了一切种的差别。但不能由此得出结论说,类具有独立的本质;因为类不外是种的共同物。石头这个类概念虽然一概有别于鹅卵石、石灰石、萤石这些概念,而不专指某一种石头(这正是因为它把一切石头包括在内),但不能因此就说它是超矿物的概念,是超出石类范围之外的概念。同样地,一般的神、单一的和普遍的神,虽然排除了多神的形体的、感性的特性,却不能超出人类的本质;相反地,他是被客体化了的、被人格化了的人类这个类概念。或者更确切地说,如果多神教的神是属人的本质,那末一神教的神也是属人的本质,正像一般的人虽然超出多数的各个人种范围之外,超乎犹太人、希腊人、印度人之上,却并不因此就是超人的本质一样。因此,认为基督教的神是自天而降,认为基督教起源于与人有别的本质的启示,是再愚蠢不过的了。基督教的神同异教的神完全一样,也是从人当中产生的。基督教的神所以不同于异教的神,只是由于基督教徒是不同于异教徒的另一种人。

这就是我的观点,或者说我的学说。根据我的这个学说,神学的秘密就在于人本学;无论在主观上和客观上,宗教的本质所启示出来和表现出来的,不外乎就是人的本质。这个学说,我首先在《基督教的本质》一书中加以发挥,后来又在几篇与此书有关的短论中加以发挥,如:《路德了解下的信仰的本质》(1844年),《人的异教神化和基督教神化之间的差别》。最后,基于不同的动机,我又在我的《哲学史》第2版和几本关于"哲学原理"的著作中论到这个学说。

我在《基督教的本质》中所表述的观点或学说——或者干脆就说,我的学说——正像我按照这书的主题在这书中所已经说或能够说的,有着一个很大的缺陷,以致引起了千奇百怪的误会。因为我在《基督教的本质》中，按照我的主题，把自然界撇开不谈，漠视了自然界，因为基督教本身就漠视自然界，因为基督教就是唯心主义，它把一个没有自然本性的神奉为主宰，相信一个只靠自己的思维和意志的力量就能够创造世界的神或精神，相信没有这个神的思维和意志或者在这个神的思维和意志之外，世界都是不存在的。因为我在《基督教的本质》中只是论到人的本质，并且直接从人的本质开始我的著作，而这正是由于基督教不是拿日、月、星、火、地、风，而是拿同自然界对立的、作为人的本质的基础的力量，即意志、理性和意识，当作属神的力量和本质。所以人们便认为我主张属人的实体是从虚无中产生的，说我把属人的实体变为无需前提的东西，并且用直接的依赖感，用自然的理性和意识，来反对我的莫须有的"将人神化说"，说什么人不是自己创造自己的，人是有所依赖的、被创造的东西，因而他的存在的原因是在他自身之外——他通过自身和通过自己的头脑而依托于另外一个实体。你们说得完全正确，先生们——我在思想里对那些责备我和嘲笑我的人这样说。我同你们一样地，甚至比你们更清楚地知道，被设想为不依赖于任何东西而自在地存在的、绝对的属人的实体，乃是一种无稽之谈，是一种唯心主义的妄想。但是那个做人的前提的、人必然要与之发生关系的、否则就不能设想人的存在和本质的实体，先生们，不是别的，正是自然界，而不是你们的上帝。《基督教的本质》中所留下的这个缺陷，我在1845年出版的一本分量虽小而内容甚丰的小书《宗教的本质》中才弥补起来。如书名所示，这本书同《基督教的本质》不同的地方，就在于它不单单论到基督教的本质，而且也论到一般宗教的本质，因而也论到基督教以前的异教徒的自然宗教。在这本书里,按照我的主题,我已经有了远为广阔的活动范围,并且从而有机会清洗掉我的那些无批判的批评家因《基督教的本质》一书所加于我的那唯心主义片面性的罪名。我在这书里也有充分的余地来弥补《基督教的本质》一书中的其他一切缺陷。当然,我在这书里也不是用神学的精神、用有神论的或神学化哲学的精神,来弥补这些缺陷的。关于这两部著作的任务和相互关系,这样来说是最确切不过的。神学家或一般的有神论者区分神的物理属性和道德属性。正如上面已经说过的,神乃是人们用来一般地称呼宗教对象的空名。例如,莱布尼茨说过,应当从两种属性来看神:在物理上是世界的创造主,在道德上是人类的君主和立法者。就神的物理属性(其中最主要的是权力)说来,他是物理实体即自然界的原因;就神的道德属性(其中最主要的是善)说来,他是道德实体即人的原因。在《基督教的本质》一书中,我只把作为道德实体的神当作我的对象,因此我必然不能在那本书里全面发挥我的观点和学说。因此,这本书所忽略的神的另一半,即神的物理属性,我必须在另一著作中谈到,而且只能在话题已经扩大到自然宗教、扩大到的物理的神为对象的宗教的著作中,按照主题来客观地表述。我在《基督教的本质》一书中指出:神,从他的道德属性或精神属性来看,亦即当作道德实体来看,不是别的,正是人的被神化和对象化了的精神本质。因此,神学,就其最后的基础和最终的结论而言,实际上不过就是人本学。同样地,我在《宗教的本质》一书中指出:物理的神,亦即只是当作自然界、星、树、石、兽、人(在它们也是自然的、物理的实体的限度内)的原因来看的人,不是别的,正是自然界的被神化和人格化了的本质。因此,物理神学的秘密只不过是物理学或自然学①——自然学这个名词在这里不是用它现在的狭义,而是用它古时的广义,即泛指一般的自然科学。因此,如果我以前拿"神学就是人本学"这个公式来概括我的学说,那末现在为了全面起见,我必须做如下的补充:"神学就是人本学和自然学。"

所以,我的学说或观点可以用两个词来概括,这就是自然界和人。从我的观点看来,那个做人的前提,为人的原因或根据,为人的产生和生存所依赖的东西,不是也不叫作神(这是一个神秘的、含糊的、多义的词),而是并且叫作自然界(这是一个明确的、可捉摸的、不含糊的名词和实体)。至于那个自然界在其中化成有人格、有意识、有理性的实体的东西,在我的学说中则是并且叫作人。从我的观点看来,自然界这个无意识的实体,是非发生的永恒的实体,是第一性的实体,不过是时间上的第一性,而不是地位上的第一性,是物理上的第一性,而不是道德上的第一性;有意识的、属人的实体,则在其发生的时间上是第二性的,但在地位上说来则是第一性的。我的这个学说是以自然界为出发点的,并且立足于自然界的真理之上,用这个真理去对抗神学和哲学。刚刚提到的那部著作就发挥了我的这样一个学说,但是却是联系着实在的历史对象即自然宗教来发挥的,因为我的一切学说和思想都不是在抽象的蓝色烟雾中发挥出来,而是永远立足于历史的、实在的、不依赖于我的思维的对象和现象的坚实基础之上。例如,我的关于自然界的观点和学说,就是立足在自然宗教的基础上面的。

---

① Physiologie,其狭义为生理学。——译者

不过,我在这部著作里面不仅仅阐述了自然宗教的本质,而且同时也简要地论述了宗教的全部发展过程——从宗教的最初萌芽起直至它在基督教这个唯心主义宗教中达到完成为止。因此,这部著作所包括的不是别的,正是一部简要的人类宗教的精神史或哲学史。我特别加上"精神的"这个形容词,是因为我的目的不是要写作一部真正的、正式的宗教史,这种宗教史把各种不同的宗教按照顺序一一加以列举,同时照例还要根据极其任意的分类对各种宗教做高低贵贱的划分。再说一遍,这样的历史记述不是我的目的。除了自然宗教和精神宗教(或属人的宗教)这种大的划分以外,我与其说关心各种宗教的——往往是琐细的和任意的——区别,毋宁说更加远为关心它们的相等的、同一的、一般的东西。一般说来,我的这部著作的任务,只是在于抓住宗教的本质,而只在非提起历史便不能了解宗教的限度内提起历史。甚至我在这部著作中探究宗教的本质,正像我在其他一般著作中一样,也不仅仅是基于理论的或思辨的理由,而且还在很大程度上基于实践的理由。无论过去和现在,我所以对宗教感到兴趣,主要地只是因为宗教——即使是在幻想中——是人生的基础,是道德和政治的基础。

无论过去和现在,对我说来最重要的事情,就是用理性的火炬去照明宗教的黑暗本质,以便使人们终于不再成为那种为宗教蒙昧努力用来压迫人类的仇视人类的力量的俘虏和玩物。我的目的在于证明:人在宗教中所崇拜所畏惧的那些力量,他甚至不惜以人作牺牲去供祭,以便求得其恩典的那些力量——不是别的,正是人自己的不自由的、畏怯的精神和无知的、愚昧的理智的产物。我的目的就在于证明,人在宗教和神学中作为与自己有别的另一个东西拿来同自己对抗的那个本质,其实就是人的本质,以便使人能够把自己的属人的本质自觉地变为道德和政治的规范、根据、目的和标准,因为他过去总是不自觉地受自己的本质的支配和决定。将来一定会如此,也一定要如此。如果说迄今为止未被认识的宗教即宗教的蒙昧曾是政治和道德的最高原则,那末从今以后,或者至少在将来某个时候,被认识了的、溶解在人之中的宗教,就将决定人的命运了。

正是这个目的,即为着促进人类的自由、独立、爱情和幸福而去认识宗教,也决定了我从历史上去探讨宗教的范围。凡是与这个目的无关的,我都搁在一边。不去认识宗教而去论述不同宗教和民间神话的历史,这种书籍到处都可以找到。但是我怎样写作,我也就怎样讲演。我的著作以及我的讲演的目的,都在于使人从神学家变为人学家,从爱神者变为爱人者,从彼世的候补者变为现世的研究者,从天上和地上的君主和贵族的宗教的和政治的奴仆,变为地上的自由和自觉的公民。因此,我的目的决不是一种消极的、否定的目的,而是一种积极的目的;我否定只是为着肯定;我否定的只是神学和宗教的妄诞的、虚幻的本质,为的是肯定人的实在的本质。在现时,再没有比"消极的"这个词更受到滥用的了。倘若我在认识方面、科学方面否定什么,我一定要提出所以否定的理由。理由开导我、启发我、给我提供认识;每一个科学的否定都是一种积极的精神活动。当然,从我的学说推出这样一种结论,认为没有什么神,亦即没有同自然界和人有别的、能随意决定世界和人类命运的抽象的非感性本质;但是这个否定只是认识了神的本质之后所得出的结论,也就是说是由于认识到这个本质所表现的,一方面不外是自然界的本质，另方面不外是人的本质。固然，可以把这个学说叫作无神论，因为世界上一切东西都应当有个名称；但是同时也不要忘记，这个名称并没有说明什么，正像有神论这个与它相反的名称也没有说明什么一样。Theos，神，乃是一个空名，它表示各种各样的意义，含有各种不同的内容，正如时代和人之各个不同一样；所以整个问题就在于人对神这个名称做什么理解。例如，在十八世纪的时候，基督教正统信仰把神这个字眼的含义迂腐地弄得如此狭隘，甚至柏拉图都被称为无神论者，因为他没有宣扬创世说，因而没有对创造主和创造物做必要的区别。又如，在十七和十八世纪，斯宾诺莎几乎被异口同声地宣布为无神论者；如果我没有记错，在十八世纪的一本拉丁文字典里甚至把无神论者这个词解释为 assecla Spinozae（斯宾诺莎的信徒）；但是十九世纪斯宾诺莎已经从无神论者的名单中除去了。可见时代改变了，人的神也就随着改变了。正像"有一个神"或者"我信神"这些话并不说明什么一样，"没有一个神"或者"我不信神"这些话也没有说明什么。整个问题就在于，有神论的内容、根据和精神是什么，而无神论的内容、根据和精神又是什么。现在言归正传，也就是说，回到我的那部《宗教的本质》的著作上来，因为那部著作是我这次讲演的基础。

第四讲

《宗教的本质》一书的第 1 节[①]概括地说道：人的依赖感是宗教的基础；这种依赖感的原始对象乃是自然界；因此自然界也是宗教的第一个对象。这一节的内容分成两部分。一部分说明宗教的主观起源或基础，另部分则说明宗教的最初的或原始的对象。现在就来先说第一部分。那些所谓思辨的哲学家曾经嘲笑我把依赖感当作宗教的根源。自从黑格尔挖苦了施莱尔马赫以来，他们特别讨厌"依赖感"这个词。大家知道，施莱尔马赫曾经宣布依赖感是宗教的本质，而黑格尔说，如此说来狗也必有宗教了，因为狗也感觉到对自己主人的依赖。其实，那些所谓思辨的哲学家不过是这样一些哲学家，他们不是拿自己的概念去符合事物，而是相反地拿事物去附会自己的概念。因此，我的说明是否得到那些思辨的哲学家的心口赞许，在我是完全无关紧要的；问题只在于这个说明是否与它的对象符合、是否与事实符合。而我所做的说明是与它的对象、事实相符合的。

如果我们考察一下旅行家向我们报告的所谓野蛮人的宗教以及所谓文明民族的宗教，如果我们省察一下我们的可以直接而可

[①] 今本在第 2 节，见《费尔巴哈文集》第 5 卷，《宗教的本质》。——中文编者

靠地观察的内心,那末,除了依赖感或依赖意识以外,我们就不能发现其他更适当、更广包的宗教心理根源了。古代的无神论者,甚至好多古代的以及晚近的有神论者,都主张畏怖是宗教的根源,而畏怖不是别的,正是依赖感的最普遍、最显著的表现。大家都知道罗马诗人的一句名言:Primus in orbe deos fecit timor,这就是说,首先是畏怖在世界上造成了神。在罗马人那里,畏怖、metus 这个词含有宗教的意思,而反过来宗教、religio 这个词却有时表示畏怖、恐惧之意;所以,dies religiosus 即宗教日,在他们那里表示一个不幸的日子,即为人们所恐惧的日子。甚至我们德文中那个表示最高的宗教崇敬的字眼 Ehrfurcht,像字面本身所表明的,也是由 Ehre(敬)和 Furcht(畏)这两个词构成的。

　　用畏怖来解释宗教,这首先可以从这样一种经验得到证明,即差不多所有的或者至少是大多数的原始民族,都把自然界的那些足以引起畏怖和恐惧的现象或作用当作自己宗教的对象。例如,非洲、亚洲北部和美洲的那些比较原始的民族,正像迈涅尔斯在他的《宗教批判通史》中引用游记所说的,"都惧怕江河中那些构成危险的漩涡或急流的地方。当他们涉渡这些地点的时候,就要祈求恩典或宽恕,或者自己捶打自己的胸膛,并向发怒的神灵奉献赎罪的牺牲。许多黑人酋长把海选作自己崇拜的对象;他们怕海怕得如此厉害,甚至不敢看它一眼,更不用说在海上航行了,因为他们相信,一同这个可怕的神灵对面,他们就要立地死去。"又如马斯顿在他的《苏门答腊岛自然状况和社会状况》一书中说,住在岛上内地的列桑人,当他们第一次看见海的时候,就要向海奉献糕饼和甜食,祈求它不要降祸于他们。霍屯督人的确像那些信神的并且不能超出自己的宗教观念的旅行记作者所说,是信奉最高主宰的,但是他们并不崇敬他;相反地,他们却崇拜那些"恶神",因为在他们看来,"恶神"是他们在世上所遭遇的种种灾祸的主使者。但是必须指出,这些旅行记作者,至少是较早期的作者,关于霍屯督人以及一般野蛮人的宗教观念的报告,是极其互相矛盾的。印度也有好些地方,那里大部分居民除了祈祷恶神之外,再不做其他宗教仪式……这些恶神都各有各的名字,而且人们越是觉得他们可怕而强有力,人们就越是崇敬他们(施图尔:《东方异教民族的宗教体系》)。同样地,美洲的各部族,甚至有神论的旅行家的报告中所说的那些承认"最高主宰"的部族,也不过是崇拜"恶神",亦即他们把所遭受的一切灾害、祸事、疾病和痛苦归罪上去的那个实体。他们崇拜"恶神",就为的是减轻这些灾祸和病痛,因此也可以说是由于畏怖。罗马人甚至把疾病、疫病、热病、谷锈病(他们每年为这种病举行一次祝祭)、夭折(他们称为Orbona)和不幸,当作自己宗教崇拜的对象。他们崇拜这些对象,正像古代人,例如,老普利尼所已经指出的,除了畏怖以外再无其他理由;也正像古代人,例如,格流士所已经指出的,除了使之不再兴灾作祸以外再无其他目的。格流士曾说,人们所以崇拜和祝祭一些神灵,为的是使他们降福于己,而祈求和祷告另一些神灵,则为的是使他们不再兴灾作祸。在罗马,同样地也在斯巴达,甚至畏怖本身也有一个庙堂;不过至少据普卢塔克所传,在斯巴达,畏怖具有道德的意义,即对卑鄙恶劣行为之畏怖的意义。

其次,用畏怖来解释宗教,还可以从这样一种事实得到证明,即甚至在最开化的民族那里,最高的神明也是足以激起人的最大畏怖的自然现象的人格化,即雷雨、闪电之神。甚至有些民族除了"雷"这个字眼以外再无其他表示神的字眼;因而,在这些民族那里,宗教不外是自然界的雷鸣通过听觉这个司畏怖的器官在人身上所造成的震撼的印象。大家知道,甚至天才的希腊人也干脆把雷神奉为最高的神明。同样地,在古代日耳曼人,至少北方日耳曼人,以及芬兰人和拉脱维亚人那里,Thôrr 或 Donar,即雷神,也是第一个资格最老的至尊之神。既然英国哲学家霍布斯主张理性起源于人耳(因为他认为理性就是可听闻的语言),那末我们就更有权利根据雷声使人信神这个事实而承认,耳鼓膜是宗教情感的响盘,而人耳则是诸神所从出的子宫。事实上,如果人只有眼和手、味觉和嗅觉,那他就不会有宗教了,因为这些器官都是批判和怀疑的器官。在耳蜗中迷失于过去或未来的妖魔鬼怪的王国中的那个司畏怖的唯一神秘的、宗教性的感官,就是听官。古代人已经正确地指出了这一点,他们说:"百闻不如一见"、"耳闻不如目见"、"眼见为实,耳听为虚"。因此,连最后一个最富精神性的宗教即基督教,也有意识地只立足在言语上面,用它自己的话来说,立足在神的言语上面,因而也是立足在听官上面。路德说:"信仰是从倾听有关上帝的说教中产生的。"他在另一个地方又说:"在上帝的教堂中只需要听觉。"顺便说说,从这里显然可以看出,用关于绝对、超感性和无限的空洞词句来解释宗教、特别是宗教的最初根源,仿佛人没有任何感官,仿佛感官同宗教毫无关涉,那是何等地肤浅啊!没有感官,人的言语就没有什么意义。但是,我们还是撇下闲文,回到正题上来罢。

再次,用畏怖来解释宗教的起源,也可以从这样一点得到证实,即其至基督教徒,虽然他们至少在理论上认定宗教具有纯粹超感性的、神圣的起源和性质,但是他们也主要地是在生活中感到畏怖的情况下和时刻内才产生宗教情绪。例如,现在虔诚的基督徒称之为并且尊敬为最好的"基督教国王"的当今普鲁士国王陛下,①就在召开联邦议会的时候,下令一切教堂都要祈求神灵的护佑。但是,陛下的这种宗教热忱和命令究竟为的什么呢?只是因为害怕现时的不良潮流会妨害联邦议会这个基督教日耳曼人治理国家的拿手杰作所拟议的计划和方案。再举一个例子。当前几年发生歉收的时候,所有的基督教会都一齐虔诚地、热烈地祈求上帝保佑,甚至专门设定一个祈祷日和赎罪日。究竟为的什么呢?——为的害怕饥荒。也正是因为这个原故,所以基督教徒总是把一切灾祸都归罪于非教徒和"无神者";也正是因为这个原故——不消说是纯粹出于基督教的爱和对灵魂的关切——所以基督教徒在"无神者"发生不幸的时候就大大地幸灾乐祸,因为基督教徒相信,这些人通过这种不幸可以回到上帝这边来,并且成为满怀宗教热情的信士。不错,基督教神学家和一般学者,至少从讲坛上和著作中,总是责备人不该把刚才提到的那种现象看作是宗教信仰的特征;但是,作为宗教的特征的,至少就宗教这个词的习惯意义,或者更正确些说,就这个词在世界上占统治地位的历史意义来说,并不是书本中所说的话,而是生活中发生的事。基督教徒同所谓异教徒或非开化民族不同的地方,只是在于他们把那些引起他们产生宗教畏怖的现象的原因,不是归之于特别的神,而是归之

---

① 指弗里德里希·威廉四世(1840—1860 在位)。——译者

于他们的神的特别属性。他们不祈求恶神；但是他们祈求自己的神，当他们相信神在发怒的时候，或者为的使神不要对他们发怒，不要用灾祸和不幸降罚他们。正像恶神几乎是原始民族的唯一崇拜对象一样，发怒的或者凶恶的神也是基督教民族的最主要的崇拜对象。因此，在基督教民族那里，最主要的宗教根源也是畏怖。[1]① 最后，我再引用一个事实来证明这种解释，即基督教徒或宗教哲学家和神学家，都责备斯宾诺莎、斯多葛派和一般泛神论者——他们的神，严格说来，不过是自然界的纯粹本质——说他们的神不是什么神，就是说不是真正宗教上的神，因为他不是爱和畏怖的对象，而只是冷漠无情的理智的对象。所以他们虽然反对古代无神论者用畏怖来解释宗教的起源，却由此间接地承认了：畏怖至少是宗教的一个重要成分。

虽然如此，畏怖终究不是解释宗教的完满而充足的根据。这不仅仅是由于某些人所引证的一些理由，说什么畏怖只是一种转瞬即逝的激情；不是的，畏怖的对象至少在观念中是要持续下去的，而且畏怖的特征就在于它能超出眼前的时刻而使人害怕可能的未来的灾祸；而是由于在畏怖之后，当眼前的危险过去的时候，接着就会产生一种相反的感情，而这种与畏怖相反的感情也是同那同一个对象有关的。这一点只要稍加注意和思考便可以确信。这种感情就是摆脱了危险、畏怖和惊悸的感情，就是狂喜、快乐、爱和感恩的感情。自然界的那些激起人的畏怖和惊恐的现象，就其

---

① 角括号内的注码都标示费尔巴哈本人的附录和注释（见本卷第341页及之后）。——译者

结果而言大都是极有利于人的。神拿他的闪电轰击树木、野兽和人类，同样也拿他的雨水灌溉田园和牧场。灾祸所从来的地方也是福利所从来的地方；畏怖所从来的地方也是欢乐所从来的地方。同在自然界中有其原因的东西，为什么不会在人的感情中联在一起呢？唯有那些只顾眼前的民族，那些过分软弱、迟钝或轻浮的民族，由于不能把各种不同的印象连结起来，因而才只把畏怖当作神灵的生母，只拿凶恶的、可怕的神灵当作他们宗教崇拜的对象。其他民族则不然，他们并不因为某一对象引起眼前的畏怖和惊恐而忘记它的良好的德性。在他们那里，畏怖的对象同时也是崇拜、热爱和感恩的对象。例如，在古代日耳曼人那里，至少在北方日耳曼人那里，Thôrr 即雷神，同时也是"降福于人的善良的守护神"，是"农业的保护者，和善的、爱人的神"（缪勒〔W. Müller〕:《古日耳曼宗教的历史和体系》），因为他虽是雷电之神，同时也是时雨和日光之神。因此，如果我把畏怖当作解释宗教的唯一原因，那末我就将是极其片面的，甚至是对宗教不公正的。我同那些与无神论者如斯宾诺莎具有同样观点的以往的无神论者和泛神论者不同的地方，主要地就在于我拿来解释宗教的，不仅仅是消极的原因，而且也有积极的原因，不仅仅是无知和畏怖，而且也有与畏怖相反的感情，即欢乐、感恩、热爱和崇敬这样一些积极的感情；就在于我断言，爱、快乐和崇敬，也像畏怖一样，被人神化了。我在《宗教的本质》一书的解释中曾说："灾难和危险渡过以后，那时的感情是与身临其境或大难临头之时完全不同的。事过后我是拿自己去迁就对象，当事时则是拿对象来迁就我；事过后我是唱赞美歌的，而当事时则唱抱怨曲；事过后我是感恩的，而当事时则是祈祷的。临难时感情是实践的、目的论的,感恩时感情则是诗意的、审美的。临难时感情是暂时的,感恩时感情则是持续的;这种感情把爱和友谊的纽带结扎起来。临难时感情是卑俗的,感恩时感情则是高尚的;前者只是在不幸中崇拜它的对象,而后者则在幸福中也崇拜它的对象。"在这里,我们不仅从宗教的卑俗方面,而且也从它的高尚方面,对宗教做了心理学上的解释。但是如果我不愿意也不能够单独拿畏怖或者快乐和爱当作解释宗教的唯一原因,那末除了依赖感以外,我又能找到什么其他足以包括两方面的富有特色的普遍名称呢?畏怖是死的感情,快乐是生的感情。畏怖是对这样一种对象的依赖感,没有这对象或者由于这对象我都可以化为乌有,这对象有权力毁灭我。快乐、爱和感恩则是对这样一种对象的依赖感,由于这对象我才成为某种东西,它给我感情和意识,我由于它而活着,由于它而存在。既然我靠着自然界或神而活着和存在着,所以我爱它;既然我由于自然界而受难和毁灭,所以我害怕它、畏惧它。简言之,凡是给人提供幸福生活的手段或源泉的,人就爱它;凡是夺去这些手段或有力量夺去这些手段的,人就怕它。但是这两者都联合在宗教的对象里——本是生命源泉的那个东西,在自己的否定中,亦即当我没有它时——又是死的源泉。西拉赫的书里说:"一切都由神而来:福和祸,生和死,穷和富。"巴鲁赫的书里说:"不应当把偶像当作神或称为神,因为它们既不能降罚,也不能救助……既不能诅咒君王,也不能祝福君王。"《古兰经》第26章也对那些偶像崇拜者说:"当你们向它们(偶像)祈祷的时候,它们听到你们吗?或者它们能够赐福于你们或加祸于你们吗?"这就是说:只有那能够诅咒、祝福、加祸、致利、生死人以及使人快乐和恐惧的,才是宗教崇拜的对象,才是神。

所以只有依赖感才是表明和解释宗教的心理根源和主观根源的唯一正确而普遍的名称和概念。的确,实际上并不存在什么依赖感本身,而存在的总只是一定的、特殊的感情,例如,从自然宗教举例来说,饥饿感、不快感、死亡的恐怖感、阴天的忧郁感、晴天的快乐感、徒劳无功的痛苦感、因自然灾变而不能实现希望的悲哀感等等,就使人产生依赖的感情;但是思维和语言的本性所负的使命,就在于把现实界的各种独特的现象用那种普遍的名称和概念概括起来。

我在修正和补充了用畏怖来解释宗教的主张之后,还必须提到对宗教的另一种心理学上的解释。希腊哲学家说过,对天体的有规律的运行的惊奇心产生了宗教,即产生了对星辰本身或支配星辰运行的实体的崇拜。但是用不着细说也可以明白,这种对宗教的解释是只关天上而不关地下,只关眼睛而不关其余感官,只关理论而不关人的实践。当然,星辰也是宗教崇拜的原因和对象,但决不是作为理论的、天文学的观察的对象,而只是在它们作为支配人生的力量的限度内,从而只是在它们作为人的畏怖和希望的对象的限度内,才是宗教崇拜的原因和对象。我们恰好可以从星辰这个例子得到证明,只有当某个实体或事物是死惧或生欢的对象的时候,从而只有当它们是依赖感的对象的时候,它们才是宗教的对象。所以,1768年出版的一本法文著作 *De l'origine des principes religieux*(《论宗教原理的起源》)说得很对:"雷电、风雨、兵燹、瘟疫、饥馑、疾病和死亡,较之自然界的永恒的和谐以及克拉克和莱布尼茨的一切论证,更加能够使人相信神的存在,亦即更加使人产生宗教情绪,更加确信人的依赖性和有限性。"简单的、不变的秩序不足引人注意。只有伴随奇迹的事变,才足以激发人的情绪。我从来未曾听到人说:上帝责罚了醉汉,你看他失去了自己的理性和健康。但是我却时常听到我村里的农夫说:上帝责罚了醉汉,你看他在回家时跌断了自己的腿。

第五讲

我们已经拿历史的例证来论证了宗教起源于依赖感的道理。这个道理在头脑健全的人看来本是自明的；因为显而易见，宗教不过是一个必然要同其他实体发生关系的实体的标志和属性，这个实体决不是什么神，就是说，决不是什么无所需求的、独立的、无限的本质。因此，依赖感和有限感本是一个东西。但是，最容易被人感觉到并且最使人痛苦的一种有限感，就是人们感觉到并且意识到，他总有一天确实是要完结的，是要死去的。如果人是不死的，如果人永远活着，因而世上根本没有死这回事，那末也就不会有宗教了。索伏克里斯在《安提恭》中说过：再没有比人的本领更大的了；他能横渡海洋，凿穿大地，驯服野兽，防暑御雨，对付一切——唯有死逃避不了。在古代人看来，人和必死者，神和不死者，是同一个东西。所以我在《宗教的本质》一书的解释中说，只有人的坟墓才是神的诞生地。死同宗教的这种联系的一个感性标志或例证，就是在远古时代，死者的坟墓同时也是神的庙堂；后来，在大多数民族那里，对死者的崇拜构成宗教的一个重要部分，而在有些民族那里，甚至就是唯一的、整个的宗教；对自己死去祖先的想念，恰恰最能提醒我这活着的人想到未来的死。异教哲学家塞尼加在他的书信中曾说："只有当必死的人想到自己终归有死，知道人只是为了有一天要死而活着的时候,他的感情才是最神圣的,或者用我们的语言来说,最宗教的。"《旧约》中也说:"主啊,求你教训我,说我必将了结,说我的生命自有它的目的,而我必将离弃这生命!""求你教我们想到,我们如何必将死去,好让我们增长智慧。""一想到他死了,就知道你也必然要死去。""今天是国王,明天是死人。"宗教的思想——同关于神的观念完全无关——就是死的思想,因为我就从这里意识到自己的有限性。但是,如果明白了,没有死就没有宗教,那末也就可以明白,依赖感是最足以表明宗教根源的东西;[2] 因为除了死以外,有什么东西能够使我更强烈、更清楚地意识到或感觉到,我不是单单依靠我自己,我不能自己想活多久就想活多久呢? 但是我必须马上预先声明,我并不认为依赖感就是宗教的全部,我只是认为它是宗教的根源和基础;因为人同时也从宗教里面探求种种手段,来对抗那个他感觉到自己所依赖的东西。例如,对不死的信仰,就是一种对抗死的手段。未开化的初民对自己的神灵的唯一的宗教祝愿、唯一的祈祷,就是卡钦地方的鞑靼人向太阳祷告的话:"不要把我打死啊!"

现在来谈一谈这一节的第二部分,即宗教的最初对象。关于这个问题,用不着我来多费唇舌,因为现在差不多大家都承认,自然宗教是人类最老的或最初的宗教,甚至后来各民族的精神的和政治的神,希腊人和日耳曼人的神,最初也只是自然物。例如,那个奥丁(Odhin),虽然后来主要是一个政治神,即战神,但最初则正像希腊人的宙斯,罗马人的丘比德一样,不外是个天空之神,所以太阳被称为他的眼睛。所以,在未开化民族那里,自然界始终是宗教崇拜的对象,并且不是作为隐藏在自然界背后的实体或神灵的象征或工具,而就是作为自然界本身。

第 2 节的内容,简单说来就是:宗教是人的本质所固有的或与生俱来的,但这个宗教不是神学或有神论所理解的那种意义的宗教,不是真正信仰神的宗教,而只是指那种不外表现人的有限感或对自然界的依赖感的宗教。

关于这一节,我必须首先指出,我在这里把宗教同有神论,同对异于自然界和人的实体的信仰,区别开来,虽然我在上次讲演时说过,神是一般宗教的对象。事实上,人们确是拿有神论、神学、信神同宗教混为一谈,以致没有神、没有神学上的实体、没有宗教——在我们说来都是一个意思。但是这里说的是宗教的原始要素。正是有神论、神学把人从他同世界的联系中抽离出来,使人成为傲然超乎自然界之上的实体即"自我"。只有站在这个观点上,宗教才同那种把非自然的和超自然的实体当作真正的和神圣的实体来信仰的神学同一起来。但是最初,宗教不过表现人对于他同自然界和世界的联系、统一的感觉罢了。

我在《基督教的本质》一书中曾说,对神学的秘密的解释和说明,不仅可以到人类学中去找,而且可以到病理学中去找。那些敌视自然界的神学家和哲学家为这些话而大发雷霆。但是自然宗教的那些同最重要的自然现象有关并且表现这些现象的节日和仪式,如果不是一种感性的①病态,那又是什么呢?我们从古代宗教所看到的那些春节、夏节、秋节和冬节,如果不是各种自然现象和自然力给人造成的不同印象的再现,那又是什么呢?为一个人的

---

① 往往也是极其非感性的(unästhetische)。——著者

死去或为失去光和热而感到的悲哀和痛苦；为一个人的诞生、为冬日严寒过后光和热的复临、为五谷的丰登而感到的快乐；以及为那些本身可怕或至少人以为可怕的自然现象，例如日食和月食，而感到的畏怖和惊恐——所有这些简单的、自然的感觉和情绪，都是自然宗教的主观内容。宗教原不是与人的本质无关的什么特别的东西。只是随着时间的推移，只是在它后来的发展中，它才成为特别的东西，才提出独特的僭妄的要求。我所挞伐的，只是这种挑衅性的、狂妄的精神宗教；这种宗教也正是因为这个原故才有一个特别的官僚等级作为自己的代表人。我虽然是个无神论者，但我仍可公开承认我是上述意义下的宗教即自然宗教的信徒、我憎恶那种把人同自然界分割开来的唯心主义；我并不以我依赖于自然界为可耻，我公开承认，自然力不仅作用于我的表面、我的皮肤、我的身体，而且作用于我的核心、我的灵魂；我在晴朗天气下所吸入的空气，不仅使我的肺腑舒畅，而且使我的头脑清新；太阳的光辉不仅照耀我的眼睛，而且也照耀我的精神和心情。而且我不像基督教徒那样，认为这种依赖性是同我的本质相矛盾的，因此也根本不希望摆脱这个矛盾。我还知道，我是有限的、必死的生物，我总有一天要不存在。但是我认为这是完全自然的，因此我也就能够完全安于这种念头。

其次，我在我的著作中曾经断言过，而在这次讲演中要加以证明的，就是人在宗教中把自己的本质对象化了。自然宗教的各种事实已经足以证明这个断语。我们在自然宗教的节日中所对象化的——而感性的、朴素的古代民族正是在自然宗教的节日中最明显地表现出他们的宗教的本质——如果不是自然界在它的最重要的现象和在最重要的时节中所给予人的那些感觉和印象,又是什么呢?法国哲学家在古代宗教中除了物理学和天文学以外什么也没有发现。他们的话是对的,如果不像他们那样,把物理学和天文学理解为科学的物理学和天文学,而只是理解为感性的(ästhetische)物理学和天文学的话;在物理学和天文学的对象还没有被人当作科学的对象以前,我们在古代宗教的原始要素中只是把这些对象在人身上所造成的感觉和印象对象化。在古代民族那里,尤其在古代民族的唯一通晓科学和学术的祭司阶级那里,虽然对自然界的宗教观点也夹杂着观察,亦即夹杂着科学的要素,但是这种科学观察不能算作自然宗教的原本。虽然我把我的观点同自然宗教等同起来,但是请你们不要忘记,自然宗教已经含有一种因素是我不能承认的;这就是说,虽然只有自然界是自然宗教的对象,像名称本身所表示的,但是对于站在原始观点即自然宗教观点上的人们说来,自然界并不是以其本来面目出现的对象,而只是非开化的和无经验的理性、幻想和心情所想象的那种样子的对象,所以在这里人们已经有了超自然的愿望,从而也向自然界提出了超自然的或者非自然的(这是一样的)要求。或者换一句更明白的话来说,就是自然宗教已经不能摆脱迷信了;因为,斯宾诺莎说得对,所有的无教养、无经验的人,都天生来易于为迷信所俘虏。所以我不愿意要人怀疑我,仿佛我在替自然宗教说话的时候,也同时是在替宗教迷信辩护。我所承认的自然宗教,无论就其内涵和意义说来,都恰恰与我承认一般宗教以及基督教的外延和意义相同;我所承认的只是它的朴素的基本真理。这个真理就是:人依赖于自然界;人必须同自然界和谐相处;人纵然站在他的最高的、精神的立场上也不应当忘记他是自然界的产儿和成员；他应当随时随地崇敬自然界，奉自然界为神圣，不仅作为自己生存的基础和源泉，而且作为自己精神的和肉体的健康的基础和源泉，因为只有借助于自然界，人才能摆脱病态的、僭妄的要求和愿望，例如关于不死的超自然的愿望。"你们应当同自然界亲近，承认它是你们的母亲；那时你们才能在某一天安静地沉眠到大地中去。"我在《基督教的本质》中虽然把人规定为人的目的，却根本没有想把人神化，像人们所愚蠢地强加于我的那样。也就是说，我根本没有想把人变成神学和宗教信仰意义下的神，因为这种信仰恰好被我溶解到它的人性的、反神学的要素里去。同样地，我虽然把自然界规定为人类生存的基础，规定为人所依赖而不能与之分离的实体，却根本没有想把自然界神化。我可以爱一个人、尊敬一个人，而不致因之把他神化，甚至不致因之而看不见他的错误和缺点。同样地，我也可以承认自然界是我缺了它即成为乌有的实体，而不致因此忘记它缺乏唯有人才有的感情、理性和意识，从而也不致因此陷入将自然界神化的自然宗教和哲学泛神论的错误。人的真正教养和真正任务，就在于如实地认识事物和说明事物，按照它本来的样子既不夸大也不缩小。自然宗教和泛神论则把自然界夸大得过多，正像唯心主义、有神论和基督教反过来把自然界缩小得小以至等于零一样。我们的任务就在于避免宗教情感的极端、过分或夸张，把自然界恰如其分地当作我们的母亲来加以看待、应付和尊敬。我们向亲生母亲献上她应享的敬意；我们不应当因为尊敬她而忘记她作为个人、作为一般女性所具有的局限性；我们对待自己的亲生母亲不应单纯地站在子女的立场上，而要用自由的成人的意识来对待她。同样地,我们看待自然界也不应当用宗教上的儿童的眼光,而应当用自觉的成人的眼光。古代民族由于过于丰富的宗教情绪和柔顺感情而把一切可能的东西都尊奉为神;他们几乎用宗教眼光来看待一切,甚至像麦南德在一句警句中所说的把父母也称为神。现在虽然父母对我们说来已经不再是神,虽然我们不再像古代罗马人和波斯人那样给予父母以生杀子女之权、即神的特权,但是我们也并不把父母看作一文不值。同样地,自然界、一般事物也并不会仅仅因为我们剥夺了它的神圣灵光而变成一文不值。相反地,只有当事物除去了它的神圣灵光的时候,它才显露出它的真正的固有的价值;因为当事物或本质还是宗教崇拜的对象的时候,它就总是披着别人的羽毛,即人类幻想的孔雀羽毛。

第3节①的内容是:只要人是确定的人,那末人的存在和本质就只能依赖于确定的自然界即本国的自然界,并且因此而当然有完全的权利把本国的自然界当作自己宗教的对象。

我对这一节只有这样一点补充,即倘若人们崇拜一般的自然界是无足惊异的,那末他们在宗教上崇拜那个他们生活和活动于其中的特殊的自然界、那个唯一造成他们的特殊个性的自然界、亦即本国的自然界,当然也用不着惊异、惋惜或嘲笑了。如果因此而责备或嘲笑他们,那末就必须一般地嘲笑和摒弃宗教;因为如果说依赖感是宗教的根源,而人的生命和存在所依赖的自然界是依赖感的对象,那末不拿一般自然界而拿本国自然界当作宗教崇拜的对象也就是完全自然的了,因为我的生命、我的本质都只能归功于

---

① 今本为第4节,见《费尔巴哈文集》第5卷,《宗教的本质》。——中文编者

本国自然界。要知道,我不是一般的人而是具体的、确定的、特殊的人。例如,我是用德语来说话来思想的人——实际上没有什么一般的语言,而只有这一种或那一种语言。我的存在、我的生命的特质对一定的风土气候有着不可分离的依赖关系。这对古代民族说来尤其如此。所以,他们在宗教上崇拜本土的山川动物是没有什么可以大惊小怪的。同样地,古代原始民族由于缺乏经验和知识而把本土当作全世界,或者至少当作全世界的中心,这也是无足惊异的。最后,当甚至生活在频繁的世界交往中的现代文明民族还把爱国主义放到宗教的地位上的时候,那末这在古代闭关自守的民族那里就尤其无需乎惊异了。法国人甚至有这样一句谚语:"上帝是个好法国人。"直到今天,德国人还在大言不惭地谈论德国的上帝,虽然老实说来他们并没有理由以自己的祖国而自豪,至少在政治方面。所以,我曾在《基督教的本质》的一条注释中不无理由地说,只要有多少个民族,也就有多少个神,因为某一个民族的神,至少是同他们的教义学家和宗教哲学家的神不同的那个真正的神,不是别的,正是他们的民族感情、民族的 point d'honneur(荣誉点)。在古代原始民族那里,这个荣誉点就是它们的国土。例如,据希罗多德说,古代波斯人是专从距离波斯之远近来评价其他民族的:距离越近,声价越高,距离越远,声价越低。据第欧多说,埃及人认为尼罗河的泥土是造成动物甚至人类的生命的最初基本质料。

第六讲

上次讲演的末尾是反对基督教的超自然主义，替自然宗教的观点辩护和论证。这个观点就是：确定的有限的人，也只崇拜确定的有限的自然界——本国的山川、树木、动物和植物。我在下一节中就把这个崇拜的最荒谬部分当作主题，并且替它辩护说：动物是人所必不可少的必要的东西；人的存在便依靠动物；人只靠动物的帮助才得进于文明的高峰；但是，人是要把他的存在所依赖的东西尊奉为神的；所以，人的崇拜对象，包括动物在内，所表现的价值，正是人加于自己、加于自己的生命的那个价值。

关于动物曾是否成为宗教崇拜的对象，以及在何种意义下并且根据什么理由成为宗教崇拜的对象，人们是争论得很多的。第一个问题，即是否曾有动物崇拜这个事实的问题，人们主要是在考察古代埃及人的宗教时谈到它，而对这个问题的回答则既有"是"，也有"否"。但是倘若我们读过近代旅行家讲述自己亲身见闻的著作，那么，要是没有什么特别的反证，我们就不会怀疑，古代埃及人曾经崇拜或者至少可能崇拜动物，就像亚洲、非洲和美洲各民族不久以前甚至现在所做的那样。例如，马尔修斯（Martius）在他的《巴西原始住民的法律状态》一书中说，好多秘鲁人把美洲驼奉为神圣的东西，而另一些人则崇拜玉蜀黍。又如，公牛是印度人的崇拜对象。"印度人每年把它当作神一样来献祭,用彩带和鲜花把它打扮起来,在它面前叩拜。好多乡村把公牛当作活佛一般来供养,死后又为它举行盛大的葬礼。"同样地,"印度人也把一切蛇类视为神圣。有些偶像崇拜者甚至迷信到认为能被蛇咬是一种幸福。当他们被蛇咬的时候,他们认为这是命中注定的事,并且只想怎样尽可能愉快地结束自己的生命,因为他们相信这样死后可以在蛇王宫内获得一个极重要的位置。"(厄尔什和格鲁贝尔:《百科全书》,"印度斯坦"条)虔诚的佛教徒,尤其是耆那教徒,认为伤害一只极小的昆虫也算犯下杀人一般的滔天大罪(波伦:《古代印度》,第1卷)。耆那教徒"为动物,甚至最下等、最惹人憎厌的动物,设立许多正式的医院,并且付钱给穷人,要他们到专门给臭虫、跳蚤预备的地方去过夜,好让这类毒虫大嚼一顿。好多人经常带着麻布口罩,以便不致吸入一个飞虫,因之伤害它的生命。有些人则在就座前用柔软的刷子把座位轻刷一下,以免压死一个小虫。他们或者带着装面粉或糖的小口袋或一瓶蜂蜜,去喂养蚂蚁或其他动物"(厄尔什和格鲁贝尔:《百科全书》,"耆那教"条)。"西藏人爱惜臭虫、虱子和跳蚤不下于他们驯养的有益动物。在阿瓦①地方,人们对待家畜像对待自己的子女一样。一个妇女死了一只鹦鹉,放声大哭道:'我的儿子死了,我的儿子死了!'她把鹦鹉像自己的儿子一样郑重其事地埋葬起来。"(迈涅尔斯:《宗教批评通史》)这位学者还说:奇怪的是,古代埃及人和一般东方人崇奉为神的那些动物,有一大部分至今还为这些地方的基督教住民和伊斯兰教住民

---

① Ava,缅甸的旧都。——译者

视为神圣不可侵犯的。例如,信奉基督教的科普特人①就设有猫医院,并在遗嘱上写明:要按时喂养鹞鹰和其他鸟类。马斯顿在他的《苏门答腊岛状况》一书中说,苏门答腊人对于鳄鱼和老虎怀有一种宗教上的敬意;他们宁可让这些动物毁掉自己,也不愿杀害这些动物。他们甚至不敢称呼老虎的本名,而把它叫作老祖宗或老头子,"这或者是由于他们的确这样认为,或者是为的借此献媚于老虎。如果一个欧洲人叫那些不大迷信的人设下陷阱,那末这些人夜里就要跑到设下陷阱的地方去做某种仪式,为的是要野兽相信,如果它落入陷阱或嗅到诱饵,那末这陷阱不是他们设下的,也不是出于他们的本意的。"

在我引用若干例证来证明了动物神化和动物崇拜的事实之后,现在就要来谈一谈这些现象的原因和意义。我把这些现象的原因仍然归之于依赖感。动物是人所必需的东西;没有动物,人就不能存在,更不消说过人的生活了。我所必需的东西,就是我所依赖的东西;既然一般自然界作为人类存在的基本原则而因此可以成为宗教的对象,那末作为自然界一部分的动物界当然也能够并且必须成为宗教崇拜的对象。因此,我主要地只是就动物崇拜有其历史上的理由的时代,亦即就动物对于人说来具有极大意义的文明初开时代,来考察动物崇拜的。甚至对于我们这些嘲笑动物崇拜的人说来,如今动物所具有的意义难道还小吗?没有猎犬的猎户,没有牧羊犬的牧民,没有耕牛的农夫,能够做什么呢?畜粪

---

① 埃及民族的一部分,和其余的大部分埃及人相反,信奉基督教,人数在130万以上。——译者

不是农业的灵魂吗？从而，耕牛不是至今对我们说来仍像在古代民族那里一样，是农业的最高原则、是农业之神吗？如果说，古代民族在宗教上崇拜的东西，对我们有理性的人说来至今仍然具有巨大价值，那末我们又有什么理由嘲笑他们呢？我们不是至今仍然常常把动物看得高于人吗？在基督教德意志各邦，不是军人仍然认为坐骑比骑兵具有更高的价值，农民认为耕牛比长工具有更高的价值吗？我在这一节里曾经引用《真德亚吠陀》中的一段作为历史上的例证。《真德亚吠陀》乃是古代波斯人的宗教经典，虽然就现在的面目看来只是后人编定和篡改的。在叫作"温底达"的那一篇中说（当然是根据克莱克尔的不可靠的老译本）："世界赖狗的理智而维持其存在……狗若不守护街衢，盗贼和狼便要劫掠毁尽一切财物了。"正由于狗有这种重要性——当然也由于宗教迷信——所以就在这部《真德亚吠陀》经的法律中，狗作为防卫野兽的守护者，"不仅被提到与人同等的地位，甚至在满足它的需要方面被给予优先的地位"。例如，《真德亚吠陀》里面说："谁看到饿狗，必须用最好的食物去喂它。""若有带崽的母狗无家可归，所在地的长官必须把它收容起来加以喂养；否则，他就要受到残毁肢体的刑罚。"可见，人的价值还不如一条狗。在埃及人的宗教中，我们还可以发现把人看得不如动物的更坏的规定。据第欧多说："谁杀死这样一只动物（即被埃及人视为神圣的动物）就是死罪。如果这个动物是一只猫或者一只朱鹭，那末不管他是故杀或者误杀，都一定要处死；这时群众从四方八面聚拢来，用最残酷的手段惩治这个犯罪者。"

但是，我所引证的例子，似乎也在反对用动物的不可缺性和必需性来说明动物崇拜的原因。老虎、蛇、跳蚤、虱子难道是人所必需的动物吗？要知道,只有有益的动物,才是必需的动物。迈涅尔斯在上面征引过的那本书里曾经说过:"虽然一般说来,人们崇拜有益的动物多过于有害的动物,但不能由此得出结论说,动物的有益性是把动物当作神灵来崇拜的原因。有益的动物并非因它的有益性而被崇拜,有害的动物也非因它的有害性而被崇拜。正像我们不知道也无法探究这个地方崇拜这种动物、那个地方崇拜那种动物的原因一样,动物崇拜中的许多现象也是无法说明和互相矛盾的。例如,塞内加尔和冈比亚的黑人崇拜并爱惜老虎,但在安提王国及其他邻近的王国中,则凡能杀死老虎的人均可获得奖赏。"实际上,我们在宗教方面首先碰到的是一大堆最大和最混乱的矛盾。虽然如此,我们若是深入地去考察,就可以把这些矛盾归结为畏怖和爱的动机(爱和恐怖的对象是因人的不同而不同的),归结为依赖感。某种动物纵然没有可由自然史证明的实在的益处和害处,人却往往在他的宗教想象中根据偶然的、我们所不知道的理由,把迷信中的作用同这种动物联系起来。[3]人们不是曾经认为宝石具有起死回生的疗效吗？根据什么理由呢？根据迷信！因此,崇拜的内心动机是一致的,只是由于下述原因而在表现上不同罢了,这原因就是:对于某些对象的崇拜是基于一种想象的、只存在于信仰或迷信中的有益性或有害性,而对另一些对象的崇拜则基于实在的有益性或有害性。简言之,即幸或灾、福或祸、疾病或健康、生或死,有些的确在事实上依赖于宗教崇拜的对象,有些则只是在想象中、信仰中、观念中依赖于这些对象。

宗教对象的差异性和多样性看来似乎与我对宗教起源的解释相矛盾。因此,我愿意趁这机会着重指出一点,即我决不想把宗教以及一般的宗教崇拜对象归结为某种片面的、抽象的东西。当我思考某个对象的时候,我总是就其全部来考察。我所说的依赖感,不是神学的、施莱尔马赫式的、朦胧的、不定的、抽象的感情。我所说的依赖感是有眼、有耳、有手、有脚的;我所说的依赖感就是那感觉到并看到自己的依赖性的人,简言之即在各方面和各种意义上意识到自己的依赖性的人。人所依赖的,人所自觉和自知依赖的,就是自然界,就是感官的对象。因此,下面这种情况乃是完全自然的,即自然界通过感官在人身上所造成的一切印象,即使仅仅是基于个人的独特癖性所造成的印象,也能够成为并且事实上确实成为宗教崇拜的对象;那些只有理论意义而与人没有直接实践关系(这种关系包含着畏怖和爱的真正动机)的对象,也成为宗教的对象。即使某个自然物确是由于它的可怖或有害、慈善或有益而被人拿去当作宗教崇拜的对象,以便避祸得福,即使在这种情况下,它也还是有其他的方面为人的眼睛和意识所能触到,因此也可以成为宗教的要素。如果说古代波斯人是因为狗的警觉性和忠诚心,因为狗对于人的这种所谓政治道德意义和必需性而去崇拜它,那时狗也并非仅仅 in abstracto(抽象地)作为守卫者,而且是作为具有其他一切方面、一切天性的整体而整个地成为人的直观默察的对象的。所以,这些天性自然也在造成一种宗教对象当中起着协同影响的作用。例如,在《真德亚吠陀》中,除了狗的有益性和警觉性以外,还明确地指出了它的其他天性。譬如,那里说:"狗有八德:它像祭司,像军人,像农夫——财富的源泉,像飞鸟,像强盗,像野兽,像恶妇,像青年。它像祭司,是因为它碰到什么就吃什么,谁找它它就到谁那里去……狗贪睡像一个年青人,做事热情急躁也像一个年青人",等等。例如,莲花（Nymphaea Lotus）是古代埃及人和印度人的主要崇拜对象,并且直到如今还几乎为所有的东方人所崇拜;这种花不仅是一种有益的植物——因为它的根可以吃,特别是过去曾是埃及人的主要食品——而且是水花中最美丽的一种。如果说在一个有理智的、讲求实际的、有文化能力的民族那里,只把某物对于人的存在和文化有影响的那些合理的特性当作宗教崇拜的基础,那末在一个具有相反性格的民族那里,则可能只把某物的对于人的存在和文化无关的不合理的、甚至奇异的特性,当作宗教崇拜的动机。人们崇拜某一事物或本质,甚至可以除了特有的同情或癖性以外再无其他理由。如果说宗教不是别的,正是心理学和人本学,那么特有的癖性和同情自然也应在宗教中占有一种地位。自然界中一切奇异的和显著的现象,一切使人瞠目结舌、震撼迷惑、燃起幻想、激发惊异,以及以特殊的、不平常的、不可能的方式刺激人的感情的东西,都对宗教的产生发生一定的影响,并且都能成为宗教崇拜的原因和对象。塞尼加在他书信中说:"我们带着敬畏去观看大河的源头。我们为从隐蔽中突然涌出的小溪设下祭坛。我们崇拜温泉;我们只是因为某些湖泊的幽暗和深不可测而把这些湖泊视若神明。"梯尔的马克西姆在他的第 8 篇论文中说:"河流受人崇拜,或者由于它的有用,如尼罗河之于埃及人,或者由于它的美丽,如潘尼河之于帖撒利人,或者由于它的伟大,如伊斯特尔河[①]之于西徐亚人",或者由于其他偶

---

①　Lster,即今杜那依河。——译者

然的、在这里无足轻重的原因。笛卡儿的天才门生、用拉丁文写作的十七世纪德国哲学家克劳伯说:"儿童最易于为明亮灿烂的东西所迷惑和吸引。这就是野蛮民族沉迷于太阳和星辰崇拜以及其他诸如此类的偶像崇拜的原因。"

但是,宝石的光辉(宝石也是人所崇拜的),黑夜的恐怖,森林的幽暗和寂静,海洋的深不可测,以及动物姿态的特异性、奇怪性、可爱性和可怕性所激起的印象、激情和情绪这样一些宗教的要素,虽然是在解释和理解宗教的时候必须考虑和估计在内的因素,但这时的人还没有站在历史的基础之上,还处于幼稚的状态,个人也还不是历史的人物(虽然后来是的),他还无选择、无批判地受印象和激情的支配,只是从这种印象和激情造出自己的神。这样的神不过是宗教的流星或陨石。只有当人们开始转向对象的这样一些特性,这些特性经常不断地使人想起他对自然界的依赖,不断地在感性上使他感觉到没有自然界他就不能存在;只有当人拿这些特性当作自己崇拜的对象,只有在这时候人才提高到真正的、经常的、历史的、具有正式仪式的宗教。例如,只有当太阳不是为了它的光辉灿烂,不是仅仅为了它的使人目眩而被崇拜,而是为了它是农业的最高原则、是时间的尺度、是自然秩序和社会秩序的原因、是人的生命的显而易见的根源,简言之,即是为了它的必需性、有益性而被崇拜的时候,太阳才是真正的宗教崇拜的对象。[4] 只有当对象的文化史的要素进入人们的视野的时候,宗教或它的一个分支才成为一种特质的历史要素,才成为历史研究者和宗教研究者感到兴趣的目标。对于动物崇拜也可以这样说。在宗教中,崇拜的对象虽然也兼及与文化史观点无关的其他动物,但是对于与文化史有关的动物的崇拜,却是宗教的值得大笔特书的、具有特质的合理方面;至于说到人为什么要去崇拜其他动物,要去崇拜一般与人的存在及其属人的特征无关的对象和特性,其原因也只能在那根据人性的理由而值得崇拜的那些对象的范围内去找。那些最必需、最重要、最有影响、又最能激发人的依赖感的自然物,同时也具有最能刺激视觉和感情,最能激发人的惊异、赞叹以及诸如此类的情绪和心情的一切特性。因此,阿拉图斯在他的《现象》一诗中对宙斯,即对作为天界现象的原因的神歌颂说:"父啊,我们向你致敬,你是伟大的奇迹(即能激发惊异和赞叹的伟大实体),你是人的伟大抚慰者。"这就在同一个对象中结合了我们刚刚提到的那两种特质。但是,宗教的对象、崇拜的对象并不是thauma,即奇迹,而是oneiar,即抚慰,也就是说,不是作为惊异对象的实体,而是作为畏怖和希望对象的实体;这个实体不是因为它的值得惊异和赞叹的性质,而是因为它的作为维护人类生存的基础而能激发依赖感的那种性质,而成为人类崇拜的对象。

对于动物崇拜也可以这样说,虽然有一些动物神,它之所以存在,只是由于thauma,由于无批判的呆视,由于无意义的大惊小怪,由于宗教迷信的无限制的任意。所以,我们用不着为了人崇拜动物这件事而感到惊异和惭愧,因为人爱动物和崇拜动物只是为了自己;人崇拜动物,至少当动物崇拜是一种文化史现象的时候,只是因为动物替人类服务,从而也替他自己服务;不是出于兽性的原因,而是出于人性的原因。

关于人崇拜动物也就是崇拜自己这件事,我们可以拿人现在仍然如何看重动物来做例。猎人只是看重有益于狩猎的动物,农民只是看重有益于农作的动物,也就是说,猎人在动物身上所看重的是构成他自己的本质的狩猎生活,而农民在动物身上所看重的则只是作为他自己的灵魂和实践神性的农务。所以,我们也可以从动物崇拜得到论据和例证,来证明我所下的这样一个断语:宗教不过是人的本质的对象化。人不同,他们的需要不同,他们的主要的、特有的观点不同,那末,至少在属于文化史的民族那里,他们主要崇拜的动物也就不同,以致我们根据作为崇拜对象的动物的性质,就可以判明崇拜这些动物的人的性质。例如,罗德在他的《古代大夏、米太和波斯的神话传说和宗教体系》一书中说:狗"对于起初只是靠畜牧为生的波斯人说来,是对付阿里曼神①的动物即狼和其他野兽的主要助手。因此,凡是杀死有用的公狗或怀孕的母狗的人都要被判死罪。埃及人则不然,他们由于耕种土地而无须乎害怕狼和其他野兽;祸害他们的是家鼠和田鼠,即蒂风神②的爪牙,所以猫就在埃及人那里占据了狗在波斯人那里所占的位置"。但是,动物崇拜以至于一般的自然崇拜,不仅仅把一个民族的文化实践显示给我们,而且也把它的理论本质以及一般的精神观点显示给我们;因为凡是人崇拜动物和植物的地方,那里的人就还不是像我们一样的人,他们把动物和植物拿来和自己等同看待,动物和植物在他们眼里一部分是人性的东西,一部分是超人性的东西。例如,在《真德亚吠陀》中,狗也和人一样受法律的制裁。"狗若是

---

① Ahriman,波斯拜火教中的恶神,即黑暗之神。——译者
② Typhon,希腊神话中的喷火怪物,有百头,曾和宙斯对抗,被宙斯贬入地狱。——译者

咬了家畜或人,第一次割去它的右耳,第二次割去左耳,第三次割去右脚,第四次割去左脚,第五次割去尾巴。"又如,据第欧多说,特罗格洛特人①把公牛和母牛、公羊和母羊称作父亲和母亲,因为他们每天的食粮,不是从亲生父母得来,而是从这些动物身上得来的。又如,据迈涅尔斯说,危地马拉的印第安人,像非洲黑人一样,相信每个人的生命都同某个动物的命不可分离地联系着;如果"兄弟动物"被杀死了,那末这个也一定要死去。又如,沙恭达罗②对花说:"我觉得对这种植物有一种姊妹的爱。"站在东方自然崇拜立场上的人性本质,同站在我们立场上的人性本质之间有着如何的区别,可以从威廉·琼斯所叙述的一段故事明显地看得出来。他说:有一次当他拿桌案上的莲花来研究的时候,恰好有一位来自尼泊尔的异邦人来拜访他,一看见这花便诚惶诚恐地跪了下去。一个向花虔诚膜拜的人,同一个只拿植物学眼光来研究花的人,其间是有着何等的差别啊!

---

① 意即穴居者,系古希腊人对居住在山洞中的未开化人的称呼。——俄文本编者
② 印度诗人迦梨陀沙所著同名梵文剧本中的女主角。——俄文本编者

第七讲

　　我们做出了一个断语说：人崇拜动物其实是崇拜自己，——这个断语仍是不会动摇的，纵使某些动物崇拜并没有什么文化史的合理的根据，只是由于畏怖或甚至由于一些特殊的偶然性或癖性而发生出来；因为，人没有根据地崇拜某种东西，那就只是把他自己的愚蠢和疯狂表现在这里面。我们得到了这个断语，就达到这章书的重要命题了，这个命题是说：人知道或相信他的生活依赖于什么东西，他就把这个东西尊奉为神；正因如此，所以他的崇拜对象中所表现的价值只是他对他的生活、对他自身所估定的那种价值；由此可见，对神的崇拜乃依赖于对人的崇拜。这个命题虽然只是把这回讲演以后的发挥和结论提前来说一说，但因这章书里已经提到这个命题，又因在我的宗教观全部发展中这个命题占据极重要的位置，所以我们不妨借这机会在说到动物崇拜时申说一下这个命题。动物崇拜，如果有个合理的意义做根据，那就完全证实了并显明了这个命题的真理性。

　　接着上次讲演说下去罢。凡是动物崇拜提高到一种文化要素、一种宗教史上值得提起的现象的立场上以后，就必含有一种人性的或利己主义的根据。我用"利己主义"这个名词来表明宗教的根据和本质，以此惹起了伪善的神学家和幻想的哲学家大发雷霆。

那些没有批评精神而只知执着字句的批评家,便用他们的智慧,附会曲解我的"哲学",说这个哲学的结果是利己主义,正因如此我是未曾进入宗教本质里面去的。可是,请你们注意啊,倘若我使用"利己主义"这个名词来表示一种哲学的或普遍的原则,那么我所使用的一定不是这个名词的惯用的意义;这是每个有点批评精神的人都能从我使用这个名词时的联系和对立中看得出来的。我恰在与神学或信仰相对立中使用这个名词,恰在这种意义之下使用,即严格而彻底地说来,凡是爱,只要不是拿神当作目的和对象的,都是利己主义,连对于他人的爱也是利己主义。所以,我所说的,并不是人反对人的利己主义,不是道德上的利己主义,不是那种在一切作为中表面上为他人实则着眼自己利益的利己主义,不是那种成为伧父和市侩之特征的利己主义;那种利己主义正是思想和行为上一切大公无私心的反面,正是一切热忱、一切明慧、一切爱的反面。我所说的利己主义,乃是人争取自己的地位,乃是人的自我坚持,以之对抗神学的伪善、宗教的和思辨的幻想、政治的野蛮和专制等向人所提出的一切非自然的和非人的要求,——这种利己主义适合于人的本性,因此也适合于人的理性,因为人的理性不是别的,正是人的被意识到的本性。我所说的利己主义,乃是必需的、不可或缺的利己主义,不是道德上的,而是形而上学的,即植根于人的本质中为人所不知道和不自意的利己主义;没有这种利己主义,人简直不能够生活,因为我要生活,我就必须不断地吸取有利于我的东西,而把有害于我的东西排除出身体以外,这种利己主义,可见还托根在机体上面、即体内生活资料的新陈代谢上面。我所说的利己主义,乃是人对自己的爱,即对人性本质的爱,这种爱就是满足和发展一切本能和才干的推动力，没有这种满足和发展，就不是而且不能是一个真正的完成的人。我所说的利己主义，乃是个体对于与自己同等的个体的爱——因为没有对于与自己同等的本质的爱，我还是什么？——乃是个体对于自己的爱；因为，凡是某一个人、某一个对象的爱，都是对于自己的间接的爱，因为我只能够爱那个适合于我的理想、我的感情和我的本质的东西。总而言之，我所说的利己主义，就是那个自卫本能，有了这个本能，人才不至于拿自己，拿他的理智、他的意识、他的肉体，牺牲给那些（还是拿动物崇拜来做例）精神上的驴子和绵羊，那些政治上的豺狼和老虎，那些哲学上的蟋蟀和鸱枭；就是那个理性本能，这个本能告诉人说：凡是出于宗教的自我否定而让臭虫、跳蚤和虱子吸取肉体的血液和头脑的理智的，让毒蛇和蛇毒死的，让老虎和狼吞食的——都是愚蠢和无意识的行为；就是那个理性本能，这个本能，当人有时候走错了路，降低了自己，而去崇拜动物时，却能对人呼喊说：你只应该崇拜那种对你有用的、为你所必需的动物，你崇拜它实即崇拜你自己；因为你崇拜动物，倘若不存在有一个合理的根据，那至少你是相信或想象这种崇拜对于你不是没有用处的。"用处"这个字眼，我认为不妥当，我在我的对《宗教的本质》一书的解释和补充中已经宣布过：这个字眼是庸俗的、不合宜的、又与宗教意义相矛盾的字眼；因为，"有用的"，究竟还是一件事物，但是那个神，那个宗教崇拜的对象，却不是一件事物，而是一个本质；"有用的"是纯粹可用性的表示，是被动性的表示，但是活动，生命，却是神的本质特性，这点普卢塔克已经正确地说过了。"有用"，在宗教上的用语和概念，就是福利；因为不是"有用"，而是福利，才能使我感到感恩、崇拜、爱,而且唯有这类感觉在其本性上和影响上说才是宗教的。一般的自然界以及特殊的动物和植物,所以受人崇拜,拿宗教的或诗的用语说来,是由于它们的福利性,拿非宗教的庸俗的或散文的用语说来,是由于它们的有用性,拿哲学的用语说来,则是由于它们的必然性,由于它们的非有不可性。

因此,动物崇拜,就其至少含有合理的宗教意义说来,是与各种崇拜同出于一条原则的;或者可以这样说:经过相当思索的人,拿动物来做宗教崇拜对象,这种崇拜的根据也就是对于一切其他对象的崇拜的根据;这个根据却正是有用性或福利性。人崇拜的神灵所以有种种不同,只因为他们给予人的福利有种种不同,只因为他们所满足的人的本能和需要有种种不同;宗教的对象所以有种种不同,只因为与此对象有关的人性本质具有种种不同的才质或能力。譬如,阿波罗是诊治心理上道德上病症的神,亚斯克列比奥(Asklepios)是诊治物理上肉体上病症的神。但是他们受崇拜的原因,他们之所以成神的原则,却是他们对于人的关系,却是他们的有用性,他们的福利性,却是属人的利己主义。因为,倘若我不先爱我自己,崇拜我自己,我怎样能去爱和崇拜那些于我有用并给我福利的东西?倘若我不爱我的健康,我怎样能去爱医生?倘若我不愿满足我的求知欲,我怎样能去爱教师?倘若我没有寻找光明、需要光明的眼睛,我怎样能去爱光明?倘若我轻蔑我自身,我怎样能去赞颂我的双亲或远祖?倘若我自己身上没有一个主观上至高的本质,我怎样能去崇拜和尊奉一个客观上至高的本质?倘若我没有把自己当作神(自然是在另一种方式之下),我怎样能去承认有个神在我之外?倘若不是预先有个内在的心理上的神,我怎样能相信一个外在的神？

但是在人里面的这个至高本质，为一切其他至高本质、一切人以外的神所依赖的，又是什么呢？这就是人的一切本能的需要和才质之总和，一般说来，这就是人的存在，人的生命，因为存在和生命是包揽一切的。人之所以把他所依赖的东西当作一个神或神圣本质，只是因为他的生命对于他本是一个神性本质，一个属神的宝物或事物。虽然有人说："生命在一切宝物中并不是最高的东西"，①但那时所谓生命乃是狭义的生命，那时人立足于不幸和矛盾，绝不是立足于常态的生命，那时人自然是舍弃生命，轻蔑生命，但只因为生命缺少了常态生活所必需的属性或宝物，只因为生命不再是生命了，才去轻蔑它。譬如一个人被剥夺了自由，变成别人的奴隶了，那时他能够而且应当轻蔑这个生命，但这只是因为这个生命变成缺陷而无价值了，业已失去人性生活的最紧要条件和性质了，即失去那依照自由意志的运动和决定了。自杀便是从此发生的。自杀的人并不是抛弃他的生命；他的生命早已被人夺去了。所以他杀死了自己；他只毁坏了一个假相，他只抛弃了一个外壳，这个外壳的核心早已毁坏，不管是不是由于他自己的罪过。但是在健康的常态的状况下，而生命又是包含那本质上属于人的一切宝物在内，那么毫无疑义地，生命就是人的最高的宝物，人的最高的本质了。

我的主要命题和根本命题，向来都是拿经验上的、历史上的例证来证明的，因为我只要把别人，把一般人所思想所感觉的东西，使大家意识到并明白表述出来；所以在我的对《宗教的本质》一书

---

① 席勒的悲剧《殉道女》中结束部分合唱诗句中的一句。——据俄文本编者

的解释和补充中,我也只从亚里士多德、普卢塔克、荷马和路德著作征引几段话来证明上面那个断语。我自然不是想拿这寥寥几段话来证明一种主张的真理性,像那些无批评精神的可笑的批评家所指责于我的。我喜欢简短,别人用几大本书写的东西,我用几个字就写完了。但是大多数学者和哲学家确然有这样一种脾气,即他们须在手上拿着一大本或一厚本印好的著作,才会相信其中的主张是重要的。我在那里征引的几段话,却是可以拿部分代表全体的,却有普遍意义,却能够征引几千几万件材料来做佐证的;但是这些千万件材料,不能比那几段话说得更多些,至少在质的方面是如此。可是比渊博的征引更加有用到无量数倍的,却是实践,却是生活。我们每走一步,每看一眼,实践和生活都能对我们证实这一句话的真理性,即对人说来,生命是一切宝物中最高的东西。首先证明这个真理的,还是宗教及其历史;因为正像哲学究竟不过是思想的艺术一样,宗教究竟也不过是生活的艺术,因此也不过使我们直觉到和意识到那些直接鼓动人生的力量和冲动罢了。这条真理本身就是一切宗教之彻底的、总括的原则。仅仅因为人不自觉地不由自主地和必然地把生命当作一种属神的宝物和本质,所以他才自觉地在宗教里面,把这发生和维持那属神的宝物时所依赖的东西当作神,不管是实在依赖的,或想象中依赖的。一种本能,一种冲动,无论是低级的或高级的,物质的或精神的,实践的或理论的,每逢得到满足,人都要把这个满足当作属神的享乐;只因为如此,人才去崇拜这个满足所依赖的对象或本质,拿来当作卓越的值得尊崇的属神的东西。一个民族没有精神的冲动,也就没有精神的神。一个民族不把那当作主体,即当作人性力量和活动的理智,尊为神圣的东西,则他们也不会拿一个理智本质作为崇拜对象,作为神。我怎样能将"智慧"尊为密涅瓦(Mineva)女神呢,倘若我不是预先把"智慧"本身看作属神的东西?所以一般说来,我又怎样能将我的生命所依赖的东西尊奉为神呢,倘若生命对于我不是属神的东西?唯有人的冲动、需要和能力之差异,唯有这个差异及其等级性,才决定了各种神灵和宗教之差异及其等级性。由此可见,神性的尺度和准绳以及神灵的根源,恰在人自己身上。凡是适合这个准绳的就是神,凡是违反这个准绳的就不是神。但是这个准绳正就是在发展了的意义下的利己主义啊。

某个对象对于人的关系,某种需要之满足,不可缺少性,福利性——这便是人之所以把这个对象当作神的原因。人所认为绝对的本质,就是人自己,不过人不知道;所谓诸种绝对本质,诸神,乃是相对的、依赖于人的东西,只当他们服务于人的本质时,只当他们对人有用,为人需要,适合于人时,总之即给人福利时,他们才被人当作神。希腊人为什么嘲笑埃及人的神灵,嘲笑那些鳄鱼、猫以及朱鹭呢?因为埃及人的神灵不适合于希腊人的本质和需要。为什么希腊人只承认希腊神灵才是神呢?其中的原因应当到哪里去寻呢?到这些神灵本身中去寻么?不是,应当到希腊人本身中去寻;倘若要到这些神灵当中去寻,那也只是间接的,只是当这些神灵恰能适合希腊人的本质时。[5]但基督教徒又为什么排斥希腊、罗马的异教神灵呢?因为他们的宗教趣味改变了,因为异教神灵不能给予他们以他们所要的东西。为什么他们的神,他们才认为是神呢?因为这神恰是他们的本质的一个存在者,恰与他们一样,恰合他们的需要、他们的愿望、他们的观念。

我们起初从最一般的最普遍的宗教现象出发，从那里走到了依赖感；但是现在我们又超过了依赖感，追溯到依赖感背后去，并发现出宗教的最究极的主观根源乃是上述意义下的属人的利己主义——虽然惯用的意义下的利己主义，在宗教中也并非占据从属地位，但这点我搁起不说。问题只是在于：这个关于宗教的起源、本质及其对象即神之解释，是与普通人那种超感性的、超人的、即幻想的宗教观绝对矛盾的——这个解释是否合乎真理呢？我这些话，是否抓住了宗教的要害呢？是否正确说出了人类崇拜神灵时的心思呢？我已经征引不少的例证了；但因这个对象太过重要，又因要打击那些学究，就唯有使用他们自己的武器，就是繁征博引，所以我还要再征引几个例证。罗得在上面引过的著作里论古代印度人和波斯人的宗教说："人们崇拜那些能结有用果实的树木，祈求它们以后多结一点果实。那些乳可供人饮、肉可供人食的动物，也受人崇拜。人们崇拜水，为的它能使土地肥沃；崇拜火，为的它能发热和发光；崇拜太阳以及其他星辰，为的它们给予全体生命的影响，连最迟钝的意识都能觉得出来。"上面引用过的《论宗教原理之起源》一书的作者，从加西拉索·德·拉·维加所著的《秘鲁印加民族史》中征引了一段话（这书可惜我没有弄到）如下："秦萨地方居民告诉印加说：他们不愿承认印加为他们的王，也不愿承认太阳为他们的神，他们已经崇拜一个神了，他们共同的神就是海。它与太阳完全不同，它供给好多的鱼给他们吃；太阳则对他们毫无一点好处，太阳的异常的热，他们忍受不了，他们所以用不着去尊敬它。"照他们自己的供认看来，他们把海尊奉为神，是因为海是他们的粮食来源；他们恰如那位希腊喜剧家一样地思想："养活我的东西,就是我的神。""我吃谁的面包,就唱谁的歌",这句谚语也可适用于宗教。语言文字本身也供给我们这类证据了。譬如 Almus 这字就是养活的意思,因此主要成了西勒①神的一个形容词,也正因如此才是可爱的、有价值的、庄重的和神圣的。第欧多书中说:"神话所提到的神灵中,最受人尊敬的是那两位神,他们的极有用的发明对于人类有极大的贡献:一个是第奥尼修斯②,他发明了最可爱的饮料;一个是德美特尔③,她发明了最优美的食物。"爱拉斯谟在他的《谚语集》里面,替古代"对人来说,人就是神"这句谚语做注释说:"古代人相信:做神,便意味着造福于人。"语言学家迈因(Johanne von Meyen)研究维吉尔的《安涅斯》时写的注解也说出同样的意见。他说:古代凡是生前有造福于人的发明,死后人们便拿神性荣誉加在他身上,因为古代人相信:一个神不是别的,正是造福人群者。奥维德在放逐时写的书信中说:"倘若我们除去了神灵的造福或帮助人群的意志,我们为什么要尊奉神灵呢? 倘若朱比特是个聋子,听不到我求祷的话,我为什么要在他的神庙里杀牲祭他呢? 倘若我航海时,海不给我安宁,我为什么要焚香奉承涅普顿④呢? 倘若西勒没有满足勤谨的种田人的愿望,她又怎样能得到孕猪脏腑来献祭呢? 可见使人和神获得尊敬的乃是有益和福利!"老普利尼说:"在人看来,谁帮助人,谁就是神。"据格流士说,朱比特的名字 Iovem 是从 iuvando 这字来的,即从"扶助"或"有

---

① Ceres,古罗马人的谷神。——译者
② Dionysius,古希腊人的酒神。——译者
③ Demeter,古希腊人的谷神名。——译者
④ Neptun,海神。——译者

益"来的,恰与 nocere 即祸害相反。西塞罗在他的论义务的著作中说:"在人看来,除了神以外,最有益的就是人。"——可见神是最有益于人的了。爱拉斯谟在他的《谚语集》中说:"'要一个神,还要好多个朋友'这句谚语告诫我们说:我们应当多多交结朋友,因为除了神以外,朋友最能够帮助我们。"在《论神灵本性》的著作中,西塞罗(宁可说是伊壁鸠鲁派维勒尤斯,但这里是一个样的)宣布培尔塞乌斯的意见是荒谬的,后者认为:有益的和造福的东西才被人尊奉为神。西塞罗并且就为这个意见去斥责普洛弟古斯,说他废弃了宗教;但同时西塞罗也斥责伊壁鸠鲁,说他把宗教连根拔去了,因为他从神排去了最神圣的东西,即仁慈和福利;西塞罗说:倘若人们从神灵领受不到什么好处,也不能期待什么好处,那又怎样能去尊敬他们呢?信仰、虔诚,乃是人对于神灵的酬谢,但是既然没有从他们获得什么,又何必去酬谢他们? 昆提良在他的《雄辩教本》中说:我们对于神灵,首先崇拜他们的庄严,其次崇拜他们特有的权力以及他们的有利于人的发明。昆提良这里把神灵的权力和庄严从他们造福于人的能力中区别出来了,但是我们更深一层去考察,这个区别是不存在的;因为愈加庄严、愈加有权力的,也就愈加具有造福他人的能力;反之亦然。最高的能力是和最高的造福力相一致的。所以在差不多一切民族中,凡具有属天的势力和权力的神,都是最崇高最庄严的神,都是超出一切神灵之上,因为上天的影响和福利也是超出其他一切影响和福利之上,也是最普遍,最广包,最伟大,最必需的。譬如在罗马人中朱比特就叫作 optimus,maximus,换句话说(像西塞罗自己所指出的):"由于他的造福",他是最好的或最善的神,但"由于他的权力",他又是最大的或最高的神。昆提良说的那种区别，普卢塔克在他的《被深爱者》中也曾说过。"对于神灵的赞美，主要地是为着他们的dynamis即权力，以及他们的opheleia即有益或造福。"但是上面说过，这两个概念是互相一致的；因为一个存在者愈是自在、自为，那也就愈加能够成为别的东西。一个人愈是伟大，就愈能有利于他人，固然也愈能有害于他人。所以普卢塔克在他的《席间谈话》中也说："人们大多数是崇拜那些最有普遍用处的东西如水、光、季节等。"

第八讲

当异教的最后残余被摧毁了,至少它的政治意义和地位被剥夺了的时候,当胜利女神的雕像被人从向来站立的地方迁开了的时候,西麻克便写了一篇辩护书,替古代的、历史上的宗教辩护,兼替对维多利亚女神的崇拜辩护。他列举的种种理由中有一项理由,即他认为utilitas(有益)是神性中最可依靠的特征。他还说:没有人可以否认,凡是人所愿望的东西,人就拿来崇拜。这就是说:唯有人所愿望的对象,才是宗教的对象、崇拜的对象;但是唯有好的、有用的、造福的东西,才是人所愿望的。所以古代异教徒中,特别是希腊人中的有教化的人,把良善、造福和爱人,定为神的主要性质和条件。在柏拉图的《泰阿泰德》中,苏格拉底说:"没有一个神是反对人的。"塞尼加在他的书信中说:"神灵为什么会造福于人呢?他们的本性使然。以为他们要加害于人,那是错误的;他们绝不会加害于人。……神不寻求替他服役的人,神自己就是替人类服役的。"普卢塔克在他论斯多葛派的矛盾的著作中说:"取消了神的永生,正如取消了神的照护和造福,是一样地不合理。"在普卢塔克的同一著作中,安提帕特也说:"我们所了解的神,就是一个幸福的、永生的并造福于人的存在者"。所以希腊人把神灵,至少最杰出的神灵,称为soteres,即援助者、赐福者和救主之意。希腊宗教中简直是没有特设的独立的恶神，像埃及的提风和波斯的亚里曼。

　　基督教那些教父嘲笑异教徒，因为异教徒拿着那些造福的或有用的事物和本质，当作宗教崇拜的对象。譬如费弥克说过：那些浅薄的希腊人，认为一切造福他们的东西，都是神。他非难希腊人诸点之中，有一点是说：彭纳特神（die Penaten）是从 penus 这个字生出来的，而这字不外是"给养"之意。他说：异教徒所了解的生活，不外是自由吃喝之意，他们便把给养资料尊奉为神。他也非难他们的崇拜维斯塔①，因为这神不是别的，正是家中之火，这火每日生在灶上供人使用，因此它的祭司不当是少女，应是那些厨子。那些教父以及一般基督教徒，虽然非难和嘲笑异教徒，说他们因为造福于人这点理由去崇拜那些有用的东西，火、水、日、月等，但这些基督教徒之所以嘲笑他们，并不是因为这种崇拜的原则或根据，而只是因为他们崇拜的对象；所以，并不是因为他们把造福性和有用性当作宗教崇拜的根据，而是因为他们没有把正当的东西当作宗教崇拜的对象，而是因为他们没有崇拜那一个存在者：自然界一切造福于人、有利于人的性质和影响都是从这一个存在者出来的，唯有这一个存在者能够帮助人，能够使人幸福，这就是神，就是这个与自然界不同的、精神的、不可见的、全能的存在者，他就是自然界的创造主。异教徒依照他们的感性的直观，是把操纵利害、苦乐、生死以及健康和疾病之权分散给好多不同事物，基督教徒依照他们的非感性的抽象思维，则把它集合于一个存在者之中，使得

---

　　①　Vesta，罗马人的灶神。——译者

这个基督教徒所称为神的东西，成了唯一可怕和有力的、唯一可爱和造福的存在者。或者，倘若我们把造福力看作神的主要属性，我们也可以说：异教徒把那些好事分散给好多不同的实在事物的，基督教徒便把它集合于一个事物，所以基督教徒把神叫作一切好事之总和。但是在神的定义即概念上，在原则即本质或根据上，他们和异教徒并没有什么不同的地方。无论在《旧约》圣经或《新约》圣经里面，凡是说到"我将是你们的上帝"或"我是亚伯拉罕的上帝"等地方，"上帝"这名字都有"造福者"的意义。奥古斯丁在他的《上帝之城》第4卷中说："既然罗马人认为'幸福'是一种神性，他们为什么不单单崇拜它呢？为什么不单单涌进'幸福'神庙中去呢？因为，世上有谁不愿望幸福呢？除了能以之获得幸福的东西，谁还愿望别的什么呢？除了幸福以外，谁要从神获得别的什么东西呢？不过'幸福'并不是神，乃是神的一种恩赐。所以能赐予幸福的神，就受人求告。"在同一著作中，奥古斯丁关于柏拉图式的精灵又说："纵然有不朽的和幸福的神灵住在天堂，倘若他们不爱我们并且不愿意我们幸福，他们也不当受我们崇拜的。"可见唯有爱人类并且愿意人类幸福的，才是人所崇拜的一个对象，才是宗教的一个对象。路德在他给摩西第五书①若干章做的注释中说："理性把神描写作帮助人、有益于人的东西。异教徒也是这样做的。……罗马人为着各种要求和帮助设立了许多神灵。……尘世上有多少灾祸和福利，他们就选取了多少神灵，甚至蔬菜和大蒜也被他们尊奉为神。……在教皇统治下，我们也设立了许多神灵，每种疾病或灾祸

---

① 即旧约中的《申命记》。——译者

都有一个专管的保护神。怀孕的女人每逢痛苦的时候就要呼喊圣马加丽特(St. Margareten),她就是她们的神。……圣克利斯多费尔(St. Christophel)应当帮助那些临危的人。所以每个人都拿他所最愿望的东西来叫作'神'。……所以我再说一遍:理性是相当知道神能够而且应当帮助人的,可是理性不认识真正的神。……真正的神在这《圣经》中就叫作救难者和赐福者。"在同书另一个地方,他又论异教徒说:"他们虽然为了崇拜偶像而认错了神(即他们不去崇拜正神,反去崇拜伪神),但是他们向正神的敬礼还是存在的,即他们向他呼喊并期望由他得到一切好处和帮助。"换句话说:异教徒的主观原则是完全对的,或者说主观上他们是对的,只要他们在"神"这个概念下只想到是个良善的造福的东西;但是从客观上说来,即在对象方面,他们就错了。

  基督教徒尤其热烈反对异教哲学家的神,即斯多葛派、伊壁鸠鲁派、亚里士多德派的神;因为他们明白地否认了神意,或者事实上否认了神意;因为他们恰好抛弃了那唯一成为宗教根据的特性,即我在上面已经说过的那些与人的苦乐有关系的特性。譬如,十八世纪一个博学的神学家摩沙姆,在替科德华士的《知性体系》(一部反对无神论的神学哲学著作)做注释中反对亚里士多德的神说:"这种神无益于人、无害于人,因此不值得人去崇拜。亚里士多德相信世界必然地和永恒地存在,与神一样,所以他认为天也是不变的,与神一样。由此推论出来说:神不是自由的,因之向他求告是没有用的;因为倘若世界依照一条永恒的法则而运行并绝对不会改变,那么我就不懂得我们能从神期望到什么帮助了。(顺便说一句,我们从这个例子可以看出:对神的信仰和对奇迹的信仰,近代唯理主义虽然判别为二,其实是一致的,这点我们以后还要说到。)亚里士多德只在名义上让神存在,事实上他已抛弃了神。亚里士多德式的神是无所事事的,像伊壁鸠鲁式的神一样;这种神的能,也即他的活动,只是永久不朽的生活和直观或思辨。但是,那种单独生活着、仅以思维为其本质的神,滚开去罢!因为人怎能希望从这种神得到安慰和保护呢?"以上所征引的,并非仅仅表现那几个个别的人对于宗教或神学的见解,而是表现神学家和基督教徒的见解,甚至整个基督教和神学的见解。我们还可以征引无数这类的话,但是这种不必要的和使人厌烦的繁征博引,有什么用处呢?不过我还要指出一点,就是:虔诚信教的异教徒以及某些哲学家,也已经著论反对那种无用的哲学式的神了,譬如柏拉图派就反对斯多葛派的神,斯多葛派又反对伊壁鸠鲁派的神——斯多葛派比较伊壁鸠鲁派说来,是信神的异教徒。譬如斯多葛派在西塞罗论神灵的本性的著作中说:"野蛮人,甚至极其受人嘲笑的埃及人,也未曾站在动物的造福力以外去崇拜动物;但是从你们的无所事事的神,人们却不能得到什么好处、什么行动和事业。所以这种神不过名义上是个神罢了。"

但是倘若以上征引的话含有普遍的意义,倘若这些话所表示的见解贯通于一切宗教和神学,那么谁能否认人类的利己主义是宗教和神学的根本原则呢?因为倘若一个存在者所以值得祈求和崇拜,所以具有神格,唯一由于他能给人好处,倘若唯有一个能造福于人、有利于人的存在者才是一个属神的存在者,那么这个存在者成为神的根据就应当仅仅到人的利己主义中去寻了,人是只从自己的利害关系来考虑一切事物,并且只是依照这个关系评价一切事物的。我拿利己主义当作宗教的根据和本质，却没有非难宗教之意，至少在原则上、在广义上，没有非难它。我只在那时非难它，就是当这个利己主义是十分卑俗的时候，譬如在目的论里面，当宗教把对象对人的关系、即自然界对人的关系当作其本质，因之对自然界采取了一种无限制的自私和鄙视的态度的时候；或者当这个利己主义超出了必然的、建立在自然界上面的利己主义以外而成为非自然的、超自然的和幻想的利己主义，像在基督教的奇迹信仰和不死信仰里面那样的时候。

那些神学的伪善者和思辨的幻想家们，只依照他们自造的概念和想象去观察事物和人，他们从来未曾从教坛或讲台上走下来，从他们精神的和思辨的黑暗这个人为的高峰上走下来，去与被观察的事物同立在一个水平面；他们现在却起来反对我的这个宗教观，说我把宗教的特殊的、即从属的偶然的现象，当作宗教的本质——其实我是完全与这些精神的思辨的先生们相反的，我习惯上是先把自己同事物合一起来，先去接触并认识事物，然后判断它们。这些伪善者、幻想家和思辨家，是从来不看人的实在本质一眼的，他们提出反对的意见说：真正的宗教本质恰好是同我所提出来的相反的东西，真正的宗教本质并不是人的自我肯定，不是利己主义，而宁可说是向绝对、无限、神性的解消，或者拿惯用的空话来说，就是人的自我否拒、自我否定、自我牺牲。当然，世间有不少的宗教现象，至少在表面上，可以驳倒我的宗教观，而替反面的宗教观做辩护。这就是那些拒绝满足最自然最有力的冲动，那些摧残肉体及其所谓不良机构，那些精神上和肉体上的阉割，那些自己迫害、自己宰割，那些忏悔和舍身——这类事情差不多在一切宗教中都占有一个位置。譬如我们已经说过了,印度那些热狂的拜蛇者自己让蛇咬死,印度和西藏那些热狂的动物崇拜者,由于虔诚的自我否定,使自己或他人让臭虫、跳蚤和虱子吮吸他们身上的血液和头脑的理智。

我还高兴再征引其他的例证,添加在这些例证上面,为的是自己把反对我的武器送到敌人手里去。埃及人为他们的神圣动物的福利,牺牲了人的福利。譬如埃及有火灾时,人们把救猫看作比救火更加重要。这个办法使我不由己意地想起了那位普鲁士王家警察局长,他在几年以前某星期天正做礼拜的时候,禁止扑灭一个火灾,这当然是出于真正普鲁士式基督教否定人类之意的。第欧多也说:"某次埃及发生饥荒,据说好多人没有办法,迫得你吃我我吃你,但是没有一个人有这胆子杀死一只神圣的动物来充饥。"你们看,何等地虔诚,何等地信神啊!为了宗教所奉为神圣的动物的原故,迫得人愿意互相吞食!马克西姆在他的第8篇论文中说起一个埃及女人,她把一只小鳄鱼和她的小儿子一道养育着,鳄鱼长大起来,把她的儿子吃掉了,她不仅不悲伤,反而高兴她的儿子能做家神的牺牲品。希罗多德也说起一个埃及女人竟至嫁给一只公羊做老婆。[6]那些神学家和哲学家反对拿人类利己主义做宗教、道德和哲学的原则,他们当然不是在实践上反对,而是只在理论上反对的;我要反问他们:自我轻蔑、自我否定的事情,谁还能做得比这两个埃及女人更彻底些呢?许特涅尔(Hüttner)在《印度马努法典》注释中,也说起一个英国人某次在印度旅行,从一个丛林旁边经过,忽然一只老虎从林中跳出来,把一个大声叫喊的男孩子拖去了。英国人吓得并气得发狂起来,印度人却若无其事的。英国人就说:"你们怎能这么冷静呢?"印度人回答说:"大神要这样做啊!"为了虔诚的信赖和信仰,以为一切发生的事情都是出于神意,一切出于神意的事情又都是好事,因而冷眼旁观让老虎把一个小孩子拖去了——世上还有什么事情比这更为乐天安命的呢?大家都知道:迦太基人每逢灾难和危险的时候,就拿人类中最可爱的,即他们自己的孩子,来做牺牲,以供祭于他们的神摩罗赫(Moloch)。对于刚才征引的例子以及其他的例子,人们并不能用下面的话来非难,即在宗教的自我否定中,人不应否定他人而只应否定自己;因为好多父母是宁愿牺牲自身,而不愿牺牲自己的孩子的。迦太基人并非不爱他们的孩子,这点我们在第欧多的著作中可以得到证明,他说他们想方设法要拿别人的孩子代替自己的孩子去做牺牲。但是对于这种极有限的、近于幻想的想使对摩罗赫神的崇拜人道化的企图,摩罗赫神的祭司们却非常气愤;这恰像今天那些拥护宗教的非人道的思辨家和宗教徒,每逢人们要使宗教人道化,他们都要气愤起来一样。《马努法典》中记载,印度人说:"有些人拿牺牲、舍身、热心祷告、研究经典、压抑感情以及严酷生活,作为崇拜神灵的手段。有些人牺牲他们的呼吸,用力依照自然的道路,把气吞到尽底下去,有些人把底下的气用力吐出来,另有些人则两种方法都很高明,上下两门都可以闭着不开。"你们看,这是何等的自我刻苦,即把人的身体最下部翻到上面来,把人的要求出口、要求解除一切压迫的那种自然的和利己主义的冲动压抑下去!在自苦和忏悔上,在实行这种宗教锻炼的杰作上,没有一个民族能赶得上印度人。松奈拉特在他的《东印度中国游记》中提到印度的忏悔者说:"他们有些人不断地拿鞭子打自己的肉体,或者拿一条铁链把自己死钉在一根树干上面直至寿终为止；另有些人则发愿终生维持一个困难的姿势，譬如紧握着拳头从不放开，指甲长了也不修剪，直至于指甲刺穿了手掌；又有些人永远双臂交叉在胸膛上或者伸直在脑壳上面，直至于双臂都残废了不能使用；还有好多人自己活埋在土里，只通了一个小洞交换空气。"是的，印度人在虔诚方面是登峰造极的，甚至于"卧在大路上让破坏之神（湿婆〔Siva〕）的大神像所坐的赛会车子，辗过他们的身体"。人们还能要求比这更多么？可是我们这些自私自利的欧洲人却宁愿接受这种刑罚，而不肯做出印度人那些宗教上的自我否定行为，即甘心喝那母牛的尿，为的涤除自己罪过，甘心用牛粪堆在身上自己烧死，以为这是一种极有阴功的自杀。

但是我们基督教徒最感兴趣的，还是古代基督教徒那些自我刻苦、自我否定的行为。譬如西蒙·斯提里特（Simon Stylites）用三十年以上的光阴消磨在一根柱子上面；圣安东尼（St. Antonius）很久住在一个坟墓里，他把人的本有意志和各种自私的肉体冲动禁制到这样的程度，以至于从来未曾驱除一个身上小虫，未曾洗过一次身体。关于虔诚的西尔梵尼亚（Silvania）的生活，我是从哥尔白的《文化史》上知道的，那里说："这位纯洁的灵魂，活了六十岁，从来未曾洗过他的手、他的脸、他的身体的其余部分，除了手指尖以外，当这手指领取圣餐的时候！"把爱清洁的自然冲动压抑下去，把去除身体上污垢的那种舒服的固然是自私的感情抛弃了，那是何等英勇的超自然主义和超人主义！以上这些例子，我是拿来对宗教的绝对主义者说的；他们不能够把这类事情当做是愚蠢和无意识的事情而推却掉。

上面引来的例子自然是宗教上愚蠢和疯狂的产物，但是疯狂和愚蠢也是宗教哲学和宗教历史上应有的事，正像是心理学或人类学上应有的事一样，因为在宗教上发生影响和表现出来的，并没有其他什么与在一般人类学中不同的力量、原因和根据。信仰宗教的人甚至认为精神上和肉体上的疾病是奇迹，是属神的现象。譬如现在俄国人还有一种像李希登斯塔德（Lichtenstädt）在他的《一岁下婴孩死亡率强盛之原因》中所说的迷信，把小孩子许多病状，尤其带着痉挛性质的，都当作神圣不可侵犯的东西。是的，现在好多民族还是把愚人和疯子认作神所凭托，认作圣者。上举的关于人类自我否定的许多例子，实在说来，本是那种原则的必然推论，我们现在的神学家、哲学家和一般虔信者，头脑中还保持着这种原则。倘若我把那自我否定或解消于宗教和神学的幻想本质当作原则，那么我就不明白，为什么不可以像否定其他意向一般去否定这类意向，即否定那刷除身上污垢的自然意向，否定那直立行走而不愿像好多圣者所做的四体爬地的意向？所有这类意向，在神学意义说来，是属于利己主义的性质；因为这类意向的满足是要引起快乐和自觉的。直立行走的意向，甚至只是从人类的自夸和骄傲中发生出来，因此与神学向我们教诫的那种谦逊刚刚相反。

无论何人，凡是把发展意义下的（我必须反复申明这个意义）利己主义原则摒除于宗教之外的，他就是一个宗教热狂者，虽然他用哲学上的辞句掩饰他的热狂；他今天还是站在基督教"抱柱圣者"的立场上，虽然肉体上不是，精神上却是的；他今天还是拿人做牺牲献给他的神，虽然在理论方面，不在感性方面，像古代人以及现在感性的自然民族所做的；他今天还是由于宗教成见和迷信不肯洗去眼中和头上的污垢,虽然不像他的理想人物圣西尔梵尼亚那样保存着身体上的污垢(这是由于不彻底和卑俗的利己主义,因为眼中的污垢,至少精神上的污垢,没有身体其他部分的污垢那么难受,那么显著)。倘若他在自然界和实在界的凉水中洗净了他的眼睛,那么他就可以看出:自我否定在宗教里面无论如何重要,却不是宗教的本质;可以看出:他以前是拿模糊的眼睛去观察人,因此也是拿模糊的眼睛去观察宗教的;可以看出:他站在教坛和讲台上崇高的地位,忽视了为这个自我否定基础的利己主义目的,忽视了人在实践上是比神学家在教坛上和教授在讲台上聪明得多,因此人在宗教中并非追随一种宗教哲学,而是追随自己的理性本能,这个本能可以防止他去做那些宗教上自我否定的无意识事情,即使做了这种事情也会代以一种人性的意义和目的。

究竟人在宗教中为什么要否定自己呢?为的获得他的神灵的恩宠,能够有求必应。由于刻苦忏悔,"人们便有权利要求神灵答应他的一切愿望,甚至立刻实现他的念头。"(波伦:《古代印度》,第1卷)人否定自己,可见不是为着否定自己(这种否定即使有也是纯粹宗教上的疯狂和愚蠢),人否定自己,至少在人性意义之下,乃是为着借这否定来肯定自己。否定,不过是自我肯定、自爱的一种形式、手段罢了。宗教中最足显明此点的,便是"牺牲"这个仪式。

第九讲

　　最足明显表示在宗教中自我否定只是自我肯定的一种手段、一种间接形式和样式的，就是牺牲。牺牲，便是献出人所贵重的一件宝物。但是在人的眼睛看来，最高价值的宝物就是生命；因为人们只能拿最高的宝物去献祭最高的主宰，如此才是尊崇最高的主宰，所以牺牲倘若完全实现其根本概念时，便是否定一个活物，毁灭一个活物，因而就是否定人，因为最高的活物就是人。除开不久要谈到的以人为牺牲的目的不说，这里我们又得到证据，证明在人看来，没有什么东西超出于生命以上，生命是占据与神同等地位的；因为牺牲，一般至少是以同类相配做基础的；人们只是拿着与神同等的事物供献于神；人牺牲生命来祭神，只是因为神的眼睛像人的一样，也是把生命看作最高的、最值价的、最神圣的宝物，只是因为这种牺牲品是神所不能拒绝的，是可以使神的意志屈服于人的意志之下的。

　　但是，牺牲品的否定或毁灭，绝不是什么空泛的否定，而是有一种很确定的利己主义的目的和根据。人只是拿人，拿这个最高本质，来做牺牲，为的是酬谢他所认为最高的幸福，或者避免最大的灾祸，不管是现实的灾祸或预见的灾祸；因为那种赎罪的牺牲是没有什么独立的目的和意义的；只因为神是一切幸福和灾祸所依赖的本质，人们才去向神赎罪；所以转移神的愤怒不外表示避免灾祸之意，求取神的恩宠也不外表示获得一切愿望的东西之意。现在试举几个例，来证明人祭之事实以及上面所指出的意义。我先从德国人和那些同我们最亲近的种族说起，虽然那些德国学者恰好认为日耳曼人的人祭是最温和的。他们说，在日耳曼人那里，人祭只是罪犯之执行死刑，可见，对于那给罪行所侵犯了的神，既是惩罚意义的牺牲，同时也是调解意义的牺牲。其余的人祭，在他们看来，是由于误会和流弊才发生出来的。即使假定（因为没有证据，只好假定了）起初只拿罪犯做牺牲罢，但是这样一个残暴的神，这样一个以迫害罪犯为快乐的神，这样一个"绞刑神"（像奥丁神被人这样称呼的），是会做出其他残暴事情的，是会造成他种人祭的。德国人在基督教信仰之神圣的假相下，至今还隐藏着一大部分的野蛮人残暴性，为什么在人祭上面偏偏与其他民族不同，成为一个特殊的例外呢？为了什么理由呢？这个理由只好到那些德国学者的爱国的利己主义中去找寻了。但是言归正传罢！根据挪威传说，在多马德（Domald）国王朝代，"瑞典发生了饥荒。百姓宰了好多牛来祭神，但是无济于事。瑞典人于是决定拿国王做牺牲去供祭奥丁神，以图换得丰年。他们果然宰了他，拿他做祭品，拿他的血涂在神庙一切墙壁上和椅子上，从此以后国内年成果然好起来了。""为的希望战争初起即能胜利，大多数的人都尝了祭品的味道。哥特人和一般斯堪的纳维亚人，认为最好的祭品就是他们在战争中首先捕获来的人。萨克森人、佛兰克人、赫鲁列人也相信人祭可以使神柔和起来。萨克森人用种种惨酷刑罚虐杀他们的祭品，以此祭神；图里特人（斯堪的纳维亚人）也是想尽种种宰杀方法处置最初捕来的俘虏以为祭神牺牲的。"(华赫德〔F. Wachtor〕语，见厄尔什和格鲁贝尔《百科全书》的"牺牲"条)据恺撒说，高卢人每逢严重疾病或战争危险，就要拿人做牺牲，他们相信，为了一个人的生命去牺牲另一个人的生命，才可以得到神灵宽恕。我们的东邻，譬如"爱沙尼亚人，就拿人去供祭可怖的神灵。做祭品的人，是从商人那里买来的，还要检查他们身上有无疾病，是否宜于做祭品之用"(爱克尔曼〔K. Eckermann〕，《宗教史教本》第4卷，《朱提部落的宗教》)。斯拉夫人，至少居住在波罗的海沿岸的，献祭他们的大神斯凡多维特(Swantowit)，"每年以一个基督教徒做祭品，此外每逢非常事故时亦然，因为办理祭事的祭司说这大神以及其他的斯拉夫神灵是特别喜欢基督教徒的血的"(华赫德语，同上引)。罗马人和希腊人手上也染过被牺牲的人的血。譬如，据普卢塔克说，在沙拉弥斯战役之前，忒弥斯托克列斯就宰杀了三个波斯青年贵族去供祭巴枯斯·翁内斯特(Bacchos Oinestes)神，固然不是忒弥斯托克列斯所愿意的，而是占卜人优弗兰第多(Auphranditos)强迫他做的，这个占卜人预言希腊人要得到胜利和幸福非献祭这个祭品不可。在罗马，甚至还在老普利尼时代，有好多俘虏给人活埋在贩牛市场。东方人甚至拿自己的儿女做牺牲祭神，而平时人们向神灵祈求最多的恰是自己儿女的生命，——朱斯丁努斯关于迦太基人拿人做牺牲一事，曾经这样说过。以色列人也曾"流了无罪人的血，他们的儿女的血，献祭于迦南偶像"，像《圣经》所说的。但不仅献祭偶像而已，耶弗他(Jephthah)甚至把女儿去献祭耶和华，[①]而且

---

① 参看《士师记》，第11章。——校者(中译文由荣震华作过校订。——中文编者)

只是由于某次轻率的命定的许愿,即他曾答应耶和华说:倘若他打了胜仗,那么凡是先从家门走出来迎他的,就要献上为燔祭;不幸却是他亲生的女儿走出来迎他;但是好多学者已经指出过:如果当时不许行人祭,他怎样会想到去献祭他的女儿呢?但是杀人剥皮以献媚于神灵的一切民族中最残忍而且牺牲人最多的,还要算古代墨西哥人,他们时常一天宰杀五千以至二万人。

古代一切宗教的愚蠢和残忍,几乎通通保存到现在,血淋淋的人祭也是如此。譬如,《印度法典》注释中说,1791年某天早晨,人们在一个湿婆神庙发现一个砍了头的哈里,即一个属于最低等级的人,那是为一次大灾祸而杀来祭神的。某些野蛮的麻拉特部落甚至喂养最漂亮的童男童女,像喂养畜牲一般,以为特殊节日献祭之用。那些如此爱护小虫的富于情感的印度人,当战争和饥荒等大灾祸降临时,也是把最高贵的婆罗门从塔上推落下来,借此平息神灵的愤怒。迈涅尔斯在他的《宗教批判通史》中说:"在东京(Tonkin)①,人们每年拿毒药杀死小孩,为的求神降雨并赐给丰收,或者把一个小孩劈成两半,为的使神柔和下来,不再祸害其余的小孩。在老挝,人们建筑神庙的时候,必须先拿头一个经过的人埋在庙基底下,以为从此这个地方就是神圣的了。""在好多黑人民族中,人们至今还宰了几千几百俘虏做牺牲,以为如此一定可以得到神灵恩宠,因而战胜了敌人。在非洲其他地方,人们有时杀死小孩,有时杀死成人,为的医好国王的病症,或者延长他们的生命。"(迈涅尔斯)巩凡那地方的韩德人,新发现的一种印度原始住民,据

---

① 原法国殖民地,位于今越南北部河内附近。——校者

1849年《海外》杂志说，每年都要杀人去献祭他们的最高的神，即地神伯拉·宾努（Bera Pennu），他们相信人、动物和五谷的繁荣都是依赖于他的；每逢有什么灾祸时，譬如一个小孩给老虎吃了，他们也要这样做，借以平息神灵的愤怒。太平洋海岛上的居民在不久前还实行人祭，并且现在有一部分还是如此。

　　基督教时常夸口说：它革除了人祭的恶习。但是它不过拿另一种牺牲代替流血的牺牲罢了；它革除了形体上的人祭，却实行了心理上的或精神上的人祭，这仍是人祭，虽然就感性的假象而言并不是的，但就事实和真实而言却仍是的。[7]那些只注意假象的人，相信基督教确是带了本质上与异教不同的东西到世界上来，但这只是假象而已。试举一个例：基督教会是反对自我阉割的，虽然《圣经》内好像是或实在是有提倡阉割的话；至少那位伟大的教父欧利琴，他是与现在那些神学家先生同样博学的，他就是这样了解《圣经》那段话，他认为自我阉割是他应有的义务。基督教会，我说，严厉禁止异教那种肉体上的阉割，但是它也禁止精神上的阉割么？绝无此事！它无论何时都提倡道德上的、精神上的、心理上的自我阉割。路德也是认为不结婚比较结婚要高些的。但是一种器官，在肉体上毁灭和在精神上毁灭，有什么不同呢？没有什么不同。一种器官，在肉体上说，我是取它的解剖学上的存在和意义，在精神上说，我则是取它的心理学上的存在和意义。但是我没有一个器官，或者有而不拿来依照它的自然机能使用它——这有什么不同呢？我从肉体上毁灭一个器官或者从精神上毁灭一个器官——这又有什么不同呢？异教的自我阉割和基督教的自我阉割中间的这种差别，却就是异教的人祭和基督教的人祭中间的差别。

基督教,在良心上,固然没有在解剖学意义之下拿人做牺牲,但在心理学意义之下却牺牲了不少的人。——既然是一个与实在东西有别的抽象东西做了人的理想物,人又怎么不会设法把一切与这理想物相违反的东西摒除于自己之外呢?这神既然不是一个感性的东西,人也必然要牺牲他的感性,因为一个神,像我们以后还要特别发挥的,不是别的,正是人的目的,人的理想物。一个神,倘若不是人的一个道德的和实践的模范,倘若不是人自己所当成的和所要成的东西,那他只是一个空名罢了。总而言之,基督教,就其是建立在神学信仰上的宗教来说,既然一般地并非原则上与其他宗教不同,所以在这点上也不会有什么不同。基督教既然拿不可见的神来代替那些可见的感性的有形体的神,同样它也拿不可见的非感性的却仍然实在的人祭来代替那种可见的可捉摸的人祭。

根据以上列举的例证,我们可以看出:宗教的谋杀,人的否定,无论如何愚蠢而可怕,却仍有一种人性的或利己主义的目的。即使这种宗教谋杀不是施于他人而是施于自己,即使人抛弃了一切尘世上的财富,抛弃了一切感性的和人性的快乐,这种抛弃却仍是一种手段,借以获得并享受天堂的或神性的幸福。在基督教徒便是如此。基督教徒牺牲自己,否定自己,只是为的获取身后幸福。他把自己牺牲给神,这话的意思是说:他牺牲一切尘世的快乐给天堂的快乐,因为尘世的快乐不能满足基督教徒的超自然主义的意识;印度人也是如此。譬如《印度法典》说:"婆罗门若是开始厌恶一切肉体的快乐,那他在这世界就可以达到一种幸福,他死后还可以继续享受这种幸福。""婆罗门若是毫不动心地摧残他的身体,而且失去忧愁和恐怖,那他在神性本质中就占据了最高的地位。"可见婆罗门这样抛弃荣华和自我否定,目的是在与神合一,是在自己变为神;可见这种幻想的自我抛弃,是同那种最高的自我感、最高的自我满足联系起来的。婆罗门是太阳底下最骄傲的人,他们是尘世上的神灵,一切其他的人在他们面前都是一钱不值的。宗教的谦逊,对于神的谦逊,总可以拿那对于人的属灵的骄傲来补偿。印度人所趋向的那种脱离感性,那种无见、无感、无嗅,也是同幻想的快乐联系起来的。在柏尔尼的《回想录》中关于婆罗门说:"他们陷于陶醉状态那么深沉,直至好几个钟头长久毫无一点感觉,当这时候,据他们说,他们看到了神,神就像一种灿烂光辉而不可形容的光明,此时他们得到了说不出的狂欢感觉,同时又觉得完全鄙视了世界并离开了世界。这话我是从一个婆罗门听来的,他还说,只要他愿意,无论何时他都可以沉落到这种陶醉状态里去。"大家知道,一般说来,宗教的残忍和淫欲是很相近的。但是倘若牺牲的最高形式已经表明出人类利己主义是牺牲的目的,那么牺牲的较低形式更加可以表明此点了。"美洲、西伯利亚和非洲的渔猎民族,拿他们捕获物的一部分供祭于被杀死的动物的神灵;但他们普通只在有灾难的地方,在危险的陆道和水路上,才拿动物全身去供祭。堪察加人捕获了鱼,普通只拿鱼头和鱼尾供祭神灵,这些他们自己是不吃的。①古代斯拉夫人只把做牺牲的动物身上最不好部分丢到火里去。最好的部分,他们或者自己吃掉,或者送给祭司

---

① 然而,根据斯捷潘·克拉申宁尼可夫对堪察加的描写,堪察加人的最高贵的祭品乃是插在一根竿上的破布。——著者

们。在西伯利亚、奥伦堡、卡赞、阿斯特拉罕,一切鞑靼民族和蒙古民族,供祭神灵时,只用所牺牲的动物的骨和角,至多还加上头壳、鼻子、耳朵、脚蹄及内脏,不管这动物是马、是牛、是羊、是鹿。"(迈涅尔斯)古代文明民族,罗马人和希腊人,虽然举行holokausta,即是一种牺牲祭,畜牲剥了皮以后,要全身焚烧给神用的;但是普通人们只拿一部分给神。最好的部分是人们自己吃掉了。大家知道赫西俄德曾经说到狡猾的普罗米修斯教人类把做牺牲的动物的肉留着自己用,只拿骨头献给神灵——虽然对这段话的解释有许多不同的意见。

有一种慷慨性的牺牲,似乎与上述的悭吝性的牺牲恰恰相反;在某些时候希腊人和罗马人就是很慷慨地供祭他们的神。譬如亚历山大大帝战胜了拉克德谟尼人之后就举行一次"百牛祭",他的母亲奥林比亚斯常宰一千只牛祭神。罗马人为祈求胜利或得胜后酬神起见,也时常供祭几百只牛,或者把春天生下来的牛、羊、猪等通通宰杀做牺牲品了。提庇留死后,罗马人为庆贺他们的新恺撒,像绥东尼所说的,竟至在卡里古拉登位后最初三个月之内,牺牲了十六万只以上的牲口。迈涅尔斯在《宗教批判通史》中曾论及这类慷慨的牺牲说:"希腊人和罗马人在祭神牺牲的数量上超出我们已知的一切其他民族,这事对于他们并没有什么光荣,何况最慷慨的牺牲主要还出于那个时代,那时在他们当中艺术和科学是特别发展的。"有一件事最足以表现近代哲学倾向的特性的,便是有一位黑格尔派哲学家在他的《自然宗教》一书中批评迈涅尔斯上面那个意见说:"但是迈涅尔斯没有看出下面这点——这对他也是不甚光荣的——即一次'百牛祭',一次这样地舍弃自己的私产,这样地置利害于不顾,却是一种最值得神人尊敬的庄严啊!"不错,在近代唯心主义宗教观看来,这事确是最值得尊敬的庄严——这种宗教观是到宗教的荒谬中去寻求宗教意义的,所以把供献百千只牛给那本无需求的神灵而不拿来供给那本有需求的人这事宣布做值得人类尊敬的事情。

但是宗教的贵族主义和奢华主义为替自己辩解而引证来的这类牺牲事例,反而证实了我所发挥的见解。前面我关于临难时畏怖感情和灾难过后快乐感情所引证的种种,也都可以完全解释牺牲的各种不同现象。大畏怖,大快乐,也激成了大牺牲;这二种感情是无节制的,超越的,不可限量的;所以这二种感情是产生超越的东西即神灵之心理上的原因。无节制的牺牲,只能发现在无节制的畏怖和快乐状态里面。希腊人和罗马人举行"百牛祭",并非供祭奥林匹亚斯山的神灵,并非供祭人以外的和人以上的东西,不是的,只是供祭畏怖感情和快乐感情罢了。在常态生活之下,人未曾超出普通鄙俗的利己主义以上去,那时他也只是献祭普通利己主义意义下的利己主义的牺牲。但是,在非常状况之下,从而也即在非常的感情当中,他也就献出非常的牺牲了。[8]人在畏怖当中不难许愿献出他所有的一切;到了快乐的沉迷状态时,至少在这种沉迷开始而尚未走上日常利己主义的习惯轨道的时候,他也不难实行他的许愿。总而言之,畏怖和快乐乃是两种共产主义的感情,但是这种共产主义是从利己主义出来的。所以悭吝龌龊的牺牲,在原则上,与慷慨大度的牺牲并没有什么不同。当然,这话并非包尽了希腊、罗马人的百牛祭和未开化民族的鱼尾、兽角、骨爪祭中间的差别。人不同,他们的宗教也不同;他们的宗教不同,他们的祭品也不同。人在宗教里面并不是满足其他的本质,而是满足自己的本质。未开化的人除了胃肠的需要和利益以外没有别的需要和利益;他们的真正的神就是他们的胃肠。所以除了胃肠所不要的东西、鱼尾、鱼头、兽角、硬皮和粗骨以外,他们就没有别的东西去献祭那些假神,那些只存在于他们幻想中的神灵。反之,已开化的人,则有审美的愿望和需要;他们并非毫无甄别地把一切能够填塞胃肠和平息饥火的东西都拿来吃,他们要吃那经过选择的东西;此外他们还要嗅些、看些和听些惬意的东西;总而言之,他们有艺术感。一个民族既然有了艺术感做他们的神,他们自然也就有了富于艺术感的祭品,能使眼睛和耳朵舒适的祭品。或者说,一个奢侈的民族也具有奢侈的祭品。一个民族的开化程度如何,他们的神灵也就如何。人的感觉、眼光达不到天上的星,他们也就不会拿星辰来做他们的神灵;人倘若像奥斯佳克人和撒母耶德人一样,甚至死鲸鱼也吃得津津有味的,那么他们的神灵也一定是面目可憎的、无美感的、讨厌的偶像。所以,倘若我们从这个意义下,即把宗教解消到人性当中的意义下,去观察希腊人和罗马人的百牛祭,倘若我们把这个百牛祭看作是他们献祭于他们自己感官的祭品,那么我们自然可以认为他们不单单关心到鄙俗的用处和眼前的利益,这乃是他们的光荣了。

以上我们只说到真正宗教式的牺牲;但是宗教史上还告诉我们另一种牺牲;为的使之与真正宗教式的牺牲有别起见,我们可以称这种牺牲为道德上的牺牲。这是自愿地为他人利益,为国家利益、祖国利益而牺牲自己。这里,人虽然也是拿自己做牺牲献给神灵,为了平息神灵的愤怒,但是表明这种牺牲之特征的却是道德上的或爱祖国的英勇行为。譬如在罗马人中，那两位德西厄（die beiden Decier）为祖国牺牲了自己；在迦太基人中，那两位菲恋（die beiden Philänen）当某次迦太基和西伦尼争疆界时，叫人把自己活埋了——至少这样传说——以此使得迦太基领土大大扩张起来；同样，迦太基执政官汉弥加为了向神赎罪，也自己投身到火焰里去，因此迦太基人就把他尊奉为神，像那两位菲恋一样；在希腊人中也有斯派提亚斯（Sperthias）、科德鲁斯（Kodrus）以及神话上的孟内揆斯（Menökeus）。但是这种牺牲愈加不能替宗教的和思辨的绝对主义者做辩解，愈加不能证明他们的观念，即他们认为人的那种超自然主义的、幻想的否定乃是宗教的本质；因为这种自我否定尤其显然地以肯定人类目的和愿望为其内容和目的，不过这里否定和肯定，牺牲和利己主义，是分配于不同的人罢了。但是我为别人而牺牲自己，这个别人仍是我的同乡，我的同胞啊！我的利益正是他们的利益；救援祖国是我自己的愿望。所以我并非为了外来的与我有别的神学上的东西而牺牲我的生命，我是为我自己、为我自己的援救祖国的愿望和意志而牺牲的。譬如希腊人和罗马人拿他们的侈丽奢华的牺牲所献祭的真正神灵，不是在人以外的神灵，而是他们自己的艺术修养，他们的审美的趣味，他们的奢侈，他们对于戏剧的爱好；同样，科德鲁斯、德西厄、汉弥加、菲恋等人牺牲自己所献祭的真正神灵，也唯一是对于祖国的爱；但是对于祖国的爱并不排除那对于自己的爱，我自己的利害是与祖国的利害密切联系着的。所以，像希罗多德所说的，波斯人献祭牺牲的，不仅祈求自己的好处，而且"祈求一切波斯人的好处，因为在一切波斯人当中就有他自己在内"。纵然我只为我的祖国祈求，我也是同时为我祈求;因为在平常状况下,我的好处和别人的好处是密切联系着的。

唯有在非常不幸状况之下,个人才必须为全体、为大多数人而牺牲。但若是拿非常的、变态的状况当作常态,拿自我否定当作无条件的、普遍的原则和法则,仿佛全体和个人是本质上不同的两种东西,仿佛一般不是特殊所构成的,仿佛个人实行了思辨的、宗教的和政治的绝对主义者所提出的要求,即自我否定、自我牺牲的要求时,不是以国家、以人群做基础——那就是一种愚蠢的念头了。唯有利己主义才能把国家团结起来;亦唯有在某一阶层、某一阶级或某一个人的利己主义不承认其他阶层、其他阶级或其他个人的利己主义与自己有同等权利的时候,国家才会涣散。即使我的爱超出了祖国界限而扩张于全人类,即使是普遍的人类爱,那也不会排除自爱;因为我在人类中所爱的就是我的本质,我的种类;人类的肉恰是我的肉,人类的血恰是我的血。现在,自爱既然是一种与一切的爱不能分离的、必然的、不可解除的、普遍的法则和原则,那么,宗教也一定会证明这点了。宗教也确实在它的每一页历史上面证明了这点。无论何处,不管在宗教方面,或哲学方面,或政治方面,凡是排斥这种在发展意义下的人类利己主义的人,他都要堕落到纯粹愚蠢和疯狂中去;因为人类一切意向、努力和行为的根本意义,正是人性本质的满足,正是人类利己主义的满足。

第十讲

以前几次讲演以及做讲演根据的那几章书，其主题就是说：宗教的根底和起源就是人的依赖感，而这依赖感的对象，在其尚未被超自然的思辨和反省所伪造以前，又是自然界；因为我们是存在于、生活于并活动于自然界里面；自然界笼罩着人类，拿去了自然界，人类也就不存在了；人依于自然界而存在，人每做一事，每走一步，都唯自然界是赖。要使人从自然界分离出来，这就等于要使眼睛离开光，使肺脏离开空气，使胃肠离开营养资料，而成为一种自立的东西。但是，人所依赖的、操有生死之权又为畏怖和快乐之源泉的东西，正是人的神，正叫作人的神；可是依赖感引导我们到了这个根本事实去，就是说：人崇拜自然界，崇拜一个神，只是因为它能造福，即使因为它能降祸，也是只为的要逃避这个祸殃——如此我们就达到了宗教的最后的暗藏的根据，即利己主义了。为免除误会，并为更进一层发挥这个主题起见，我还指出下面一点：依赖感似乎是与利己主义相矛盾的；因为在利己主义方面说，我是使对象屈服于我，在依赖感方面说，我则自己屈服于对象；在利己主义方面说，我觉得自己重要，了不起，在依赖感方面说，我则觉得我在一个比我更强大的东西前面，而我成为一文不值的。但是我们只研究一下畏怖罢，那是依赖感的极端状况和表现。奴隶为什么害怕他的主人，自然人为什么害怕雷电之神呢？因为主人操有奴隶生死之权，雷神操有一般人生死之权。那么他们害怕的是什么呢？害怕失掉他们的生命。可见他们害怕，只是为了利己主义，为了对于自己的爱，为了他们的生命。没有利己主义，也就没有依赖感。这人对于生命不关心，觉得生命不值钱，那么在他看来，生命所依赖的东西，也是不值半文钱；他不害怕这个东西，也不想从它期待到什么，所以在他这种漫不在乎的态度内，没有一处可为依赖感悬挂附着的地方。譬如，倘若我喜欢户外运动，那我就会感到依赖于那个操纵我的运动的人，他可以把我关在室内，也可以让我到空地去，因为我是愿意时常散步的，但是我不能够，为的有一个比我有力的东西限制着我；但是倘若把我关在室内或者放我到外边去，我都不在乎，那么我就不会感到依赖于那个关闭我的人了，因为无论他允许我或禁止我户外运动，我都不会快活也不会忧愁，因之他并没有足以激发我的依赖感的那种权力，为的是散步的意向未曾在我身上形成一种权力。可见外在的权力是以一种内在的心理的权力为前提的，是以一种利己主义的动机和利益为前提的；没有这个内在的权力，那个外在的权力就与我无关，就不能施行任何权力在我身上，就不能激发我的依赖感。对于另一个东西的依赖，事实上只是对于我自己，对于我自己的意向、愿望和利益的依赖。依赖感可见不是别的，正是一种间接的、反转的或消极的自我感，自然不是直接的自我感，却是经过我所感觉依赖的对象而间接得来的一种自我感。

我所依赖的只是那些存在者，它们是我保持我的存在时所需要的，没有它们，我要做的事情就不能做，它们有权力可以把我所愿望所需要却无权力自给的东西给我。没有需要，便没有依赖感；倘若人不需要自然界而能存在，那么他就不会觉到依赖于自然界，因此他也就不会拿自然界来做宗教崇拜的对象了。还有一层，我愈加需要一个对象，我就愈加感到依赖于它，它也就愈加操有支配我的权力；但是对象的这个权力，本身就是一种派生的东西，就是我的需要之权力的一种产物。需要是它的对象的奴仆，同时又是它的对象的主人；需要是谦逊的，同时又是骄傲的；它需要对象，没有对象，它就是不幸的；这里便是它的屈服，它的委弃，它的无我；但是它需要对象，是为的在对象中得到满足，是为的享受这对象，为的使用对象于自己的利益；这里便是它的支配欲或它的利己主义。这些矛盾的或对立的属性，依赖感本身也有着的，因为依赖感不是别的，正是对于某对象之需要，不过，这种需要已经达到了意识或感情。比方说，饥饿就是我的胃肠对于食物的需要之来到我的感情或我的意识者，可见不是别的，正是我对于食物的依赖感。根据依赖感的这种双关的和两面的意思，我们也可以说明下面这个人们因为拿不出合理的解释理由而时常惊异的事实，即某些动物和植物，人一面毁灭它，吃它，一面又能够虔诚地崇拜它。① 使得我去吃某个对象的那种需要，含有双重作用：一面使我屈服于对象，一面使对象屈服于我，因之这种需要是宗教的，同时又是非宗教的。或者，倘若我们把"需要"这个东西分析成若干成份，借用近代哲学家的话说，就是分析成若干契机，那么我们就可以看出其中含有某对象的欠缺和某对象的享受；因为享受也是属于需要里面

---

① 并且，基督徒们自己毕竟也吃他们的上帝。——著者

的,需要不是别的,正是需要享受。对象的享受是鄙贱的,至少可以这样设想,因为我是吃掉这个对象;但需要,即欠缺感,即欲望,亦即依赖感,却是宗教的、谦逊的、幻想的、造福的。某个事物,当它只是我所要求的对象的时候,它在我眼中就是最高的事物,它就拿最灿烂的颜色涂饰我的幻想,它就把我的需要提高到七重天上去;一旦我占有了它,那我就要享受它,它成了当前的事物,因而就失去一切宗教的魔力和幻象而变为平凡的事物了。所以有这样一种平凡经验,即一切的人,至少那些只依靠眼前感情和印象而生活的粗野的人,当他们在灾难中,在不幸中,即当需要某些事物的时候,他们就是慷慨大度的,他们什么都可以许下,但一旦失去的东西找回了或愿望的东西到手了,他们就变成了负恩而自利,他们就忘记了一切。所以有这样一句谚语:灾难使人学会了祈祷。所以有这样一种现象使得敬虔者十分伤心:人们普通只在灾难、欠缺和不幸的时候,才是虔诚的。

可见人们把他们所吃的东西当作宗教对象来崇拜,这个事实或现象,并没有什么奇怪和令人惊异的地方,反而可以明了而显然地把宗教依赖感的本性照着它的两个相反的方面披露在我们眼前。基督教依赖感和异教依赖感中间的差别,只是双方对象中间的差别,即:异教的对象是确定的、实在的、感性的事物,基督教的对象,除开那化成肉体的可吃的上帝一点不说,则是无限的、一般的、仅仅设想的或表象的事物,因而不是形体上可享受或利用的事物;虽然如此,基督教的对象仍是享受的对象,正因为在基督教徒眼中,需要的对象,依赖感的对象,只是另外一种享受的对象,为的是另外一种需要的对象;因为基督教徒向他们的上帝所要求的,并不是所谓暂时的生命，而是永久的生命，他们所要满足的并不是一种直接感性的或形体的需要，而是一种精神的感情的需要。教父奥古斯丁在他的著作《上帝之城》中说："我们使用或利用的是事物，事物是我们所要求和寻找的，但非为事物本身的原故，而是为了别种原故——我们享受的，却是另外一样的东西，这东西我们不拿来联系于别的东西，这东西是由于自己而快乐逍遥的。尘世的东西可见是一种 usus 对象，即使用对象，永恒的东西则是一种 fruktus 对象，即享受对象。"就算这种分别可以成立罢，我们姑且拿这种分别作为异教和基督教的分水岭，姑且认为异教的对象是使用对象，基督教的对象则仅是享受对象，但是这里，在基督教方面，我们仍旧可以看出我们在需要和依赖感本性上所指出的那种现象，那种对立，不过基督教徒只认为异教有而自己的宗教没有罢了；因为基督教的上帝，我们姑且依照奥古斯丁区分享受和使用的办法把他当作享受的对象来看，也是利己主义的一种对象，恰同异教徒的形体上享受的对象一样——形体上享受的对象却仍是宗教的一种对象。上面所说的那个矛盾，即人把他所吃的东西当作神来崇拜，可见基督教的依赖感中也是含有的，不过由于基督教对象的本性，没有那么明显罢了。① 好多民族则把这个矛盾表现得确实十分天真而动人，有些北美洲土人打杀了一只熊的时候，就要告诉熊说："我们杀死了你，你不要埋怨我们啊！你是晓事的，你看我们的孩子肚子饿得很。他们爱你，他们要吃你。大酋长的孩子们吃掉了你，难道不是你的光荣么？""沙尔勒伏阿也说起其他的土

---

① 在圣餐礼、吃圣餐时，这个矛盾也显明出来了。——著者

人,他们打杀了一只熊,就要把一枝点着火的烟管插在死熊口里,向烟嘴里吹气,使得熊的咽喉充满了烟,然后请求熊不要报复这已成的事情。吃熊肉时,人们又拿熊头涂上各种彩色,安置在一个高高的位置上,接受一切宾客的拜祝和赞颂。"(迈涅尔斯:《宗教批判通史》)古代芬兰人吃熊肉时要唱下面的歌:"你,亲爱的,你这打了败仗受了重伤的林中野兽,请你携带健康给我们家里,还有多多的猎物,无论哪一种,随你愿意,每逢你到我们这里来时,还要请你照顾我们的生计。……我要永远崇拜你,期望你送给我猎物,为的是我的好听的熊歌永远记着不会忘失。"(宾兰特〔Penannt〕:《北极动物学》)这里,我们可以看出:一只动物被人打杀了,被人烹食了,同时又能受人崇拜;反之,崇拜的对象,同时又是食用的对象。因而又可以看出:宗教的依赖感,一面表现出人依据利己主义立场超出于对象上面,当这对象是享受的对象的时候,一面又表现出人依据谦恭卑逊立场屈服于对象下面,当这对象是需要的对象的时候。

以上我关于依赖感和利己主义说了很多的话,这些话并不是偶然的,而是必然的,且能从对象本身得到证明的——现在我抛开这个问题而回转到自然界,回转到这个依赖感的最初对象。我早已说过,我对于宗教本质的研究以及我这次讲演,没有别的目的,只要证明:自然神,或者说人拿来当作与自己本质有别又为自己本质之基础或原因的那个神,不是别的而正是自然界自身;至于人神或精神上的神,或者说人拿来当作与自己本质相似,具有人的属性、意识和意志而与那没有意识和意志的自然界本质有别的那个神,也不是别的而正是人自身。我也已说过,我的思想并不是从那凭空思辨的蓝色云雾中取下来的,却永远是从那历史经验的现象中推究出来的;还有一层,或者正因为这个原故,我的思想并不是在一般情况里面,而总是在实在情况里面、在例证里面表现和发挥出来。我的《宗教的本质》,至少其中第一部分,所负的任务就是要指出:自然界是一种原始的、最初的和最终的①本质,我们若是超出这个本质以外去,便要迷失在幻想境界和无对象的思辨境界;我们必须停留在自然界里面;我们不能拿一种与自然界有别的东西,一种精神,一种思想上的东西,来说明自然界,我们不能从这个东西引申出自然界来,因此,倘若我们承认自然界是从精神产生出来,那么这种产出只意味着主观的、形式的、学术的演绎;却绝对不意味着实在的、客观的产出和发生。但是,这个任务,这个思想,我是拿来联系于一种事实现象的,这现象早已说出了这个思想,或至少是以这个思想为基础的——换句话说,我是拿来联系于自然宗教,联系于人的素朴简单而直接的直感的,这直感不是从那个非自然和超自然的精神东西去引申出自然界来,而是把自然界看作最初的本质,看作神性本质自身。

信奉自然宗教的人,不仅把自然界当作这样一种本质来崇拜,这本质是他们现时存在的必要条件,没有这本质他们便不能生活,便做不出什么事情;他们而且把自然界又当作那样一种本质来崇拜、来了解,即当初他们便是从那个本质产生出来的——正因为如此,他们就把自然界当作人的阿尔法和俄梅戛。但是既然把自然界当作人所从出的本质来崇拜、来了解,那么就应当把自然界本身看作无所从出的、非产生的、非创造的了;因为只有当人不能从自

---

① 最终的——始端的。——著者

然界解释他自己的本质时,他才超出自然界以外去,才从另一东西引申出自然界来——这点我们以后还要详细说到。所以,假若起初我们是从实践的观点出发,发现自然界是宗教的对象,因为没有它,人不能生活、不能存在,因为人当前存在的种种福利都是它所赐予的——那么现在从理论的观点出发,自然界也在我们眼前表明它是宗教的对象了。站在自然宗教的观点看来,自然界不仅是实践上最初的本质,而且是理论上最初的本质,即人所从出的本质。譬如印第安人现在还把大地当作他们共同的母亲。他们相信他们是从大地怀中诞生出来的。他们自称 metoktheniake 人,即"大地所生之人"(见赫克卫德:《印第安民族》);古代印第安人中有些人把海洋当作他们的大神,称它为 Mamacacha,即他们的母亲。有些人,譬如哥拉人甚至相信:"他们的祖先是从提提加加岛上大泥潭中诞生出来的。有些人则认为他们的发祥地是一口大井,他们的祖先就是从这井里出来的。有些人又认为他们的祖先是出产于某些穴窟和岩洞,他们把这些地方视为神圣,来此献祭他们的牺牲品。有一个民族以为他们发源于一条河流,因此不许人杀死这河的鱼类,以为这些鱼类即是他们的兄弟辈。"(鲍姆加登的《美洲各国、各民族通史》;他在这里还加上正确的注语说:"他们既然拿不同的事物做各自部落的来源,他们崇拜的神灵自然也是各各不同的了。")格陵兰人相信,起初有个格陵兰人从地里生长出来,后来得到一个女人,他就成了一切格陵兰人的始祖。(见巴斯多尔摩〔Bastholm〕:《人在他的野蛮的未开化状态中的认识》。)希腊人和日耳曼人也是把大地看作人类母亲来崇拜。语言学家以为德文 Erde(土地)这字是从 Ord 变来的,Ord 在盎格鲁-萨克森语中就是原素或根源之意；他们又以为 Teutsch（即 Deutsch，德国人）这字是从 Tud, Tit, Teut, Thiud, Theotisc 等字变来的，这些字本是"地之人"或"地生之人"之意。你们看，我们德国人信奉了基督教，跟着相信天是我们的祖国，我们是何等的不肖，何等的不忠实于我们的始祖、我们的母亲啊！我还须举出下面的例证。在希腊人中，也有好多人，尤其早期的哲学家，认为人和动物不是从地生出，便是从水生出，再不然便是在太阳热力影响之下从地土和水二者混合生出；另外一些人则以为人和动物不是产生出来的，而是与自然界或世界同样悠久的。可注意的一件事，就是希腊人以及日耳曼人，至少北方日耳曼人，他们的宗教，或宁可说他们的神话（二者原本都是自然宗教，尤其是日耳曼人的宗教），不仅认为人，甚至认为神，也是从自然界产生出来的——这是一个明显的例证，证明神和人是一个东西，证明神是与人共存亡的。譬如在荷马诗中，奥克安诺斯神（Okeanos）——即海——是神和人的产生者，是他们的父亲；反之，在赫西俄德诗中则地是乌拉努斯神（Uranus）——即天——的母神，因之亦是诸神的祖母。所以在索伏克里斯戏剧中把"地"叫作最上的或最高的神。在北方日耳曼人中，巨人伊弥尔（Ymir）"显然是原素和自然力的未展开的整体"（缪勒），他是诞生于诸神之先的。罗马人像希腊人一样，也称大地为诸神的母亲。奥古斯丁在他的《上帝之城》中嘲笑那认为神是地所生者的意见；他以为那些认为神是人所变成的人却是对的。但无论如何，诸神，连奥古斯丁式的在内，都只是从大地诞生出来，而且即使他们不是欧赫默鲁斯意义下的人，他们却也不会比人更早些。拿大地当作诸神的母亲既然是对的，那么荷马诗中拿"睡眠"当作神和人的驯服者也是对的了,因为神只是为人并由人而存在的东西;所以当人睡着的时候,神不会守护着人的,人睡着了神也就睡着了,换句话说:人的意识熄灭了,神也就不存在了。

在《宗教的本质》书中,我的任务就在替自然宗教,至少替那做自然宗教基础的真理感做辩护,替它提出理由,以反对有神论对于自然界的解释及其关于自然界起源的见解,我写了二十章以上,即从第6章到第26章,从各方面执行我的任务。在说到这二十几章书内容以前,我必须指出下面的事实,即(这本是当然的事)宗教发展过程恰同我在心理学上、哲学上以及一般人类发展上的见解发展过程相适应的。像我拿自然界作为宗教的第一对象一样,在心理学方面,在一般哲学方面,我也认为感性是第一;但这里所说的第一,不是在思辨哲学意义下说的,思辨哲学所谓第一,是必然要被超过之意,不是的,这里所说的第一是指非派生的东西,依靠自身存在的东西和真实的东西而言。我不能承认感性的东西是从精神的东西派生出来,同样我也不能承认自然界是从神派生出来;因为没有感性的东西或在感性的东西以外,精神的东西便什么也不是;精神不过是感官的英华、感官的精粹罢了。但是神不是别的,正是一般地被思想的精神,正是除开了"我的"和"你的"之间的差别的精神。所以我不能承认肉体是从我的精神派生出来,因为,试举一个例来说,我必须先吃饭或先能吃饭,然后思想,而不是先思想,然后吃饭,我没有思想却能吃饭,譬如动物,但我没有吃饭却不能思想;我不能承认感官是从我的思想能力、从理性派生出来,因为理性是以感官为前提的,感官却不是以理性为前提,我们能说动物没有理性,但不能说没有感官——同样我更不能承认自然界是从神派生出来。感官的真理性和本质性,是与自然界的真理性和本质性或神性相适合的,后者是宗教哲学和宗教史的出发点,前者则是心理学、人本学及一般哲学的出发点。自然界并非宗教史上一种暂时的真理,同样,在哲学上,感官的真理也不是一种暂时的真理。感官宁可说是永存的根基。即使在理性的抽象化当中消失了也是如此——此时,至少那些人是认为感官消失了的,他们走到了思想的时候,就不再去思想感官,就忘记了人只借助于他那感性地存在着的头脑才能思想的,就忘记了理性必须依靠头脑、脑髓,感官的这个总枢纽,做一个永存的感性的根基。

自然宗教给我们显示了感官的真理,哲学,至少当作人本学的哲学,又给我们显示了自然宗教的真理。人的第一个信仰就是对感官的真理性的信仰,绝不是什么与感官相矛盾的信仰,像有神论的和基督教的信仰那样。对一个神的信仰,即信仰一个非感性的存在者,一个把一切感性的东西都当作凡俗的而否定了、从自己排除出去了的存在者——这绝不是什么直接可靠的东西,像有神论所常说的。最初的、直接可靠的东西,因之亦即人的最初的神,其实就是感性型的对象。恺撒论日耳曼人的宗教说:他们只崇拜他们所看见的和给予他们以显然福利的那些东西。恺撒这句很受人指摘的话,其实适用于一切宗教。人起初只相信那些凭借感性的、可感觉的影响和征象而证明其存在的东西才是存在的。人的最初的福音,人的最初的、最可靠的、未经任何教士伪造的宗教报告,就是他们的感官。或者宁可说:他们这些感官本身就是他们的最初的神;因为对于外在的感性的神的信仰只是依赖于那对于感官的真理性和神性的信仰;在那些其实是感性存在者的神灵之中,人只是使他们自己的感官神化罢了。譬如我把光当作一种神性东西来崇拜,此时我只在光里面表明眼睛的神性,固然是间接地无意识地表明出来。光或太阳或月亮,不过是眼睛的神,眼睛的对象,绝不是鼻子的神和对象;鼻子的崇拜是在于天国的香气。眼睛使神变成光明灿烂的东西,换句话说,眼睛只神化那些明亮的事物。星辰、太阳、月亮,在人看来,除了存在于眼中以外,没有其他的存在;这些事物是不为其他感官所觉知的;这就是说,眼睛只神化它自己的本质,在眼睛看来,其他感官的神都是偶像,或者宁可说都不存在。反之,人的嗅觉则神化那些芳香的东西。斯加里格尔在他的反对喀尔达诺的论文中已经说过:"香气是神性的东西——odor divina res est——古代人的宗教仪式就可以证明,他们相信空气和空间经过香烟熏过之后,神灵才能受享。"异教徒直到现在还部分地相信:神是只依靠焚烧祭品时发出的香气为生活的,只拿这种香气做养料的,可见香气是神的成分,神不过是香气和蒸气构成的东西罢了。至少,除了嗅觉以外没有其他感官的人会主张神的本质是纯然由香气构成,而把其余感官所供给的一切其他属性丢掉的。如此,每个感官都只神化了自己。总而言之,自然宗教的真理仅仅建立在感性的真理上面。如此,《宗教的本质》便同《未来哲学原理》密切关联起来了。但是我赞成自然宗教,乃是因为它立足在感官的真理上面,我绝不是赞成它使用感官时、观察和崇拜自然界时的那种方式和态度。自然宗教仅仅立足在感官的假象上面,或宁可说仅仅立足在感官假象给予人的感情和幻想的那种印象上面。所以古代民族才会相信他们的国土就是世界或世界的中心,相信太阳旋转着、地静止着,而地是扁平的,像碟子一般,四面围着海洋。

第十一讲

我早已宣布过，我拿来做这次讲演底本的那几章书，其意义纯然在于从科学上去替古代以及现在自然民族的见解做辩护，替他们提出理由——他们的简单直感，在拿自然界当作神性东西来崇拜的时候，从事实上（虽然不自觉地）表明出：自然界是最初的、原始的、非派生的东西。但我必须先回答对我提出的两种非难。

第一，人们可以非难我说：什么！你是个不信宗教的人，你要来替自然宗教做辩护么？如此，你自己不就是站在你所严厉批评的那种哲学家观点上了么？所不同的只在他们是辩护基督教的信条，而你则辩护自然宗教的教条，那对于自然界的信仰！我的回答如下：自然界，绝不是因为自然宗教把它看作发源的东西来崇拜，我才认为它是发源的东西；宁可说因为它本是发源的、直接的东西，我才推论说：那些民族的原始的、直接的、因而接近自然的直感，必然要把它看作发源的东西。或者换一个方式说：人把自然界当作神来崇拜，这个事实，我绝不认为就是充足的证据，证明为此事实基础的感官之真理性；但是，当作感性东西的自然界给我一种印象，我却是拿那个事实来做这个印象的佐证的；我拿那个事实来做这个动机的佐证，这动机使得我这样一个有知识的、有哲学修养的文化人去给予自然界以一种意义，虽然不是自然宗教给予它的那种意义——因为我从不愿神化什么东西,因之也不去神化自然界——却仍是与之相类的、不过经过自然科学和哲学改变过的一种意义。我当然同情于那些崇拜自然界的人,我自己就是自然界的一个热烈的钦佩者和崇拜者;古代民族以及现在某些民族,能够拿自然界当作神来崇拜,这一点,我不是从书本上、繁博的引证上了解来的,却是从我对于自然界的直接观察和印象了解来的。现在我还觉得我的感情如何受了自然界感动,我还觉得我的理智本身就藏有尊奉自然界为神的动机。由此我推论出来说:太阳、火、星辰等的崇拜者既然也是人,同我一样,那么当然是那与我相似的动机(虽然是依照他们的观点而改变过了的)推动他们去尊奉自然界为神了。我不是像历史家一样,根据过去来推论现在;我却是根据现在去推论过去。我认为现在是过去的锁钥,而过去并不是现在的锁钥,简单地因为我总是只拿现在的观点去测度、判断并认识过去的,即使是不自觉和不由己意地——所以各个时代有各自的历史,虽然这过去本身是死的和不变的。所以,并非因为自然宗教对我是一个外在的权威我才去赞成它,而只是因为我现在在我自身还发现出自然宗教的动机,这动机的权力倘若不被文化、自然科学和哲学的权力所压服了,今天还是可以使我拿自然界当作神来崇拜的。这话似乎是夸大的话;但是,倘若人不是从他自身认识到某种东西,那他就一点也不认识这种东西。谁未曾从他自身和在他自身感觉到人所以能够尊奉太阳、月亮、动物和植物为神的理由,谁也就不了解拿自然界当作神来崇拜的种种历史事实,无论他关于自然宗教读过和写过多少书本。

第二,人们又可以非难我说:你东说自然界,西说自然界,却没有给我们一个自然界定义,没有告诉我们你所说的自然界究竟是个什么东西。斯宾诺莎说过一句同义的话:"自然界或神。"也许你是在这个不定的意义之下去了解自然界罢?在这个意义之下,你不难对我们证明自然界就是发源的东西,因为此时你恰是把自然界了解作神。我以下面几句话回答这个非难:我所说的自然界,就是人拿来当作非人性的东西而从自己分别出去的一切感性的力量、事物和本质之总和。一般说来,像我在起初几次讲演时已经说过的,我所说的自然界当然是像斯宾诺莎所说的那个不带意志和理智而存在和活动的(即不像那个超自然的神)、却只依靠其本性的必然性而施行影响的东西。但我并不像斯宾诺莎那样,认为这个东西是一个神,即又是一个超自然的、超感性的、抽象的、神秘的和简单的东西;我却认为它乃是一个繁复的、平凡的、实在的、一切感官都能觉知的东西。或者拿实践的意义来说,便是:自然界是除有神论信仰的超自然主义暗示以外,直接地、感性地对人表现出是人的生命的基础和对象的一切东西。自然界是光,是电,是磁,是空气,是水,是火,是地,是动物,是植物,是人——这里说的人乃是一个无意志和不自觉而活动着的东西。我所说的自然界就是这样,再不是别的东西,不是什么神秘的、朦胧的、神学上的东西了。什么是自然界,什么不是自然界,我是取决于感官的。有个古人说:你所看到的,都是朱比特;现在我也可以说:你所看到的,且未经人的手和思想接触过的,都是自然界。或者,倘若我们要把自然界解剖来看,我们又可以说:自然界就是那个本质或那些本质和事物之总和,它们的存在和本质就表现在它们的现象或影响里面,而这些现象或影响,其根据并非在思想、意向和意志之中,而是在天文的或宇宙的、力学的、化学的、物理的、生理的或有机的力量或原因之中。

我拿来做这次讲演底本的第 6 章和第 7 章书，其内容是替异教徒辩护以反对基督教徒的非难；那里我应用以前一个断语，就是说：基督教在原则上，在神性的特征上，同异教并没有什么差别，所不同的就在基督教拿来当作神的，并不是自然界中某个确定的对象，也不是一般的自然界，而是一个与自然界有别的东西。基督教徒，至少其中有理性的人，并非因为异教徒喜欢自然界的美丽和有用而去责备他们，却是由于他们把这种美丽和有用归功于自然界本身，由于他们崇拜地、水、火、太阳和月亮是因其能造福的原故；在基督教徒看来，这些事物造福于人的能力是人从自然界的创造主得来的，因此唯有创造主才应当受人崇拜、畏惧和赞美。太阳、地和水，当然是人依赖为生的动植物所以繁盛的原因，但是这些东西不过是从属的原因，本身还是一种效果；真正的原因乃是第一原因。我替异教徒辩护，反对这个非难。我首先姑且承认有个第一原因存在，像基督教徒所设想的；我而且从基督教徒的想象范围内借用一个例证，或宁可说一个寓言。亚当是第一个人；他在人类中占据的地位，正像那个第一原因在自然原因或事物中占据的地位一样；我的父母，我的祖父母等等，都是亚当的苗裔，这也正像自然界种种原因都是那个第一原因的效果一般；不过亚当自己是没有父亲的，恰如那个第一原因自身并没有原因。虽然如此，我却不能拿亚当像我的父亲一般来崇拜，来爱；亚当包揽一切的人；在他身上，人的一切个性都消失了；亚当是黑种人的父亲，也是白种人的父亲，是斯拉夫人的父亲，也是日耳曼人的父亲，是法国人的父亲，也是德国人的父亲；但我并不是什么一般的人；我的存在，我的本质，乃是一种个别的东西；我属于高加索种，在高加索种中我又属于一个确定的民族，德意志民族。我的本质的原因，可见必然是一种个别的、确定的原因，这就是我的父母，我的祖父母，总而言之，就是我的最近的世代或祖先。倘若我再往上追溯去，我就要失去我的存在的一切踪迹了，我就要找不到什么属性是我的属性所从出的原因。一个十七世纪的人，即使没有时间隔离着，也是不能成为一个十九世纪的人的父亲的，因为性质上的距离，风俗、习惯、观念、意向上的距离（这些东西甚至可以从肉体上反映出来的）隔得太远了。所以人崇拜祖先，当作他的存在的原因，却只限于他的最近几代祖先为止，并不追溯到本族始祖去，因为他在本族始祖中看不出含有那与他不能分离的个性；同样，他在自然界中追溯他的存在的原因时，也是只限于感性的自然本质为止的。我之所以成为我，只是在这个自然界里面，在现时状况的自然界里面，在人类所能记忆以来的自然界里面。我是个感性存在者，没有感官我便什么都不是，我的存在，仅仅感谢于那种东西，这种东西是我所见到、觉到的，即使我自己见不到、觉不到，至少本身是个可见的、可觉的感性东西。即使这个自然界也是变来的东西，即使在它以先另有个别种式样的自然界，我的存在也仍然仅仅感谢于这种式样的自然界，我就是生活于这个自然界之内，我的本质的式样也恰与这个自然界的式样相调和的。就算有个神学意义下的什么第一原因罢，但是仍旧必须先有太阳、地和水，总而言之必须先有自然界，而且是这种式样的自然界，然后才能有我；因为，没有太阳，没有地，没有水，我便什么也不是；我是以自然界为前提的。

那么我为什么要超出自然界以外去呢？倘若我自己是个超出自然界而存在的东西，那我才有权利这样做。但我并不是一个超自然的东西，恰同我不是一个超地球的东西一样；因为地球乃是我的本质的绝对尺度；我不仅是双脚站在地球上面，我也只是站在地球的立场上，只是依照地球在宇宙中所占取的立场上，来思想、感觉的；我当然抬高我的眼光，一直看到最远的天空去，但我仍旧在地球的光和尺度里面观看一切事物的。总而言之，我是一个地球上的东西，我并不是金星、水星、天王星上的居民——拿哲学家用语说，这便构成了我的实质，我的根本性质。所以，即使地球是发生的东西，那我也只感谢它，我的发生也只感谢它的发生；因为唯有地球的存在才是人类存在的基础，唯有地球的本质才是人类本质的基础。地球是一个行星，人是一个行星上的生物，这个生物的生命历程只在一个行星的运行轨道上才是可能的和实在的。但地球与其他的行星不同。这个不同之处就造成了地球的特有的独立的本质，造成了地球的个性；这个个性就是地球的"盐"。① 我们姑且假定——我们有完全权利这样假定——各个行星的发生是出于同一个原因、力量和实质罢，但是造成地球的那种力量终究是与造成水星或天王星的力量不相同的。这是说：那是一种特殊确定的力量，恰好造成了这个行星，而不造成其他的行星。人的存在就是感谢这个与地球本质不能分离的个别的原因。一次革命的冲击使得地球脱离了它那神秘的混和状态，它当初是与太阳、行星和彗星的共同原素混和在一起，经过这个革命才形成独立球体的——这

---

① 《马太福音》，第 5 章第 13 节，耶稣对众门徒说："你们是世上的盐"。——译者

个革命,像康德在他的可宝贵的《天体论》中所说的,是"以原素种类中的差别性为其基础的"。——现在,我们血液的运行和神经的颤动,还是导源于这个冲击或脱离。第一原因乃是一般的原因,乃是一切事物无差别地共有的原因;但是无差别地造成一切事物的那种原因,事实上什么事物都造不成功,不过是一种概念、一种思想本质而已,它只有逻辑的和形而上学的意义,而没有物理学的意义,我这个个别的存在者绝不能从它派生出来。这个第一原因——我总要加上一句话说:这里的"第一"是在神学意义下说的——人们想要拿来结束那个 processus causarum in infinitum,即因果连锁的无限过程。这个"因果连锁的无限过程",最好拿上面引过的关于人类起源的例证来说明。我的存在的原因是我的父亲,我的父亲的原因是我的祖父,我的祖父的原因又是我的曾祖父,如此追溯上去。但是我能够一直无穷尽地追溯上去么?人的存在永远只是人所给予的么?我永远一代一代地追溯上去,这样便解决人类起源问题么?或者,宁可说不只是把这个问题拖延下去么?我不是必然要追溯到最初一个人或最初一对夫妇么?这个人或这对夫妇又是从哪里来的呢?

不仅人类起源问题是如此,构成这个感性世界的一切其他的事物和本质也都是如此。这个以那个为前提,那个以这个为前提,这个依赖那个,那个依赖这个;一切都是有限的、一切都是彼此互相产生的。有神论者发问道:那末这个连锁的第一环,这个级数的第一项,又是从哪里来的呢?所以我们必须跳出这个连锁以外到那个"最初之物"去,它是一切有限本质的根源,是一切发生的东西的始点,而它本身是无始的、无限的。这便是证明有个神存在的常用证法之一；人们把这叫作宇宙论的证法。这个证法可以用不同方式表现出来。譬如人们可以这样说：一切存在的东西或世界，都是可变的、暂时的、偶然的；但偶然的是以必然的为前提，有限的是以无限的为前提，暂时的是以永恒的为前提；这个无限的、永恒的就是神。或者也可以这样说：一切存在的东西、一切感性的实在的东西，都是某种确定的效果的原因，但同时又是某种原因的效果，如此追究上去，最后必然地——这而且是我们的理性的一种需要——要停止在一个原因上，不能再向前进，这个原因以上再没有任何原因，这个原因再不是效果了，而是像某些哲学家所说的，以自己为原因或从自己出来的。所以，古代哲学家和神学家把那从别的物出来的叫作有限的东西、非神性的东西，反之，把那从自己出来的叫作无限的东西，叫作神。

不过我们有下面的意见反对上面这种推论。因果连锁的无限追溯，应用到人类起源问题上，甚至地球起源上，固然是与理性相违反的，因为我们不能永远说人是人生的，地球某种形态是前期同种形态所造成的，我们最后必然要达到一点，那里我们看到人是从自然界产生出来的，地球也是由那行星质体或其他什么原素形成起来的——但是这种无限追溯，应用到一般自然界或世界，却绝对不违反那经由世界直观训练过的理性。只是人类的褊狭性和贪方便心，拿着永恒性来代替时间性，拿着无限性来代替因果连锁的有限过程，拿着固定的神性来代替无限变动的自然界，拿着永久静止来代替永久运动罢了。当然，在我看来，在我这个囿于现在条件的人看来，要把世界思想为或仅想象为无始无终的东西，乃是不合理的、没出息的、使人生厌的、甚至不可能的事情；但是这个因果连锁的无限过程,不过是在我这方面认为非截断不可而已,这个在我非截断不可的必然性,还不是一个证据,证明因果连锁的无限过程确实断绝了,证明世界确有始点和终点。我们就在人能意识到的、历史的、甚至人自己造成的许多事物之中,也可以看出:人怎样地一部分由于无知,一部分由于避繁就简的贪方便心理,把历史研究截断了,怎样地拿一个原因、一个名字,去代替好多的名字、好多的原因——这好多名字或原因是过于琐碎、过于麻烦、不便研究的,而且也常常为人的眼睛所完全忽视过的。人总是拿着一个个人的名字安放在一种发明的尖端上面,安放在一个国家的建立、一个城市的创设、一个民族的发生的尖端上面,虽然这些是由一大群未知的名字和个人协助而成的;——同样,人也是拿着神的名字安放在世界的尖端上面;平时,一切发明者、一切城市创设者和国家建立者,也都显然被人设想为神。历史或神话所遗下的人、英雄和神,他们的名字,可见大多数本是集体的名字,却被人误认作专有的名字。"神"这个字,像一切名字一样,起初也不是专有的名字,而是普通的名字或类名。[9]就在《圣经》中,希腊文 theos 字和希伯来文 elohim 字,有时也使用于神以外的其他对象。譬如君主和长官被称为"诸神",魔鬼被称为今世的"神",甚至胃肠也被称为人的"神"或至少某些人的"神"——路德读到这句话,不禁惊讶起来,他说:"谁曾听过这种话,即说胃肠是神呢?倘若不是保罗说过的,我就不敢说,因为我不知道还有什么话比这话更可耻些。把那可耻的恶臭的烂污胃肠叫作神,岂非一件令人悲叹的事情?"

不仅如此,在哲学上把"神"规定为"最实在的即最完满的东西","一切完满性之总和",可见"神"也只是一个集体名称;因为在那构合为神的各种不同属性里面,我只消提出其差别性,如此这些属性就给我以各种不同事物或本质的印象,而我也就看出:"神"这个字也是一个集体名词,恰像"水果"、"谷物"、"民族"一般。

神的每个属性就是神本身,像神学或神学化的哲学所说的,所以神的每个属性都可以拿来代替神本身。就在普通生活上,人们也时常说"神意"、"神智"、"神力",来代替"神"。但是神的属性是千差万殊的,甚至互相矛盾的。我们只拿最通俗的几种属性做例。权力、智慧、仁慈、正义等,是何等的不同!人们居然能够有权力没有智慧,有智慧没有权力,仁慈而不公正,公正而不仁慈!Fiat justitia, pereat mundus,即"世界灭亡了不要紧,只要法律、正义能实现就好",这话是法学上一句名言,但在表明法律精神的这句名言里面,我们找不到一星儿的仁慈,也找不到一星儿的智慧;因为人不是为法律或正义而生的,法律或正义却是为人而有的。所以当我想象神的权力,想象他那只要愿意就可毁灭我的权力时,或者当我想象神的正义,即上述名言意义下的正义时,我所想象的神就成了另一种东西,实质上我也就有了另一个神,与我想象神的仁慈时完全不同。可见,多神教和一神教中间的差异,是没有表面上看到的那么重大的。独一的神,由于他的繁多而殊异的属性,仍然藏有多数的神在内。其间的差异至多不过是集体名词和普通名词中间的差别罢了。或者宁可这样说:在多神教中,神是显著的、明白的,神只是一个集体名词;在一神教中,则那些感性特征都失落了,多神教的假象已经不存在了,但是本质、实物还留存着。所以独一的神的各种不同属性,在基督教徒当中,也实行了好多不仅教义上的而且血淋淋的相互斗争,恰同荷马诗中奥林匹亚斯山上诸神一样。

古代神学家、神秘学家和哲学家都说：神包揽世界上一切存在的事物在自己身内，但是在世界上是繁复地、散漫地、分离地、感性地分配于不同本质地存在着的东西，在神中就是单纯地、非感性地、统一地存在着。这里，我们就明显说出了：人在神中是把好多不同事物和本质的主要属性结合为一个本质、一个名称的；人在神中起初或事实上并未曾想象一个与世界有别的本质，而只是拿一种与感性直观不同的方式去想象世界罢了；凡是他在世界上或感性直观上想象的有空间性、时间性的有形体的东西，他在神中就思想为无空间性的、无时间性的、无形体的东西，所谓"永恒"不过是那在其全部开展中简直捉摸不到的无限时间连锁，所谓"全在"不过是空间的无限性被结合成为一个简短的类名称或类概念罢了；人根据主观上的完全正当的理由，拿着"永恒"这概念，截断了那个使他无限厌烦的计算，以及那个无限堆积起来的级数。但是，我们根据那样的截断，根据那避免时间和空间那样无限开展的麻烦，以至于根据我们观念中或抽象中那些与"永久时间"概念和"无限空间"概念相联系着的矛盾，却不能就推论说：世界、空间和时间必然有个实在的始点或终点。我们到处都使用省略的记号，我们到处都拿概念代替直观，拿一个记号、一个字来代替对象，拿抽象的代替具体的，拿"一"代替"多"，因之也就拿一个原因代替许多不同的原因，拿一个个人做其余的人的代表来代替许多不同的个人。——这是语言思想本性上所含有的，必然与生俱来的。当人们说：理性必然引到神的观念去，至少理性没有经过批评，没有经过判别，立即拿自己的本质当作世界本质，当作客观的绝对的本质时,至少理性没有经由世界直观训练过时是如此。——这是完全正确的。但是人们要注意一点,即不应当把这个必然性、这个观念单独提出,不应当使它与其他的现象、观念和表象分离开来,这些也是立足于同一个必然性上面的,但我们仍然认为这些是主观的东西,即只建立在思想、语言和想象的特有本性上面,我们绝不认为这些具有任何客观价值和存在,具有任何在我们以外的存在。

这个必然性,它使人拿一个个个人名字代替好多个人,代替一代以至几代;它使人拿数字代替可直观的数量,又拿字母代替数字,它使人不说梨子、苹果、桃子而只说"水果",不说先令、法郎、马克、卢布、金元、里拉而只说"钱",不说给我这把刀、这本书而说给我"这个东西"——就是这同一个必然性,它也使人拿一个原因、一个本质、一个名字去代替那在世界发生(我们姑且假定世界是发生出来的罢)和保持上协同影响着的许多原因。但正因为如此,这里的"一个"也只是一种主观的,即只建立并存在于人身内,于思想、语言和想象的特有本性上面的本质,恰同"东西"、"钱"、"水果"一般。我们说,神的观念或类概念,在其形而上学意义上,是与"东西"、"钱"、"水果"等观念或类概念,同起于一个必然性,同出于一个根源的——这话,其实早就被下面的事实证明过了,即在多神教徒当中,诸神不是别的,都是集体名词和概念。拿征引过的例子来说,譬如罗马人尊奉一个钱神柏古尼亚(Pecunia);甚至各类的钱,青铜钱和银钱,也被他们尊奉为神:他们有一个爱斯古拉努(Aesculanus)神或爱里努(Aerinus)神,即青铜钱神或铜钱神,又有一个亚根提努(Argentinus)神,即银神。罗马人也有一个果神波木那(Pomona)。倘若罗马人和希腊人没有把一切类名称和类概念都尊奉为神,那只因为他们,尤其是利己主义的佞神的罗马人,仅只尊奉那与人类利己主义有关系的东西;所以罗马人甚至有一个粪神斯忒古丢(Stercutius),为的是粪能使他们的田地肥沃起来。但粪是一个类概念,其中含有鸽粪、马粪、牛粪等等。

现在说到我的另一点意见,反对所谓"宇宙论证法",即反对那种证明有个无需其他原因的第一原因存在的推论。人们推论说:凡是存在的东西都是依赖的,或者像其他的人所说的,其存在的根据都是在自己以外,都非由于自己而成立的,因此都是以那一个东西为前提,这个东西却不依赖于其他东西,却有其存在根据在自己里面,却是绝对必然的,它存在就因为它存在。我仍旧以人为例来反对这种推论;因为人出身的近因就是人,人的依赖和发生成了一切感性事物的依赖和发生之模范。我自然是依赖于我的父母、我的祖父母等等的,我自然不是由于我自己而到世界上来,倘若没有别人在我以先就不能有我;虽然如此,我仍是一个与我的父母不同的独立的本质;我之所以成为我,不仅是由于他人,也是由于我自己;我自然是站立在我的祖先的肩头上,但我仍是靠我自己双腿站在他们肩头上面的;我的投胎和出世自然不是出于我的意志,我自己也不知道,但倘若没有我自己向着独立和自由,向着解除对于母体的依赖性的那种未知的冲动(这个冲动是什么,我们现在还不知道),我们是不会到这世界上来的;总而言之,我是父母所生的,我现在是或过去是依赖于我的父母,但我自己也是父亲,也是男子,至于说我是生出的,我从前有个时候是小孩子,有个时候肉体和精神都依赖于我的父母,但那已无限地落到我现在的自我意识背后去了。无论如何下面一点是确定的,就是:即使我的父母自觉地或不自觉地曾有影响于我,但过去了的事情,我还去管它干么呢？现在我的父亲和我的母亲只存在于我自己身内,现在没有别的东西来帮助我,神自己也没有办法,倘若我不帮助我自己;我的生和死全依靠我自己的力量。父母拿来包裹我的那个襁褓早已腐坏了;我的双脚既然早已踢开了那个束缚,我的精神为什么还要长留在那个束缚里面呢？

第十二讲

　　上次讲演，我拿人做例，来说明那关于有神存在的一种最常用的证明法，即所谓"宇宙论证法"；这个证法的根本要点是说：世界上一切都是有限的和依赖的，因之必然以那在自己以外的、无限的和不依赖的东西为其前提。我的结论就是：人虽然是孩子，同时也是父亲，虽然是效果，同时也是原因，虽然是依赖的，同时也是独立的。但是拿人来说是如此，拿其他东西来说也是如此——自然，我们要考虑到人和其他东西之间当然存在的那个差别。每个东西都是一个固有的独立的东西，虽然它必须依赖于其他东西；每个东西都有其存在基础在自己里面——否则它何以存在呢？每个东西都是从一定的条件和一定的原因（不论这些条件和原因是什么）形成出来的，从这些条件和原因恰能发生这个东西而不能发生任何其他的东西；每个东西都是在许多原因的某种结合中发生出来的，倘若没有这个东西，也就没有这种结合。每个东西同时是效果又是原因。倘若没有水，就没有鱼；但是，倘若没有鱼，或者没有像鱼一般能在水中生活的动物，也就没有水。鱼是依赖于水的东西；没有水，鱼便不能存在；鱼是以水为前提的；但是鱼这种依赖性，其根源还是在鱼自己，还是在鱼的个性里面，恰是这个个性使得鱼需要水，使得水成了鱼的原素。

自然界没有始点，也没有终点。自然界中，一切都在交互影响，一切都是相对的，一切同时是效果又是原因，一切都是各方面的和对方面的；自然界并不构成一个君主国的金字塔，它是一个共和国。凡是只习惯于君主政体的人，他自然不能设想一个没有君主的国家，一个没有君主的人群集合；同样，凡是从小就习惯于这个观念的人，他也就不能设想一个没有神的自然界。但是没有神，没有一个外于自然的和超自然的东西，自然界仍旧是可以设想的，恰如没有一个站在民众以外和以上的君主偶像仍旧可以设想国家一般。共和国既是人类的历史使命和实践目的，同样，人类的理论目的就是把自然界的结构认识为一种共和国结构，就是到自然界固有本质中而不到自然界以外去寻求那治理自然界的机关了。倘若把自然界看作片面的效果，而拿一个自身没有原因的超自然东西，当作片面的原因，来同自然界对立起来，那是再愚蠢没有的事。如果我自己禁不住要不断地向前冥想下去，幻想下去，不愿停止在自然界，如果我的理智上寻求因果的欲望在自然界各方面和对方面交互影响之中得不到满足，那么谁又能够阻止我不也超出神以外去呢？为什么我一定要停止在神这里呢？为什么我不去探索神的根源或原因呢？我假设有个神存在，以此消除了自然的因果连锁中那种关系，现在这种关系不仍然出现在神里面么？如果我设想神是世界的原因，那么神不就是依赖于世界么？果真有一个没有效果的原因么？如果我拿去了世界或设想没有世界，那么所谓神还剩了些什么呢？神的权力在哪里呢，如果他什么事都不做？神的智慧在哪里呢，如果没有世界存在，而他的智慧恰是在于治理世界？神的仁慈在哪里呢，如果没有什么东西来接受他的仁慈？

神的意识在哪里呢，如果没有一个对象可以落入他的意识之内？神的无限性在哪里呢，如果没有什么有限的东西存在？因为，神只在与有限的东西对立中才是无限的。所以倘若我拿去了世界，那么在我看来神也就一点都没有余剩的了。既然我们永远不能超出世界以外和以上，既然神的观念和假设仍旧使我们回到世界中来，既然我们拿去了自然界，拿去了世界，就消除了一切实在以至于那被想作世界原因的神的实在——那么我们为什么还不停止在自然界、世界中呢？

因此，我们的精神在世界有无始点这问题上遇到的困难，在假设了一个神、一个存在于世界之外的东西以后，并未曾解决，而不过拖延下去，或搁在一旁，或简直抹杀罢了。由此可见最合理的事情就是假定世界过去是永久存在的，将来也要永久存在的，因此世界存在的基础就在自己本身。康德在他的《哲学的宗教学说讲演录》中说过："人们不能抗拒但也不能忍受下面这个思想，即是：我们所设想的那个在一切可能东西中最高的东西，将会对自己说道：我是从永久到永久的，在我以外一切都须经过我的意志才能存在，但是我自己又是从哪里来的呢？"换句话说：神又是从哪里来的呢？什么东西迫得我非停止在神这里不可呢？没有什么东西；我反而必须去探索神的来源。而这并不是什么秘密；在有神论者、神学家和所谓思辨的哲学家看来，事物的最初的和普遍的原因之原因，就是人的理智。理智从个别的和特殊的上升到普遍的，从具体的上升到抽象的，从确定的上升到不定的。如此，理智便从实在的确定的特殊的诸原因，上升得那么远，直到"作为原因的原因"这个概念——这个原因，是从未生过一个实在的、确定的、特殊的效果的。

神并不是雷和电、夏和冬、晴和雨、水和火、日和月等的原因,至少不是直接的原因,像有神论者所说的;一切这些事物和现象,都只有确定的特殊的感性的原因,神不过是一般的、最初的原因,诸原因的原因;神是那种原因,这种原因不是什么确定的感性的实在的原因,却是抽去了一切感性的材料和物质,一切特殊的决定性;换句话说:神是总的原因,是那作为人格化了的独立存在者的原因之概念。抽去了诸实在东西的一切确定性质以后所剩下来的概念,理智既然把它人格化起来成为一个存在者,同样,理智也是把那抽去了实在的、确定的原因性的一切特征以后剩下来的原因概念,人格化为一个第一原因。一般地从那离弃感官的理性观点说来,人拿全类放在个体之先,拿总的颜色放在诸种颜色之先,拿人类放在各个个人之先,既然在主观上和逻辑上是完全正确的,同样人也是可以拿总的原因放在诸种原因之先了。神是世界的根据,这话就是说:总的原因是诸种原因的根据;倘若没有总的原因,那也就没有诸种原因;在逻辑上,在理智的程序上说来,总的原因是第一的东西,诸种原因或原因的诸种科属,则是次后的、从属的东西;总而言之,最初的、总的原因归宿到原因概念去,而原因概念又归宿到理智去——理智先从特殊的、实在的事物抽出一般的东西,然后依照自己的本性又把这个从这些事物抽出来的一般的东西当作最初的东西而摆在这些事物先头。但是正因为这个第一原因是纯粹的理智概念或理智本质,客观上并不存在,所以也不是我的生命和存在的原因;这个所谓总的原因一点也不能帮助我:我的生命的原因乃是好多不同的确定的原因之总和;譬如我能呼吸的原因,主观上是肺,客观上是空气;我能看的原因,主观上是眼睛,客观上是光。

所以我现在又抛弃了那个沉闷的抽象的论题,即关于丝毫不发生影响的第一原因的论题,而转回到自然界来,到各种实在原因的这个总和来了,为的是重新以更新鲜的方式,证明我们必须把自然界看作我们的存在的最终根源而停止在自然界之内,证明一切想要超出自然界以外去从一个非自然的东西引申出自然界之企图,都是幻想或自欺。我的这些证法,一部分是直接的,一部分是间接的。直接的,是从自然界本身举例做证,是直接关涉到自然界本质;间接的,则是揭出对方主张中所含有的矛盾,对方主张所必然达到的不合理的结论。

我们的世界,不仅政治的和社会的世界,而且精神的和学术的世界——整个是首尾倒置的世界。我们的教育文化之胜利大部分只在尽可能地远离自然界,我们的科学之胜利也是只在尽可能地远离简单的和感性的真理。我们这首尾倒置的世界,其一般的根本原则是说:神启示在自然界里面;其实应当掉过头来,应当说(至少起初是如此):自然界如神一般启示于人,自然界给人以那种印象,人把这种印象称为神,人在神的名字下去意识这种印象,使之对象化起来。我们这首尾倒置的世界,其普遍的学说又是说:自然界是从神产生出来;其实应当掉过头来,应当说:神是从自然界产生出来,神是从自然界发生出来,神是自然界的一个经过抽象作用而造成出来的概念;因为,一切属性、一切本质性或完善性,被集合在神里面的,或其总和被称为神的——这一切神性属性,只要不是从人借用来的,都是从自然界源泉汲取而来,都不外乎给我们显示出自然界本质,或者干脆说就是自然界。所不同的只有一点,就是:神乃是一个抽象的被想出来的东西,自然界则是一个具体的实在的东西,但在本质、在实体、在内容方面说,二者是同一个东西;神乃是抽象的、即从感性直观中被抽离出来的、被想出来的、被当作理智对象或理智存在者的自然界;自然界在其固有意义下则是感性的、实在的自然界,恰像它直接启示和表现给我们的感官时一样。

现在倘若我们去观察神的主要属性,我们就可以发现,这些属性都只托根于自然界中,必须还原于自然界,才有意义,才可了解。神有一个主要属性,就是他是一个有权力的存在者,一个最有权力的存在者,在后来的观念中就是全能的存在者。权力本身就是神的第一个属性或宁可说是第一个神性。但这个权力是什么呢?权力表现什么呢?不是别的,正是自然界现象的权力;所以,像以前一次讲演说过的,雷和电是给人以最威严最可怕印象的那种自然界现象,于是就成了最高最有权力的神的作用,或本身就是与神合一的。就在《旧约》中,雷也叫作"神声",有好多地方也拿"神视"来代替闪电。但是以雷为声、以电为视的神,倘若不是自然界本质,他的声和视倘若不是雷和电的本质,究竟是什么呢?那些基督教有神论者,他们的神虽然是精神性的,但在他们看来,神的权力仍旧不外是感性的权力,自然界的权力。譬如基督教诗人特里勒尔在他的《诗的观察》中说:

愿汝向我言!汝心岂不颤,
当兹阴霾日,雷霆发天边。

汝何如此惧?岂非灵语汝?

语汝电与雷,天帝所统驭。

一旦帝震怒,汝身无逃处。
从兹得证明,电雷皆兆征,
告我帝在上,告我帝威灵。

自然界的权力,对于基督教徒,即使没有这里这位属灵的特里勒尔所说的雷电那么显然为感官所觉知,至少也是居于基本地位的。譬如基督教有神论者,他们的本质就在于抽象化自然界真理,因之亦在于远离自然界真理,他们以为自然界运动的原因是出于神的权力或全能的,因为他们心目中的自然界乃是一种死的无生气的质体或物质。他们说:物质本来是不动的,神将运动移转和灌输进去,所以他们钦佩神有这种巨大的权力,能使那么巨大的质体或机器运动起来。但是神用来使得形体或物质发生运动的那种权力,难道不是从一个物体移转运动于另一个静止物体时所用的力或权力抽象而来的么?那些熟谙外交术的有神论者自然又否认神以一个冲击、一个直接接触去推动物质;他们以为神是一个灵,是用他的纯粹意志来造成这种影响的。不过,神既不可以被设想为一个纯粹精神,而应当兼被设想为一个物质的、感性的(自然不能明显觉得出来)东西,同样,他也就不能以他的纯粹意志造成运动。没有权力,没有一种积极的、物质的能力,也便没有什么意志。有神论者自己在神里面也是使权力与那意志和理智分别开来的。但是这个与意志和理智有别的权力,倘使不是自然界的权力,究竟是什么呢?

拿权力当作神的一种属性或一种神性,这个观念,是人特别拿自然界的影响和人的影响互相比较之后才发生并发展起来的。人不能创生草木,不能造成烈风暴雨,不能闪电和响雷。所以维吉尔把朱比特的电闪叫作"不可仿效的";所以希腊神话说沙尔孟内斯(Salmoneus)给朱比特的电闪所击死,是因为他僭妄到这步田地,要像朱比特一般来闪电和响雷。自然界的这类影响,是超出人类力量以外,不是人类权力所能做到的。正因为如此,造成这类影响和现象的东西,才被人当作一个超人的、因之神性的东西。但是所有这类影响和现象,不外是表现自然界的权力罢了。基督教徒、有神论者虽然直接地或依照其外涵地,将这类影响归功于神,归功于一个与自然界有别并带着意志、理智和意识而活动的存在者;但这不过是一种解释而已,而且这里问题并不在于一个精神是否是这类现象的原因或能否做这类现象的原因,而只在于自然界现象、自然界影响——这些,基督教徒自己,至少那些唯理主义的开明的基督教徒,也不认为是神的直接影响,他们只认为就其最初来源说是神的影响,就其实在性质或状态说则是自然界的影响——乃是发源的东西,所谓超人的神性的权力和力量之概念和名词,就是人当初从这个发源的东西抽取出来的。试举一个例。譬如一个人给雷击死了,基督教徒便这样说或这样想:这事不是出于偶然,不是由于纯粹的自然秩序,而是神决定要如此做,因为"没有神的意志,一只麻雀也不会从屋顶上掉下来"。[①] 神要这个人死,而且要他这个样子死去。神的意志便是这个死因,最后的或最初的原因;最近的

[①] 参看《马太福音》,第 10 章第 29 节。——校者

原因则是雷电；或者可以这样说：古时信仰要说雷电是神自己杀人用的手段，近代信仰则说雷电乃是中介原因，接受神的意志、至少获得神的许可而致人于死的。但是杀人焚屋摧山毁木的力量乃是雷电自己的力量，譬如我拿来杀人用的砒霜，它的力量或影响并不是我的意志的影响或我的力量，而是它固有的力量或影响。由此可见，我们站在有神论的或基督教的立场上，也是使事物的力，与神的力，或恰切些说与神的意志，分别开来；我们并不拿电磁、空气、水、火等的影响以至于属性（因为我们只是从事物的影响来认识事物的属性的）当作神的影响和属性；我们并不说神烧着和热着，而说火烧着和热着；我们并不说神弄湿了，而说水弄湿了；我们并不说神响雷和闪电，而说雷响和电闪。可是，自然界的与基督教徒所谓精神本质的神不同的这些现象、属性和影响，正是人类那种超人的神性的权力观念所取材的源泉；为了这些现象、属性和影响，人类只要忠实于他们的原本的、简单的、未曾将自然界剖分为神和世界两方面的感官，就会拿自然界本身当作神来崇拜的。

说到"超人的"这个形容词，我禁不住要在这里插说几句话。那些宗教的和博学的伪善者，提起无神论，总要悲叹起来；他们以为无神论毁弃了或漠视了人的一种重大的需要，即需要假定有个东西存在于人以上并崇拜它，以为以此无神论就使人成了自私的和傲慢的东西。但是无神论抛弃了神学的"超人"，却未曾抛弃道德的和自然的"超人"。道德的"超人"便是每个人为要有所作为时必须有的一种理想，但是这个理想是而且必须是一种人性的理想和目的。自然的"超人"则是自然界本身，尤其是我们的存在、我们的地球所依赖的属天的权力——因为地球本身只是天界中一分子,地球之所以为地球只限于它在我们的太阳系中所占据的地位以内。甚至宗教上那种超地球的和超人的东西也只是从天界和星辰超出我们而存在这个感性的、光学的事实导源而来的。据西里鲁斯说,朱理安便是根据每人祈祷、发誓或呼喊神名时总要举手向天这个事实,来证明星辰是神。基督教徒却也是把他们的"精神的无所不在的神"安置在天上的,他们这样做恰是出于古时以天为神的同一个动机。斯多葛派哲学创立者芝诺有个学生叫作亚里斯托,他曾明白地说:"在我们上面的,是物理的东西(自然界),因为它是不可认识的,又是丝毫无益于我们的。"但是,这个物理的东西,主要就是天文的东西。天文学和气象学的对象,首先就是那些激发自然科学家和自然哲学家兴趣的东西。苏格拉底也是反对物理学,认为这是研究那超出人的力量以外的东西;他引导人离开物理学而走到伦理学来;但是在他心目中的物理学,主要是天文学和气象学,所以有一句名言,即说他将哲学从天上拉到地下,所以他把那超越于人的力量和规定的一切哲学方法都叫作 meteorologein,即研究天界的、超地的事物之意思。

但是,正像权力、超人性、至高无上的或存在于我们以上的存在者(罗马人就是把神叫作 superi)一样,神的其他属性,如"永恒"、"无限"等,起初也是自然界的属性。譬如,"无限"在荷马诗中乃是海和地的形容词,在哲学家安那克西美尼著作中又是空气的形容词;"永恒"和"不朽"在《真德亚吠陀》经中也是太阳和星辰的属性。甚至古代最大的哲学家亚里士多德,也是将"不变"和"永恒"归之于天,而以之与地上事物的易逝性和可变性相对比的。基督教徒自己也是从世界或自然界的伟大和无限推演出（即引申出）神的伟大和无限，虽然由于一种不难了解的可是这里不能陈述的原因，他们过后又使自然界消灭于神的面前。譬如谢赫择尔在他的《约伯的自然科学》中这样说，还有无数的其他基督教徒也是这样说："他的（神的）无限的伟大，不仅表示在世界和天体的不可思议的伟大上面，而且表示在最小的微尘上面。"在他的《物理学或自然科学》中，这位博学而虔诚的自然科学家又说："造物主的无限智慧和权力，不仅可以从'无限大'，从整个世界质体和那些在天空飘动着的大星球看得出来……而且也可以从'无限小'，从微尘，从微生物看得出来。……每粒微尘各含有无限数量的最小的世界。""无限"这个概念，是与无所不包的一般性或普遍性相一致的。神并不是特殊的东西，因之也不是有限的东西，神并不是限止于这个或那个民族、这个或那个地域的东西——但自然界也是如此。希腊一哲学家说：日、月、天、地和海，都是一般的东西；罗马一诗人（奥维德）说：自然界没有把日、水和空气交付于某人，作为私有物。"在神面前一切的人都是平等的"——在自然界面前何尝不是如此。土地不是为这个或那个特权的个人或民族而生产果子的；太阳不是专照基督教徒或犹太教徒的头的，它无差别地照一切的人。正为了自然界这个无限性和一般性，古代犹太人才不明白为什么不是他们专享生命的资料，反而偶像崇拜者也一样可以享受得到——古代犹太人本来自以为是神挑选的即唯一有生存权利的民族，他们相信世界只是为了他们犹太人而创造的，并不是为了一切的人。所以对于神为什么不毁灭偶像崇拜那个问题，那些犹太学者就回答说：神是要歼灭偶像崇拜者的，倘使他们不是崇拜那些为世界所必需的事物；可是，他们既然崇拜着日、月、星、水、火等，那么神又为什么为了几个蠢人而毁灭世界呢？换一句老实话说，神必须容许偶像崇拜的原因和对象存在着，因为没有这些原因和对象犹太人自己也是不能存在的。[10]

这里，我们有了一个有趣的例，可以阐明宗教的某些本质重要的特性。首先我们可以拿这个例来说明每个宗教都有的理论和实践间、信仰和生活间的矛盾。犹太人与偶像崇拜者天然共有地、水和光这个事实，是与犹太人的理论和信仰直接矛盾的；因为他们绝不愿意同异教徒共有什么东西，按照他们的宗教说来也不应这样做，所以他们也不应当同异教徒共有生活资料。倘若他们是彻底的，为的不与凡俗的异教徒共有什么东西起见，他们必须不许异教徒享受这些生活资料，不然自己就不要享受这些生活资料。其次，我又可以拿这个例来说明：自然界是比宗教的神宽宏得多；人的合于自然的观点或自然直观也是比宗教观点普遍得多，宗教观点是要分别人和人、基督教徒和犹太人、犹太人和异教徒的；因此人类的全体一致，那包括一切人在内的爱，绝不是建立在"天父"概念之上，或像近代哲学家所说的精神概念之上，而宁可说是建立在自然界之上，不错，起初单只是建立在自然界上面。普遍的人类爱，可见也绝不是从基督教发生出来的。异教哲学家早已提倡普遍的人类爱了；但是异教哲学家的神不是别的，正是世界或自然界。

基督教徒的信仰，宁可说是与犹太人一样；基督教徒同样信过并说过，世界只是为他们基督教徒而创造起来和维持下来的；如此他们也是与犹太人同样地不能彻底解释不信宗教者和异教徒怎能存在这个事实;因为倘若世界只是为基督教徒而存在的,那么那些非基督教徒,那些不信基督教上帝的人,怎么会存在着呢?存在着有何用处呢?根据基督教上帝,只能解释信奉基督教的人的存在,而不能解释信奉异教的人以及一般不信宗教的人的存在。神既然不分义人和不义的人、信宗教的人和不信宗教的人、基督教徒和异教徒,而一律拿他的太阳照临下土,那么这个神就是对于这种宗教上的区分漠不关心,就是不知道世上有这种区分;这个神事实上不是别的,正是自然界。[11]《圣经》上有句话说:上帝升起他的太阳普照善人和恶人,①我们从这话里可以发现出一种宗教的自然直观之痕迹或证据,或者在这里善人和恶人只是道德上的分别,绝不是教义上的分别,因为教义上、《圣经》上的神,是要严格分别公羊和母羊、基督教徒和异教徒及犹太人、信宗教的人和不信宗教的人的,因为这个神允许某些人升上天堂,某些人堕入地狱,某些人享受永生和幸福,某些人则注定永久的痛苦和死灭。但是,正因为如此,给这个神注定到虚无中去的那些人却都仍能存在——这个事实,却是不能从这个神得到说明的。我们要说明这个事实,我们要解决那由宗教信仰造出来的千万种矛盾、混乱、困难和不能自圆其说,就必须承认:原初的神只是一个从自然界抽象出来的东西,因之必须自觉地拿自然界的名称和本质去代替神的那个神秘的、歧义的名称和本质。

---

① 见《马太福音》,第 5 章第 45 节。——译者

第十三讲

我在上次讲演中说过,神的"权力"、"永恒"、"超人"、"无限"和"普遍"等属性,都是从自然界抽象出来的东西,起初都只表示自然界的属性罢了——我这话甚至也适用于神的道德的属性。神的仁慈不过是从自然界那种对人有利的、良好的、造福的本质和现象抽象出来的东西,这些本质和现象给人以感觉和意识,知道生命、存在乃是一种好处、一种幸福。神的仁慈不过是自然界的有利益性和可享受性,被幻想、被感情的诗意所高尚化了的,被人格化了的,被当作一种特殊的属性而独立化了的,被表现和理解为主动形态了的。但因自然界同时也是那些对人有害的、敌视的影响之原因,所以人又把这种原因独立化了并神化为一个恶神。这种对立,几乎在一切宗教中都可发现出来;但最能表现这种对立的宗教,还是波斯教,它所信仰的最高的神,就是两个互相敌对的神:一个叫作奥马慈德,他是一切造福于人的东西,一切有利的动物,一切使人欢乐的现象如光明、白昼、温暖等的神或原因;另一个叫作亚里曼,他是黑暗、炽热和有害的动物的神或原因。

基督教的信仰观念,几乎是从波斯以及一般东方的世界观出来的;就在基督教也有两个神,不过其中一个主有或专有神的名称,另一个则叫作撒旦或魔鬼罢了。在基督教中,人们即使不将自然界凶恶的、有害的影响归之于一个独立的、有人格的原因，归之于魔鬼，至少也要归之于神的愤怒。但是，神在愤怒中或愤怒的神，不是别的，正是恶神。这里，我们又得到一个例，证明多神教和一神教中间实在没有什么本质上的差别。多神教徒信仰善神和恶神，一神教徒则将恶神纳入于神的愤怒，将善神纳入于神的仁慈，而信仰一个神；但这个独一的神，乃是善兼恶（或愤怒）的神，乃是一个含有相反属性的神。可是，神的愤怒不是别的，正是神的"罚恶正义"，只是被表象、被感性化成为激情、情感。愤怒也是起源于人的，其本身也不过是属情感的正义感和复仇感。人受了不正当的侵犯、不公平的待遇——不论是实在的或想象的——就要愤怒起来。愤怒乃是人对于外来的无理侵犯之反抗。现在，神的仁慈既然只是从自然界的良好影响抽象而来的，那么神的正义起初也只是从自然界的凶恶的、有害的影响抽象而来的了。可见"罚恶正义"这个观念，是从反省产生出来的。人是一个利己主义者；他以为自己是无限地好，因之相信一切必须尽力为他服务，相信世间不应当也不能够有什么对他不好的事情；但他看到那些与他这个利己主义和这个信仰相矛盾的事实；因此，他相信，他所以碰到某些不好的事情，只是因为他触犯了他的一切好处和福利所由之而来的那个东西，以致激恼了那个东西起来反对他。所以，他把自然界的不好的事情解释作神的刑罚，神为了对神而犯的某件罪过或不义而降罚于人。所以基督教有了这种信仰，认为自然界以前本是一个乐园，其中毫无于人有害的和敌对的事情，后来为了人的罪过以及由此激起的神的愤怒，这个乐园才破灭了。但是这个解释乃是一种首尾倒置的神学的解释。神的愤怒或"罚恶正义"，与神的仁慈不同的,起初只是从自然界的凶恶的和有害的现象抽象出来和引申出来而已。并非因为神凶恶、愤怒、主持正义、降罚于人,所以这个人给雷打死了;恰好相反,乃是因为这个人给雷打死了,所以这回死事的原因被人当作一个能降罚的愤怒的凶恶的东西。人类思想原本的进程本是如此。[12]同样,神的仁慈和正义既然是从自然界的好和不好的现象抽象出来和引申出来的,神的智慧也只是从自然界、从自然现象此起彼灭的秩序、从自然因果关联抽象出来和引申出来。

但是,神的其他更不定的或消极的属性,也同样是从自然界抽象出来的,正如以上所说的物理的,形而上学的和道德的属性一样。神是看不见的,但空气也是看不见的。正因为如此,所以一切相当开化的民族几乎都把空气、呼吸、气息看作与精神一致的东西。此时,神本身又是与精神没有分别的,换句话说,就是与空气没有分别的;未开化的、感性的观点就认为唯有空气决定人的生命,或宁可说造成并维持人的生命。从"不可为神雕画任何形象"这话不能就推论说:这里的神就是我们现在意义下的一种精神,即一种能思想、有意志、能认识的东西。谁又能为空气雕画一个形象呢?菲力克斯回答异教徒的非难说:你没有看到上帝时候,你却不能惊诧基督教上帝是指不出的和看不见的;风和空气也是看不见的,虽然把一切东西吹来吹去、震摇、撼动。上帝是不可摸索的,不可把握的。但是空气,虽然在物理学家看来是有重量的,难道是可以把握、可以摸索的么?光又是可以把握、可以摸索的么?光和空气,可以拿来塑成一个个人的形体么?所以,根据某些民族没有为他们的神灵雕画任何形象,因之也没有设立任何庙宇,就推论说他们崇拜一个精神本质、一个在我们现在意义下的精神本质，那是何等荒谬的推论！他们崇拜的是自然界，不管是自然界全体或其中一部分，他们却未曾使自然界人化了，至少未曾把来表现为拟人的形态和相貌；这便是他们没有任何拟人的画像和雕像以代表他们崇拜的宗教对象之原因。

我不能把神表现为受限制的形态、画像和概念；但我能这样去表现世界，去表现宇宙么？谁能为自然界画出一个形象，至少一个适合自然界本质的形象？每个形象都是从自然界一个部分拿来的，那么我怎样能拿一部分恰切地表现出全体呢？神不是一个受空间和时间限制的东西；但世界是这样的东西么？世界是在这个空间，这个时间的么？世界不是在一切时间，在一切空间的么？世界是在时间之内的么？不是倒不如说时间是在世界之内么？时间不是仅为世界的一个形式或样态，而世界的个别本质和影响就在其中此起彼灭的么？那么我怎样能说世界有个时间上的始点呢？世界是以时间为前提么？不是倒不如说时间是以世界为前提么？世界是水，时间是水的运动；但是从事物本性上说，水不是先于水的运动么？水的运动不是以水为前提么？水的运动不是水固有的性质和样态的一种效果么？我把世界设想作在时间中发生出来的，我这个思想难道不是愚蠢的，恰像我设想某个事物的本质是在这本质的效果中才发生出来一样愚蠢么？设想某个时间是世界的始点，这个思想难道不是荒谬的，恰像设想水的倾泻是水的起源一样荒谬么？但是根据以上所说的一切，我们不就看出：世界的本质和属性，与神的本质和属性本是一个东西；神与世界本无分别；神只是从世界抽象出来的一个概念，神只是在思想中的世界，世界只是在实在中的神或实在的神；神的无限只是从世界的无限，神的永恒只是从世界的永恒，神的权力和庄严只是从世界的权力和庄严，抽象出来、发生出来、引伸出来的么？

神和世界之间的差别，只是精神和直感，思想和直观之间的差别；世界，作为感官的对象，尤其作为形体的感官，如粗暴的触觉的对象，就是世界，就是真正的世界，反之，作为思想的对象，作为那从感官抽取"一般"的那种思想的对象，则是神。但是，正像理智从感性事物抽取来的那个"一般"，既然是一个——不是直接，而是间接，不是形式上，而是本质上、实际上——感性的东西一样（因为"人"、"树"等概念是借助于感官指示给我们的那些人和那些树而造成的，因之仍是某种感性的东西），神的本质，虽然只是世界之被思想的、被抽象的本质，却仍是一个间接感性的本质。神自然不是那种感性的本质，像那限于可目见的和可手捉的形体一样，譬如石、树、兽等，但是，倘若只因为这点而否认神的本质是感性的东西，那么我们也必须否认空气和光是感性的东西了。甚至当人相信他随同神的观念而超出自然界时候，当人设想神是一个脱去一切感性属性的非感性、非形体的本质的时候（譬如基督教徒，尤其所谓唯理主义的基督教徒，是这样设想的），甚至在这个时候，感性本质的观念至少也构成了精神的神的基础。不管人如何把一个可触摸的感性本质之一切限制和属性通通排除出去，谁能把某个东西设想作一个本质而不同时把它设想作一个感性的本质呢？神的本质和感性事物的本质，其间的差异不过是"类"和"属"（或个体）间的差异罢了。

神不是这个或那个本质，正如总的颜色不是这个或那个颜色，总的人不是这个或那个人；因为在"人"这类概念中，我是把各种族各个人间差异之点排除出去的，在"颜色"这类概念中，我也是把各种不同颜色间差异之点排除出去的。同样，在神的本质中，我也排除了好多不同的感性本质间的差异和属性，我只一般地把它设想作本质；但正因为"神的本质"这概念只是从世界所含有的感性本质中抽象出来，正因为这个概念只是一个类概念，所以我们总要拿感性本质的形象来替代这个一般的概念，我们总要把神的本质，或是想象作整个自然界本质，或是想象作光的本质、火的本质、人的本质，特别是老的可敬的人的本质，恰如在每个类概念中，那些被我们排除出去的个体的形象，又要浮现在我们面前一般。神的本质如此，神的存在也是如此；这本是自明的道理，因为存在是不能与本质分离的。甚至当神被想象为这样一个本质，这个本质因为本身是精神，故只存在于人的精神之内，只当人超出于感官以上，从那些感性本质中抽去他的精神时候，才成为人的对象——甚至当这个时候，神的存在也是以感性存在的真理，以自然界的真理为其基础的。神不应当只存在于思想、精神里面，兼要存在于精神以外，兼要不依赖于我们的思想；神应当是一个与我们的精神，与我们对他的思想和观念不同的东西。神是存在于我们以外又不依赖我们的一个客观的东西——这一点，请大家特别留意。但是，根据这一点，我们不就可以看出：在那所谓应当排除一切感性事物的神里面，也可以发现感性存在的真理么？不就承认：感性存在以外没有任何存在么？如此，除开感性以外，我们还有其他的特征、其他的准绳，以证明有个在我们以外的存在，有个不依赖于思想的存在么？一个没有感性的存在，不是纯粹的思想，不是另一个存在的幻影么？神的存在,或人归给于神的存在,其与我们以外感性东西的存在不同之处,恰恰像我们上面所说明的神的本质和感性本质间不同之处一样。人归给于神的那个存在,乃是一般的存在,乃是存在的类概念,乃是抽去一切个别的和特殊的特性或规定的存在。这样,这个存在当然是一个精神的、抽象的存在,恰如每个"一般概念"都是抽象的、精神的东西一般;虽然如此,但这个存在仍旧不外是感性的存在,不过被思想为一般的罢了。

　　这里,我们就解决了存在问题给哲学家和神学家所提出的那些困难,像关于神的存在的所谓证明法所显示的;就解决了那对于神的存在的观念和解释中种种的矛盾;这里,我们就明白了,人们为什么要将一个精神的存在归属于神,又为什么同时要将这个精神的存在设想为一种感性的甚至囿于一定地域的存在,即存在于天上;总而言之,关于神的存在的观念内,精神和感性中间的矛盾、争辩,以及这个存在的暧昧性和神秘的无规定性,都可以简单地根据下面的理由来解释的,就是说:这个存在是从实在事物和本质的感性的存在中抽象而成的,但正因为如此,就必须拿感性存在的形象来替代这个抽象的存在,恰像必须拿感性本质的形象来替代神的本质一般。但是,既然像我们以前所说的,构成神的本质的一切属性都是从自然界抽象出来的;既然自然界的本质、存在和属性是发源的东西,神的形象就是人仿照这些东西描摹而成的;既然详细研究起来,神和世界或自然界之间的差别,不外是类概念和个体之间的差别,即:自然界,从它是感性直观的对象看来,它就是真正的自然界,从它是精神和思想的对象而与感性不同并排除了它的物质性和形体性一方面说来,它又是神——那么我们就明白了、证实了：自然界并不是从神发生出来，实在东西并不是从抽象东西发生出来，形体的、物质的东西并不是从精神的东西发生出来。承认自然界是从神派生出来，这就无异于承认原物是从画像、从描本派生出来，一件事物是从那对于这件事物的思想派生出来。

这样的承认是荒谬绝伦的，可是神学的秘密恰好建立在这个荒谬上面。在神学里，并非因为有事物存在，人们才去想这事物和要这事物，反是因为人们想事物和要事物，然后才有这事物存在。因为神以前想过和要过世界，现在还想着和要着世界，所以才有世界存在。观念、思想，不是从其对象抽象而来的，反而被思想的对象是由思想创造出来，是以思想为其原因。这个学说就是基督教神学和哲学的核心，然而这个学说恰是首尾倒置的，恰是将自然界的顺序翻转过来的。人怎样会陷于这种荒谬呢？我在上面论第一原因时已经说过：人拿"类"（这里是类概念）作为"种"和个体的前提，换句哲学用语来说，便是拿抽象的东西作为具体的东西的前提——这样做，在主观上完全是对的，至少当人没有明白他自己本质的背景时是完全对的。根据这点，在论创世时，在拿一个神来解释世界时，所遇见的一切困难和矛盾，都可以得到说明和解决了。

人以抽象力从自然界、从实在界寻求类似的东西、相同的东西、共通的东西，使它脱离了那些本身相同或本质相同的事物，然后使它作为一种独立的东西——与那些事物不同——成为那些事物的本质。试举一个例来说。譬如人们从感性事物抽取出"空间"和"时间"当作一般的概念或形式，一切感性事物都适合于这二个概念或形式，因为一切感性事物都有广延性，都是变化的，一切感性事物都是相外地和相随地存在着。地球上每一点都在其他各点之外,地球运动上每一点都在其他各点之前或后,这里,目前是这点所占据的,但下一瞬间又是别点来占据。但是,人虽然是从具有空间性和时间性的事物中抽取"空间"和"时间"出来,却仍然拿"空间"和"时间"放在这些事物之先,当作这些事物存在之最初原因和条件。所以人设想世界,即实在事物之总和,亦即世界的质料和内容,是在"时间"和"空间"中发生出来的。甚至黑格尔也还认为物质不仅发生于"空间"和"时间"中,并且从"空间"和"时间"发生出来。正因为人拿"空间"和"时间"放在实在事物之先,正因为从个别事物抽取出来的一般概念在哲学内被人独立化为一般本质,在多神教内被人独立化为种种神灵,在一神教内被人独立化为独一的神的种种属性,所以人也把"空间"和"时间"做成了神,或与神合一起来。有名的基督教数学家和天文学家牛顿也将空间称为神的不可量度性,甚至称为神的 sensorium(感官),也就是神借以感觉一切事物并与一切事物同在的工具。牛顿也是将空间和时间看作"神的存在的效果;因为,无限的本质是存在于一切地域的,这样,这个不可量度的空间就存在着;永恒的本质是从永恒以来存在着的,这样,实在有个永恒的延续存在着。"我们也是确实不能懂得,从时间性事物分离出来的那个时间为什么不可以同神合一起来;因为,抽象的时间,其中由于没有标准,不能判别现在和未来,以此就与死的、固定的永恒没有什么分别。是的,永恒本身不是别的,正是时间的类概念,正是抽象的时间,排除去时间差异后的时间。所以宗教把时间当作神的一种属性或一个独立的神,乃是无足为怪的事。譬如印度《婆戈吠奇陀》中的克里斯那(Krischna)神,在他的无数属性当中，时间也是他的一项属性、一个头衔，他说：我是时间我保持一切，我毁坏一切。[13]在希腊人和罗马人中，时间也被人神化了，叫作克罗诺斯（Kronos）和撒都努斯（Saturnus）。在波斯教中，撒鲁安诺亚卡拉那（Zaruanoakarana），即非被创造的时间，甚至占据最高地位当作最初的、至上的本质。在巴比伦人和腓尼基人中，时间之神或时间主人，即所谓"永恒之王"，就是最高的神。

从上面举出的例，我们就可以明白：人起初如何依照或符合他的抽象力本性而造成了一般概念，后来又如何违反实在事物本性而将此一般概念，将空间和时间的观念或直观（像康德所称的）放在感性事物之先，当作感性事物存在的条件或宁可说最初的根据和因素，却不去想想事实上是刚刚相反的，事实上并非事物以空间和时间为前提，反而是空间和时间以事物为前提，因为空间或广延性必须以某个能广延的东西为前提的，时间或运动——时间不过是从运动中抽象出来的一种概念罢了——也是必须以某个能运动的东西为前提的。一切都占空间和时间，一切都在广延和运动；不错，但是"广延"和"运动"本身是千差万殊的，恰像那些在广延和运动的事物一样。一切行星都环绕太阳而运动，但每个行星都有各自的运动，这一个时间短一点，那一个时间长一点，越近太阳走得越快，越远太阳走得越慢。一切动物都在运动，虽然不是一切动物都能离开它们所在的地位。然而这个运动是何等无限地差异啊！每一种运动都适合于动物的结构，它的生活方式，总而言之它的个性。如此，我怎样能够从空间和时间，从这纯粹的"广延"和"运动"，来解释来引申这个差异性呢？"广延"和"运动"宁可说是依赖于那个在广延和运动的形体或本质。所以，对于人或至少对于人的抽象力来说是最初的东西，对于自然界或在自然界中便是最后的东西；但是因为人把主观的东西做成客观的东西，换句话说，即把他自己认为最初的东西，也做成本身是或本性上是最初的东西，如此人就把空间和时间当作自然界的最初的基本本质，把抽象的东西当作具体的东西的基本本质，因之也就把那个带着一般概念的、能思想的、精神的本质当作最初的本质，当作这样一个本质，这个本质不仅在地位上说居于一切其他本质之上，即便在时间上说也是居于一切其他本质之先。这个本质就是一切本质的根据和原因，一切本质都是由它创造出来的。

　　神是否创造世界，即神对世界的关系如何，这个问题其实就是关于精神对感性、一般或抽象对实在、类对个体的关系如何的问题；没有解决后一问题，前一问题也是不能解决的；因为神不是别的，正是类概念的总和。这后一问题，我刚才虽然拿空间和时间的概念做例解释过了，但还必须更进一步去讨论。不过这里我只要指出下面一点，就是：这个问题是属于人类认识和哲学上最重要又最困难的问题之一，整个哲学史其实只在这个问题周围绕圈子，古代哲学中斯多葛派和伊壁鸠鲁派间、柏拉图派和亚里士多德派间、怀疑派和独断派间的争论，中古哲学中唯名论者和实在论者间的争论，以及近代哲学中唯心主义者和实在论者或经验主义者间的争论，归根结底都是关于这个问题。但这个问题是最困难问题之一，并不仅因为哲学家，尤其近代哲学家，随意使用字眼，以致在这方面造成了无限的纷乱，而且因为语言本性，甚至思维本性（思维本是不能离开语言的），本就拘束我们、烦扰我们了，因为每个字眼都是一般性的东西,个别的东西无法可以说得出来,因之好多人早就单拿语言做证据,来证明个别的东西和感性的东西是不存在的了。最后,各人精神上、职业上、地位上和气质上的差异,对于这个问题及其解决也有最重大的影响。譬如那些人,他们多置身于实践生活而少逗留于研究室,多接近自然界而少去探访图书馆,他们的业务和兴趣驱使他们去从事于对实在本质的考察和直观,所以他们总要在唯名论者观点下去解决这个问题,唯名论者是认为一般的东西只有一种主观的存在,只存在于语言之内、人的观念之内的;反之,业务和性质与前者相反的人,则自然要在相反的观点,即实在论者观点下去解决这个问题,实在论者则是认为一般的东西本有一种自为的存在,并不依赖于人的思想和语言的。

第十四讲

　　上次讲演的结论是说：神对世界的关系仅仅归结为类概念对个体的关系；是否有个神存在这个问题，不是别的问题，也正是"一般"这个东西是否有个自为的存在的问题。可是，后面这个问题不仅是最困难的一个，而且是最重要的一个；因为，神存在或不存在，只是以这个问题为转移的。对好多人说来，他们对神的信仰便仅仅依赖于这个问题，他们的神的存在仅仅建立在类概念或一般概念的存在上面。他们说：倘若没有一个神，那么任何一般概念都不是真理了，那么世间就没有什么智慧、德行、正义、法律和团结了，那么一切都是纯粹的任意胡行了，一切都陷落于漆黑一团，都退回到虚无中去了。这里应当立刻申明一点，来回答上面的意见，就是说：即使世间没有神学意义下的智慧、正义和德行，我们却不能据此就推论说连人性和理性意义下的智慧、正义和德行也都没有了。为了承认一般概念的重要，无须乎使这种概念神化、独立化，无须使之变成与个体不同的东西。为了厌弃某种罪恶，我无须使这种罪恶独立起来成为一个魔鬼，像古代基督教神学家一般，他们以为每种罪恶都有一个魔鬼，譬如贪酒有醉鬼、贪食有馋鬼、嫉妒有妒鬼、悭吝有吝鬼、赌钱有赌鬼，甚至某个时候时兴一种新式裤子，因之也特设一个"裤鬼"；同样，为了爱好德行、智慧和正义，我也无须乎把这些当作神灵,或者(这是一个样的)当作一个神的属性。

倘若我计划做某种品格的人,倘若我拿坚忍或耐心做操守的德行,为了免得有时轻忽这种德行之故,难道我就应当替这种德行设立祭坛和庙宇,像罗马人崇拜一个"德行女神"甚至各种德目的神灵一般么?这种德行果真需要成为一个独立的实体才能施行权威于我,才能帮助我做点事情么?这种德行,当作人的一种属性来看,不是也有价值么?我自己要做一个坚忍的人,我再不愿受我的智慧和感情给我的那些变动不居的印象所支配,我自己甚至厌恶那种柔懦、多感、易变和寡断的人;于是坚忍的人成了我的目标。当我还未曾成为一个坚忍的人时候,我固然是把坚忍心从我分别开来,将它放在我的上面当作一种目标,将它人格化了,甚至在孤寂时候对它说起话来,仿佛当它是一个为我的东西,于是我对它的关系就恰像基督教徒对他们的上帝、罗马人对他们的德行女神一般;但是我明白知道,我是把它人格化了,不过它对我却不会因此而失去其价值,因为我在它那里有个人的利益,我在自己身上,在自己的利己主义、自己的幸福欲、自己的名誉感——我的名誉感是与那受一切印象和变动所支配的懦弱行为相矛盾的——里面,有足够的理由使我非坚忍不可。对于坚忍说来如此,对于其他的德行,以及心力,如理性、意志、智慧等说来,也是如此;它们的价值和实在,对我并不会丧失的,一般说来也是不会消灭的,即使我只把它们看作人的属性,而未曾神化它们,未曾把它们做成独立的实体。凡是可以适用于人的德行和心力的,也可以适用于一切一般概念或类概念;一般概念或类概念,并不存在于事物或本质以外,与其所从抽象的个体并非不同,也不是对这些个体独立起来。主体,即存在着的本质,永远只是个体;类不过是宾词、属性罢了。但是,正是个体的宾词、属性,却使非感性的思维、抽象跟个体割裂开来,使它自为地成为对象,而且在这种抽象中将它当作个体的本质,将个体相互间的差别只规定作个体的即偶然的、不相干的、非本质的差别;于是在思维、精神看来,一切个体都集合成为一个个体或宁可说成为一个概念而消灭了;于是唯有思维占取了核心,至于那在个体的多样性中、差异性中、个体性中和存在中给我们显示出作为个体的那个感性直观,却只能获得表皮罢了;于是思维将那在实在界中是主体、是本质的东西做成了属性,做成了类概念的单纯样态,同时反将那在实在界中只是属性的东西做成了本质。

除上面列举诸例以外,我们再举一个例,尤其具体的例,使得我们对于这个问题更能明了。每个人都有一个头,自然是人的头,即一个有着人的属性的头;因为,动物也有头,虽然头不属于一般动物的特征概念,世间有些动物简直没有一个真正的发展的头,甚至在高等动物内,头也只是服役于低级的需要,没有什么独立的地位和意义;因为,其实在动物方面说,真正的头还不及吃东西的嘴。如此,头是一切的人所共有的一个特征,人的一个一般的、本质重要的征象或属性;一个东西没有手没有脚从母亲肚里钻出来,我们还认为它是个人,一个没有头的东西却就不是一个人了。但是从这里可以做出结论说一切的人只有一个头么?可是,头的统一性乃是"类"的统一性的一种必然结果,人在抽象的即非感性的思维中就是把"类"的统一性独立化起来的。然而感官不是告诉我们:各人有各人的头,有多少个人就有多少个头,并没有什么普遍的或一般的头,而只有个别的头么? 不是告诉我们:那个头,那个作为类概念的头，那个被我把一切个体的差别和特征通通排除了去的头，只存在于我的头脑之中，至于我的头脑以外则只有那些头存在么？那么我的这个头，主要地又是什么呢？是个一般的头呢，还是这个一定的头呢？感官告诉我们：我的头就是这个头；因为我这个头被人拿去以后，再没有什么一般的头剩下给我了。在那里活动着、工作着、思想着的，并不是什么一般的头，而只是那个实在的个体的头。"个体的"这种形容词自然含有双关的意义，因为我们也可以拿来解释作使人与其他的人不同的那些偶然的、非本质的、不重要的性质。所以为明白个体性的重要起见，人们首先必须拿人，或者就用前例来说，必须拿人的头，同动物的头对照来看，必须抓住人的头所以与动物的头不同的那种个体性。其次，当我们拿人的头同人的头相互比较时，虽然在个体的东西总要表现非本质的特性这个意义下存在着个体性的差异，但是重要之点仍然在于各人有各自的、确定的、感性的、可见的、个体性的头这一点。作为类概念，作为一切人的一般属性或特征的那个头，可见没有其他的意义，除了说"每人有一个头"这话适用于一切的人这一点以外。但是，倘若我现在不管这个共通点却要否认一切的人只有一个头这句话（这句话，即头的统一性，乃是那种表象的必然结果，这种表象以为异乎个体的"类"的统一性是个独立存在的东西，特别是以为一切的人只有一个理性），倘若我断言有多少个人就有多少个头，因之倘若我拿头同个人合一起来，不承认二者不同，甚至不去分离二者，那么，是否就可以从此做出结论，说我否定了头的意义和存在，说我将人做成了一个无头的东西呢？恰好相反，我所得到的不是一个头，反是好多的头，倘若四只眼睛比二只眼睛看得更多，那么好多的头比一个头也能做更多的事情了；所以我只有占得便宜而没有什么损失。由此可见，倘若我扬弃了类和个体间的差别，倘若我只承认这个差别存在于思维、判别力、抽象力之中，我绝未曾因此否定了类概念的意义；我不过断言类只作为个体或作为个体之宾词而存在罢了。[14]这里再拿以前引过的例来说，我并未曾否定智慧、善和美；我仅仅否认这些东西作为这类类概念而又是实体，不管是作为神灵，作为神的诸属性，作为柏拉图式的观念或凭空而来的黑格尔式的概念；我仅仅主张：这些东西不过存在于智慧的、善的和美的个体之中，因之，正像前面说过的那样，不过是个体的属性，绝不是什么自为的本质，而乃是个体性的表征或规定；这些"一般概念"是以个体性为前提的，个体性却不是以这些"一般概念"为前提的。[15]

有神论恰好是从下面的论点出发，即拿类概念，至少拿那个它称为神的"类概念总和"，当作实在事物的发生原因而放在实在事物之先去，即它不承认一般是从个别出来的，反而主张个别是从一般出来的。但是，那个当作一般来看的一般，那个类概念，确是存在于思想中并为思想而存在；为此之故，人才会走到这样的思想和信仰，以为世界是观念所构成的，是从某个精神实体之思想中发生出来的。站在那撇开了感官以后的思维的立场看来，这样的推论是再自然没有了；因为，对于那个撇开了感官的精神，抽象的、精神的、仅被思想的东西是比感性的东西更切近得多的；对于这种精神，前者也要比后者早些和高些；因此这种精神自然而然会认为感性的东西是出于精神的东西，实在的东西是出于被思想的东西。这样的推论，我们在近代思辨哲学家中还可以找到。他们今天还像从前基督教上帝一般，用他们的头脑去创造世界。

可是，认为世界或自然界由一个能思想的或精神的实体创造出来的，这样的信仰或表象，除了刚才说过的理由以外，却还有另一种理由。我们可以将刚才的理由称作哲学的或思辨的理由，以别于现在所要说的那种通俗的理由。这通俗的理由就在于：人做成了自身以外的事业，但自身以内预先就有了这事业的思想、草案、概念，这事业是以一种计划、一种目的为其基础的。当人建筑一座房子时，他先有一个观念、一个影像在头脑内，然后照样建筑，然后实现出来，转变为或翻译为自身以外的一座用木头和石子建筑的房子；人建筑房子也一定有个目的，他或是要建筑一座住屋，或是园亭，或是工厂，总而言之，他建筑房子，为了这个或那个目的。这种目的便决定了我在脑中所构成的观念；因为，我认为，为这目的的房子是与为另外一个目的的房子完全两样的。何况人本是一个依照目的而活动的东西；他没有一个目的，他什么事都做不出来。但是，一般说来，目的不是别的，正是一种意志观念，这种观念不应当始终限于观念或思想，我应当拿我的头脑做工具把它实现出来。总而言之，人做成事业，纵然不是出于他的精神，也是连同他的精神，纵然不是出于思想，也是连同或依照思想，正因为如此，这事业外表上早已盖下计划性和目的性的印章了。但人是依照自己去思想一切东西的，所以他拿看自己事业时的眼光去看自然界的事业或影响；他将世界看作一座住屋、一个作坊、一只钟表，总而言之，一件人为的物品。他既然不分别自然产物和人为产物，至多认为二者间只有样式上不同，所以他也把自然产物的原因看作一种有目的、能思想的人性的实体，但因自然界的产物和影响同时是超出人的力量以外的,所以他把这个本质上是人性的原因,同时想象为一种超人的实体,它固然具有那些属性像人一般,譬如理智、意志、力量等,以实现它的思想,但比人的要无限量地高些,要无限量地超过人的能力;他现在就称这实体为神。

根据这种对自然界的观察方式或直观方式来证明有神存在,这个方法就叫作物理神学的证明法或目的论的证明法,即由自然界的合目的性中吸取出来的证明法;因为,这个证明法主要是建立在所谓自然界中的目的上面的。但是目的是以理智、计划、意识为前提;而——这个证明法这样说——自然界、世界、物质,却是盲目的,却是没有理智、意识而活动着,所以它又是以一个精神实体为前提,这精神实体创造它,或者依照一定目的形成它、构造它。这个证明法,古代信神的哲学家,柏拉图派和斯多葛派,早已使用过了,在基督教时代人们更加拿来反反复复使用,直至令人生厌。这是最通俗的,在某种观点上说又是最明了、最能令人信服的证明法,这是庸俗的,即未受教育又不知道自然界如何的那种人的理智的证明法;因之,这个证明法就成了有神论在民间唯一的、至少是唯一理论上的基础和支点。我们要来反对这个证明法,首先就须指出一点,即:目的观念虽然适合于自然界中某种客观的或实在的东西,"目的"这名称和概念却不是一个妥当的名称和概念。人所称呼为和了解为自然界目的性的那个东西,其实不是别的,正是世界的统一性、因果间的和谐、自然界中一切事物存在和活动的总联系。譬如一个个单字相互间必须构成一种必要的联系,才有意义,才能使人了解;同样,自然界的本质或现象相互间也必须构成一种必要的联系,才能给人以理解性和计划性的印象。斯多葛派为着反对那个确实不合理的观念,即反对以为世界存在是由于原子,即由于无限小的固定而不可分的物体①之偶然结合这个观念(当时伊壁鸠鲁派代表这个观念),而去证明世界有个属理智的原因。他们把上面那种观念譬喻作一种荒谬念头,即以为精神成果如恩纽斯的历史书籍可以由字母的偶然结合产生出来的一般。不过,世界虽然不是由于偶然而存在的,我们仍无须乎去设想一个人性的或拟人的创造主。感性事物并不是什么字母,字母须待一个自身以外的排字人拼缀而成,因为相互间本来没有什么必然的联系;自然界事物则不然,它们本是互相吸引着,你需要我,我需要你,这个没有那个就不行的,因此它们是由于自身的力量而互相联系起来,譬如氧和氢结合为水,氧和氮结合为空气,如此造成了那种使人惊奇的联系,使得那些没有认识自然界本质而把一切都依照自己来思想的人,觉得这是一个依照计划和目的而活动而创造的实体所做成的事业。但是,使得人相信有个有理智的或精神的创世主存在的,不仅是所谓内在的有机的目的性而已,即不仅因为身体器官适合于其机能或职守而已,主要地还是所谓外在的目的性,无机界便是按照这个外在的目的性如此创造出来,或像有神论者所说的,如此装设起来,使得动物和人能够在其中生活着,而且舒舒服服地生活着。

倘若地球接近太阳一点或远离太阳一点,倘若温度升高到水的沸点以上或降落到水的冰点以下,那么一切都要枯焦了或冻僵了。由此可见亲爱的上帝计算得如何聪明,把地球和太阳距离安

---

① 在希腊原文中,"原子"($ατομ$)意即"不可分割的"。——校者

置得如此恰切,使得动物和人类能在其上生活!上帝又如何仁慈地照应生物的需要!甚至在最愁苦、最贫瘠、最寒冷的地方,至少还有苔藓、灌木以及某些动物供给人类做食粮。至于在热带地方,我们更加可以看出上帝的仁慈和智慧了!你看亲爱的上帝在那里如何照应人类的粮食!那里灌木上和高树上生长何等好吃的东西!那里生长甘蔗、米,光算中国就有一万万人靠米生活着;那里还有姜、菠萝蜜、咖啡树、茶树、胡椒树、做巧克力的可可树、豆蔻树、丁香树、凡尼拉树、椰子树(这树的皮,像近代一位有名的虔诚的植物学家所说的,"仁慈的天意给到处装上了半月形的突起关节,使得人容易爬上高树去采取这宝贵的果实及其中含有的清凉的饮料")。关于这话,我们有下面的意见,而且与上面一点特别有关。就是:有机的生命并非偶然来到地球、来到一般无机自然界之中的,有机和无机的生命是密切结合着的。从有机的生命说来,倘使没有外界,我又是什么呢?空气也是属于我,恰像肺属于我一般;光也是属于我,恰像眼睛属于我一般;因为没有空气还有什么肺呢,没有光还有什么眼睛呢?光不是为着眼睛要看而存在的,眼睛存在却是因为光存在;同样,空气不是为着被呼吸而存在的,却是它存在,因为没有它就不能有生命,所以它才被呼吸。有机物和无机物成立一种必然的联系。所以我们也没有理由可以设想,倘若人有更多的感官,人就会认识自然界的更多的属性或事物。在外界,在无机的自然界,是不会比在有机的自然界多出什么东西来的。人的感官不多不少,恰合在世界的全体中认识世界之用。人以及一般有机物,并非像古代人相信,是由水或土造成的,也不是任何一种特定的单一的元素或只适应于这个或那个感官的一类对象所造成的；人的存在和发生只是由于全体自然界的交互影响——同样,人的感官也不是限定于一定种类的形体性质或力量,而是包括整个自然界。自然界并不让自己躲藏起来,它反而是尽力地自荐于人,或者可以说老着脸去迁就人的。恰像空气通过我们的口、鼻以及一切毛孔,挤进我们身内来一般,自然界的事物或属性,即算有些尚未为我们现在的感官所知觉罢,将来也是要通过相应的感官使我们知觉的,倘使果真有这类事物或属性的话。不过,我们还是回到本题来罢！

当然,地球上的生命,至少现在出现于地球上的这种生命,是要消灭的,倘若地球搬到水星的位置上去；但是那时地球已经不是地球了,即已经不是它现在这个与其他行星不同的个体性的行星了。地球之所以为地球,只是因为它存在于它在太阳系中所占据的位置；而它所以存在于这个位置,并不是为的人和动物能在其上生活；而是因为它照其原初本性说来必然要占据这个位置,因为它本是像现在的样子构成的,所以上面才有我们所发现的那种有机生命发生出来并生存着。即便在地球上面,我们也可以看见：特殊的国土或纬度如何产生出特殊的、只适应于这些地域的动物和植物,譬如热带地方产生最热情的气质,最烈性的饮料,最有刺激性的香料；如此,我们又可看见：有机自然界和无机自然界如何不可分离地联系着,甚至在本质上如何构成一个东西。所以倘若我们在地球上发现那些适合于人和动物之用的生活条件和生活资料,那是毫无足怪的事情；因为我们的本质的个体性原本是与地球的个体性相适应的；我们并不是土星或水星的产儿,我们是地球上的生物、地球的产儿。譬如,黑人、猴子以及猴子所吃的面果,都是起源并存在于同一个太阳下面、同一个地球上面、同一个风土里面。只要有这种温度,使得水不蒸发为汽或冻结成冰而能作为水而存在着,只要水可以给动物喝或供植物吸取,空气可以为呼吸之用,光又不强不弱恰合于人或动物的眼睛,那时就有了那些因素,足以构成动植物生命的基础和起源,那时当然甚至必然就有了那种植物,适应于人类和动物机构,以为营养资料。倘若人们以此为怪,那么一定也要惊怪于何以有地球存在了,或者,只能将人们的神学式的惊奇和论证局限在地球的所谓最初的天文性质上面了;因为,只要我们有了这类性质,只要我们有了这个个体性的、独立的、与其他星辰不同的地球,我们在地球这个个体性上就有了有机生命的条件或起源了,因为唯有个体性才是生命的原则、根据。

但是,地球的个体性又是以什么为其基础呢?是以"吸引"和"排斥"为其基础;"吸引"和"排斥",是物质——这个自然界的基质——本质上所具有的,人在他的理智中才把它从物质分离出来罢了。某些物质部分或形体互相吸引着,因为如此,就从其他的部分或形体分离出来,把它们排斥开去,因之形成了一个特殊的整体。世界的基质,物质,我们无论如何不能设想作一种同形的、无差异的东西;同形的、无差异的物质只是人的抽象,只是一种幻想;自然界本质,物质本质,原本已经是一个含有差异性在内的东西;因为唯有一个确定的、差异的、个体性的东西才是一个实在的东西。"为什么有物存在?"——这个问题是愚蠢的问题;同样,问为什么恰恰是这个特定的东西存在,例如问:氧为什么是无臭无味而重于空气的,为什么在压缩时要发出火花,为什么加以强压也不会变成液体,为什么化学当量是 8,为什么同氢结合时永远是成为 8

对1、16对2、24对3等的比例——那也是愚蠢的问题。这些性质恰好构成了氧的个体性,即氧的确定性、特殊性、本质性。倘若我拿去了氧的这些与其他元素不同的性质,那我也就是取消了氧的存在,取消了氧自身。由此可见,问氧为什么恰是这个元素而不是别的元素,这就等于问为什么有氧存在。但是氧为什么存在呢?我回答说:氧存在,正因为氧存在;氧正是属于自然界的本质;氧并非为的生火和供给动物呼吸才存在的,反而是因为氧存在才有火和生命。有了条件或原因,就不会没有效果;凡是有生命所需的质料之处,也就不能没有生命,这就恰像氧和可燃性物质放在一起必然要发生燃烧过程一般。

第十五讲

我在上次讲演时,曾经提出若干暗示,认为那些自然现象,有神论者惯拿一个有目的、有意识的实体去解释,其实是可以从物理学上或用自然方法去解释的。但是我的意思绝不是想拿这种粗浅的暗示去说明有机生命的起源和本质。自然科学还未曾发展到这个程度,使得我们能够解决这个问题。我们不过知道,或至少能够确定地知道下面一点,就是:我们当初也是循着自然的道路发生出来,恰像我们现时是循着自然的道路生长起来和维持下来一般;一切神学的解释都是没有什么道理的。但是,除开生命起源这个大问题以外,当然还有好多可惊异可注意的自然现象,有神论者特别热心地抓住了这些现象对自然论者说:你们看,这便是神的意向和计划之显明的证据。不过自然界内这些现象是与人类生命中那些情形没有两样的,这些情形曾经给有神论者拿去当作显明的证据,证明有个监督着人类的特殊的神意存在;我在对《宗教的本质》一书的解释中早已举出一例说明过这些情形了。这些总不外是与人类利己主义有关联的情形;而且,即使有同样可惊异的其他现象存在(对于这些现象,我们却毫不迟疑地认为是起于一种自然的、没有目的的原因),我们也只突出这些与人类利己主义有关的现象,而无视于这些现象与其他同我们没有关系的现象之间的类似性,这样，就将这些现象看作一种特殊的、有目的的天意的证据，看作所谓自然的奇迹。

李比希说："我们在低温度时候比在高温度时候呼出更多的碳气，因此必须按比例地享用富于碳素的食物：在瑞典，人们吃的碳素比在西西里要多些，在我们的地方，人们冬天吃的碳素也要比夏天多八分之一。即使寒带所吃的东西，在重量上是与热带所吃的相同，但是一个无限的智慧会设备得使这二种食物所含的碳量完全不同。南方人吃的水果，在新鲜的状态，也没有包含百分之十二以上的碳素，但北极人吃的兽脂和鱼油，所含的碳素则多到百分之六十六至八十。"但是这个无限智慧和无限威力是什么呢？它既然补救一种缺陷所造成的效果，为什么不将这种缺陷本身，不将这个效果的原因铲除去呢？倘若我坐的车子翻了，但我未曾受伤，我能以此归功于神意么？神意难道不能阻止我的车子翻么？神的智慧和仁慈为什么不祛除北极人受的那种连岩石都要崩裂的寒冷？神不是能够创设一个乐园么？一个神，事后才出来补救，又补救了些什么？北极人虽然有富于碳素的兽脂和鱼油可吃，他们的生活不仍然是非常悲惨么？既然宗教自身为了现今的世界与神的智慧和仁慈相矛盾之故，不肯承认神所创造的世界就是现今这个样子，而去假定这个世界已经给罪恶、给魔鬼毁坏了的，因而希望将来有个神性的更好的世界，人们又为什么还要拿这些现象来证明神的智慧和仁慈呢？上面那种现象难道没有一个自然的原因么？为什么没有呢？可怜的北极人，有时，譬如格陵兰人，甚至须吃帐幕的旧皮和鞋底以苟延他们的悲惨的生命，他们当然享受不到什么南方水果以及热带国家其他好吃的东西；这个原因很简单，只因为这些东西在北极没有出产,他们迫得没有办法,只好专靠海豹肉和鲸鱼油来做食粮;但是兽脂和鱼油并非北极所专有的。鲸鱼只因受了人类驱迫,不得已躲到极北地方去,譬如身上含油很多而为人所欣羡的一种象鼻鲸,我们在智利海岸也可找到。但是,即算在北极地方碳素特别丰富罢,这也不过使我们联想到另一种经验去,即是:在冬天砍下来的木头要比春天或夏天砍下来的密些、重些,因之可燃的质料或碳素更丰富些,这是显然因为植物不仅冬天在光线和温度影响之下分解碳酸气,即吸收碳素和排泄氧素,而且平时,尤其发芽开花或结果时,植物还要消耗好多的碳素——譬如,杜麻在他的《生物的化学静力学》中说:甘蔗开了花结了果以后,茎上积蓄起来的糖分就完全消失了。同一个李比希,他在可怜的北极人吃的兽脂和鱼油中证明有个神的智慧,他对于其他同样可惊奇的现象,同样可以拿神学来说明并且已经给人拿神学来说明过的,却根据最简单最自然的原因去做解释。他说:"人们看见那些种子可以当作粮食的植物,像家畜一般追随着人的踪迹,就觉得非常奇异。这些植物所以追随着人,其实是由于简单的原因,恰像盐质植物追随着海岸和盐池,藜草追随着垃圾堆一般。粪虫需要粪,盐质植物也需要盐分,藜草也需要氨气和硝酸盐。我们的五谷倘若没有磷酸苦土,没有氨气来培养它,就没有一种能够结成淀粉质的丰盛的种子。这些种子只能在有这三种成分结合着的土地上发育起来的,最富于这些成分的土地却是人和动物密居着的地方;这类植物追随人和动物的尿屎,因为没有这成分,它便不能结成种子。"

这里,我们就看到了一种非常奇异的现象,这现象与人有重要关系,有神论者倘若不知道其自然的原因,就可以拿这现象当作有个特殊神意存在的最恰当证据来反对自然论者;现在我们拿这现象去同其他同样奇异却与人没有什么关系的现象联系起来(因为藜草虽然大部分生长在人类住所附近,但除了其中一种叶可做清凉贴剂的以外,于人于动物都是没有用处的),而且用植物生活与动物排泄物有密切关联这一点把它解释清楚了,这个关联就是我们在上次讲演时拿来说明自然界目的性现象的那种关联。除上例外,我再举出一例。化学家穆尔德在他的《生理化学》中说:"盐类之中,出产最丰富的几种盐,恰是生物所必需的那几种盐,生物需要它们恰像需要四种有机元素[①]一般。……这几种盐大多数是血液中所不可缺少的,我们在饮水中,在动物和人拿来当作食料的植物液汁中又都可以找到它们。这个事实指出有机自然界和无机自然界如何密切联系着,而人们在科学上却把这两大自然王国分得太清楚了!"还有一层,即使自然界中有不少的现象,我们还未曾发现其物理的自然的原因,但我们断不能因为这个原故而躲避到目的论中去。我们没有认识的东西,将为我们的后人所认识。有无数的东西,我们的先人只能够拿神和神的目的去说明的,我们现在已经拿自然界本质来解释清楚了。从前,人们连那些最简单、最自然、最必然的事情,也只用目的论和神学去解释。古时一个神学家问:人为什么不是一模一样的?各人的脸为什么各不相同?接着他自己回答说:为着各人相互间有所区别的原故,为着不至于互相弄错了的原故,上帝才给各人以不同的脸。这样的解释,我们可以

[①] 指构成有机物的四种基本元素,即碳、氢、氧、氮。——校者

拿来做一个可宝贵的例,以显示目的论的真义。人一面由于无知,一面由于利己主义倾向,即凭自己去解释一切、去思想一切的倾向,总是将不可以随意左右的事情转变为一种可以随意左右的事情,把自然的事情转变为一种有目的的事情,把必然的事情转变为一种自由的事情。人同别人有别,这本是他的个性和存在之必然的和自然的结果;因为,倘若他同别人没有分别,那他就不是一个独立的有个性的本质了;倘若他不是一个独立的个体,那他也就不存在了。莱布尼茨说:同一株树上没有两片完全相同的叶子。他这话完全不错。唯有无限的不可穷尽的差异性,才是生命的原则;同等性便扬弃了存在的必然性;我如果同别人没有分别,那么我存在或不存在也就完全一样了;别人代替了我;总而言之,我存在正因为我同别人有分别,而我同别人有分别又正因为我存在。我的独立性,我与别人间的差异性,早已包藏在不可渗入性里面了;不可渗入性,在这里说来,便是现时我占据的空间别人不能来占据,我必须把别人排除出我所占据的空间以外。总而言之,各人有各人的脸,是因为各人都有一个专有的生命,都是一个专有的实体。但是,对于上面这个情形如此,对于人们用目的论来解释的其他无数的情形也是如此,不过目的论的浅薄、无知和可笑,在其他情形说来,没有像在这个情形中那么具体而明显罢了。可是,像这么具体而明显的情形还是有好多可以找到的。

我在上面已经说过,我绝不以为上面所说的话已经解释清楚了那有神论者用目的论来说明的种种自然现象。我要更进一步,我还要说:即使有好多自然现象只能够拿目的论来说明,但也不能就此做出神学的结论。我姑且同意于目的论者的意见,认为眼睛只能解释为某个东西追求看见之目的而形成或创造出来的,如此,眼睛并非因为像现在这样构造才有看物能力,反是为了看物的原故才是这样构造起来。我姑且同意于目的论者这个意见,可是我否认,从此可以推论出有个叫作神的东西存在,我否认:我们可以借此超出自然界以上去。自然界中的目的和手段,永远只是属自然的目的和手段,那么怎样能够由此推论到一个超自然和外自然的东西呢?你们不假设一个有人格的、精神的实体以为世界主宰便不能解释世界,但我请你们给我解释一下:一个世界怎能从一个神中发生出来,一个精神、一个思想——一个精神的影响起初只是思想而已——又怎能创造出血和肉?我姑且同意你们,认为当作目的的目的,即你们头脑中所想象的脱离了目的的内容、对象、物质的那个目的,证明有个神,有个精神;我却要断言:这个目的及其主宰者,即那个有目的地活动着的实体,也只存在于你们的头脑中罢了,恰像有神论所谓的第一原因只是那个被人格化了的原因概念,所谓神的本质只是感性事物的一切特殊属性被抽去后的那个本质,所谓神的存在只是存在的类概念一般。因为目的是千差万殊的,是物质性的,正如同这些目的的工具。你们怎么想到、你们又怎么能够将目的从工具中分离出来呢?譬如,眼睛的目的,即看见,怎样可以从巩膜、网膜、脉络膜、水状液、玻璃液以及其他为见物所必需的机体分离出来呢?你们既然不能将眼睛的目的从眼睛的物质手段和工具分离出来,那你们又怎么想要将那个创造眼睛目的的东西,从创造实现这目的的多样性手段的东西分离并区别出来呢?一个非物质的、非形体的东西,能够成为物质的、形体的手段或工具之效果的目的的原因么?目的只是依赖于物质的、形体的条件和手段，人们又怎样能够推论一个非物质的、非形体的东西为其原因呢？一个东西只依靠物质手段来实现目的，那它本身必然是一个物质的东西。如此，自然界的事业怎么能够是神的证据和事业呢？我们以后还要说到，一个神乃是人类想象力之被对象化、被独立化了的本质；人所能想象出来的一切奇迹，神都做得出来；神能做出一切；神不受什么东西所束缚，同人的幻想和愿望一般；神能够使石头变人；神甚至从虚无中创造出世界。一个神既然只造出奇迹，那么从他的本质说来，他自己就是一个奇迹了。一个神，没有眼睛能看，没有耳朵能听，没有头脑能思想，没有工具能做事，总而言之，他是一切，他做一切，无须用而且无须有必需的手段和工具。但是自然界只是用耳朵来听、用眼睛来看的；如此，人怎能从神引申出自然界来呢？听觉的器官怎能从那个无耳能听的实体引申出来呢？自然界的条件和法则本是与它的一切现象和影响联系着的，又怎能从不联系于任何条件和法则的那个实体引申出来呢？总而言之，一个神的事业只是奇迹而不是什么自然影响。自然界不是全能的，它不能做出一切，它只能做出那个已经具备充分条件的事情；自然界，譬如地球，冬天并不能使树木开花和结果，因为没有必需的温暖，但神是无须乎这个条件就可以做出这种事情的。路德说："神能使袋中的皮变作钱，能使尘埃变作谷粒，能使空气变作满地窖的酒。"倘若没有两个同等而不同性的机体，没有一男一女存在并交媾，自然界就不能生产一个人；但是神能够无须男人协助而从一个处女肚里生产一个小孩。"神岂有难成的事吗？"[1]

---

[1] 见《创世记》，第18章第14节。——校者

总而言之，自然界是一个共和国，是同等的实体或力量互相需要、互相生产和共同影响的一种结果。我们就拿动物机体来代表自然界罢，整个动物机体可以归纳为神经和血液。但是没有血液就没有神经，没有神经也就没有血液，正因为一切都是同样重要的，一切都是同样属于本质的，所以我们分别不出自然界中谁是厨子、谁是侍者，自然界中是没有什么特权的；最卑下的东西，与最高尚的东西同样重要、同样必需；倘若我的视神经组织得很好，但缺少这种或那种液体，这种或那种薄膜，那么我的眼睛仍然不能见物。正因为有机体是一种共和制度，只是由于同等事物互相影响而后发生的，所以才有物质的苦难，才有斗争，才有病和死；但是死的原因也就是生的原因，苦难的原因也就是福利的原因。

反之，神却是一个君主，而且是一个不受限制唯我独尊的专制君主，他要什么就做什么，也就能做什么，他站在法律上面，所谓"Princeps legibus solutus est"（"君主不受法律支配"），他的任随己意的命令就是他的臣民应当遵守的法律，不管这些命令是否与臣民的需要相矛盾。在共和国中，唯有那些表现人民自己意志的法律才有效力；同样，在自然界中，也唯有那些适合于自然界自己本质的法则才有效力。譬如有一条自然法则，说生产和传种是依赖于两个不同性个体之存在和交媾的，至少在高等动物是如此；但这条法则并不是什么专制的法律；在高等有机物，本质上注定，性的差异分配于不同的独立的个体，因此繁殖时比下等有机物更困难些、更间接些，下等有机物譬如水螅则只靠自体分裂而繁殖着。而且，即使我们不能探究出某一自然法则的原因，我们仍可以用类推法得到一种信仰或宁可说一种确信，认为这个自然法则一定有合乎自然的原因的。但是,神却给处女以不同男子交媾即能生小孩的特权,神命令火不要燃烧,叫它发生像水一般的影响,命令水发生像火一般的影响,即叫它发生与它的本性相违反的影响,恰像专制君主那种与臣民本质相违反的命令一样。总而言之,神强迫自然界接受他的意志,神施行一种绝对任随己意的政制,好像一个专制君主向人要求最最反常的东西。譬如神圣罗马帝国的皇帝弗里德里希二世①在他颁布的惩治邪教条例中说:"对神犯的大逆罪是比对人犯的还更重大些;神既然要子孙偿还父祖的罪愆,所以邪教徒的子孙不能充当任何官职,也不能享有任何名誉,除开那些出首他们父祖的人以外。"还有别的命令比这条例更违反人性么?征服者威廉颁布了许多专制的法律,其中有一条限定晚上七点钟熄灯钟一响,城里一切社交都要解散,一切灯火都要熄灭。还有别的法律比这条法律更不近人情地、更不自然地限制人类自由么?不多几年以前,我们自己的君主国里也曾有类此的条例颁布。托马斯·潘恩说起一个故事,说有个布朗斯威克邦兵士在北美独立战争中被人俘虏过,这兵士告诉过他:"美国确是好的自由的地方,人民是值得为国家而战斗的;我懂得这个差别,因为我认识我自己的国家。在我的国家,如果君主说:'你们吃草罢',我们就要吃草的!"还有别的命令,比这个要人吃草的命令,更加强迫人去实行那反自然的和超自然的自我否定么?君主政体,至少专制君主政体,在政治上不也是一种奇迹政体像在自然界中一般么?

---

① Friedrich Ⅱ(1194—1250),亨利六世之子,在位时积极地在意大利扩张势力,和罗马教廷发生尖锐的矛盾。——译者

这种政体怎么能符合自然界的本质呢？自然界中一切都是自然的，一切都是依照自然事物的本质才发生出来，我们又怎能在其中寻出奇迹政体的踪迹呢？要从自然界中去证明一个神，即一个超自然的、行奇迹的实体，那是愚蠢的念头，那不仅是不懂得自然界的本质，而且不懂得神的本质，其愚蠢之处恰像我要把共和国总统附会做一位公爵、国王或皇帝，要证明总统就像我们这里的君主，因之没有君主就不能成为国家一般。总统是出于平民血统的，他是与平民同一个本质、同一个种类，他不过是被人格化了的平民意志，他不能要做什么便做什么，他只执行平民所决定的法律罢了；君主则是与平民特别不同或本质上不同的人，有如神不同于世界，他是出于王族的血统，他不是作为被人格化了的平民意志而统治着平民，而是作为平民以外的特殊的人而统治着平民，恰像神作为一个超自然的特殊的实体而统治着自然界一般；正因为如此，君主和神的事业只是任随己意的强制命令和奇迹。但是，以前说过，自然界乃是一个共和政体。我的头乃是我的身体的总统，却不是一个专制君主或一个奉天承运的皇帝；因为头是血和肉做成的，本质上与胃肠和心脏一样；头是与其他一切器官同出于一类有机元素的；头自然是居于一切器官之上，是首领，但就类、种而言，与其他器官并没有分别，所以头并没有实行什么专制权力，头只命令其他肢体以适合它们本质的行动；正因为如此，头并不是不负责任的，倘若装起君主架子，要求胃肠、心脏或其他器官做出违反它们本性的事情，那么头就要受处罚，头的统治权就要被人推翻了。总而言之，恰像在共和国里，至少在民主共和国里（我们在这里说的共和国都是指民主共和国而言），只有平民人物统治着而没有君主统治着一般，在自然界里也没有什么神来统治，有的只是自然的力量，自然的法则，自然的元素和实体。拿以前的例再说一遍：所以，要从支配自然界的实体去推论出神来，这个念头是愚蠢的，正如要把共和国总统看做君主那样是愚蠢的、缺乏理智和判断力的。

第十六讲

　　说是有个神做世界的创造者、保持者和治理者，这个信仰或观念——这个观念是人从自己、从政治制度抽象出来，而移置到自然界去的——是因为人不认识自然界才发生出来的；可见，这个观念发生于人类的幼稚时代，虽然直至今天还保持着；而且唯有当人由于幼稚和无知而将自然界的一切现象、一切影响都归功于神的时候，这个观念才是合适的，才是一种至少是主观的真理。近代一个唯理主义神学家白莱志拿特，在他的著作《依照理性和启示写给能思想的读者的宗教信仰学》中说："远古时代，虔诚的感情当然要把一切或大多数自然界变化看作诸神或一神的直接影响。人愈加不认识自然界及其法则，就愈加要为这些变化寻求超自然的原因，即神灵的意志。譬如在希腊人中，朱比特便是响雷降雨和向左右发射电光的人。以色列民族的虔诚感情也是将神看作一切或大多数事情的直接原因。照《旧约》说，耶和华便是这样的神，他发育田禾，保佑收获，赐予五谷、油、酒，造成丰年或荒年，他降下疾病和瘟疫，他激动其他民族从事战争，他将大赏善人以长寿、财富、健康以及其他好处，他降罚恶人以疾病和夭殇等，他使日、月、星运行于天上，他依照自己的意志去指导全自然界并操持民族和个人的运命。"

但是我们必须拿下面的意见告诉这位唯理主义者,就是:上面那种观念是基于宗教本质的,而且唯有当一切都只拿神学而不是拿物理学来解释时,对于神的信仰才是一种真正的活的信仰。所以不仅古代民族有那种观念,即便在初期基督教徒甚至一般虔诚的基督教徒中,我们也可以发现那种观念(这些基督教徒还保持着古代的即真正的宗教观念和信神观念,还未曾被理智教育所克服);这便是明白的证据,证明上面那种观念是真正宗教的观念。我们甚至在我们的宗教改革家中也可以发现那个观念。在他们看来,普通自然事实和一种奇迹,其间只有如下一点分别,即在奇迹中神的影响是显而易见的,在普通自然事实中当然也是以神的奇妙作用为前提,但因这事实是普通的,以致群众看不出神的影响罢了。在他们看来,一切自然界影响都是神的影响;奇迹和自然影响间的差异,他们只认为:前者是神违反自然界而施行出来的,后者则是神至少符合自然界现象而施行出来的。路德说:"养活人的身体的,不是面包,而是神的言语;一切事物也都是神的言语创造出来和维持下来的。倘若有着面包的话,神就拿面包来养活人,使人看不出来,并以为确是面包养活着人;但倘若没有面包的话,那神就光拿言语来养活人,像面包一般了。结论:一切事物都是神的假面具('神的无足轻重的影子',像路德在其他地方所说的),神愿意拿它们来同他一起发生影响,来创造一切,但没有它们帮助,神还是能够做出一切而且确实做出一切的。"加尔文在他的《基督教本义》中也有这种议论,譬如他说:"神意不是永远赤裸裸呈现给我们的,它常常化装为自然的手段,它有时假手一个人或一个无理性的东西来帮助我们,有时又没有借用任何自然手段,甚至与自然界相违反，来帮助我们，"即用显然的奇迹来帮助我们；换句话说：自然界一切影响都是神的影响，一切事物都只是神的工具，而且是无足轻重的工具；神用这工具并非像自然界所用的一般，自然界只能用眼睛来看，而不能用耳朵和鼻子来看，神则不然，神只以自己的意志假手于这手段就可以造成他所要的这种或那种影响，他本来没有用这手段神也可以造成他所要的影响的。路德在一篇说教中又说："神能够不用父亲和母亲而生产小孩。……但是他将人这样创造出来，使得小孩须由父母产生和养育。他也能不用太阳而造成白昼，创世时最初三天就是有日有夜，却还未曾创造太阳、月亮或星星。这类的事，只要他愿意，他还可以做出来的，但是他不愿意这样做"。这个限制的确太奇怪；说神能够这样做，但是不愿这样做，这个"但是"转弯得好不奇怪。

所以，我们从上面举出的古时那些真正信神的人的话，可以看出：物理学或自然学是怎样不能与神学相调和，唯理主义神学家拿来看作目的因而证明有神存在的那些现象又是如何不能拿神来说明。眼睛器官或视觉工具，在自然界中与眼睛目的或视觉行为本来有一种必然的关联；在有机物中，在眼睛的本性中，本来注定唯有眼睛能见物，其他的身体器官则无此能力的；可是在神学中，神的意志就打断了这种必然的关联，神只要愿意就能够使人不用眼睛去见物，而用一个与眼睛相反的，甚至一个毫无道理的器官，譬如肛门，去见物。加尔文明白地说：在《旧约》中，上帝创造光在创造太阳以先，是为的使人知道，造福于人的光现象与太阳并没有什么必然联系，他现在经过太阳或假手于太阳在习惯的然而不是必然的自然进程中所做的一切事情，没有太阳他也能够做得出来。

这里，我们同时得到一个极可使人心服的证据，证明自然界取消了神的存在，反之神的存在也取消了自然界。既然有个神存在，还要世界、还要自然界做什么呢？既然有个完善的实体存在，像人对于神所想象的一般，还要一个不完善的实体做什么呢？一个完善实体的存在，不就取消了一个不完善实体的必然性和基础么？不完善性可以纳入于完善性之中，完善性却不能融入于不完善性之中。完善性含有不完善性的意义在内；不完善的东西要变成完善的东西，男孩要变成男人，女孩要变成女人，凡是低级的东西都力求成为高级的；但是，我倘若并不糊涂，怎能从最高的本质去引伸一个较低的本质呢？我倘若不是无理智的，怎能说无理智的本质是从一个理智本质产生出来呢？一个精神怎样能产生无精神的本质呢？倘若我设想有个神并正确地推论，认为神能创造东西，但神性除了产生神、产生与它相同的本质以外，永远是不能生产的东西，那末神能创造什么东西呢？倘若有个神，他不用眼睛能看，不用耳朵能听，我又怎样能从他引申出眼睛和耳朵呢？眼睛和耳朵的存在，其意义、目的、本质和必然性，不过是看和听罢了；但既然有个没有眼睛能看的实体，那么还要眼睛做什么？眼睛不就因之丧失了存在的基础么？"创造眼睛者，他怎样不会看呢？创造耳朵者，他怎样不会听呢？"但是已经能看的，他创造眼睛出来做什么用呢？眼睛存在，因为没有眼睛就不是一个能看的东西，但并非因为有了一个能看的东西才有眼睛存在。眼睛所以存在，乃是由于自然界，至少高等生物，有了要看的冲动，有了向光的欲望，有了眼睛的需要和必然。

人们时常说：没有一个神，世界就是不可解释的；但这话的反面才是真理,即:有了一个神,世界的存在才是不可解释的,因为那时世界是完全多余了的。只有当我们认识了自然界以外没有任何存在,形体的、自然的、感性的存在以外没有其他的存在时,当我们将自然界放在它自己上面时,因之当我们认识到关于自然界基础问题其实就是关于存在基础问题时,世界、自然界才是可以解释的,我们才能发现出自然界存在的一个合理的基础,假如我们另外寻找这样一个基础的话。但是,"为什么有物存在"这个问题乃是一个愚蠢的问题。古时有神论者说,世界在神里面有其基础——这话是错误的;宁可说,倘若有个神,世界便没有存在基础了。从神不能够推究出什么其他的东西;神以外的一切其他东西,都是多余的、虚幻的、乌有的;我怎样会想从神去引申和解释这些东西呢?但是把这个推论颠倒过来也是对的。倘若有个世界,倘若这个世界是一种真理,倘若这种真理保证了世界的存在,那么一个神就不过是一个梦想,不过是人所想象的,仅在人的幻想中存在的一个东西罢了。但是这两个推论,我们认为哪一个是对的呢?后一个是对的;因为,世界、自然界,是直接地感性地确定的东西,是不可怀疑的东西。从某对象的存在去推论它的必然性和本质性,比较从某东西的必然性去推论它的存在要合理得多;因为,这个必然性、这个并没有建立于存在上面的必然性,只能是一个主观的、被想象的必然性。倘若没有水、没有光、没有热、没有太阳、没有面包,总而言之,没有任何生活资料,那也就不能有人,不能有任何生命。所以从存在去推论必然性,是完全正确的;我们完全正确地推论说:既然没有无机的自然界就没有生命,那么生命也就是只依靠自然界而存在的了。我们感觉到,我们知道,没有水我们是要渴死的，没有食物我们是要饿死的；我们感觉到，我们知道，对我们施行这样好的影响的，乃是水和食物本性上所具有的特别的力量。我们为什么要从自然界剥夺去这种力量而将它归功于一个与自然界不同的东西、归功于一个神呢？我们的存在仅仅由于自然界的这种力量、这种本质，没有它们就没有我们，它构成了我们的存在的必要因素或基础；不是一个神假手于这些事物，而是这些事物用自己的力量，无须乎神而维持着我们——我们为什么要否认我们的感官和理性那么明显地告诉我们的事情呢？因为，一个神需要这些非神性的鄙贱的手段，如水和面包，做什么用呢？同样，水和面包在其固有的物质本性上既然能够发挥其影响，又为什么需要一个神呢？但是，还是回到本题来罢！

在神的影响方式上，可以区分为三个阶段：我们可以将第一阶段称为宗法的方式，第二阶段称为君主专制的方式，第三阶段称为君主立宪的方式。在第一阶段上，神实际上还不过是自然界中每一个给人以特殊印象的对象之一种激情的说法、一种惊奇的说法、一种诗意的名称罢了；那时人虽然不说雷响和雨降而说神响雷和神降雨，但这个神不是什么特异的东西，不是什么与自然界及其现象不同的东西，因为那时人还未曾认识到、猜想到什么叫作自然界的本质和影响，所以那时也就没有真正意义下的奇迹，至少没有我们现在的所谓奇迹。对于那时的人，一切事情都是奇异的——所谓奇迹，本来是表示那与自然的、合法则的或至少习惯的进行不相同的事情。我所以把这个观念称为宗法的观念，是因为这是最老的、最简单的、在幼稚和未开化的人看来又是最自然的一种观念；是因为在宗法政制中治理者对被治者的关系正像家长对子女的关系一般，家长并非本质上与子女不同，不过年纪老些、权力大些、识见高些罢了；又是因为自然界和人类的治理者，此时同自然界还没有区别开来。宙斯是雷、电、雹、雪、时雨和暴风所从出的神。他是这些现象的主人，即其被人格化了的原因；他依照自己的意志和兴趣，操纵自然界的这些影响；在这个意义下，他自然是一个与这些影响不同的实体（但只对于我们是如此），不过，他的这个区别到了蔚蓝的天空上就消失了（朱比特就是天、以太、空气，诗人甚至拿"冷的朱比特""潮湿的朱比特"来代替冷的空气、潮湿的空气），他的这个区别随着天上降落地下的每个雨点而变成了水，随着每个闪光而化成了一个陨石。譬如普利尼就是有时称闪电为朱比特的一个工作，有时又称为朱比特的一个部分。所以罗马人自己也认为闪电是个神物，神圣的东西；他们就把闪电叫作"圣光"、"圣火"。在这个阶段，至少在原始的时候，这些神的本质与自然界本质是何等地少有差异，何等地融合于自然界本质之中，而没有什么人格式的存在——这个，当我们详细研究古代各宗教并发现连我们认为不可能表现为或被理解为人格、实体的那些自然现象也被人崇拜为神的时候，就可以看得出来。譬如波斯人就把一日以及一日中的部分如上午、中午、下午、半夜等崇拜为神；埃及人甚至崇拜钟点；希腊人崇拜 kairos，顺利的顷刻，空气的流动，风。① 但是一个无常而易灭的东西，一个以风为本质的神，究竟是什么呢？或者说：谁能指出风神和风的差别呢？希腊和罗马历史书中充满了奇迹故事，但是这些奇迹还没有一神教、至少发展了的一神教所了解

---

① 波斯人也是这样，可是，在这里，是无关紧要的。——著者

的那种意义；这些奇迹宁可说具有一种诗意的素朴的性质，与其说是神学迷信的成果，不如说是自然主义迷信的成果，总之，绝不像一神教的奇迹那样是教理上的、有目的的奇迹。[①]

在一神教中，神的本质虽然原来正不外乎是从感官中抽离出来的自然界或世界本质，却被人表象为与世界及其本质有分别的一种东西。这时，多神教的诗意的素朴和宗法的亲切就消失无存了；这时，神经过人的反思和批评而被人从自然界中分别出来；这时，有一个专制君主站在世界或自然界的顶端，一切都要无自我和无意志地屈服于他的意志，他发出一个简单的命令就创造了世界。《圣经》上说："他说什么话，就发生什么事；他命令什么，就出现什么。""他发出命令，于是乎就创造出来了。""他爱什么就能创造什么。"站在这个观点上，即使不是在开始的时候，也是在进一步发展的时候，人正因为分别自然界和神为两个东西，就已经有了关于与属神的影响方式有所不同的自然的影响方式的观念了。他相信神的特殊的影响，称之为奇迹，使之与属自然的影响有别。但是，即使站在这个观点上，只要他的宗教观念尚未曾受理智、不信所限制，只要还在完整的强烈的信仰中过生活，人还是把自然界影响看作是神的影响的。我们再拿上面引过的路德论面包那段话来做例。当神不用食物，不用面包，以维持人的生存时，那显然是一个奇迹，因为这时人的生存显然是靠奇妙的方法维持着的；但是当神用面包维持人的生存时，也仍然有神的影响，也仍然是一种奇迹，这时神也在活动着，不过遮掩在面包的假象下面罢了，因为喂养和

[①] 自然，除开教士的欺骗不说。——著者

维持人的肉体的不是面包的力量,而是神的力量。自然界事物不过是假面具罢了,神就在这假面具背后活动着。这时,人虽然已经知道了自然影响和神的影响中间的差别,但实在说起来只有奇迹、只有神的行为和影响存在,因为自然影响不过是幻象,自然界的惯常的影响和现象不过是化装过的、遮掩着的神的影响,而真正的奇迹则是公开的赤裸的神的影响;在自然影响中,神只是匿名地活动着,在奇迹中,神则明白表现他的神圣的庄严。总而言之,站在宗法的或多神教的观点上说,神消失在自然界中,神与自然界的差别是无常而易灭的;反之,站在有神论的或一神教的观点上说,自然界及其本质则消失在神的本质前面了,自然界固有的力量和独立性则被否认了。

在这里,神是唯一实在、唯一能活动和发生影响的。回教尤其用东方人幻想和热情的一切力量表出这个思想,譬如一个阿拉伯诗人说:"一切非神的东西都是乌有之物。"在厄尔·塞努绪的《回教信仰的概念发展》中也说:"在神以外有独立活动的东西存在,那是不可能的事情。"有些回教哲学家主张:神不是时时刻刻在世界中活动着和创造着,世界是依靠神某次给它的那个力量而自己向前活动的;厄尔·塞努绪则竭力反对这种主张,并说:"除神以外没有什么东西具有活动的力量;倘若我们认识了世界中的因果连锁,因而相信这就是世界的自己活动,那我们就错了;因果连锁本身只是神的永远活动着的力量的一种标志罢了。"但是,伊斯兰教的哲学家也还是主张这样彻底而严格地出于宗教虔诚心来否认自然界有自动和独立的影响的。譬如阿拉伯正统派哲学家和神学家,那些莫塔哈林派就相信并教人说:"世界是被不停歇地重新创造着,因之是个不停歇的奇迹,没有什么不可损毁的事物本质,没有什么必然的因果间联系。"这话本是神的全能的意志力和行奇迹力的一种必然结论,因为倘若神什么事都做得出来,那么因和果中间也不必有必然的联系了。这些阿拉伯正统派,站在神学观点上说出下面的话,可见完全是对的,他们说:"倘若某个事物发生了与其本性相反的事情,那也不是什么矛盾,因为我们所称为事物本性的,其实不过是事物的惯常进程,神的意志是可以离开这个惯常进程的。即使火令人寒冷,地球转变为天体,蚤大如象,或象小如蚤,也并非不可能之事;每件事物都能成为与自身不同的东西。"这几段话,是从里特尔的著作《我们对阿拉伯哲学的认识》中引用来的,里特尔的意见,认为他们举出上面那些例,只为的解释他们的根本认识,即他们以为:"神高兴时,也能够另外创造一个世界,因之亦即能够创造别一个自然秩序。"或者可以这样说:认为一切能够成为与自身不同的别样的东西,认为没有什么必然的事物本性,这个观念,只是这种信仰的结果,即相信:神能够做出一切,对于神没有什么不可能的事情,因之在神的意志前面就没有什么自然的必然性存在。即便在基督教徒中也有好多人,不仅神学家,还有哲学家,他们也不让任何自然必然性存在于神的意志之前,他们也否认神以外事物之一切因果性、自动性和独立性。

这个见解虽然是彻底而谨严的宗教的见解,但太过于违反人类自然理智了,太过于违反经验和感觉了(根据人的感觉,自然界是一种自动的权力),因之,人,至少尊重理智和经验的人,不能坚持这种见解。所以人放弃了这种见解,而承认自然界有自动的影响。但因人同时又认为那个与自然界有区别的东西,神,也是一个实在的和有效的实体,所以在这里他就有了双重影响:神的影响和自然界的影响;后者是直接的、切近的,前者则是间接的、隔远的。神并不造出直接的影响,神的活动非有从属的、中介的原因不可,这原因正是自然事物。这些事物叫作从属的或次等的原因,因为第一原因是神;又叫作中介的原因或中间原因,因为是神借以活动的手段;但这并不是旧信仰意义下的手段,旧信仰意义下所谓手段不过是全能者手里一种随心所欲无关重要的工具罢了——这乃是人们称眼睛为视觉手段这种意义下的手段,乃是带着固有的本性和力量的手段,乃是必然的手段。这时,神活动不仅是非有自然的原因不可,而且是非依照自然的原因不可;神不是当作不受限制的绝对的君主而活动,绝对君主是依照自己高兴去支配事物的,是把一个事物做成与其本性相违反的东西的,是使火变水,使尘变谷,使皮变金的;神只是依照自然界法则而治理着,当作立宪君主而治理着。站在立宪政体观点,尤其英国宪法观点说来,国王只能依照法律去治理国家;同样,站在唯理主义观点——因为,此刻我们讨论的观点,正是所谓唯理主义的观点,不过我们采取其最广泛的意义——说来,神也只依照自然法则去治理自然界。像德国宪法学者所说的,立宪政体是为着限制"政权的滥用";同样,唯理主义也是为着限制神的权威和任性的滥用亦即神的行奇迹能力的滥用。关于这方面,立宪政体和唯理主义之间所不同的,只在于:合理的或宪政的神能行奇迹——因为唯理主义者也未曾否认神有行奇迹的能力——却没有去行,而宪政的君主不仅能滥用他的权力,而且确实常常滥用着。不受限制的专制君主君临着又管理着,或至少常常干涉行政上事务;宪政君主则不然,他君临着,但不干涉行政上事务;宪政的或合理的神也是只站立在世界顶端,而不像古时绝对的神那样干涉世界的行政。总而言之,正像立宪君主国是受了民主政制所限制的一个君主国一样,唯理主义也是受了无神论或自然主义或宇宙主义,总之即与有神论相反的理论所限制的一种有神论。或者可以这样说:立宪君主国既然是一个受限制和被障碍的民主国,发展下去必然要成为一个真正的和完全的民主国;同样,近代唯理主义的有神论也只是一种受限制的、被障碍的和不彻底的无神论或自然主义。因为,一个神,他只依照自然法则而活动,他的影响只是自然的影响,那么他是个什么神呢?他不过在名义上是个神,在内容上则与自然界没有分别;他是一个与神的概念相矛盾的神;因为,唯有一个不受限制的、不受任何法律束缚的、行奇迹的、救援人使之脱离(至少在信仰上、在想象上是如此)一切灾难的神,才是一个神。但是,一个神,他只能假手医生和药品来治愈我的病症,那他就没有比医生和药品更能干些,就是一个完全多余的无必要的神,有了他我不会多得到什么,没有他我也不会多失掉什么。没有绝对君主国,宁可不要君主国!没有一个绝对的神,没有像旧信仰那般的神,宁可不要神!一个服从自然法则的神,一个适应于世界进程的神,像我们的宪政论者和唯理主义者所理想的——这样一个神乃是一个四不像怪物。[16]

第十七讲

　　对于以上几次讲演的内容，我要加若干补充和说明。先说第一点。人总是拿那与他接近的事情、目前的事情做出发点，去推论更遥远的事情的；无神论者这样做，有神论者也是这样做。无神论或自然主义，即根据其自身或根据一种自然原则去了解自然界的理论，与有神论或那个认为自然界出于一种与自然界有别的东西的理论所不同之点，只是在于：有神论者是从人出发而走到自然界、推论到自然界，无神论者或自然主义者则从自然界出发，然后走到人类。无神论者走的是一条自然的道路，有神论者走的则是一条不自然的道路。无神论者将自然界放在艺术之先，有神论者则将艺术放在自然界之先；有神论者认为自然界是从神的艺术或（这是一样的）神性艺术中发生出来的。无神论者将"终"放在"始"以后，他将那就本性而言先有的东西当作第一性的东西；有神论者则相反，他将"终"当作"始"，将后起的东西当作第一性的东西，总之，他不是将那自然的无意识活动着的自然界本质，而是将那有意识的人性的艺术的本质，作为最初本质，所以他犯了从前说过的那个首尾倒置的错误，即不认为有意识的东西是从无意识的东西发生出来，反而认为无意识的东西是从有意识的东西发生出来。我们上面在判断"目的论证明法"时已经看到：有神论者是把自然界、世界看作一个住屋、一个钟表或其他一种人为的机械制品的，他以此出发，去推论到一个工匠或艺术家为这类物品的制作者。如此他便是将艺术当作自然界的原型，他便是按照人工制品来思想自然产物；所以他们做出这个结论，说产生自然产物的那个原因，是一个具有人格的实体，像人一般，是一个制作者，一个创造者。

这个结论或证法，上面已经说过，正是站在某种观点上的人所认为最明白无疑的；宣教师要野蛮民族、基督教教师和父母要小孩去信仰上帝，便是使用这个结论或证法。人们把这个证法不仅看作是最明白的，而且看作是最可靠的，看作最无疑地证明有个神存在的。那些信仰宗教的人说：亲爱的神为了使他们注意到神的存在，早已将谁制造星、谁制造花这类问题安放在小孩子胸中了。但是，这类问题果真是小孩子自动提出来的么？果真不是父母安放在他们胸中的么？至少有好多民族以至于无数的人，他们并不问我们是从哪里发生出来的，而只问我们从哪里得到粮食，我们靠什么生活。无论人们如何拿天地发生问题去问格陵兰人，他们总是回答：天地是自己发生出来的。不然便是回答：他们不去理会这个问题，他们只要有充足的鱼和海豹就好了。加利福尼亚人也"没有丝毫关于创世主的思想。人们问他们：曾经想过谁创造了太阳、月亮、或他们所最宝贵的东西毕塔哈夏（pitahahia）么？他们总是回答 vara，即'否'字"（齐密曼：《游记》）。我们姑且除开这点不说，姑且承认这类问题果真是小孩子自己意识中发生出来的，但那时，这个问题却完全只有一种天真的稚气的意义，由这意义绝不能做出什么基督教神学的结论。小孩子问谁制造星，这是因为他们还不晓得星是什么，因为他们还不知道星同父母睡房里燃着的杂货店老板所造的灯光有什么分别；他们问谁制造花，这也是因为他们还不知道花同周围人手所造的五颜十色的东西有什么分别。即使"亲爱的神创造这些东西"这个回答果真满足了小孩子的意识，那也不能就此推论说这个回答是真实的回答；譬如小孩子问圣诞节礼物是谁给的，人们回答是圣诞老人给的，小孩子问妹妹或弟弟是怎么来的，人们回答是从一口好看的深井里钓上来的，这些回答虽然使得小孩子满意，却仍旧不是真实的回答。

那么人们应当怎样回答小孩子的好奇心呢？当小孩子还是真正的小孩子的时候，当这类问题只是稚气的问题的时候，人们必然也要给一个稚气的回答；因为，真正的回答，他们是不了解的；或者人们倘若不愿意这样做，那也必须这样回答他们，说他们将来大了，学习得一点东西了，就可以明白这类问题。将来，小孩子长大了，理智发展到相当程度，再不相信弟弟或妹妹是从一口井里钓上来的了，那时人们就必须设法给他们一个对于自然界的概念，一个自然界观，就像现时给那些把亲爱的神做一切事物原因的老孩子一般。那时人们切不可从人出发，即使从人出发，也不可从人所制作的物品出发（其实人制作物品时已经是以自然界为前提了），不可从那当作艺术家和手艺匠的人出发，而应当从那当作自然界部分的人出发。人们首先必须使得小孩子和未开化的人知道艺术和生命的分别——野蛮民族总是拿艺术制品当作活物，受过有神论教化的民族则反而把活物当作艺术制品，把世界当作一架机器；人们必须列举许多例证指示他们，譬如船和鱼是不同的，傀儡和人是不同的，钟表的活动和动物或生物的活动是不同的。由此人们就转到"发生"问题去；你们看见植物是从种子发生出来的，动物是从卵发生出来的,可知动植物是从一种动物或植物质料发生出来,而这种质料本身还不是动物或植物。倘若人们做到这一步,即使得人明白了动物和植物一代产生一代的情形,那么就可以让人推论到更遥远的东西去,使人拿这代代相生的显明事实做基础,推想到并了解到最初的动植物也不是制作成的,也不是创造出来的,而是出于自然的质料和原因,而且一般说来,一切世界事物,一切星辰,也都不是出于一个外于世界的和非世界的实体,而是出于一个世界本身的、自然的实体。如果他们以为这些话是不能了解的、不可相信的,那就应当告诉他们说:倘若人不是由经验而知道小孩子是循着自然道路而发生出来,那他也就以为这种发生是同样不可相信的,因之也不会去怀疑亲爱的神制造小孩子、小孩子直接从神降生下来这一类的话了。

事实上,人产生人,即人从人发生出来这事,人们也曾宣布为不能了解的、不可相信的,像人类当初是发生于自然界一般,因此,人们也曾拿一个神来解释前者,像解释后者一般。可是,生产过程,无论是可了解的或不可了解的,总不外乎是一个自然的过程;而且正因为是不可了解的,才是一个自然的过程,因为在那些将一切东西只依照自己模型来看而对于自然界毫无一点理解的人看来,最自然的正是最不可了解的。这种人对于那种人,慷慨的人对于悭吝的人,豪放的人对于谨慎的人,天才的人对于伧俗的人,不也是不可了解的,甚至更甚于自然界么?每个人都只了解那与他同等的、与他相关的人。一个人,虽然这个人或那个人都不了解他,但他仍然是一个人;同样,自然界,虽然我们不了解它,因为它与我们对它的那些狭隘概念相矛盾,但它仍然是自然界,而不是什么超自然的东西。超自然的东西只存在于幻想之内,或者说,只是那个超出于人对它的那些狭隘概念以上的自然界。——所以,倘若想根据自然界中这些不可了解的事情来做出神学的结论,或者想拿神学去解决这些不可了解的事情,那会是何等愚蠢的念头。物理学家和生理学家,现在对于有机自然界和无机自然界中好多的现象还未能解释,但是,能够因此推论说:这些未能解释的现象,与其他能够解释的现象不同,是没有物理学上和生理学上的基础么?自然界果真一部分是物理的,他部分是超物理的么?自然界不是一个统一体么?不是到处都是自然界的么?

再说第二点。人所以主张世界是由于神、由于一个精神发生出来,其主要原因是他不能拿世界或自然界来解释他的精神。精神是哪里来的呢?有神论者对无神论者喊道:精神正是只能从精神发生出来的。拿自然界来解释精神,所碰到的这个困难,只是由下面的情形来的,即人们一方面对于自然界抱持一种过于鄙视的观念,另一方面对于精神又抱持一种过于崇高的观念。如果精神被做成了一个神,那它自然具有属神的起源了。本来,说精神不能导源于自然界,这句话已经就是间接断言精神是个非自然的、外于自然的和超自然的神性实体了。事实上,像有神论者所了解的那种精神,本是不能拿自然界来解释的;因为,这种精神本是很晚起的产物,而且是人类幻想和抽象的一种产物,所以不能导源于自然界,至少不能直接导源于自然界,譬如一个少尉、一个教授、一个枢密官,虽然是人,却不能直接由自然界来解释。但是,倘若人们不拿精神做成了它本分以外的东西,不把它做成了一个抽象的、离开了人的东西,那么说它是从自然界发生出来这话就不是不可了解的了。精神本是与肉体、感官、一般的人一同发展起来的；精神联系于感官、头脑、肉体上的一般器官。难道可以说肉体器官、头脑即脑壳和脑髓是出于自然界，而在头脑里面的精神即脑髓的活动却是出于一个与自然界全不同类的东西，出于一个思维实体和幻想实体，出于一个神么？这样说是何等的矛盾，何等的不彻底，何等的首尾倒置啊！脑壳和脑髓是从哪里来的，精神也就是从哪里来的；因为，二者是不可以分开的。倘若脑壳和脑髓是出于自然界，是自然界的一个产物，那么精神也就是这样。我们在语言中，拿头脑的活动与其他机能分别开来，把前者当作精神的、后者当作肉体的；我们将肉体性、感性等这类字眼只限制使用于肉体性和感性的某些特殊的神上面，因而像我曾在我的著作中所指出的，便拿那个不属于这些特殊的神的活动当作属于一种绝对不同类的活动，当作一种精神的、即绝对非感性非肉体的活动了；但是精神、精神的活动——因为，倘若不是那个被人类幻想和语言所独立化的和人格化的精神活动，精神是什么呢？——仍然是一种肉体的活动，是一种头脑工作；精神活动不同于其他活动的，只在：精神活动乃是另一个器官的活动，正是头脑的活动。但是，因为思维活动是特种的活动，不能同其他的活动相比较，因为在思维活动中制约着这个活动的器官，对于人说来不是人的感觉和意识的直接对象，不像吃东西时的口和肠胃（肠胃是空的或满的，人也觉得出来），不像看东西时的眼睛，也不像做手工时的手和臂，又因为头脑活动是最隐秘的最深藏的最无声无息的活动——所以人就拿这个活动当作了一个绝对非肉体的、非有机体的和抽象的东西，人就称这个活动为精神。可是，这个东西既然是由于人对思想活动的有机条件的无知以及充满了这种无知的幻想才得存在的，既然只是人类无知和幻想的一种人格化，所以建立在关于这个东西的观念上的一切种种困难，事实上都不存在了。既然精神是人的一种活动，不是什么自为的实体，既然精神是与肉体分不开的，而且非有器官不可，那么，可见精神只能导源于自然的本质，而不是导源于神；因为这个神或神性精神，人们认为是人性精神所从出的，其实本身就是在思想中被抽去了肉体和一切肉体器官以后被想象为一个独立实体的那个精神活动。

精神当然是人中最高的东西；它是人类的贵族，是人与动物不同的标志；但是在人中占首位的东西还不能就说是在自然界中占首位的东西。恰好相反：最高的最完全的东西乃是最后的最晚起的东西。可见，将精神当作始端、当作根源，乃是把自然顺序颠倒过来的。但是人类的虚荣、自爱和无知，喜欢把那在性质上高于其他一切的东西，也当作时间上早于其他一切的东西。所以，人希望从上帝、也即又从精神中导出他的精神，希望赋予精神以一种原本的存在，一种前生的存在，一种先于自然界的存在；这种希望乃是与下面那种希望相一致的，即是：古时高贵的民族，以及那些自以为比别的民族高贵的民族，甚至现时还有好多民族，大多趋向于拿自己的存在、自己的历史，当作一般的存在、一般的历史的开始，而且认为自己是直接起源于神的。当人们一定要格陵兰人相信世界必然是某人创造出来的时候，格陵兰人只好回答说："那么，一定是一个格陵兰人创造这个世界了！"这个思想，我们当然认为很可笑的。但它根本上仍是与下面这件事同出于那个趋向：一个精神的、有思想的民族，一个以精神自夸的民族，也就是由于这个趋向才赋予精神以一种先于世界的神性存在，才主张世界是从精神发生出来的。

再说第三点。因为形体世界之从一个精神的神或实体发生出来，一眼便看出是不可能的，而且，因为没有肉体的精神乃是人的一种显明的抽象，所以，近代某些信神的思想家或宗教哲学家便放弃了古代的关于无中创有的学说。这学说本是世界起源于精神这个观念的必然结果；因为，精神如果不是从虚无中拿出物质来、拿出形体质料来，又是从何处拿来的呢？他们于是就将神本身也看作一个形体的物质的实体，正为的是能够由神来解释物质世界。总而言之，他们不拿神性看作一种纯粹的精神，或者可以这样说：他们拿来作为神的，不单是人的称为精神的那个部分，而兼是人的称为肉体的那个部分，因之即是将神设想作由肉体和精神构成的一种东西，像实在的人一般。谢林和巴德就是主张这个学说的。但是这个学说的创始者，还是古时几个神秘论者，尤其是雅科布·波墨；他是一个鞋匠，1575年生于上劳西兹，死时是1624年。这位非常值得注意的人，认为在神中可以分出光明和黑暗、正和负、善和恶、柔和刚、爱和怒，总之，精神和物质，灵魂和肉体。如此，他就觉得，要从神中导出世界来，至少在表面上看来是没有什么困难的了；因为，自然界的一切力量、性质或现象，如冷和热、苦和咸、固体和流体，他以为都含有在神里面的。他的值得注意的地方，就是在于他根据无黑暗便无光明、无自然界或物质便无精神这道理，而将神的自然界看作神的精神之前提，而只有神的精神才是真正的神；当然，由于他还依赖于基督教信仰之故，他在有些地方自己违反了他的这种发生说，至少他认为精神从物质或自然界发生或发展并不是时间上的、真正的、实在的发生或发展。这个学说,在其是从自然界出发、然后走到人类来,在其认为人、精神是从自然界发展出来这一点上说,当然是合理的,而且与无神论或自然主义相一致的;这个顺序本来适合于自然界的顺序,因之也与经验相一致;因为,我们大家都是先做唯物主义者,然后才做唯心主义者,我们大家都是先照应肉体,照应低级的需要和感官,然后才提高到精神的需要和感官;小孩子都是先吃奶、睡觉和瞪目直视,然后才学习看物。但是这个学说,在下面一点上说,就是不合理的了,即是它又将神学的神秘黑暗遮掩了这个合于自然的发展过程,将那与神的概念相矛盾的东西同神联系起来,将那与自然界的概念相矛盾的东西同自然界联系起来。它以为:自然界是形体的、物质的、感性的,但属神的自然界则不应当如此,因为它是神的一个组成部分。神中的自然界或属神的自然界虽然含有一切非属神的即物质的、感性的自然界所含有的东西,但前者是以非感性的、非物质的方式含有着的;因为,神纵然有他的物质性,他总归是或应当是一个精神。可见又在这里发现出来了古代那个不可解释的事情、那个困难的问题:从这个非物质的、精神的自然界何以能发生实在的、形体的自然界?

要排除这个困难问题,只有拿名副其实的自然界去代替属神的自然界,只有承认形体的东西是从一个实在是而非想象中以为是形体的东西发生出来的。但是,正如这个属神的自然界是与自然界的概念和本质相矛盾的一般,雅科布·波墨式的神也是与神性的概念相矛盾的;因为,一个神,如果他是由黑暗到光明、由一个非精神的东西到精神逐渐发展起来和上升起来的,那他就不成其为一个神；一个神，本质上就是抽象的、完成的、完善的东西，就是排斥任何发展的一切基础、一切必然性，因为，唯有属自然界的东西才有发展可言。虽然说这个发展不是时间上的发展，但谁又能将时间排除于发展之外呢？总而言之，这个学说乃是一种神秘的学说，是自然学同时又是神学，因之充满了矛盾和混乱，成为一种神学的无神论，一种自然主义的超自然主义或一种超自然主义的自然主义——正因为如此，这个学说就迫得我们必须走出它所潜身和寄托的那个幻想和神秘的境界，而到实在的光明中来，因之就必须拿感性的自然界去代替非感性的自然界，拿实在的历史——世界史去代替神性的历史，拿人本学去代替神学。现在，雅科布·波墨的学说又可给我们做一个使人心服的例证，证明神如何只是一个从人类和自然界抽象出来的东西。雅科布·波墨的学说和普通神学学说间只有这一点分别，即雅科布·波墨式的神，不仅是从自然界的实在的或想象的目的，不仅是从人认为需由有目的的、精神的实体来解释的那些自然界现象中抽象出来的，而且是从这些目的的质料、物质中抽象出来的，这些目的本来都是属于形体的物质的性质。可见，雅科布·波墨不仅神化了精神，而且也神化了物质。正如"神是精神"这句话是以"精神是神或神性实体"那句话为前提一般，"神不仅是精神而且是物质"这句话也是以"物质、肉体实体是一种神性实体"那句话为前提的；或者宁可说，后一句话才含有前一句话的真正意义和说明。但如果那个精神的神只是精神的神性之一种人格化了的说法，那个肉体的、物质的神也只是自然界或物质之人格化了的神性，拿哲学用语说来，即其人格化了的本质性和真理性，那么我们就可以明白，在神中将物质的属神性显示给我们的那个学说,乃是一种神秘的、颠倒的学说,而真正的、合理的学说,那个神秘学说的真正意义,却是一个无神论的学说,后者不用神而自在自为地去观察精神和物质。

倘若神是一个物质的、肉体的实体,像雅科布·波墨派所想象的,那么,这个肉体性的真正证明一定就是:神也是我们的肉体感官的一个对象。不是肉体的对象还叫什么肉体实体呢?我们只是根据某个对象的肉体印象而去推论它的肉体性的。但是,那些唯物主义的有神论者当然不会同意于我们这个意见;他们绝不愿使他们的神降落在物质中而达到可以从肉体上把握和观看的程度;他们以为这样是太过于凡俗、太过于非神的。这样把神移置到凡俗的物质世界中来,当然是要危害神的存在的;因为,凡是眼睛和手开始的地方,就是神停止的地方。格陵兰人甚至相信,他们的最有力的神托尔那苏克(Tornasuk)可以给风吹死,可以给一只狗碰触一下就弄死。正因为害怕实验物理学之故,雅科布·波墨式的神的肉体性所以也只是一种幻想的、想象的肉体性。总而言之,像一切神学学说一般,这个学说也是一种首尾倒置,也是一种矛盾。它神化了自然界,神化了肉体性,却又放弃了、否认了那使这个肉体性成为真正肉体性的东西。你们若是要承认肉体性的真理性,你们就应当开启感官,就应当承认感官的真理性。但是,你们只承认了幻想的真理性,神秘的、非感性的思维和表象的真理性,所以你们必须供认:你们在你们的神中不过神化了你们的幻想和想象力罢了,虽然你们的神具有物质性和肉体性。器官怎样,这器官的对象便也怎样。我否定了感官,我也就是否定了感性实体,我也永远只是以一种精神的或想象的实体为对象了。

第十八讲

对于以上几次讲演,我还有第四点补充说明。我以前说过:站在唯理主义观点说来,我们有神和自然界这两个本质、两个原因和影响方式,一个是直接的,归功于实在的和自然的实体,一个则是间接的,归功于神,恰像在君主立宪政制下一般,那里有两个权力、即人民和君主在统治着或在竞争着统治权;至于站在自然主义和真正有神论观点说来,则我们只有一个本质,前者是自然界,后者是神;因此,唯理主义同君主立宪政制一样,都是不彻底的、矛盾的、骑墙的和犹豫不定的。但是,我必须指出下面一点,即在绝对信仰中,在信仰一个像专制君主般的神中,甚至在多神教中——人们一读希腊、罗马历史家和诗人的著作,便可明白他们就是把神的活动和人的活动非常天真地联系起来的——早已有这个矛盾出现了,那里不管人们如何认为只有神的活动,但同时神以外的事物仍然被认为具有独立的活动。那里所以早有这个矛盾出现,简单地因为:人无论如何信神,却总不能压下或抛弃他的自然的理智和人性。如此,人必然要承认神以外的事物或实体具有原因式的自我活动了。这话也适用于西方人,尤其日耳曼人;日耳曼人的最高概念就是自我活动、自由和独立,倘若神以外的事物都不能独立活动,那他们必须否认自己有这些特性了。所以,西方人以其与生俱来的合乎理智的自我活动倾向阻止了他的宗教、他的对神的信仰的一些推论。至于东方人，则生来便没有什么东西可以阻止其对神的信仰的推论的，他们因此剥夺了自己的自由和理性，无条件地服从神所决定的命运；为了恭维他们的神，不仅像聪明的、利己主义的、唯理主义的西方人所说的那样说他是第一原因，而且又说他是唯一原因、唯一独立活动和起作用的实体。上几次讲演时我已经从回教中举出几个例证了；固然，回教徒以及一般东方人，他们的哲学家和神学家，也有些人承认神以外的事物能独立活动的，但是反对的观点却占据支配地位，或者表现东方人特色的地位。譬如伊斯兰教正统派哲学家亚尔加泽尔说（我征引这段话来添加在以上所征引的上面）："神是整个自然界中唯一起作用的原因，由于这个原因，麻绳碰着火可以不致燃烧起来，同样，麻绳燃烧起来，可以无须碰着火。没有什么自然进程，没有什么自然法则；奇迹和自然事实中间是没有什么分别的。"

所以，西方的神学常受上述那个矛盾所困厄，即使在最谨严、最虔诚信仰宗教的头脑中也是如此。那个矛盾本来是包含在神学的本质里面的；因为，既有了神，就无须有世界了，反之亦然。那么这二个不能两立的东西，怎么能够在其活动中融洽和结合起来呢？神的活动取消了世界的活动，反之，世界的活动也取消了神的活动，这事，如果是我做的，那就不是神做的，如果是神做的，那就不是我做的；既是这样，就不是那样。这里怎能适用手段观念，即认为神假手于我去做事的这个观念呢？既然是手段，就不是独立活动，二者是不相融洽的。总而言之，如果承认神和世界同时存在，同时起作用，那就要走到最不调和的矛盾、最可笑的诡辩和狡诈，像神学历史在所谓"神助论"中,即关于神在人的自由行为内有协助作用的理论中,所充分显示出来了的。试举一个例:譬如信仰谨严的、因之足以为人模范的那个加尔文,就在他的《基督教本义》中说:"因为基督教徒万分确定地相信,世上没有什么偶然的事情,一切都是依照神的安排而发生的,所以,他就应当将他的眼光永远钉住在神上,把神看作事物的超绝原因或第一原因,应当将那些从属的原因安放于得当的地位。他就不会怀疑有个特殊的、精细的神意监护着他,这神意除了那为他快乐和幸福的事情以外是不会让别的事情降临到他身上的。所以,凡是使他幸福和满他心愿的事情,他就完全归功于神,把神看作唯一的原因,不管他的福利是经由人的服役而来的,还是依靠无灵魂的东西的帮助而来的。因为,他心里这样想:这一定是神,他使得他们的灵魂倾向于我,以此他们就变成了他对我的好意的工具了。所以当人从别人得到好处的时候,还是崇拜和赞美神,看作这种好处的主要赐予者,至于别人,则他还是尊敬的,不过看作他的服役者,神的意志要他感谢他们,神便是经过他们的手而造福于他的。"

这里,我们明显看出,神学在这个问题上表现得如何的可怜了。如果神是别人给我的好处的最超绝的或最主要的原因,或干脆说就是整个原因——因为唯有先行的原因才是真正的原因——那么,他们既然只是神赐予我好处时所用的手段,我又为什么要去尊敬别人、感谢别人呢?这并不是别人的功劳,别人倾向于我,乃是神使之然,并不是出于他们自己的心情、他们自己的本质;神也能够不假手他们,而假手另外的人,甚至假手那要害我的人,甚至假手人以外的事物,甚至无须乎假手什么,而能够自己帮助我的。

手段是完全不相干的东西，完全非本质的东西，完全不能够激起对它的什么感恩、尊敬和爱，恰如那个缸子一般，当我十分口渴时，人们拿它盛水给我喝，但我只能感谢人，却不能感谢那个缸子。你们不要以为这个譬喻是不切当的！《圣经》上说过，人和神相比来说，恰像缸子和那个制造缸子的人相比一般。根据这个例证，我们看出：神学，由于它与我对作为全能的、影响一切的原因的神的信仰相矛盾，所以只好同人的自然感觉和直感相妥协了，后者将福利所从来的东西看作福利的原因，因而向它表示爱、尊敬和感谢。我们又看出：神和自然界，爱人和爱神，是如何互相矛盾，神的影响和自然界或人类影响中间又是如何不用诡辩便不能结合起来的。或是神，或是自然界；结合双方的、起中介作用的第三者是没有的。

你们可以肯定神而否定自然界，或者即使你们不能否定自然界，即使非容许自然界存在不可（因为无论你们如何信神，你们的感官总要迫着将自然界的存在告诉你们），你们至少也可以否定自然界具有任何原因性，任何本质性，至少也可以说自然界是纯粹的假象、纯粹的面具——不然的话，你们便应当肯定自然界而否定有个神存在、有个神活动于自然界背后、有个神假手于自然界以施行其影响。还有一层，倘若你们将神看作"善"的真正原因或干脆说是其全部原因（因为，唯有真正原因才是第一原因），那么，你们也切莫否认神也是"恶"的原因，别的人或物危害于人的事情也是起源于神的。但是有神论者以不彻底的方式否认这个彻底的结论。同一个加尔文，他一面将做好事的人只看作神的工具，一面又以为下面的推论是荒谬和反神的思想，即是人们推论说：当一个刺客暗杀了一个正人的时候，这个刺客也不过是执行神的决定和意志的工具罢了,因此一切罪恶都只是经过神的安排和意志而发生出来的。可是,这是一个必然的推论。如果实在的自然的东西只是手段、只是神的工具,那么无论做的是好事还是坏事,都是如此的了。倘若你们否认人做好事是由于自己的力量、是出于自己的心情,那么,你们也应当否认人做坏事是由于自己的力量、是出于自己的心情;倘若你们剥除了人的做好事者的荣誉,那么你们也应当剥除人的做坏事者的耻辱了;因为,做坏事时也需要做好事时那么多的力量和权威的,甚至还需要得更多些。但是照你们说来,一切力量,一切权威,都是神的力量和权威啊!可见,那是何等的可笑,同时又是何等的恶毒:一方面抹杀人做好事的功劳,他方面加上人做恶事的责任!

但这就是神学的本质,或者人格化起来说,就是神学家的本质啊;他们,对于神是天使,对于人则是魔鬼;他们将好事归功于神,将坏事归罪于人和自然界。一个人所做的好事固然不能完全归功于他一人,固然不是完全出于他自己的意志,而是产生他和教育他的那些自然的和社会的条件、关系和环境的结果。但是,倘若相信这些条件、关系和环境,以及我在其影响之下生出来的倾向和意识,都是以神的目的和决定为基础的,那就是最粗鄙的和最迷信的利己主义了。正如同自然界的目的性是人定的或宁可说是神学家定的一种名称,以表示自然界一切事物相互间那种内在的和无限的关联一样,神的意志或决定,使人有了这样或那样的倾向、意向、才具、能力的,也不过是一种拟人说,一种人定的通俗名称,以表示各人在其中变成为现在这个样子的那种关联罢了。这便是那个观念或学说的唯一合理的意义,那个观念或学说以为人所以成为现在这个样子，并非由于自己的意志，而是由于神的意志或恩惠。神的恩惠正是被人格化了的偶然或被人格化了的必然性，正是人在其中生成、生活和活动的那个联系的人格化。我之所以成为我，只是作为十九世纪的一个产儿，只是作为在十九世纪时自然界的一个部分；因为，自然界也是变化着的，所以每个世纪有各自的疾病，而我出生于这个世纪也并非由于我自己的意志。但是，正如我不能使我的本质从这个世纪的本质中分离出来，我不能将自己设想作存在于这个本质以外又不依赖于这个本质一般，我也是不能使我的意志离开这个本质的；无论我愿意或不愿意，无论我知道或不知道，我总是安心于这个命运和必然性，来做这个时代中一个分子的；我之所以为我，虽然是自然而然，不是出于我的意志，但同时仍夹有我的意志；我不能愿望变成本质上不同的另一个人。我能设想，我能愿望，改变我的一些无关紧要的、偶然的属性，但却不能改变我的本质；我的意志是依赖于我的本质的，我的本质却不依赖于我的意志；我的意志随着我的本质而转移，即使我不知道并不愿意的时候也是如此，但我的本质，即我的个性的本质特性，却不是随我的意志而转移，即使我拼命这样做，也是做不到的。

人的本质虽然不允许离开他的时代，他心里当然仍可想念：倘若我能生在菲狄亚斯和柏里克列斯时代的雅典，那多么好哩！但是这个想念只是幻想，而且本身仍是受那生长我和教育我的时代本质所决定的，仍是受我的本质所决定的；虽然在幻想上把自己移置于另一个地方和另一个时代，但我仍然不能改变我这个本质。因为，唯有在一个能感觉和了解古代雅典生活的时代中，而且唯有在一个由于自己本质而受古代雅典生活所吸引的人中，才会发生出上面那种想念。而且即使我真的设想自己生活在雅典那个时候了,我也不能因此走出我的世纪、我的本质以外去;这是不可能的,因为我只是依照自己头脑并在我的这个世纪意义之下来构想那个雅典,那个雅典只是我自己本质的一幅画图,因为每个时代都是仅仅依照自己而去构想过去时代。总而言之,人之所以为人,所以为他现在本质上所成的样子,也是夹有意志在内的;他不能够与他的本质剖分为二;甚至他在幻想中超出自己本质以外去的那种想念,也是受自己本质所决定的;那种想念无论表面上离开自己本质多么远,仍是要回到自己本质,如同向高空抛掷的石子总要回到地面来一样。由此可见:我由于自我活动,由于我的工作,由于意志努力,无论变成了什么样子的人,我之所以为我,我之所以成为我,却仍然只在于同这些人、这个民族、这个地域、这个世界、这个自然界的联系当中,仍然只在于同这些环境、这些关系、这些状况以及构成我的传记内容的这些事变的联系当中。这便是奠定了下面那种信仰的基础的唯一合理的意义,那种信仰以为:人之所以为人,并非仅仅由于自己、自己的功劳和努力,而且是由于神。但善既然不是仅仅归功于我,恶也就不能仅仅归罪于我了;我犯下这个错误,我具有这种弱点,这并不是我的责任,至少不是我一个人担负的责任,这也是我从开始起便接触到的那些社会关系、那些人的责任,也是生长我和教育我的那个时代的责任。正像各世纪有各自的疾病一般,各世纪也有各自的流行的罪过,即对于这个或那个流行的倾向,这些倾向本身并不是坏的事情,不过因为过分了,因为压抑了其他有同等权利的倾向或意向了,才变成坏的或罪过的事情。

这话绝不是扬弃了人的自由,至少不是扬弃了那种合理的、建立于自然上面的自由,这种自由是作为自我活动、勤奋、学习、教育、自制和努力而表白出来的;因为,我在其中生长起来的那个世纪、环境、关系以及自然条件,并不是什么神,并不是什么全能的东西。宁可说,自然界是将人交付给人自己的;自然界不帮助人,倘若人不自己帮助;自然界让人沉到水底下去,倘若人自己不会游泳;但是神是不会让我沉到水底下去的,即使我没有用自己的力量和技艺维持在水上的话。古代人已经有一句谚语,说是:"只要神愿意,你也能够在一根灯草上面游泳。"甚至动物也必须自己去寻找生活资料,也必须使用一切可能的力量直至找到食粮为止;一条毛虫终于找到适合于它的树叶,一只鸟终于擒住了一条虫或一只其他的鸟,不知道受了多少困苦。但是一个神却免除人甚至动物的自己努力,因为他照顾他们,他是主动者,他们则不过是受动者罢了。譬如,乌鸦奉了上帝吩咐"早晚送给以利亚(Elias)叨饼和肉。"①但是"谁给乌鸦以食物呢?"是上帝,"他喂养动物",就像在《诗篇》和《约伯记》中所说的,他"喂养那些向他呼求的小乌鸦。"所以,人以及一般个体的合理的自由,独立和自我活动,是可以和自然界相融洽的,却不能与一个先知一切、先定一切的全能的神相融洽。在神学中,被创造者的自我活动和自主影响,与他们那个唯一的或主要的、能动的神不能并立,因此造成了无数使人恶心和脑昏的矛盾、困难和诡辩;可见,只要人们抛弃了神而代之以自然界,那么,所有这些就都会消灭或至少可以解决了。

有神论者将道德上的邪恶归罪于人,而只将善归功于神;同

---

① 参看《列王纪上》,第 17 章第 6 节。——校者

样,他们也将物理上的邪恶,自然界中的缺陷,一部分直接地,一部分间接地,一部分明白地,一部分默默地,归罪于物质,归罪于自然界的不可避免的必然性。他们说:倘若没有这个恶,那也就没有这个善了;倘若人不饥饿,那也就没有吃饭的享乐和冲动了;倘若人不会跌断腿,那也就没有骨头,因而不能走路了;倘若人受伤时不觉得痛苦,那也就没有自卫的冲动了;所以,皮层上的伤痕要比深刻的伤痕痛苦得多。所以,他们接下去说,倘若无神论者拿生活上的恶、烦恼和痛苦做证据,来否认有个善的、聪明的和全能的创造者,那是个愚蠢的念头。不错,倘若没有这个或那个恶,也就不能有这个或那个善,但这个必然性只适用于自然界,却不适用于神。神既然像有神论者所设想的,是有福而无不幸,有完善而无缺陷,那么,由此必然要发生一种观念,以为神能够做出无恶而有善的事情,能够创造一个没有一切苦恼和缺陷的世界了。所以,基督教徒相信,未来有个世界确实是这样的,那时无神论者引来证明世界不是起源于神的种种现象确实是不存在的了。其实,古代基督教徒早以为伊甸乐园就是这样一个世界了。如果亚当能保持着他从上帝之手所得来的无罪和完善,那么,他的身体就可以永劫不毁也不会受伤,一般地,自然界也可以免除现时所见的一切苦恼和缺陷了。有神论者拿来替世界的恶——这里说的,是自然的恶,不是社会的恶——辩护的种种理由,只有当人们把自然界想作做事物存在的基础、想作第一原因的时候才能成立,倘若承认神是世界创造者,就不能成立了。可见,一切神正论,一切替神做辩护的学说,无论自觉地或不自觉地,事实上是以那个独立的自然界为其基础;这些学说,都是拿自然界的本质和影响来限制神的活动、神的全能,又都是拿只源出于并适合于自然界的那个必然性观念来限制神的自由，即限制神能够创造一个完全与此不同的世界的自由。这一点，在流行的神意观念中尤其表现得明显。譬如，巴黎大主教1846年公布一封信，要求一切信教的人都来祈祷："在选举教皇时候不至有什么外来的影响违反了上帝的目的。"又如普鲁士国王1849年1月也公布了一条军令，里面有几句话说："去年倘若没有上帝帮助，普鲁士是要给煽惑和叛变所毁灭的；在去年一年中，我的军队不仅保持了旧的荣誉，而且收获了新的荣誉。"但是，上帝的目的能为外来的影响所违反，这样的上帝也太懦弱可怜了！不用刺刀和榴霰弹，便没有力量，便不能成功，这样的上帝又能帮助什么呢？需要军事势力来维持自己，这怎么可以叫作全能呢？与普鲁士国王军队共分光荣，这样的上帝又是一个什么东西呢？你们可以像古时有神论者和基督教徒那样，将光荣独归上帝，他们相信，上帝不用刺刀和榴霰弹就可帮助人，人们只靠祈祷便能战胜敌人，祈祷，即宗教力量，亦即神的力量，乃是万能的；不然的话，你们便须将光荣独归物质势力和手段的顽强性，帮助人的只是这些势力和手段。

我们根据这几个例——这类的例本是多到不可胜数的——就可以看出：近代信神的人，自身又是何等的无神，他们事实上是如何降低并否定他们的神，因为他们一方面口头赞美他们的神，一方面又给予物质、世界和人以一种不依赖于神的独立的权力和有效性，至于他们的神则只担任一个无所事事的旁观者或监察者的职务，至多在非常困难的时候才出来做临时救助者罢了。"神的帮助"、"神的救援"这类普通称谓，早已表现出神和自然界间这种可厌的分歧了;因为,帮助我、救援我的人,并未曾消除我自己的活动,他不过扶持着我,不过分任了我的一部分工作和负担罢了。相信有个神存在,同时又剥夺了——至少事实上——神的全能,拿自然界和人的权力与神的权力并列起来,而且借助于前者来维持后者,那是何等可鄙的一个观念。倘若有个眼睛监护着我,那我自己生着眼睛有什么用处呢?倘若有个神照顾我的一切,那我为什么还要照顾自己呢?倘若有个仁慈而又全能的实体存在,那我还要有限的自然手段和力量做什么用呢?然而我不愿责备西方人,说他们没有将宗教信仰在他们的实践上彻底发挥出来,说他们反而随意抹杀了他们的信仰的结论,即在事实上、在实践上否定他们的信仰。因为,我们的一切进步、一切发明,都只是由于这种不彻底,这种实践上的非信仰,这种本能上的无神论和利己主义;而这一切进步和发明,又是使基督教徒有别于伊斯兰教徒,西方人有别于东方人的东西。凡是将自己交付于神的全能的人,凡是相信一切发生和存在的事情都是出于神的意志而发生和存在的人,他就永远不会想法去消除世界的缺陷,无论自然的缺陷(这里是指那些可以消除的自然缺陷而言,因为有些缺陷,譬如死,是无论什么药品都救不了的)或社会的缺陷。加尔文在上面屡次引过的那部书内说:"各人所处的地位都是神性所指定的。所以,所罗门拿着'命运落到怀中来,但命运落下是随神意所愿的'这话叫穷人忍耐着,因为穷人不满意于他们的命运,企图摆脱神加在他们身上的重担。另一位先知,《诗篇》的作者,也是这样责备那些无神的人,他们将某些人占取高位、某些人沉落泥涂这事实,归功于各人的才能和幸福。"

这本是那种上帝信仰、那种对神意的信仰的一个必然结果，这种信仰不仅是理论上的，而且是实践上的，不是虚伪的，而是真实的。有几位教父甚至以为剃去自己的胡子，便是批评神的事业，便是无神的行为。完全不错！胡子是神的意志和目的所造成的，因为最微细的事情也是不离于神的意志和目的的。倘若我剃掉了胡子，那我就是表示一种不满，我就是间接责备这胡子的创造者，我就是起来反抗他的意志；因为，神说"要有胡子！"（当他让胡子生长出来的时候）我却说"不要胡子！"（当我剃掉胡子的时候）原来怎么样，就让它怎么样——这便是以为有个神治理世界、一切都是依照神的意志而发生和存在的那种信仰的必然结果。对于原有事物秩序的每一种私意变更，都是一种有罪的革命。恰像在专制君主国中，政府什么都不让民众动手，一切政治活动都由政府包办一般，在宗教中，只要神还是一个绝对的无限制的实体，就也是没有什么事情留下给人做的。路德在他对所罗门《传道书》的注释中说："所以，这是最好的和最高的智慧，即是将一切都交付于神去支配和管理，一切不公平的或使虔诚信仰者感受痛苦的事情，也都交付于神，他终能恰切而公道地补救过来。……因此，倘若你愿意有快乐、和平和好的日子，你就等着罢，直到神赐给你们。"然而，上面说过，基督教徒依照西方人尤其日耳曼人的精神和性格，为他们和我们的福利起见，便拿人类自我活动来限制他们从东方得来的宗教信条和宗教观念的推论；当然，这样一来，他们的宗教、他们的神学——他们现今至少在理论上仍旧抱住宗教和神学——也就变成最愚蠢的矛盾、不彻底和诡辩的交织物了，就变成信仰和不信、有神论和无神论的不可容忍的和无可辨认的混合品了。

第十九讲

据有神论者旅行家告诉我们说,堪察加人有一个最高的神,他们称他为古特卡(Kutka),并以为天地就是他所创造的。他们说,无论什么东西都是他所做成或从他发生出来的。但他们以为自己比神聪明得多,而且以为没有人比他们的古特卡更愚蠢了。他们说,倘若古特卡是聪明和懂道理的,那他就会把世界创造得更好些,不会安置那么多不可逾越的高山和危崖,那么多湍急的河流和猛烈的暴风。所以当他们冬天爬上和爬下一个高山时,他们禁不住向古特卡破口大骂。一个唯理主义著作家对这件事情发表意见说:"他们这样愚蠢,我们觉得很奇怪。"但我却一点也不觉得奇怪;我反而惊奇:基督教徒那样没有自知之明,看不出他们本质上同这些堪察加人并没有分别。他们和堪察加人的分别只在下面一点,即他们不是拿骂詈的话,像堪察加人一般,而是拿行为,来表示他们对于自然界的粗暴和蛮横的气愤的。基督教徒铲平了山或至少开辟一条可以行走的舒服道路通过山去,他们建筑堤防以抑制湍急的河流或浚通这个河流;总之,他们照自己的意识,为自己的利益,尽自己的力量,去改变自然界。这种行为,每一样都是对自然界的一种批评。倘若我预先不气愤山的存在,预先不厌恶它、咒诅它,我不会去铲平山;当我铲平它的时候,我不过将对它的咒诅转变为行为罢了。猛烈的暴风也是堪察加人咒诅创造者的一个原由，基督教徒现时固然还未曾发现直接的方法以对付暴风，因为大气界是最少为人所认识和支配的；但是基督教徒仍然知道用文化给他们的其他方法防御气候的恶劣影响而保卫自己。《圣经》上虽然说过："你要留在故乡，安心过活"，基督教徒还是旅行到温泉区域以及气候更好更适宜于他们身体的地方去，当然是当"神意"给了他们旅行的手段的时候才能这样旅行的。倘若我离开一个地方，那么我就是事实上厌恶和咒诅这个地方；我这样想，或者这样对自己说：这里是个完全可咒诅的地方，这里我再不能住下去了，这里我就要毁灭了，那么走开罢！一个基督教徒离开他的故乡，无论是暂时的或永久的，他总是在实践上否认他对于神意的信仰；因为，正是神意安置他在这个地方的，这个地方气候如此不舒适，如此有害于身体，神意还是选择和预定来做他的最适合的生地，不管那个气候，或宁可说正为那个气候。

神意本来是无微不至的，本来是遍及于特殊和个别的。唯理论的有神论者所设想的那种只及于类、共相、一般自然法则的神意，不过名义上是神意，事实上并不是。倘若我离弃了神意安置我的那个地方，倘若我铲平了这个恰是神意安置于此地并使之这么高的山，倘若我建立堤坝以抑制这个恰是由于神意才会这样湍急的河流，那么我就是用我的实践活动否定我的宗教理论和信仰，否认凡是神做的都是做得好的、聪明的、无可非难的、不需改良的；因为，神所做的一切，并非做个大纲就算了，并非仅仅一般地做，而是无微不至地做。如此，我怎么能够改弦更张呢？怎么能够使神的目的屈就于人的目的呢？怎么能够拿人的权力去对抗那表现在河流湍急和山岳伟大中的神的权力呢？倘若我要拿行为来证明我的信仰，我便不能这样做。据希罗多德说，克尼德人打算掘开一小片土地，使得他们的国家成为完全的岛，但德尔菲神庙女祭司拿下面二句诗阻止他们做这件事：

不要去填高，也不要去掘通那个土腰！
宙斯会做成一个全岛，倘若他心里要。

当罗马为了防止这大河的泛滥而提议开掘支河以疏通泰柏河的时候，雷丁内人便起来反对——据塔西佗的《编年史》说——他们说："自然界"（这里显然是"神"的意思）安置下河流的出口、路程和发源的时候，本是为人类利益着想的。

一切文化手段，一切人类的发明，为了防御自然界的横蛮而保卫自己的，如避雷针之类，因此都被彻底的宗教信仰指责为侵犯了神的权限，我们现在这个时代还是如此。当发明硫酸醚并用来做一种外科麻醉剂的时候，据一个极诚实的人告诉我说，爱尔兰根大学（一个新教大学）的神学家就起来反对，尤其反对拿这迷药用在孕妇难产上面，因为《圣经》上说过"你生产儿女必多受苦楚"（见《创世记》第3章第16节）。可见，生产时的苦楚乃是上帝的明白命令，上帝的意志决定。你看，神学的信仰，使得人变成如此地蠢笨，同时如此地恶毒！但是我们还是抛开新教的大学和神学家而回到堪察加人去罢，堪察加是有更多的理智的；因为，他们把创造者很恰当地看作没有理智的和愚蠢的东西，这个创造者造下了障害人类文化的峻险的高山、毁坏田园的湍急的河流以及猛烈的暴风;因为,自然界本是盲目的和无理智的,它所以存在和它所做的事情,本来没有目的、知识和意志,而是必然如此的,或者,倘若我们将人也算在自然界以内(人本来也是自然实体,也是自然界的被造物),我们也可以说,自然界只是以人的理智为其理智。不错,唯有人才以其结构和教育在自然界上盖上了意识和理智的烙印,唯有人在时间过程中才渐渐改变地球为一个合理的适合于人的住所,而且以后还要改变得比现时更合理些、更适合于人些。人类文化甚至能改变自然气候。试想现时德国是什么样子,从前恺撒时代的德国又是什么样子!可是,人类对于自然界所做的这种伟大的改造,又怎能与那种对超自然的神意的信仰相融洽呢?神意是造作一切的,说到神意时如此说:"神看着一切所造的都甚好。"①

再说第五点。我上面说过的一句话,我还须加以若干解释。我说过:人们曾经企图拿自然界中这类现象来证明有个神意存在,即是生物能够防止或避免自然界中原有的或必然的祸害。人们尤其是拿动物御敌的武器和人类及动物身体上器官的保护机能作为有个特殊神意的证据。譬如说:"眼睛有睫毛保护着,免得有害的物质飞进去,有眉毛保护着,免得额上的汗珠流进去,有眼骨保护着,免得受了伤害,又有眼皮保护着,能整个遮盖起来。"但是为什么没有东西保护眼睛,使得拳打、石掷或其他有害于视力的影响不至损害眼睛呢?因为,眼睛的创造者并不是什么全能和全知的东西,并不是什么神。倘若一个无所不见的眼睛和一只无所不能的手来创造眼睛,那么眼睛一定能够避免一切可能的危险了。但是,

----

① 见《创世记》,第1章第31节。——校者

眼睛的创造者,在创造眼睛的时候,并未曾想到石掷、拳打以及无数其他的有害影响,因为自然界根本就不会思想,因之也就不会先知那些对于某器官或实体的危险,像神一般。每个实体、每个器官,只是防止一定的危险、一定的影响以保卫自己的,而这种保卫又同这个器官、这个实体的规定性相一致,干脆说同它们的存在相一致:没有这种保护,它们简直是不能存在的。凡是应当存在的东西,必定有其借以存在的手段;凡是应当生活和要生活的东西,也必然能够维护其生命以抵御敌方的攻击。生活就是斗争,就是战争;所以,既有生命,同时也就有了维护生命的武器。因此,倘若将武器、将保护手段单独提出来说,并拿来作为神意存在的证据,那就是愚蠢的了。如果生命是必然的,那么,维护生命的手段也是必然的了。有了战争,就有了武器;没有无武器的战争。所以,倘若人们看见某器官、某动物的保护手段而觉得奇怪,那也就必须以这器官、这动物的存在为奇怪。可是,一切这些保护手段都本来便有局限性,而且是与某器官、某实体的特性相一致的;但正因为它们与某器官、某实体的特性相一致,所以它们不能作为证据来证明有个有目的和意志的创造者存在;又正因为它们是有局限性的,所以它们也不能作为证据来证明有个全能和全知的神存在,因为,一个神是要保护某器官、某实体抵御一切可能的危险的。每个实体都在一定条件下形成起来,这些条件并未含有多于恰好产生这实体的东西;每个实体都设法尽力维护自己,都设法尽其受局限的本性所能容许的一切能力以保持自己;每个生物都有一个自我保存的意向。这个自我保存的意向却同某器官、某实体的个体性相一致;动物和器官的武器和保护手段是从这个自我保存的意向中生出来的，而不是一个全能和全知的东西所造成的。

最后我还要说一点，我还要提起有神论者反对过去无神论者或自然主义者的一种意见。过去无神论者或自然主义者认为人和动物从那个没有神的自然界发生出来，但是他们的理由说得不甚充足。有神论者反驳说：自然界从前还没有动物和人时既然能够凭空造出人和动物，那么现在为什么不会这样做呢？我可以回答：因为在自然界中各有各的时代；因为自然界无论做什么事情，须待一切必需的条件都具备时才能做得出来；所以倘若从前发生过的事情现在不再发生，那必然是由于从前有的条件现在没有。但是能够有这样一个时候，那时自然界做出这个事情，那时旧的物种、旧的人死灭了，而新的人、新的物种发生出来。为什么现在不再发生这个事情？——这个问题，在我看来，就像人们问我：这株树为什么只在秋天结果、只在春天开花？为什么不能一年到头开花和结果？或者，这只动物为什么只在这个时期交尾，为什么不能一年到头交尾和怀孕呢？唯有个体性，唯有一次性，才是大地之盐，才是自然界的盐（许我借用这字眼罢）；唯有个体性才是生产和创造的原则；唯有自从那时以后再未发生过的地球、地球公转的完全个别的条件和关系，才造成了有机生命，至少最近的地质上大变动以后存在于地球上的那些有机生命。即使人或人的精神，也不能时时刻刻建立新奇的事业；不能的！人的全生命中，唯有一个时期，唯有那个最幸福、最顺利的时期，亦唯有那些生活事变、生活契机、生活条件，以后再未曾有的，或虽有也至少没有原来那样鲜明的——唯有在这些情况下，人才能建立他的新奇的事业；至于在其他情况下，则他唯有重复，唯有依照普通的惯常的延续方法发挥他以前所建立的新奇事业而已。

　　做过以上这几点补充之后,我便结束了关于自然界的一部分。以此我就完成了我的任务的上半部了。我的这部分任务,就是要证明人不是导源于天,而是导源于地,不是导源于神,而是导源于自然界;人必须从自然界开始他的生活和思维;自然界绝不是一个与它不同的实体的一种效果,而是像哲学家所说的以自己为原因;自然界绝不是什么被造物,绝不是被制作的或简直无中创有的事物,而是一个独立的、只由自己可以说明的、只从自己派生出来的东西;有机物、地球、太阳等等的发生,即算它们确是发生出来的罢,也永远只是一种自然的过程;为了明了它们的发生起见,我们不应该从人、艺术家、工匠、以自己思想构造世界的思想家出发,而应该从自然界出发,像古代民族一般,他们依照其正确的自然本能,在其宗教的和哲学的世界发生说中,至少是拿一种自然过程、拿生产过程,作为世界的原型和创造原理;他们认为,像植物从植物、动物从动物、人从人发生出来一般,自然界中一切东西都起源于与它同等的、素质相缘或本质相缘的自然实体;总而言之,自然界并非从精神出来,并不能拿神来解释,因为神的一切属性,凡显然不是属于人性的,本身都是从自然界抽象出来和派生出来的。

　　虽然显而易见,自然界感性的形体的事物不能从一个精神的即抽象的实体派生出来,然而我们身上总有个东西,迫得我们去相信这种派生。使得这种派生表现出是自然的,甚至必然的,而且反对我们把自然的感性的形体的事物设想为最初的原始的不可逾越的事物,甚至还产生出那种信仰、观念,认为世界、自然界是精神的一种产品,甚至是从虚无中发生出来的。但是,当我指出人从感性事物抽取出一般东西,然后拿这个一般东西作为感性事物的基础和前提的时候,我就已经驳斥了并说明了上面那种见解了。所以,是人的抽象能力及与之有关的幻想力(因为人唯有经过幻想力作用才使抽象的、一般的概念独立化起来,才将这种概念设想为实体、为观念)决定了人,使他超出感性事物以外去,并从一个非感性的、抽象的实体去导出形体的、感性的世界来。但是,倘若将这个人类主观的必然性当作客观的必然性,倘若因为人从感性的东西高升到超感性的东西即被思想的、抽象的、一般的东西,并且以后又从这一般的、抽象的东西下降到具体的东西来,并认为具体的东西是从抽象的东西产生出来,便推论说事实上具体的东西也确是从抽象的东西产生出来,那是愚蠢的。这样的推论是首尾倒置的,我们从下面一点就可以明显看出,即是:人们为着能够说明形体的、物质的东西是从精神发生起见,就非求助于那个关于无中创有的空洞而虚幻的观念不可。可是,当我说世界是从虚无中创造出来的时候,我这话简直没有说出什么意思;这个虚无不过是一个遁辞,用来逃避回答精神从何处得来非精神的、物质的、形体的质料以创造世界那个问题罢了。这个虚无虽然从前也同样是一个神圣的信条,同神的存在一般地神圣,可是其实不外是几世纪来愚弄人类的无数神学的和教士的骗局中间的一个。倘若人们拿神本身来代替这个虚无,人们又可以逃避这个虚无问题,像雅科布·波墨和黑格尔所做的那样,他们不说神从虚无中创造世界,而说神从自己、从那作为精神的物质之自己创造世界。可是,我以前有一次讲演已经说过:这样做,仍然没有前进一步;因为精神的物质、神又怎样能够造成实在的物质呢?所以,无论人们如何发明种种神学的和思辨的骗局,使得大家相信世界是从神派生出来,下面一点仍是不可动摇的,即是说:那个使感性事物成为感性事物、使物质成为物质的东西,乃是再不能从神学上和哲学上去推演和媒介的东西,乃是非派生的东西,干脆存在的东西、只靠自身而成立而了解的东西。说到这里,我便完成了我的任务的第一部分了。

现在,我来进行我的任务的第二部分,即最后部分;这后半部任务,就是要证明那与自然界不同的神不是别的,正就是人的固有的本质,正如我在前半部中指出那与人不同的神不是别的,正就是自然界或自然界的本质一样。或者可以这样说:以前我要证明自然宗教的本质是自然界,在自然界和自然宗教中启示和表现出来的不是别的,正就是自然界自身;今后我则要证明在精神宗教中表现和启示出来的不是别的,也正是人类精神的本质。在开始讲演那几次,我已经说过,这回讲演,我将撇开宗教上次要的差异不论,只提出两个重要差异或对立来说,即只说起自然宗教和人类宗教或精神宗教间、异教和基督教间的差异或对立。所以,我现在就离开了自然宗教或异教的本质,而说到基督教的本质上来。但是在未曾说到基督教的本质以前,我必须先说一说过渡的阶段,先说几句关于人何以要离开自然界,何以要回转到自身来,何以不在自身以外而在自身以内寻求他的幸福;我必须先发挥几个要点,这些要点不仅与精神宗教有关,而且与自然宗教有关,亦即与宗教一般有关,而且在了解宗教本质上是非常重要的,这些要点,依照人在语言和思想上所经历的连续进程,现在至少可以完全指点出来了。在《宗教的本质》一书中,第 26 至 41 节便讨论了由自然宗教到真正的有神论或一神教的过渡。

自然界是宗教的第一个对象；但是当自然界受人崇拜时，人并不拿它看作像我们所见的自然界，而是拿它看作一种似人的或者不如说就是属人的东西。人站在自然宗教观点上崇拜太阳，因为他看见一切都是依赖太阳的，没有太阳无论是植物动物或人都不能存在；但是，倘若他没有将太阳想象作一个实体，自愿在天上运行着，像人一般，倘若他没有将太阳的影响想象作是太阳出于纯粹好意而自愿送给地球的礼物，那他就不会去崇拜太阳、向太阳祈祷。倘若人用着我们看自然界时所用的眼睛，恰如其实地去看自然界，那么宗教崇拜的一切动因都要丧失无存了。驱使人去崇拜某个对象的那种感情，显然是以这个观念为前提，即人认为对象并不是对这种崇拜无动于衷的，它有感情，它有一颗心，而且有一颗能感知人类事务的人心。譬如希腊人拿着祭品向风祈祷，只因为他们把风看作是与他们一同反对波斯人的战友，是他们的同盟者。雅典人尤其崇拜波勒亚斯（Boreas），即北风，祈求它的帮助，但据希罗多德所说，他们也是将北风看作亲近他们、甚至与他们有亲属关系的东西，因为，他的妻就是他们的国王厄勒希推斯（Erechteus）的女儿。但是，究竟有什么力量使得一种自然对象转变为人性的东西呢？是幻想、想象力！幻想使得一件东西在我们面前表现出与本来面目不同的样子；幻想使得人在一种让理智昏迷和眼睛炫惑的光辉中去看自然界，人的语言就称这光辉为神性、神；可见，幻想给人类造成了神，我已经说过，"神"、"神性"这类字眼起初是普通名词而非固有名词，"神"这个字起初不是主语而是述语，即不是本质而是属性，这属性得适合或应用于那在幻想光辉中对人现出神性的、给人以所谓神性印象的每个对象。所以，每个对象都能够成为一个神,或者(这是一样的)成为宗教崇拜的一个对象。我说:这是一样的,神也好,宗教崇拜的对象也好;因为,除了受宗教崇拜以外,没有别的东西可以作为神性的特征:一个神,就是一个受宗教崇拜的东西。但是,一个对象,唯有在它成为幻想或想象力的一个本质、一个对象时,它才被人拿来做宗教崇拜的对象。

第二十讲

　　每个对象不仅可以，而且确实被人尊奉为神，或者（这是一样的）做了宗教崇拜的对象。这个观点便是所谓庶物崇拜的观点；站在这个观点上，人不用任何批评和判别，将一切可能的对象和事物，不管是自然产物或人工制品，都尊奉为神。譬如塞拉·雷翁内地方的黑人便选取兽角、蟹螯、指甲、细石、蜗牛壳、鸟头、草根做他们的神，拿来放在一个袋里，挂在颈子上面，还装上玻璃珠及其他饰物（见巴斯多尔摩前引书）。"奥塔海德人崇拜欧洲船的国旗和旒旗，马达加斯加人尊奉算学仪器为神，奥斯佳克人拿一只纽伦堡地方出产的雕有熊像的表当作宗教崇拜的对象。"（迈涅尔斯前引书）但是，什么力量使得人尊奉蜗牛壳、蟹螯、国旗和旒旗为神呢？是幻想、想象力！人的知识愈缺少，他的幻想就愈强大。野蛮人不知道一只表、一幅国旗、一件算学仪器是个什么东西；他们因此幻想以为这些是与其实在样子不同的东西；他们把这些做成了幻想的东西，做成了灵物，做成了神。可见宗教及其对象即神，其原因或根源就是幻想、想象力。

　　基督教徒拿"信仰"这字来表明理论上的宗教能力。在他们看来，"宗教的"和"信仰的"是一个意思，"不信"和"无神"或"无宗教"是一个东西。但是，我们如果更进一步去研究"信仰"这字究竟表示什么意思,那就可以看出:所谓"信仰"不外就是想象力了。路德在这方面是最大的权威者,他是德国最大的宗教英雄,"德国的使徒保罗",像人们所称他的,——他在他的《摩西一书注释》里说过:"信仰实在是万能的,……对于信仰的人,一切事物都是可能的。因为,信仰可以无中生有,可以使不可能的事情变成可能。"但是,信仰的这个万能,不外是幻想、想象力的万能。基督教信仰,至少路德派信仰,其仪式就是洗礼和圣餐。洗礼的材料是水,圣餐的材料是酒和饼;但对于信仰说来,洗礼的自然的水乃是一种属灵的水,像路德所说的,饼乃是救主的肉,酒乃是救主的血,换句话说,想象力才使得酒变成血、饼变成肉。信仰相信奇迹,信仰和奇迹信仰本是一个东西;信仰并不受自然界法则所支配;信仰是自由的,不受限制的;信仰相信一切都是可能的。"上帝岂有难成的事吗?"①但是这个不受任何自然法则所支配的信仰力或神力,正是想象力;对于想象力说来没有什么不可能的事情。信仰望着那不可得见的东西。《圣经》上说:"信仰不是人看得见的东西的事情,而是人看不见的东西的事情。"但是想象力也不是人看得见的东西的事情,而是人看不见的东西的事情。想象力只是从事于那些业已过去或尚未到来的东西或事情,至少不是从事于眼前的东西或事情。路德在上面引过的《注释》中说:"信仰直接附着于那尚属乌有的事物,一直等候到一切形成出来为止。"在我的《路德》一书②

---

① 《创世记》,第 18 章第 14 节。——校者
② 费尔巴哈指他的于 1844 年发表的著作《路德意义下信仰的本质》。——据俄文本编者

中已引过的另一地方，他又说："信仰所注目的本是未来，而非现在。"所以，信者现在虽然过得不好也不颓丧；他希望一个更好的未来。但想象力的主要对象也正是未来。过去虽然也是幻想的一个对象，但不像未来那般使我们关心、引起我们的兴趣；因为，过去已经落到我们背后了，是无可改变的了，是过去的了。我们为什么还要那般关心过去呢？但是在我们前面的未来，则是另一回事。关于这点，路德的话自然是完全对的，当他责备那些对于未来没有信仰的人说：人若在目前没有看见任何出路，那他是要失望的，因为，今天并不是最后审判的日子，现在并不是历史的末日。无论目前状况如何愁惨，仍是能够变成完全不同的另一状况的。这话对于社会上和政治上的事情说来，对于关系全人类的事情说来，尤其的确；因为，个人倘若对于改进或改变没有希望，倘若"以失望为义务"，那他当然要遭逢不幸的了。

基督教徒说：神不是感性的对象；神不能被看见，也不能被感觉到；但神也不是——至少信仰谨严的基督教徒这样说——理性的对象，因为理性只是建立在感性上面；神不能被证明，神只能被信仰；或者可以这样说：神不存在于感官中，也不存在于理性中，神只存在于想象力中。路德在他的《教典》中说："我时常说，人自己怎么想，神就怎么向他显现；当你想神和信神时，你就有了神。凡是在自己心里将神描画作仁慈的或严厉的，甜蜜的或酸苦的，那他就有像他所想的那般的神。你若是设想神气愤你，不要你，那他就真地反对你；你若是能够说：我知道神要做我的仁慈的父亲等等，那他也就是这样对待你。"他在关于《摩西一书》的说教中又说："我们怎样感觉他，他就是怎样对待我们。你倘若设想他是易怒而苛刻的，那他就是苛刻的。"他在《彼得后书》的注释中也说："你倘若认他做一个神，他就如同一个神对待你。"这话就是说：神恰如我所信仰的，恰如我所幻想的，或者神的性质依赖于我的想象力的性质。但是，对于神的属性如此，对于神的存在也是如此。我若是相信有个神存在，那就有个神存在，即有神为我而存在；我若不相信有个神存在，那就没有神存在，即无神为我而存在。总而言之，一个神就是一个被想象的实体，就是一个幻想实体；并且，因为幻想是诗的主要形式或工具，所以人们也可以说：宗教就是诗，神就是一个诗意的实体。

当人们将宗教当作诗来了解、来表明时，很容易做出这样的推论，就是说：谁抛弃了宗教，即谁将宗教消解于其基本组成部分之中，谁也就是抛弃了诗，抛弃了一般艺术。事实上确也有人根据我对于宗教本质的解释而做出上面那种推论；他们双手捧着头惊吓起来，他们以为我的学说给人生带来可怕的荒凉，因为它从人类夺去了一切诗意的奋跃力，它将诗连着宗教一起毁坏了。但是，倘若我要在我的敌人诬赖我的意义之下去抛弃宗教，那我就是蠢人、疯子了。我并不抛弃宗教，并不抛弃宗教的主观的即人性的因素和根据，并不抛弃感情和幻想，并不抛弃要将自己内心对象化和人格化出来的那种冲动，语言和情绪的本性已经含有这种对象化和人格化了；我也不抛弃那种需要，即要把自然界人格化，要把自然界做成宗教哲学上诗意的直观之一个对象，但只能按照那与自然科学告诉我们的那个自然界本质相适应的一种方式来把自然界人格化，来拿它作为那种对象。我不过抛弃宗教的对象，或者不如说以往的宗教的对象罢了；我仅仅要人不再将他的心附着在不适应于他的本质和需要的那些事物上面,那些事物是他只能违反自己而去信仰和崇拜的。当然有好多人把诗和幻想只联系于传统宗教的对象,他们因此以为拿去这些对象也就是拿去一切幻想了。但是"好多人"还不是一切的人;而且好多人认为必需的东西,不见得本身就是必需的东西,现在是必需的东西,不见得永远都是必需的东西。人生、历史以及自然界,不是有足够的诗的材料供给我们么?画家不拿基督教对象来做画题,难道就没有其他可供绘画的材料么?我并没有抛弃艺术、诗、幻想;我反而只在宗教不是诗而是庸俗的散文之下去抛弃宗教。说到这里,我们对于"宗教是诗"这句话,须加以重大的限制。不错,宗教是诗,但是有一点与诗、与一般艺术不同,便是:艺术认识它的制造品的本来面目,认识这些正是艺术制造品而不是别的东西;宗教则不然,宗教以为它幻想出来的东西乃是实实在在的东西。艺术并不要求我将这幅风景画看作实在的风景,这幅肖像画看作实在的人;但宗教则非要我将这幅画看作实在的东西不可。纯粹的艺术感,看见古代神像,只当作看见一件艺术作品而已;但异教徒的宗教直感则把这件艺术作品、这个神像看作神本身,看作实在的、活的实体,他们服侍它就像服侍他们所敬所爱的一个活人一般。他们把神像拴系起来,怕它离开了他们;他们给它穿上衣服,装饰它,拿着贵重的食物和饮料款待它,安置它在柔软的食堂沙发上面——至少罗马人对于他们的男神是如此,因为,女神,像古代罗马女人一般,本来不可以同男人一道吃饭的——给它洗浴,替它涂上香膏,供给它以人类需要的种种化装品和奢侈品以及镜子、手巾、按摩器、男仆和女婢,早晨向它请安,像对高贵主人一般,有时还要演剧和做其他有趣味的事情来娱乐它。

据奥古斯丁说,塞尼卡叙述过一个老戏子的故事,他的戏早已没有人要看了,现在他每天到加比多神庙来扮演滑稽剧给神看,仿佛能使神开心似的。正因为神像就是神并被叫作神,所以雕刻或绘画神像的人就叫作 theopoios,即"造神者",雕刻神像的艺术也就叫作"造神术。"[17]

我们在古代文明民族中看见的这些情形,现在在野蛮民族中还可以看见,不过后者的神像或偶像不是人类艺术才能的杰作,不像希腊、罗马的一样罢了。譬如奥斯佳克人①拿着雕有人脸的木头做他们的偶像。"他们拿鼻烟供给他们的偶像,此外还放了几片树皮,以为偶像嗅过鼻烟之后,可以照奥斯佳克人的习惯用树皮塞住鼻孔。倘若晚上大家都睡着了的时候,过路的俄国人将鼻烟拿去用了,第二天早晨奥斯佳克人便要惊讶这偶像能够消耗那么多的鼻烟。"(巴斯多尔摩前引书)但是,不仅异教徒,连基督教徒一部分也是影像崇拜者,他们不仅过去,而且现在也一部分以为宗教影像就是实在的东西,就是这影像所代表的对象本身。博学的基督教徒虽然判别影像和对象,虽然说他们只是假借影像去崇拜对象,而非崇拜影像本身,但民众是不理会这种微妙的分别的。大家知道,在希腊教会中,基督教徒为了赞成或反对影像崇拜问题,打了两个世纪的官司,最后还是赞成影像崇拜一派胜利了。在基督教徒中,我们的亲爱的东邻,俄罗斯人,尤其显然是影像崇拜者。"每个俄国人……袋里普通都有一尊圣尼古拉铜像或其他圣像。无论到什么地方,他都把这铜像带在身边。人们往往看见一个兵士或

---

① 然而,现在绝大多数都是基督徒了。——著者

一个农民，从袋里拿出他的铜神来，吐了口水在上面，用手擦着，揩干净了，放在自己面前；自己又画了千百个十字架，向铜神拜跪下去，叹了一口气，并呼喊了四十次：Gospodi pomiloi（上帝，怜悯我啊！）。然后他又将铜神装在袋里向前走去了。"每个俄国人，家里都有几个神像，神像面前点了灯烛。"一个男人要同他的女人睡觉时，他便拿一块布把神像遮盖起来。俄国妓女也是非常尊敬神像的。她们若是要留客住夜，头一件事便是遮盖她们的神像并熄灭神像面前的灯烛。"（斯陶德林〔Stäudlin〕：《宗教史杂志》）这里，顺便说几句：人们普通以为抛弃了宗教就是抛弃了道德，似乎道德没有一点独立的基础，但从上面的例，我们看出了人是何等容易在宗教中去敷衍道德！人只要将他的神像遮盖起来就完了；或者，倘若不愿像俄国妓女或俄国农民做得那般蠢笨，那么也只要拿所谓基督教的爱、所谓神的怜悯做外套，盖住了神的罚恶正义，便可以为所欲为了。

我在上面征引关于影像崇拜的例，是为的要指出艺术和宗教间的差别。二者在这一点上是一致的，即都在创造形象——诗人创造形象用言语，画家用颜色，雕刻家用木头、石块或金属材料——但是艺术家，倘若不夹杂宗教成分，便不会向他们所制造的形象要求别的更多的东西，除了这形象的真及美以外；他们给了我们以现实的假象，但他们并不以为这个假象就是现实本身；宗教则不然，宗教欺骗人，或宁可说人在宗教中自己欺骗自己，因为宗教以现实的假象来偷换现实本身：宗教把影像做成一个活的实体，但这实体只在想象中是活的，事实上影像还是影像，正因为如此才成了或才被称为属神的实体。因为，神的本质正在于他本是幻想的非实在的东西,但同时却又应当是实在的东西。所以,宗教并不像艺术那样,要求它所制造的影像能像真、能符合所表现的对象、能美丽;恰好相反,真正的宗教影像都是十分丑恶的,奇形怪状的;艺术在其替宗教服役而不属于自己的时候,总要产生那种有名无实的艺术制品,像希腊的和基督教的艺术历史所表示的——宗教所要求于它的影像的,宁可说在于对人有用、能救人灾难那一点,所以宗教给予它的影像以生命——因为唯有活的东西才能帮助人——而且给予人的生命,不仅外表上样态上如此,事实上也是如此;换句话说,宗教给予它的影像以人的感情和人的需要,因此也就供给以食物和饮料。奥斯佳克人希望偶像——偶像及其所有的一切,本是由于奥斯佳克人的寡陋、无知、良善和幻想才得以存在的——帮助他们,一般人希望画像和雕像帮助他们,这个希望虽然十分荒谬,根本上却含有一种意义,即是说:唯有人能帮助人,而那能帮助人的神就必须具有人的感情和人的需要,因为,不然的话,人有灾难,神也无从感觉得到了。但是有力助人,也就有力害人。所以宗教对自己制造的影像,看法与艺术不同;宗教把自己制造的影像看作依赖感的对象,看作能祸福人的东西,人必须供奉它,向它献祭牺牲,向它拜跪,崇拜它,为的要它对人表示好感。

我征引影像崇拜的例,不仅为的要指出在关系到所谓偶像崇拜式的宗教时艺术和宗教间的差别而已;我征引这些例,是因为其中明显表现出一般宗教的本质,从而也表现出基督教的本质。人到处都是必须拿感性的东西当作最简单、最可靠和最明晰的东西,从那里出发,然后走到较复杂的、抽象的、眼所不能见的对象去。基督教和异教中间的差别,只在于:基督教的影像不是什么颜色画的、木雕的、石琢的或金属材料铸成的影像，而是精神的影像，至少当基督教严格地同异教分别开来，自己不变成异教或倾向于异教的时候是如此。基督教不是建立在感官上面，而是像我在起初一次讲演时说过的，建立在言语上面——神的言语上面，像古代虔信的基督教徒这样称呼《圣经》的，他们把《圣经》看作神的一种特殊的启示，以之与自然界对立起来；不是建立在感性的权力上面，像异教徒那样将世界的存在和创造归功于感性的爱和生产力的权力，而是建立在言语的权力上面；神说："要有光，就有了光"，①要有世界，就有了世界。路德说："神的言语可见是十分宝贵的礼物，神自己也把这礼物看得很高很重，他以为天、地、日、月、星等同言语对照来看，就成了一文不值的，因为，一切东西都是由言语而创造出来。""天地要废去，我的话却不能废去。"②或者，因为言语（主观上对于人来说）是由听觉而来的，人也可以说——我在以前一次讲演中也已顺便说过了——基督教也是建立在感官上面，但这感官只是司听觉的器官。加尔文在他的《基督教本义》中说："拿去了言语，便没有信仰了。"他又说："人虽然应当认真地用他的眼睛去观察神的言语（即自然界），但他首先必须尖起耳朵来听神的言语，因为，在世界华美形式中表现出来的神的影像是不够有效的。"正为如此，加尔文也才激烈反对神的各种有形的像，因为神的庄严不是眼睛所能看出的；同样，他也才拒绝第二次尼塞公会所宣布的那

---

① 见《创世记》，第1章第3节。——校者
② 耶稣语。见《马太福音》，第24章第35节；《马可福音》，第13章第31节；《路加福音》，第21章第33节。——校者

句话,即说:"神不单是由言语听闻上被人认识,而且也由形象观看上而被人认识。"亚格里巴在他的论科学的不严密和空虚的著作中说:"我们(即基督教徒)不可以从被禁止的影像书中去学习,而应当从神的书中去学习,神的书就是《圣经》。所以谁要认识神,谁就不可以到绘画家和雕刻家所制造的像中去寻,而应当像约翰所说的,到《圣经》中去寻,因为《圣经》是从神所产生的。不能读《圣经》的人,也应当听《圣经》里面的话,因为像保罗所说的,他们的信仰是从听觉而来的。"①在《约翰福音》中,基督说:"我的羊群听我的声音。"②路德在他的《诗篇第十八篇注释》中也说:"神的言语,人们倘若不闭塞一切感官而只用听官来接受并加以信仰,那便不能了悟。"

可见基督教抛开了听官以外其余的感官,不把其余的感官放在崇拜对象之内。反之,异教的神则兼是其他感官、甚至触觉的一个对象;异教的神寄托于颜色画的、木雕的或石琢的像中,对人启示和表现出来,甚至可以用手来捉摸,但因此也可以被捣毁和被劈破——异教徒每逢得不到神的帮助时,每逢自觉为神所欺骗时,自己也常常气愤起来,捣毁自己的神或将它投到粪坑里面去。总而言之,异教的神既是有形体的东西,当然也能够遭受自然界和人类的种种可能的损害。那些教父嘲笑异教徒,说他们把那些东西崇奉为神,而对这些东西,连燕子和其他鸟儿也不尊敬的,这些鸟儿甚至撒粪在这些东西上面。基督教的神则不然,那不是一个可捣

---

① 参看《罗马书》,第 10 章第 17 节。——校者
② 《约翰福音》,第 10 章第 16 节。——校者

毁可劈破的东西,不是一个限制于地域、关闭或可关闭于庙堂的东西,像异教徒的石神或木神一般。基督教的神乃是一个纯粹言语上和思想上的东西。言语,我不能拿来捣毁,不能拿来关闭在庙堂内,不能拿眼睛来看、拿手来捉摸;言语是非形体的东西,是精神上的东西。言语是一般性的东西;譬如"树"一语便表示并包含一切树在内,杨树、榉树、松树、橡树都没有差别,也不加限制。但异教徒所崇拜的形体性的、感性的东西,这株树、这个石像,则不然;那是个别性的东西、受限制的东西,只是在这个地方,却不是在其他地方。所以基督教的神是一般的、无所不在的、不受限制的、无限的本质;但是言语也具有这一切的属性。总而言之,基督教的精神的神,既然不是感官所能觉知的,他的本质既然不是启示在自然界或艺术之中,而是启示在《圣经》之中,那么他的本质就不是别的,而正是言语的本质了。或者换一句话来说:基督教的神和异教的神中间的差异,归根到底只是言语和感性材料中间的差异罢了,而异教的神则就是由感性材料所构成的。所以严格说起来,基督教和犹太教的神不能产生任何艺术——因为,一切艺术都是感性的——至多只能产生那只用言语表现出来的诗,而不能产生绘画和雕刻。犹太学者约瑟夫斯(Josephus)说过,我们的立法者①禁止我们绘画形象,因为他以为绘画艺术对神对人都没有益处。人的神既然不应当并且不能够表现为感性影像,感性既然被排斥于可尊崇的、神性的、最高的东西以外,那么艺术也就不能达到最高之点了,艺术一般也就不能发展,或者只能违反宗教原则而发展了。

---

① 指耶和华,因耶和华曾定下律法而得此名。——校者

虽然如此,基督教的神却仍是想象力的一种产物,仍是一种影像,同异教的神一般,不过是一种精神的、不可捉摸的影像,不过是言语而已。言语、名字,也是某个对象的影像,也是想象力的一种产物,当然是想象力协同理智并依照感官所给的印象而造成的。人在语言中模仿自然界;构成一个对象的声音、音调和响声,便是人从自然界得来的第一个认识,人拿这认识做特征,去想象这个对象、称呼这个对象。但这个问题同这里不相干。在基督教中,问题不在于那表现外物的言语,而在于那表现内心的言语。

现在我们知道,基督教的神不是启示和表现在石像或木像之内,也不是直接在自然界之内,而只是在言语之内,因此不是什么形体的、感性的东西,而是精神的东西;但是言语也是一个影像;所以,基督教的神,甚至唯理主义的神,也是想象力的一种影像,倘若影像崇拜就是偶像崇拜的话,那么基督教崇拜精神的神也就是一种偶像崇拜了。基督教骂异教是偶像崇拜,新教骂旧教是偶像崇拜,唯理主义骂新教、至少旧时正统派新教是偶像崇拜,因为新教还是把一个人当作神来崇拜,还是崇拜神的一个影像(人正是神的一个影像),而不是崇拜真正的原体、真正的本质。但是我还要更进一步说:唯理主义也是影像崇拜,因之也是偶像崇拜;而且,每一种宗教,每一种宗教方式,都是拿一个神、一个非实在的东西、一个从实在的自然界和人类抽象出来并与之有别的东西放在顶端,作为他们崇拜的对象,因之也都是偶像崇拜——倘若一般说来,影像崇拜就是偶像崇拜的话。因为,并非神按照他的形象造人,像《圣经》所说的那样,而是人按照他的形象造神,像我在我的《基督教的本质》中所指出来的。唯理主义者,所谓思维信仰者或理性信仰者,他们所崇拜的神也是他们按照自己的形象创造出来的;唯理主义的神,其活的原体,正是唯理主义的人。每个神都是想象的实体,都是一个影像,而且是人的影像,但它被人移置于自己身外并想象为独立的实体。[18]人幻想一个神出来既然不是为着做诗之用,人的宗教诗或幻想既然不是毫无所为的,那么也就不是没有尺度和不受限制的东西,却是以人为其法则和尺度。想象力本来是适应于各人的主要本性的,忧郁、畏葸和恐惧的人就幻想出可怕的神,欢乐和快意的人也就幻想出乐观而和气的神。人不同,他的幻想物、他的神就不同;人们当然可以接着翻转过来说:神不同,人也就不同。

第二十一讲

在我未曾接续上次题旨讲下去以前,我必须先解释一种可能的误会;以前我没有提到这点,只是为的免得打断了我的连贯的发挥。我以前说过,基督教信仰的对象,也是想象力的产物,像异教信仰的对象、异教的神一般。人们根据我这话,可以推论,而确实推论过:如此说来,《旧约》以及《新约》圣经中的事实,都是纯粹的寓言,纯粹的幻想了。但是这样的推论并不正确,因为我只说过:宗教对象就其成为宗教的对象而言乃是想象力的产物,我未曾说:这些对象本来就是想象。譬如我们说,太阳在异教徒想象之下,即当被想象为一个有人格的神性的实体、一个太阳神时,乃是一个幻想的东西,但我们不能因此便推论说:太阳本身也是幻想的东西;同样,我们说,摩西在犹太宗教史叙述之下,基督在基督教及《新约》宗教史叙述之下,乃是想象力的本质,但我们也不能因此便推论说:所以摩西和基督本身并非历史上的人物。因为,一个历史人物和一个宗教人物是有分别的,恰像自然对象本身和宗教所想象的自然对象中间那种分别一样。幻想决不由自身产生出什么东西,不然,我们就必须相信无中创有了;幻想必须接触自然的和历史的材料,才能点燃起来。氧气没有可燃性的材料,便不能在我们眼前发出迷人的燃烧现象;[19]同样,想象力没有特定的材料也就不能产生宗教的和诗意的幻想形态。但是,一个历史人物,做了宗教对象时,就不是历史人物,而是给想象力改造过的人物了。所以我并不否认古时有耶稣这个历史人物为基督教所起始的,我并不否认耶稣因他的学说而受难;但我否认这个耶稣是一个基督、一个神或一个圣子、一个为处女所生而能行奇迹的人物,我否认他光用他的言语医好了病人,光用他的命令平息了暴风,能使那将近腐烂的死人再生,甚至自己死后又复活起来,总之,我否认他是像《圣经》给我们所描写的那样一个人;因为,在《圣经》里面,耶稣并不是素朴的、历史的叙述的对象,而是宗教的对象,因之不是历史的人物,而是宗教的人物,即转变为想象力的本质的人物。所以,要想除去想象力的附会、曲解和夸张,而求出历史的真理,那就是一种愚蠢的或至少劳而无功的努力。我们缺乏历史的手段来做这种工作。基督,像《圣经》传下来给我们的——我们也不知道关于其他的基督——始终是一个为人类想象力所创造的东西。

　　给人类创造出神灵来的那个想象力,起初却是系着于自然界;自然界的现象,尤其人所最感觉依赖和最认识的那些现象,也就是给予想象力以最大印象的现象,这点,我在起初几次讲演时已经说过了。没有水、火、土、日、月等,还有什么生命呢?你们还可以看见,这些对象,对于理论的能力,对于幻想,又给予何等的印象!人观看自然界时,最初所用的眼睛,并不是司理实验和观察的理智,而唯一地是幻想,是诗。但是,幻想做些什么事情呢?它按照人构造一切,它将自然界做成了人性本质的一种形象。康斯坦在他的论宗教的著作中说得很对:"野蛮人,凡看见有运动,便以为有生命;滚动着的石头,他们以为不是逃避他们便是追赶他们;河流向他们汹涌而来,他们便以为有个发怒的精灵藏身在起沫的波涛里面;咆哮的风是痛苦或威吓的表示;岩石的回声就是预言或对答。若是欧洲人拿指南针给野蛮人看,他们就要以为这是一个受人诱拐离弃乡土的活物,现在正渴望回转到那里去的。"可见,人尊奉自然界为神,只是为的使自然界变成为人;换句话说:人使自然界神化了,同时也就是使自己神化了。自然界不过供给造神的材料而已;至于形式,至于使这些材料变为类人的即神圣的实体时所用的形式,至于灵魂,则是幻想所供给的。异教和基督教中间,多神教和一神教中间,只有这一点差别,即:多神教徒将自然界的个别形态和形体本身做成了神,因为如此就将人的感性的、实在的和个别的本质做成了——当然是不自觉地——模型和尺度,他们的幻想便按照这个模型和尺度来人化并神化自然界的事物。人是一个形体上个别的东西,所以多神教徒的神也是形体上、肉体上个别的东西,所以多神教徒有无量数的神;他们看见自然界中有多少不同的物类,他们就有多少神。他们还走得更远些,物类底下分出来的个别的神的差异也被他们神化了。这种造神工作,这种宗教上的烦琐主义,主要当然是系着于那些对人类利己主义有最大重要性的事物上面的;因为,对这些对象,人才加以最大的注意力,才把眼睛盯在最微小的差异上面,然后才靠幻想而使之神化。这里,罗马人给了我们一个宝贵的例子。最有用于人的几种植物,如五谷之类,其自始至终的发展各阶段,如发芽阶段、生嫩枝阶段、茎上初次结节阶段,总之谷物长成时眼所能见的各种阶段,罗马人都为之设下特殊的神。他们也给小孩子设下一群的神:娜细婀(Natio)女神是管小孩子生育的,厄杜卡(Educa)女神是管吃饭的,普提娜(Potina)女神是管饮水的,瓦基达努斯(Vagitanus)男神是管喊哭的,古宁娜(Cunina)女神是管睡在摇篮里的小孩子的,鲁弥亚(Rumia)女神是管吃奶的小孩子的。

一神教徒则不然,他们不是从实在的感性的人、一个活的个别的人出发的,而是从内走到外,从人的精神出发;精神经过言语而外现,仅仅经过言语去发生影响,精神的纯粹言语具有创造力量。这个人,他站在别人头上,做别人的主人,以他的纯粹的言语指挥几百万人,他只消发出命令,底下的臣仆就来实现他的意志。人的精神和意志,尤其是发号施令的专制君主的精神和意志,能用纯粹言语去发生影响去创造——可见就是一神教徒的出发点,就是他们的幻想、想象力的原型。多神教徒间接地神化了人的精神,人的幻想,因为在他们看来,自然界事物只是经他们的幻想而化为神的;一神教则直接地将人的精神和幻想神化了。一神教的或基督教的神,也是人类幻想的一个产物,也是人性本质的一个影像,同多神教的神一样,不过基督教徒思想和创造他们的神时所根据的人性本质,并不是可以捉摸的、可以表现在一个雕像或画像范围中的东西。基督教的和犹太教的神,不能表现为影像;但谁又能将精神、意志、言语表现为一个形体的影像呢？一神教和多神教之间,此外还有这一点分别,即是:多神教是以感性直观为出发点、基础,感性直观在世界本质的繁复性中将世界显示给我们;一神教则从世界的单一性、世界的关联出发,从那在人的思想和想象中结合为一的世界出发。譬如,安布罗兹说:世界只有一个,因之神也只有一个。繁多的神是直接联系于感官的那种想象力的产物;单一的神则是脱离感官而联系于抽象能力的那种想象力的产物。人愈受想象力所支配,他的神就愈加是感性的,即使他的神只有一个也是如此;反之,人愈习惯于抽象概念,他的神也就愈加是非感性的,愈加是抽象的,愈加是圆滑的。同是基督教的神,做唯理主义者或思维信仰者的对象的,和做旧信仰者或全信仰者的对象的又有点不同,其不同之点也只在于前者比后者更圆滑些、更抽象些、更非感性些,也只在于唯理主义者用抽象能力去决定、统制他们的想象力,至于旧信仰者则用想象力去压服或统制他们的抽象能力或他们的概念能力。或者可以这样说:唯理主义者用理性——所谓理性,本就是我们按照惯常的语言和思想方式,用以表明那构成抽象概念的一种能力——来决定或者不如说限制信仰;旧信仰者则用信仰来统制理性。旧信仰者的神能够而且确实做出与理性相矛盾的一切事情;他能够做出信仰的不受限制的想象力所认为可能的一切事情,而在这个想象力看来世间并没有什么不可能的事;这就是说,他实现了信仰者所想象的事情;他只是旧信仰者的不受限制的想象力被实现出来、被客观化了。唯理主义者的神则恰相反,他不能并且不做那与唯理主义者的理性相违反的、或者不如说那与受了唯理主义理智限制过的信仰力或想象力相违反的事情。

虽然如此,唯理主义仍是影像崇拜或偶像崇拜——倘若影像崇拜等于偶像崇拜;因为,真正的感性的偶像崇拜者将一个感性的影像看作神,看作一个实在的实体,同样,唯理主义者也将他们的神,将他们的信仰、想象力和理性的创造物,看作存在于人以外的实在的实体。唯理主义者一定要大发雷霆并退回到旧信仰的热狂中去的,倘若人们向他否认有个神存在,或否认他的神存在(这是一样的,因为每个人都只拿自己的神看做神),倘若人们向他证明他的神只是一个主观的东西，即一个幻想的、想象出来的东西，只是他自己的唯理主义本质的一个影像，这本质是用抽象力来限制想象力，用思维能力来限制信仰的。可是，关于唯理主义者和旧信仰者中间的差别，我们以上说得够多了，我们暂时丢开这问题，等以后再提起来说罢。

现在我必须先插说一段话。当我拿异教和基督教、拿对于多神的信仰和对于一神的信仰互相对照来看的时候，我并未将异教崇拜的对象再加以区分，不管它是自然的对象也好，是艺术的对象也好；我只笼统地说：异教的神就是这个自然界，这个影像，这株树。这里，我要补充一点。我说过了：想象力将自然物体日、月、星、动物、植物、火、水等，做成了人性的、具有人格的实体，但那是按照自然对象所给予的各种不同的影响和印象，用各种不同方式去人性化、人格化这些自然对象的。譬如天用雨水浇沃着地，用太阳照耀着地，用热度烘暖着地。所以人在其幻想中就把地设想作受动的女性，把天设想作能动的男性。这样，宗教的艺术就没有别的任务，只要按照人的宗教幻想将自然对象或将自然现象和作用的原因感性地直观地表现出来，只要将宗教的幻想实现出来。人所信仰的、内心所想象的、内心以为实在的东西，人也要看作是存在于自己身外的实在的东西。人要经过艺术，恰切点说，经过宗教艺术，使得不存在的东西存在起来；宗教艺术乃是人的一种自我欺骗；人要用宗教艺术来说服自己去相信那没有存在的东西是存在的，恰像信神的哲学家一样，他们用他们虚构的所谓"关于上帝的存在的证明"要使我们相信确实有个神，相信那只存在于我们头脑中的东西确实存在于我们之外。那么，艺术使之存在的东西究竟是什么？是日么？是地么？是天么？是那作为雷电原因的空气么？不是的，这些东西本来是存在的；而且将太阳表现出来像我们的感官所感知的一样，这对于人，即对于信宗教的人并没有什么利益。不是的！宗教艺术所要表现的，不是太阳，而是太阳神，不是天，而是天神；它只要表现幻想所安置于感性对象之内的东西，亦即非感性地存在的东西；它要表现天，要表现太阳，但只是就这些东西被思想为具有人格的实体而言；它要使幻想、使太阳感性化起来，但这时太阳必须不是感性上的东西而是幻想上的东西。一个神从艺术上表现出来，其重要之点乃是神的人格，乃是神的从幻想产出来的拟人的本质；其次要之点才是自然。神虽然本是自然对象人格化出来的东西，但自然对象在这里只是表示这神的手段，只是当作这神的一种工具而陪伴着他。譬如，希腊宗教中，天雷之神宙斯，虽然像在一切自然宗教中一样，本是雷电，本与雷电是一个东西，但雕绘出来的形象，却在手中拿着帝王的权棒或发焰的雷楔。雷神原初的本质，自然物，于是降成了人格神的一个纯粹工具。虽然如此，作为自然物的天和那表现于艺术中的天神，其间仍然有一个共同点，仍然在一点上是一致的，即二者都是感性的、形体的东西（在天神一方面自然是就幻想上说的），因之至少在非感性的神面前，自然对象和艺术对象之间是没有分别，或至少没有必要指出其间的分别的。但是，还是回到我们的本题上来罢！

我说过了：想象力乃是宗教的主要工具；神乃是幻想的、寓意的东西，而且是人的一种影像；自然对象，倘若宗教地看起来，也是类人的东西，因之也是人的影像；甚至基督教徒的精神的神，也只是一个人性影像，为人的想象力所造成又被移置于人以外而成为一个独立的实在的东西的；所以，宗教对象——当然就成为宗教的对象而言——并不存在于想象力以外。那些信仰者，尤其那些神学家，听了我这几句语，便大惊小怪地呼喊说：这怎么可能呢？那个使几百万人得到安慰、使几百万人不惜牺牲生命的东西，怎么能是一种纯粹的幻想呢？但神学家这话并不能作为证据来证明这些对象的实在性和真理性。异教徒也是将他们的神看作实在的东西，对他们的神举行"百牛祭"，甚至以自己或别人的生命作为牺牲祭品；但现在基督教承认：这些神只是异教徒自己造出的幻想的东西。现在以为是实在的，将来就以为是幻想的。以后将到一个时代，那时大家也要公认基督教的对象只是幻想的东西，像现时大家对于异教的神的认识一般。唯有人类利己主义，才使得人将自己的神看作真神，将其他民族的神看作幻想的东西。想象力的本质，倘若没有感性直观和理性与之对抗，便正在于它要使人将它所呈现给他的东西看作实在的东西。

想象力对于人究竟能施行多大的权威，我们不妨从所谓野蛮民族的生活中举几例来看看。"美洲和西伯利亚的野蛮人，若不是梦中受了鼓动，就不肯举行任何征伐、从事任何交易或签订任何约章，他们所有的最宝贵的东西，他们毫不迟疑地牺牲自己生命以保卫的东西，竟然付托于无凭的梦景。堪察加女人，若是有个男子告诉她，梦中同她睡过觉，那她就不会拒绝这个男子的。一个易洛魁人梦见别人砍下了他的臂膀，他醒来就自己砍下臂膀；又有一个人梦见杀死他的朋友，他醒来就杀死他的朋友。"(康斯坦前引书)想象力的权威还有比这里所说的更大的么？梦中砍下臂膀就成了实在砍下臂膀的根据和法律，梦中杀死朋友就成了实在杀死朋友的根据和法律，人们为了纯粹的梦竟不惜牺牲自己的身体、臂膀和朋友。[20]像现时的野蛮人一样，古代民族也以为梦是神性的事情，是神的一种启示、一种表现。甚至基督教徒现在还有一部分以为梦是神的默示。但是，那神在其中启示、显现的东西，不是别的，正是这个神的本质。所以，一个在梦中启示出来的神，不是别的，正是梦的本质。那么梦的本质又是什么呢？那就是尚未受理性和感性直观的法则所限制所操纵的想象力幻想。基督教徒为了他们的信仰对象而受人迫害，而牺牲他们的财产和生命，我们能据此便断言这信仰对象的真理性和实在性么？不能！易洛魁人为了做梦砍断自己的臂膀，我们不能据此便断言他在梦中确实失掉臂膀；同样，人受了梦所支配，为了梦而牺牲合理的感性直观的真理，我们也不能据此便断言梦的真理性。

以上我说起了梦，只是为了拿来做感性的明显的例，借以证明想象力对于人具有何等重大的宗教威力的。但我也曾说过：宗教的想象力并不是艺术家的自由想象力，而有一种实践的利己主义的目的，或者：宗教的想象力是植根于依赖感之中，它所附着的主要是足以激发人的依赖感的那些对象。但人的依赖感并非仅仅联系于一定的对象。正像心脏不停地在运动之中，不停地涨缩着一样，依赖感在人的内心也未曾有一刻休止，尤其在那受想象力支配的人；因为，人每走一步，都能遭遇不幸的事情，每个对象无论如何卑微也都能够致人死命。这种恐惧，这种不安，这种永远追随着人的畏怖，便是宗教想象力的根源；信仰宗教的人，既然将他们所遭遇的一切不幸都归罪于恶神，所以对于精灵和鬼怪的畏怖就构成了宗教想象力的本质，至少在未开化的人和民族是如此。人所畏怖、所害怕的东西，幻想立刻转化之为恶神；反之，幻想拿来当作恶神而表现于人的东西，人也就害怕它，因之就设法用宗教手段使它对自己表示好意或不危害自己。譬如，沙尔勒伏阿的《巴拉圭史》中说：人们在巴拉圭的齐葵图人中"见不到明显的宗教痕迹；但他们害怕鬼怪，据他们说，鬼怪时常以最可骇人的姿态呈现在他们面前。他们每逢喜庆或宴客的日子，首先就须向鬼怪呼告，请鬼怪不要扰乱他们的欢乐。"奥塔海德人相信，如果有人脚上碰着石头，碰得痛了起来，那就是"加图亚"（Catua），即神，所做的；所以人们关于他们可以像库克的《第三次即最后一次旅行记》中那样说："他们在他们的宗教体系中永远是站在被幻惑的地基上的。"非洲阿山提人晚上跌在一块石头上的时候，也相信有个鬼怪为了使他吃苦而躲藏在石头里面（《外国》，1849年5月号）。如此，人由于自己不小心而碰着的石头，就被幻想转变为一个鬼怪或一个神了！但人是何等容易再因碰着石头而跌倒啊！每走一步，人都能够遭遇这种不幸。所以，受感情和想象力统制的人，总是以为自己周围有好多凶恶神鬼包围着！譬如北美印第安人只要牙痛或头痛，便以为"鬼怪发脾气，须得人去买好他"（赫克卫德：《关于印第安部落历史、风俗和习惯的报告》）。亚洲北部民族尤其害怕神鬼，他们崇拜所谓萨满教，这宗教没有别的事情可做，只晓得驱邪治鬼；他们生活在不断的争斗中，以反对那"徘徊于荒漠和雪野之上的恶鬼"（施图尔：《东方异教民族的宗教体系》）。但像施图尔所说的植根于这种对鬼怪的信仰的宗教，并不止萨满教一个，可说一切民族的宗教或多或少都是这样的。人们关于北美野蛮人所叙述的，尤其值得注意。"北美印第安人无论自觉如何勇敢、骄傲和独立，他们对于魔术和巫术的畏怖仍然使他们成为畏葸和怯懦的人。"(赫克卫德)他接着又说:"印第安人对于魔术的信仰,其所及于他们心情上的影响如此重大,几乎令人难以置信。他们的想象力一经给'中了魔术'这思想所支配,他们马上变成了另一种人。他们的幻想立刻就不断活跃起来,以创造出最可怕的和最惊人的影像。"但对于魔术的畏怖,正是害怕一个恶东西会按照所谓超自然的魔术的方式来加害于他。这种迷信,这种幻想,在印第安人中是非常有力的,他们时常会因为"纯粹的幻想,以为自己受人加害,中了魔术,而果真死去。"[21]同赫克卫德一样,伏尔内(Volney)在他的《北美画图》中关于北美洲野蛮人也说:"对于恶鬼的畏怖,乃是最压制他们、最困恼他们的诸观念之一;他们当中最勇敢的战士,在这点上也同女人和小孩子一样;一个梦,晚上在林子里的一个错觉,一声可厌的叫喊,都可以惊吓他们。"但是,基督教徒也是同上面所引的那些民族一样的,他们也是把人从各方面所能遭遇的凶事和死亡夸张得太过分了,他们的宗教幻想将这些凶事和死亡想象为与人作对的恶神或魔鬼的作用,这作用唯有造福于人的那个全能而仁慈的神的反作用才能抵制得了的。

根据以上所说,可知神虽然是幻想的创造物,但与依赖感、与人的灾难、与人类利己主义有最密切的关联;这种幻想的创造物同时也是感情上的东西,也是情绪的创造物,尤其是畏怖和希望的创造物。我在讲到宗教的影像崇拜时已经说过:倘若人将神想象作善良的实体,那就祈求神帮助他;倘若将神想象作凶恶的实体,那就祈求神莫害他,至少莫搅扰他的计划和欢乐。由此可见,宗教不仅是想象力的事情,不仅是感情上的事情,而且是人的欲望、努力和要求上的事情,即人要求排除不舒适的感觉并获得舒适的感觉,求取自己没有而但愿有的东西,并否定自己有而不愿有的东西,如这个不幸、这个缺陷等;总而言之,宗教乃是人的努力上的一种事情,要解除他所有或怕有的坏处并求得他所愿望所幻想的好处;宗教乃是所谓幸福欲的一种事情。

第二十二讲

　　人信仰神,不仅因为他具有幻想和感情,而且也因为他具有要求幸福的意向。他信仰一个福乐的实体,不仅因为他具有关于福乐的观念,而且因为他自己也希望成为福乐的;他信仰一个完善的实体,因为他自己也希望成为完善的;他信仰一个不死的实体,因为他自己不愿意死去。凡是他自己没有而愿意有的东西,他便设想他的神有着这种东西;神便是人的愿望被设想为实在的、被转变为实在事物的;神便是人的幸福欲在幻想中得到满足。人虽然有幻想和感情,但若没有愿望,就不会有宗教,就不会有神。愿望不同,神就不同;而愿望不同正和各人不同一样。谁没有拿智慧和聪明作为他的愿望的对象,谁不愿做一个有智慧而聪明的人,谁也就没有智慧女神做他的宗教的对象。说到这里,我们又须记住起初那几次讲演说过了的话,就是说:为了解宗教起见,我们撇开一切片面的狭隘的解释理由,或者我们只把这类理由安置在宗教中确能用这类理由来解释的那一部分,而不安置在其他部分去。就神所代表的是威力、并且起初是被人类想象力改造为拟人实体的自然界威力而言,人就要五体投地拜伏在神的面前;人在神的面前感觉自己是一无所有;于是,神就成了空虚、畏怖、敬畏、惊奇和钦佩等感情的对象,成了庄严或可怖的实体,凡是幻想的魔力所构成的东西或影像能够给予人的种种印象,神也能够给予出来;但是,就神所代表的是成全人的愿望的那种威力、给予人所愿望和需要的东西的那种威力而言,神就是人类利己主义的对象了。总而言之,宗教主要含有一种实践的目的和基础;宗教所从出发的意向,宗教的最后根据,就是幸福欲,因而就是利己主义,倘若这个意向是某种利己主义的东西。谁错认这个或否认这个,谁就是盲目的;因为,宗教史上每一页都证明这个。从最低的宗教观点直至最高的宗教观点都证明这个。这里,人们只要想起我在以前有一次讲演中征引的希腊、罗马以及基督教徒著作家的许多话,就可以明白了。这一点,无论在实践上或在理论上,都是非常重要的;因为,倘若已经证明,神是由于人的幸福欲而后存在的,而宗教又未曾于幻想以外满足这个意向,那就必然要推论出:人必须依照与宗教不同的方式,使用与宗教不同的方法,去满足这个意向。再引几个证据。

以前我的任务是在于证明利己主义是宗教的最后根据;现在我的任务则更加明确,是在于证明宗教是以人类幸福为其目的。人崇拜神只为了使神满足自己愿望,只为了经过神而自己可得幸福。《圣经》上说:"你们祈求,就给你们,因为凡祈求的、就得着。你们中间,谁有儿子求饼,反给他石头呢?你们虽然不好,尚且知道拿好东西给儿女,何况你们在天上的父,岂不更把好东西给求他的人么?"[①]路德在他的《说教集》中说:"凡是能够得到神的心,又有勇气敢诚恳地对神说:'你是我的亲爱的父',这个人为什么不敢

---

① 见《马太福音》,第 7 章第 7—11 节。——校者

祈祷呢？神能拒绝他什么呢？他自己的心将告诉他：只要他祈祷，他什么都可以得到。"如此，神就被看作能满足愿望，能垂听祈祷的实体。人们祈祷，为的获得幸福，为的解脱"危险、灾难以及一切逆意的事情"。但灾难、危险和畏怖愈加厉害，自卫本能就愈加有力，希冀得救的愿望就愈加活跃，祈祷也就愈加热烈。譬如赫克卫德在上面屡次征引的著作中，说他亲眼看见印第安人每逢暴风将要来临时，总要向空气的"马尼图"（Manitto）（即空气的神，亦即被想象为人格实体的空气）祈祷，求他不使他们遭遇任何危险；又如加拿大海滨的奇普卫人，当他们在水中行船时，就向水的"马尼图"祈祷，求他制止太高的波浪。罗马人每逢渡海时也要向暴风和海潮献祭，每逢火灾或防避火灾时也要向武尔刚（Vulkan）神即火神献祭。赫克卫德又说，列那卜人每逢出战时，也要祈祷并唱以下的歌辞："呵，我，可怜的人，我就要出去同敌人打仗。我不知道能否回来享受妻子和儿女的拥抱。呵，可怜的人，他的生命不是操在自己手里，他没有权力支配自己的肉体，他要尽他的义务以图自己民族的福利。呵，你，天上伟大的神灵，你要怜悯我的妻子和儿女啊！你要防止他们为我而忧愁啊！你要让我在这次战争中打败敌人并带回胜利的标志给我的忠实的亲族和朋友，使得我们大家都欢欢喜喜。你要同情我并保护我的生命，我将献祭给你。"这篇动人而简单的祈祷歌辞，将宗教的一切要点都包含在内了。

　　事业成功或失败，不是操纵在人自己手里。在愿望及其实现、目的及其成就中间，隔着一个鸿沟，充满了困难和可能，会使得计划和愿望成为一场空。我的作战计划无论定得多么巧妙，但各种意外，不管是自然的或人为的，譬如阵雨、跌断腿或某支援兵偶然迟到,以及诸如此类的事情,都能使我的计划变成没有用处。所以人们就幻想出一个实体,来填满愿望及其实现、目的及其成就中间的这个鸿沟;他们心里想,一切这些情况都是依赖于这个实体的意志;所以现在他们只消祈求这个实体的恩典,就可以在他们的想象中保证他们计划的成功、他们愿望的实现了。[22]人的生命不是人自己所操纵的,至少不是无条件地可由自己操纵的;某种内在的或外在的原因,譬如我的头上一条小脉管裂开了,就可以突然结束我的生命,突然使我不知不意地永别我的妻儿、朋友和亲戚。但人愿望活着;生命本是一切福利的总和!人因此不由自主地经过他的自卫本能或立足在他对生命的爱上面,将这个愿望转变为能够实现这个愿望的一个实体,这个实体像人一般,也有眼睛为了能够看见人的眼泪,也有耳朵为了能够听到人的哀诉;因为,自然界是不能实现这个愿望的,恰如其实的自然界并不是什么具有人格的实体,并没有心,看不见也听不到人的愿望和哀诉。

海,倘若我把它设想作水的简单的集合体,即恰如其实地设想它,像我们所见的一般,它怎能帮助我呢?唯有当我设想海是一个具有人格的实体,海水的运动都是出于这个实体的意志,而我又能用牺牲和祭品转移它的意志和感情,使之有利于我的时候,即唯有当我把海设想作一个神的时候,我才能向海祈祷,求它切莫把我吞下去。可见,这不仅由于人的眼界狭小、只照自己的样子去思想一切,不仅由于人的无知;人的不认识自然界,也不仅由于人的想象力把一切人格化了,而且也由于人的感情、人的自爱、人的利己主义或幸福欲,以致人相信自然界的作用和现象是从那有意志、有精神、有人格而又像人一般生活着的实体派生出来的,不管人是像多神教徒一样,认为自然界有好多的具有人格的原因,或是像一神教徒一样,认为自然界只有一个带有意志和意识而活动的原因。因为,唯有当人使自然界依赖于一个神的时候,人才能使它依赖于人自己,才能使它被人自己的权力所支配。奥维德在他的《斋戒集》中说:"朱比特的闪电是可以由悔罪来解除的,天神的愤怒也可以转移到别处去的。"倘若一个自然对象,譬如海,乃是一个神,倘若对人如此危险的海上波涛和风暴是依赖于海神的意志,而海神的意志又可以因崇拜他的人的祈祷和献祭而示好于这个人(有句俗语说:"礼物甚至可以买通神明"),那么,海上风险就是间接依赖于人了。人经过神或假手于神去支配自然界。譬如从前有个灶神庙女祭司,被诬告杀人,她手里便拿了一个箩筛,喊着灶神的名字说:维斯塔神啊,倘若我始终是拿没有污点的手来服侍你,那就请你使得我能用这箩筛到泰柏河打水送到你的神庙去——自然界果真顺从了(照伐列流士·马克西姆斯所用的字眼说)这位女祭司勇敢而坚决的请求,换句话说,河水果真违反其本性,而不从筛眼中漏出来了。又如《旧约》上说,由于约书亚的祈祷或命令,太阳停住不走。① 祈祷和命令,本质上本来没有什么差别。譬如维吉尔诗中,泰柏河神对安内亚说:你用谦逊的祈祷去克服尤诺(Juno)的愤怒罢! 赫伦努斯(Helenus)也对安内亚说:你用谦逊的礼物去克服那有力的女神罢。

祈祷不过是一种谦逊的命令,一种在宗教形式下的命令。近代神学家虽然从《圣经》里删除去了那个使太阳停止不走的奇迹,

---

① 《约书亚记》,第10章第13节。——校者

以为这是一种诗意的寓言或者别的什么东西——我也忘记了他们是怎么说的。但是这个奇迹删去后,《圣经》里还留有不少同等怪异的奇迹；所以无论人相信上面哪个奇迹,让它留在《圣经》里,或者不相信而把它删除了,事情总归是一样的。譬如为了以利亚的祈祷,天便下雨。《新约》中说:"义人祈祷所发的力量,是大有功效的。以利亚恳切祷告,求不要下雨,雨就三年零六个月不下在地上。他又祷告,天就降下雨来。"①《诗篇》作者说:"敬畏他的,他必成就他们的心愿。"②路德注释摩西的书,关于这段《圣经》也说:"信神的人,心里要什么,神就会做什么。"甚至今天,基督教徒在久旱时也是向神求雨的,在久雨时也是向神求晴的；他们虽然在理论上否认,但在事实上是相信神的意志——他们以为一切都是依赖于神的意志——受了人的祈祷所决定,人要雨就雨,要晴就晴,而且不惜违反自然的进程。因为,倘若他们相信晴雨是按照自然界法则而发生的,那他们就不会祈祷,祈祷就是愚蠢的事情了；不是的他们却是相信,经过祈祷可以统制自然界,可以使自然界服从人的愿望和需要。正因为如此,人,至少那些习惯于宗教观念的人,才会以为那种学说,即认为自然界是由于自己而存在、并不依赖于一个对人表示好感而又具有人格的神的意志之学说,是没有安慰力量,因而是离开真理的；因为,有神论者虽然在理论上拿离开真理做没有安慰力量的前提,仿佛他们是根据理性理由来排斥上面那个学说似的,但在实践上,即在事实和真理上,他们却是从没有

---

① 见《雅各书》,第5章第17节。——校者
② 《诗篇》,第145篇,第19节。——校者

安慰力量而推论出离开真理；人们之所以排斥那个学说，说它是离开真理，乃是因为它没有安慰力量，换句话说，即因为那个学说不是感情的，不像相反的学说那般使人惬意，那般献媚于人类利己主义——那些相反的学说就是：自然界是从一个神派生出来，神依照人的祈祷和愿望而决定自然的进程。富于感情的普卢塔克在他的论依照伊壁鸠鲁学说则不能幸福生活的著作中说："伊壁鸠鲁派，由于他们否认神意这一点来说，他们已经受了处罚了，因为这时他们已经失掉了别人信仰神意时所得到的那种快乐了。"在普卢塔克同一著作中，赫莫根尼（Hermogenes）也说："那是何等安慰，何等快乐，当我设想那些无所不知无所不能的神是这般对我表示好感，以致为了照顾我，无分日夜地用他们的眼睛看着我，我心里想做什么事情就能够做什么事情，以致我无论做什么事情，他们都要给我种种征兆，启示我这事情如何结局！"英国神学家科德华士也说："没有神而生活，就等于没有希望而生活。因为，人对于没有意识和生命的自然界，还能有什么希望或信任呢？"他在这里引用了一位希腊诗人李努斯（Linus）的名言："一切都是有希望的（无论对于什么事情都不要失望），因为，神所做的一切都是毫无困难就做成的，没有什么东西能障碍着神。"

一个信仰，一个观念，其所以被人坚持，被人即使不是在口头上也是在事实上认为合于真理，仅仅因为它是有安慰力量的、能感动人的，因为它满足人类利己主义。这样的信仰，这样的观念，也只是从感情、从利己主义发生出来的。从某学说给人的影响中，可以推论出这学说的起源。某个事物，这里说，某个被想象被幻想出来的事物，它对于什么东西施行其影响，它就是从什么东西发生出来。凡是使人心冷淡、无动于衷的东西,便都不是起源于人的内心的利益或利己主义的利益。但是,下面的观念则是人类利己主义所欢迎的,就是说:自然界并非带着不可改变的必然性而起作用,在自然界的必然性之上还有一个爱人的和似人的神,他具有意志和理智,他治理着并支配着自然界,使之有利于人,他将人置于特别保护之下,防备盲目而无情的自然界时刻陷害人的那些危险。试举一个例。我从房子走到空地上,恰好这时候空中掉下一块石头,依照自然必然性落在我的头上把我打死了;因为我刚刚走到这块石头坠落的方向上,而那使石头坠落的重力作用却不管我是贵人还是贱民。但是,一个神则破坏了重力,取消了它的作用,以便救全我的生命;因为,一个神对于人的生命比对于自然界法则更加尊重些。即使神不愿行什么奇迹,他至少晓得聪慧而明达地用着唯理主义者的诡计转移当时的情况,使得石头既不违反自然法则——唯理主义者也是十分敬重自然法则的——也不会伤害我。你们看,当我交付于上帝保护而安心出外时,那是何等的乐意;当我像不信仰的人一般,直接去冒那毫不客气的陨星、降雹、烈日、暴雨的危险,那又是何等的无情和缺少安慰!但是,这里我必须插进一点声明,即这个关于神意监护的观念以及其他的宗教观念,由于使人乐意,由于受人类利己主义欢迎,虽然是从人的心情中发生出来的,但人的心情仅当还替想象力服务时,因之亦即仅在宗教幻想中寻得安慰时,才能产生那个观念。因为,只要人张开他的眼睛,只要人不受宗教观念所眩惑而恰如其实地观看现实,他的心就会起来反对神意观念,因为神意是不公平的,它救了这个人的生命而让那个人死亡,他给这个人幸福和财富而给那个人不幸和贫困;又因为神意是残酷的,至少无能的,它使得几百万人陷于最悲惨的灾难和痛苦之中。谁能够把专制政治的残暴,等级制度的残暴,宗教信仰和迷信的残暴,异教和基督教刑法的残暴,以及自然界的残暴,如黑死病、鼠疫、霍乱等,同对神意的信仰协调起来呢?信教的神学家和哲学家,虽然用尽他们所有的一切理智,去调和现实与神意的宗教想象之间这个显然的矛盾,但是,为着满足爱真理的心,甚至为着尊敬神起见,人们与其使用信教的神学家和哲学家替神意辩护时所用的可耻而愚蠢的诡辩以苟延神的残喘,宁可否认神的存在。光荣地死去,胜于不光荣地偷生着。无神论者是让神光荣地死去的,有神论者,唯理主义者,则使神不光荣地、苟且地偷生着!

第二十三讲

　　由此可见，宗教有一个实践的目的。宗教幻想出一个或多个具有人格的、似人的实体，将自然作用看作它或它们的行为，将自然产物看作它或它们的赏赐，以此使得自然界操纵于人的手，并为人的幸福欲而服役。由此又可见，人的依赖于自然界虽然像我在《宗教的本质》一书中所说的那样是宗教的根据和起源，但解脱这个依赖地位，无论是合理意义下的解脱或不合理意义下的解脱，却是宗教的最终目的。换句话说，自然界的神性虽然是宗教的基础，但人类的神性却是宗教的最终目的。凡是人站在理性观点上，要经过文化、经过制服自然界而达到的东西，即一种优美幸福而又不受自然界的粗暴和盲目所伤害的生活——人站在无文化观点上，便经过宗教去达到。所以，在人类历史开始时，宗教便是唯一的手段，为人类拿来制服自然界，使之便利于人类的目的和愿望。那时的人没有其他办法可以帮助自己，除了祈求及与之有关的礼品和牺牲以外！人害怕某对象，自觉受它威吓并依赖于它，人便设法用礼品和牺牲使它对自己表示好感。不然，人便使用魔术，但魔术乃是宗教的一种非宗教的形式，因为，魔术力量，亦即那通过纯粹的言语、通过纯粹的意志来统治自然界的力量，施行魔术的人以为是他自己所具有或他自己所行使的，而信仰宗教的人却将这力量移置于自己以外的对象中。祈祷和魔术本来也是可以连合在一起的,这时祈祷辞就成了咒语,人们用来迫得神去实现人的欲望,甚至于违反了神自己的意志。即便在虔诚的基督教徒当中,祈祷也并非都有宗教式的谦卑特性,时常也含有命令的意义。路德在他的对摩西一书的注释中说:"当我们陷于灾难和诱惑当中时,我们对于在上的威严(上帝)便没有特殊的敬意,我们只干脆地说:帮助罢,亲爱的上帝!上帝,你帮助罢!你在天上可怜我罢!这时我们不说什么冗长的话。"

祈祷和牺牲,可见是无助的人设法逃避一切灾难和制服自然界所用的手段。譬如据松内拉特说,中国人当某次航海中遇到暴风,最需要活动和技巧以应付危险的时候,反走去向罗盘针祈祷,直祈祷到与罗盘针同归于尽;譬如通古斯人某次发生瘟疫时,竟热心地向瘟神跪拜,求他不要经过他们的茅屋;譬如上面提到过的韩德人当发天花时,便以牛羊或猪血献祭天花之神;又如东印度俺波亚那岛上的居民,即一个产香料岛的居民,"每逢有重大瘟疫发生,便将各种礼品和牺牲收拾在一块,装在一只船内,把船推向海中去,希望以此买好瘟神,希望瘟神随着送给他的东西离开俺波亚那岛。"(迈涅尔斯:《宗教批判通史》)如此,那些所谓偶像崇拜者,不去反对恶的对象、恶的原因,反而向它虔诚地祈祷,为的制服它。现在基督教徒当然不这样做,但是他们祛除自然界的恶并使自然界示好于己时,并不依靠自我活动、文化以及自己的理智,而是依靠向万能上帝祈祷,在这一点上,他们同多神教徒或偶像崇拜者仍然没有分别。这里,我们当然要注意到古代基督教徒和近代基督教徒中间的差异,或未受教育的基督教徒和已受教育的基督教徒中间的分别；因为，前者只将自己付托于祈祷或神的万能，后者虽然也祈祷，求上帝保护我们无灾无难啊，保护我们免遭火患啊，但在实践上并不依靠祈祷的力量，而要组织救火会和人寿保险机关来自己保护自己。为了免除误会起见，我必须插说几句：文化并不像宗教信仰或宗教幻想那样是万能的。文化不能使熟皮变金子、使灰尘变谷粒，如神、如宗教对象所做的；同样，文化也不施行奇迹，文化只依靠自然界即只使用自然的手段去制服自然界。

但下面一点是实实在在的，即有无数的恶，以前人要拿宗教的手段去祛除却祛除不了的，但现今已被文化，被人类活动，使用自然的手段所祛除了，或至少缓和下来了。可见宗教是人的幼稚的本质。或者可以这样说：在宗教中，人是一个小孩。小孩不能依靠自己的力量、依靠自我活动，来实现他们的愿望；他们是向那些他们所依赖的人、他们的父母去祈求，为的从父母手里得到他们所愿望的东西。宗教起源于人类的幼年时代，也只在这个时代中才有其真正的地位和意义；但是幼年时代也就是无知、无经验和无文化的时代。后来时代所发生的宗教，譬如基督教，虽然被称为新宗教，但在本质上并不是什么新的宗教；这类宗教乃是批判的宗教，不过是适应于人类的进步观点而将人类最远古时代发生出来的一些宗教观念加以改良、加以精神化而已。即使我们将后来的宗教看做本质上新的宗教，但发生一个新宗教的时代，对于以后的时代说来，又成为幼稚时代了。我们试退回到最近的时代，即发生新教的时代去。那时流行着何等的无知，何等的迷信，何等的粗鄙！我们那些得到神启的宗教改革家又有着何等幼稚、粗鄙、庸俗和迷信的观念!① 正因为如此,他们的意识中才不知道别的东西,只晓得一个宗教改革;他们的整个本质,尤其路德的本质,才被限制在宗教兴趣里面。

可见,宗教只是发生于无知、灾难、无助和野蛮的黑夜里,②只是发生于这个状况中,那时幻想力支配了其他一切的力量,那时人在荒唐的观念和热烈的感情中过生活;但宗教也是由于人对光明、对文化或至少对文化目的的需要而发生出来的;宗教不是别的,正是人类生活上最初的然而还粗鄙和庸俗的文化形式;所以,人类文化上每个时代,每个重要阶段,都是伴同宗教而开始的。所以,后来成为人类自我活动的对象,成为文化上事情的一切东西,当初都是宗教的对象;一切艺术,一切科学,(或其萌芽,其最初因素,因为一种艺术、一种科学,当其发展完成后,就停止其为宗教了),当初都是宗教及其代表人即教士的事情。譬如哲学、诗、天文学、政治、法律(至少疑难案件的解决,有罪无罪的判定),以至于医学,当初有个时候都是宗教上的事务。譬如在古代埃及人中,医学"具有一种宗教上的占星学性质。同一年中各个部分一样,人身上各个部分也是被认为在一个特殊星神影响之下的。……法律上的争论,医药上的治疗,没有向星占卜过,便不能进行。"(洛特〔E. Röth〕:《埃及和波斯的信仰学说》)又如,现在野蛮民族中,魔术家或巫师同时也就是医生,他们同神鬼相交接,因之他们就是野蛮人的教

---

① 这种无知的例子,见《费尔巴哈全集》第 1 版第 5 卷,注释 2 和 5。——著者
② 即使是今天,我们那些在一切深刻的人间事务中显得无知和粗野的政府,为了补救世界的贫困,也是求助于宗教,而不是寻找有效的手段。——著者

士、祭司。即便在基督教徒中，医学，至少治病的力量，当初也是宗教上、信仰上的一种事务。据《圣经》说，甚至圣者和殉道者的服装都有治病的力量。这里，我只举出基督的衣裳和使徒保罗的手巾和围裙做例就够了；据《福音》书上说，人们只要摸着耶稣衣裳的䍁子，病就好了；①据《使徒行传》说，人们只要拿保罗的手巾和围裙放在病人身上，疾病便消退，恶鬼便离开了。②但宗教的医学，并非仅仅限止在所谓超自然的方法，念咒、魔术、祈祷、信力或神力等上面，也还使用自然的医疗方法。但是，在人类文化初期，这些自然的医疗方法本含有宗教的意义。譬如，我们早说过，在埃及人中，医学是宗教的一部分，但埃及人也有使用自然的医疗方法的——因为，人怎能仅以宗教的方法，祈祷和符咒等为满足呢？人的理智无论如何不发展，无论如何受信仰压迫，总要告诉人说，无论何处，人们必须想到方法，而且想到那适应于对象和目的的方法的；——但是"记载医疗方法和医疗药品的那几本书，却被埃及人看作圣书，因之一切与书上不同的改进和革新都被严厉地禁止着；医生若是用新的方法去医治病人，不幸没有把病人治好，那他就要判处死刑。"

埃及人把传统的医疗方法看得那么神圣，这事也可以给我们当作一个明显的例证，证明最初的文化手段乃是圣物。在我们基督教徒中，水以及酒和饼，只是圣礼的手段。但是当初，由于人发现出水有使人舒适的影响和性质，并能助长人的文化和幸福，水本

---

① 参看《马太福音》，第14章第36节。——校者
② 参看《使徒行传》，第19章第13节。——校者

身就是一种圣物,一种神圣的东西,一种属神的东西。洗濯和沐浴,在古代民族中,乃是宗教上的义务和事业。[23] 在那时人看来,弄脏了河水足以引起良心上的不安。古代波斯人从来不使小便流入河内,也不在河水上吐痰。希腊人也不敢带着龌龊的手渡过一条河的,他们也不敢在河口或水泉内小便。饼(面包)和酒也是同水一样地神圣,甚至还更神圣些,因为面包和酒的发现须有更高的文化,至于水的使人舒适的性质则连动物也已知道了。"圣饼"本是希腊教的神秘物之一。许尔曼(Hüllmann)在他的《诸神世系学——关于古代宗教起源的研究》(柏林,1804年版)中说得很对:甚至"在我们中间,对于面包和谷物流行一种宗教的感情;为了这种感情,人们把垄断谷物的人看作是各种垄断者当中最可恨的人;为了这种感情,普通人看见有人饿死时便要喊道:亲爱的面包啊,亲爱的谷物啊!"面包和酒的发明,被人归功于神,因为二者本身就被人当作神物。《圣经》上还这样说:"酒使人心欢畅。"一切使人舒适和欢畅的东西,一切有用于人的东西,一切增加人生优美和高尚的东西,在古代人看来,都是圣物、神物、宗教上的事物;我们上面举出面包和酒做例,可以概见其余了。人愈加无知,愈加缺少手段来获得享用的东西、过合于人性的生活、防御自然界的残暴,因之人就愈加尊敬这些手段的发明者,这些手段本身也就愈加被视为神圣的了。所以思想深刻的希腊人,便把一切使人所以成为人的东西都看作神;譬如灶火,它使人团聚在炉灶周围,使人互相接近,总之在人看来,它是个造福于人的东西,所以它成了一个神。但是正因为最初的治疗方法,正因为人类教育和幸福的最初因素,被人做成了圣物,所以在人类发展过程当中,宗教总是成为真正文化的敌人,成为进步的障碍,因为,每一革新,每一改变旧的传统,每一进步,宗教总是仇视而反对的。

在发生基督教的时代,面包和酒以及其他文化手段久已发明出来了;那时已经不是将这些手段的发明者尊奉为神的时代了;那时这些发明已经失去其宗教的意义了。基督教带了另一种文化手段到世界上来,就是:道德;基督教想要有一种医疗方法,不是来医疗物理上和政治上的祸患,而是来医疗道德上的祸患即罪过。基督教徒对异教徒说:你们怎能把酒尊奉为神呢?酒对于人有什么好处呢?饮酒过度反足致人死命,使人堕落。唯有当人有节制地、有智慧地、合于道德地饮酒时,酒才能使人欢畅,可见一件事物有用或有害,并不依赖于它本身,而是依赖于它的合乎道德的使用。在这一点上,基督教说得不错。但是,基督教将道德做成宗教了,即将道德法则做成上帝的命令了,亦即将人类自我活动的事情做成信仰的事情了。在基督教中,信仰本是道德的原则和基础;人们说:"良善的事业是从信仰出来的"。基督教没有酒神,没有面包神或五谷神,没有西勒神,没有波塞东(Poseidon)神或海洋和航行之神,也没有武尔刚神或冶金和烟火之神,却还有一个一般的神,或宁可说是一个道德的神,教人如何去过幸福而合乎道德的生活。基督教徒于是就拿着这个神去反对一切彻底而根本的文化,直至今日还是如此;因为,基督教徒没有神便不能想象道德,想象合于道德的人性生活,所以他们认为道德是出于神,好像异教诗人认为诗艺的法则和种类出于诗艺之神,异教冶金匠和烟火匠认为他们手艺上的工巧出于武尔刚神一样。但是现在冶金匠和烟火匠,没有一个特殊保护神,仍然能够学会他们的手艺;同样,将来人类没有一个神也能够懂得怎样去过幸福而合于道德的生活。而且还可以说,那时,再没有任何神、再无需任何宗教的时候,人类过的才是真正幸福、真正合于道德的生活哩;因为,一种艺术以至于如何生活的艺术,唯有还在未完成、还在襁褓中的时候,才需要宗教上的保护;因为,人恰是拿宗教来填补他们的文化的缺陷;唯独因为缺少普遍的文化和直观,人才拿他们医疗道德上疾病的手段看作圣物,才拿他们的狭隘的观念看作信条,才拿他们自己精神和感情的暗示看作神的命令和启示,好像埃及教士对于他们的狭隘的普通医疗方法一样。

总而言之,宗教和文化是互相冲突的——虽然人们有时将宗教叫作最初的、最古老的文化形式,又将文化叫作真正的、完成的宗教,以为唯有真正受过文化教育的人才是真正的宗教信徒。但这是滥用字义,因为宗教这个名词总是与那些迷信的和非人道的观念联系起来的;宗教本质上包藏有反文化的因素在内,它将人类幼年时代所造成的观念、习惯和发明仍然当作法则以供成年时代人类之用。人做某件事情,若是由于神的告语而后去做(例如,以色列人就是遵照上帝的命令要在一定的地点来大小便[①]),这时人自然是站在宗教观点,同时也是站在最粗野的观点;但若是由于人自动去做,因为人自己的本性、自己的理性和倾向告诉他如此做,那时宗教的必然性就不存在而由文化来代替其位置了。从前的人把自然法则看作宗教上的命令,我们现在看来,这是可笑而不可了解的;同样,人类将来离开了我们的假文化,离开了宗教上的野蛮

---

① 参看《申命记》,第 23 章第 12 节。——校者

时代以后,也会觉得现在人们这样的举动是不可了解的,即为了实行道德和人类爱的命令起见,必须将这类命令设想为遵守之有赏、违反之有罚的上帝的命令。路德说:

> 有人于世间,一生唯耽乐,
> 效法伊壁鸠(鲁),有乐万事足。
> 此人必欺天,轻蔑神与人,
> 不信有真宰,不信有来生,
> 以为世间物,应归彼独享。
> 终日恣欢娱,狂饮复狂餐,
> 但知一人乐,不顾万众艰!
> 俨然野麂身,无复有人相!

这里,我们找到明显的例,证明粗野的人的文化就是宗教,但这个文化即宗教,还是蒙昧而野蛮的。信仰宗教的人反对狂饮狂餐,但并非由于厌恶,并非由于发现狂饮狂餐是违反人性的,是丑恶的禽兽般的行为,而是由于害怕天上裁判者的刑罚(无论在今世在彼世),或是由于对真神的爱,总之是由于宗教上的原因。宗教便是人和禽兽的分水界,换句话说,人有兽性在自己之内,有人性在自己之外和之上。人的人性,人的不狂饮不狂餐,其原因只是神;神是与人有别而存在于人之外的实体,至少人是这样想象。倘若没有神——路德那篇诗内说的就是这个意思——那么我就是禽兽,换句话说,我之所以为人,其原因和本质是在我之外的。但是倘若人性的原因被人移置于自己身外一个非人的(至少按照他的观念来说是非人的)实体之内,即倘若人之所以为人是由于非人的原因,由于宗教的原因,那么这时人也就不是真正的人了。我之所以为人,唯有当我从自己表现出人性的时候,唯有当我认识人性是我的本性的必然属性、我的本质的必然效果而实行之的时候。宗教仅仅祛除了恶的现象,而未曾祛除恶的原因,宗教只压抑野蛮和兽性使之不爆发出来,但未曾祛除其原因,未曾施以根本的治疗。唯有当人的行为是从那含在人性内的原因发生出来时,原则和推论、原由和效果中间才有一种和谐,才是圆满无缺的。文化便是这样做,或向这个方面努力去做。宗教据说是要代替文化的,但代替不了;文化则确实代替了宗教,使得宗教成为无用之物。歌德已经说过:"凡是有了科学的人,便无需宗教。"我要用"文化"来替换这句话中的"科学",因为"文化"包括整个的人,虽然"文化"这名词也是可以非难的,人们只要想想现时在"文化"这名词下普通了解作什么意义就够了。但是哪一个名词没有缺点呢?不要把人做成宗教信徒,而要教育人,要使文化普及于一切社会阶层,——这便是现今时代的使命。最大的残酷是可以同宗教相调和的,已往的历史已经给我们证明过了;但文化则不容许这种残酷。凡是建立在神学地基上的宗教——我们所谓宗教本来是指这种意义下的宗教而言——都是与迷信分不开的,而迷信又能做出一切残酷的非人的事情。这里,无论如何分别真的宗教和伪的宗教,都是没有用的。所谓真的宗教,即人们将一切残酷的和丑恶的事情都祛除了的宗教,其实不是别的,正是受了文化和理性限制并照耀过的宗教。所以,信奉所谓真的宗教的人,即使在理论上和实践上,在言语上和行动上,都排斥人祭,排斥迫害异端、焚烧巫士、判"可怜的罪人"以死刑以及诸如此类的事情，那也不是宗教的功劳，而是他们的文化、他们的理性、他们的感情和人性的功劳，——这些，他们当然也安置到他们的宗教里面去的。

以上发挥的意见，总括起来是说：宗教只发生于人类的最古老时代、野蛮和蒙昧的时代，唯有在这个时代，宗教才是完全新鲜而活跃的；宗教和文化是互相冲突的东西。人们可以拿下面的理由来反对我上面那种说法，即人们可以驳我说：最有教化的人，最有学问的人，最聪慧的人，往往是最信仰宗教的。但是，这个现象是不难解释的。在我上面的全部发挥当中已经可以找到解释理由，因为这里的问题只是关于宗教和文化互相冲突的问题，这个冲突无人能够否认，因为人们可以有宗教而无文化，也可以有文化而无宗教。但姑且抛开以前提到的解释理由不说，我还可以拿下面的理由来解释上面那种现象，即一人之身往往藏有最大的最不可调和的矛盾。人类历史，尤其宗教史，关于这话给了我们最可注目的例证，而且不仅对于个人如此，对于全民族也是如此。古代文化最高的民族，他们的著作现在还成为渊博教育的基础的，即长于艺术、富于精神的希腊人和重实践、能力行的罗马人——有哪一种可笑的无意识的宗教迷信不受他们尊崇呢，而且是在他们发展到最高的时代！罗马国家本身就是仅仅建立在占卜上，人们拿那做牺牲的动物的状态，拿电闪以及其他常见或不常见的自然现象，拿禽鸟的唱歌、飞行和饮食等，来做占卜；罗马人不敢从事什么重要的事情，譬如他们不敢从事战争，倘若他们的小圣鸡胃口不好，没有吃东西的时候。希腊人和罗马人，在他们好多种宗教仪式和观念上面，与最野蛮最无文化的民族并没有什么分别。所以人们在一方面可以成为一个开通和明达的人，他方面，在宗教方面，又可以拜倒于最愚蠢的迷信脚下。

这个矛盾，在近代开始时更表现得明显。哲学和科学的改革者，一般说来，都是一方面是自由思想家，一方面是迷信者；他们生活在国家和教会、俗世的东西和属灵的东西、属人的东西和属神的东西之间那种不祥的分裂里面。所谓俗世的东西都遭受他们的批评，但对于属灵的和宗教的事情则相信得像小孩子和女人一般，他们谦逊地使他们的理性屈服于最荒谬、最幻想的观念和信条之下。这种矛盾现象的原因是不难解释的。宗教将宗教上的观点和仪式看作神圣不可侵犯的东西，以为这些东西是人类幸福所依赖的，要人把这些东西当作良心上事务而承受过来。这些东西便照原样而不受污损地从这一代到那一代传授下来。譬如据柏拉图在他的《法律》中说，信仰宗教的埃及人中，在柏拉图那个时候所制成的艺术品，与那时以前几千年所制成的艺术品是完全相同的，因为一切革新都不容许；又如据保利努斯说（《婆罗门制度》1791年），在东印度，至今还没有一个画家或雕刻家敢制作一个与庙里远古传下来的形象不一致的宗教形象。所以人在一切其他方面都进步了，在宗教方面还是既盲又聋地停留在原来的位置。宗教的制度、仪式和信条，即使已经同人类进步的理性和高超的感情站在最厉害的矛盾地位了，即使其原本的基础和意义此时早已无人承认了，还是当作神圣不可侵犯的东西继续下去。我们现在还生活在宗教和文化间那种可厌的矛盾之内，我们的宗教学说和仪式也站在与我们现在精神的和物质的观点大相违反的地位；祛除这个可厌而不祥的矛盾，正是我们的任务。祛除这个矛盾，乃是复兴人类的不可或缺的条件,可以说,乃是新人类和新时代的唯一条件。没有这个条件,一切政治的和社会的改造都是劳而无功的。一个新的时代需要一个新的世界观。需要一个对于人类存在的最初因素和根据的新观点,需要——倘若我们要保留"宗教"这个名词的话——一个新的宗教。

第二十四讲

理智与最无理的迷信相混和（至少在某些生活领域内是如此），政治自由与宗教奴性相混和，自然科学上和工业上的进步与宗教上的停滞不进、甚至盲目信仰相混和——这类现象使得好多人做出了皮相的结论，认为宗教是同生活，尤其同公众的政治的生活完全漠不相关的，认为人们在这方面所必须努力去求的唯一就是信其所欲信的绝对自由。我反对这个结论，我的意见是：政治自由夹杂了宗教羁绊和褊狭在内，便不是真正的自由。就我自己来说，倘若我是我的宗教幻想和成见的一个奴隶，我就不敢吹牛说我享有政治自由了。真正的自由，唯有当人在宗教上也是自由的时候；真正的文化，唯有当人制服了他的宗教成见和幻想的时候。但国家的目的不是别的，正是要造就真正的完善的人——这里所谓完善，当然不是在幻想意义下说的；一个国家，其中在自由的政治组织下的公民，若是在宗教上不得自由，则不能算是真正合于人性的自由的国家。不是国家造人，而是人造国家。人是怎样，国家就是怎样。一个国家已经成立之后，那些由于出身或由于入籍而成为这国家的公民的个人，当然是受国家决定的。但是对于那些加入国家的个人说来，国家倘若不是那些已经存在的并构成这国家的一群人——这群人用他们所能有的手段、所造成的制度，依照他们的精神和意志,决定了新来加入和后来加入的人——的总和和结合,又是什么呢?所以,其中公民若是政治上自由而宗教上不自由,则这个国家也不是一个完善的国家,甚至还是一个尚未完成的国家。至于说到第二点,即关于信仰自由,则"各人依照自己高兴去过幸福的生活",各人信他所要信的,当然是一个自由国家的第一个条件。但信仰自由乃是一种极次要而无内容的自由,因为这个自由不是别的,正是各人都可自愿地做一个呆子的自由或权利。在我们以前的意义下,国家当然不能侵犯信仰地盘,当然要给信仰以绝对自由。但是人在国家之中的任务,并非只要相信他所要信的,而是要相信合理的东西;一般说来,并非只要相信,而是要知道他能够知道并必须知道的东西,倘若他要做一个自由而有教养的人的话。这里,人们无论说人的智力怎么有限,也是不中用的。在自然界方面说,当然还有好多不可了解的东西;但宗教是从人发生出来的,人可以认识宗教的秘密,直至其最后的根柢。正因为人能够认识,所以人也应该去认识。最后,那种以为宗教对公众的政治生活没有影响的见解,也是非常肤浅而且受历史反驳、甚至受日常生活反驳的。那种见解仅仅发生于我们这个时代,宗教信仰在目前不过是一种幻景罢了。一种信仰,若在人类中再不成为真理,那当然也就没有实践上的效果,也就不会造成世界史上的事业。但信仰若是只当作谎话而继续存在着,这时人就要站在最可憎厌的自相矛盾里面了,因之信仰也就要造成至少道德上有害的效果了。近代对于神的信仰,便是这样一种谎话。所以,祛除这种谎话便成为一种积极活动的新人类的必要条件了。

上面说起的普通意义下的宗教性时常与那些最相反的属性结

合在一起,这个现象使得人们提出一种假设,以为有个特殊的宗教器官或特殊的宗教感情存在。但是倘若这种假设可以成立,那么人们更有权利可以假设有个特殊的迷信器官了。事实上,说宗教即对于神鬼、对于那些支配人的不可目见的比人更高的实体的信仰是人类生而有之的东西,像人类其他的器官一样,这一句话若是拿合理而忠实的德国话翻译出来,便成了迷信是人类生而有之的东西。这话斯宾诺莎本来已经说过了的。但迷信的源泉和强盛,乃是无知和愚蠢的力量(这是地球上最大的力量),乃是畏怖或依赖感的力量,最后又是想象力的力量——想象力拿人所不知原由的每种恶事,拿人所不明真相而害怕的每种现象,甚至空气流动现象,甚至一种气体,都当作一个恶神或恶鬼,同时又拿每种幸事,每种偶然的发现,都当作一个善鬼或善神,至少是其所做的事业。譬如加勒比人相信,有个恶鬼使得枪炮放射,有个恶鬼当月蚀时把月亮吞掉了,甚至他们嗅到什么臭味时也相信有个恶鬼在旁。荷马则以为,某人愿望的东西,忽然得到了,那就是神送给他的。可见对于魔鬼的信仰也是人生而有之的东西,正如对于神的信仰一般,所以,人们倘若假设有个特殊的信神感情或信神器官,那也必须假设有个信鬼感情和信鬼器官了。

事实上,直至最近时代,这两种信仰都是不可分开的;十八世纪时,否认魔鬼存在的人,同时也就是一个无神者,即一个否认真神存在的人。十八世纪时的学者,替魔鬼信仰辩护时,恰和现时的学者替上帝信仰辩护时用的同样的热忱。十八世纪时那些学者,甚至新教学者,还将否认魔鬼这事情骂作无意识事情,他们的态度恰同他们现时骂无神论为无意识学说时一般的骄夸。关于这点,请参看我的《培尔》一书中从伐尔赫《哲学辞典》引来作为注释的那一段。唯有近时唯理主义的不彻底和无决断,才会从宗教中保留一部分,而放弃另一部分,才会切断真神信仰和魔鬼信仰间这条相连线索。倘若人们之所以卫护宗教,乃是因为宗教,即对于神的信仰是人的事情,乃是因为一切的人都信仰它,乃是因为人必须把自然界思想作出于一种"自由的"即人性的原因,那么,人们就应当彻底而诚实地推论下去,就应当根据同样理由去卫护那对于魔鬼和巫师的信仰,总之,即卫护人的迷信、无知和愚蠢了;因为,除了愚蠢以外,没有别的东西更有人性、更加普遍了,除了无知以外,也没有别的东西更加自然、更为人类生而有之的了。

一切神的消极的理论原因或至少其条件,本是人的无知,人的不能深入思索自然界;而且,人愈加无知,愈加褊狭,愈加野蛮,也就愈加把自然界想作同自己一样,也就愈加不能摆脱掉自己。譬如秘鲁人看见日蚀的时候,就以为由于他们犯了罪过,太阳现在仇视他们了。可见他们相信日蚀只是一种自由原因,即一种厌恶、一种仇视的效果。但是当月蚀时,他们又以为月亮害病了,他们害怕月亮病死,从天上掉下来,把他们通通压死并毁灭了世界;到了月亮恢复光明时,他们才喜欢起来,以为这是病愈的表示。如此,人站在宗教观点上,站在那对神的信仰所托根的观点上,便将自己的疾病移置到天上的星辰!俄连诺科的印第安人以为日、月、星等都是有生命的东西。有个人曾对基吕(Salvator Gilü)说:"天上那些东西都是人,同我们一样。"巴塔贡尼人相信天上的星辰从前也是印第安人,银河便是他们猎取鸵鸟的场所;格陵兰人也相信日、月、星等是他们的祖先,由于某种特殊的机会升到天上去的;其他的民族也相信星是大人死后灵魂的居留所,他们因为有功,所以灵魂升到天上去,在那里永久光辉照耀着。譬如绥东尼说,当恺撒死后天上出现一个彗星时,罗马人相信这星就是恺撒的灵魂。当人将星辰看作自己的同伴或祖先,看作酬劳有功之人的勋章时,人的无知,人将自然界人格化,人为自然界设想一个自由的原因,亦即使自然界屈服于人类想象力和专擅之下,可以说已经达到极点了。近代的宗教信徒嘲笑这些观念,但他们没有看见他们信仰上帝时所站立的观点,所依据的理由,恰是同这些观念一样的,不过他们拿来当作自然界的根据,使之晃动于自然界背后的,不是连皮带骨的人,不是——像我在以前①所说的——有形体的个人,而是人的抽象地被表象的本质罢了。但在根本上说来这总是一回事情,不管我像巴塔贡尼人一样说天空现象是出于天的感情和意志,太阳光亮是出于太阳的好意和友情,太阳昏暗是出于太阳的恶意和仇视,或者我像基督教徒一样说自然界一般是出于一种自由的原因和某个具有人格的实体的意志(因为,唯有具有人格的实体才有意志)。

当上帝信仰还是真实的、彻底的、谨严的和能够自圆其说的信仰,而不是近代那种名不符实的信仰的时候,一切事情就都是任意而生的,一切自然规律和力量就都不存在,于是,那使人畏怖并造成不幸的自然现象就是出于神的愤怒或出于魔鬼(这是一样的),而与之相反的自然现象也就是出于神的仁慈了。但认为自然界必然性出于一种自由原因的这个见解,乃是以人类的无知和幻想为

---

① 参阅第11讲和第21讲关于多神教与一神教的那一部分。——著者

其理论根据。所以人类对于自然界普通现象已有若干认识之后，就主要地只拿非常的和未知的自然现象作为有个自由原因的证据。试拿彗星做例。因为彗星很少出现，因为人不知道怎样去解释彗星，所以直至十八世纪初期，一般人，甚至有学问的人，还认为彗星是任意的记号，任意的现象，神拿来放在天空，借以警告和责罚人的。唯理主义则把任意原因或自由原因搬到世界起源上去，此外的一切则无需乎神而是依照自然方式去解释的；唯理主义太懒惰了，太轻薄了，太肤浅了，才没有将自然的解释方式和自然的世界观也一直应用到世界起源上去，没有去研究这方式的原则；唯理主义太懒惰了，没有去想那个关于世界起源问题究竟是一个合理的问题，还是一个幼稚的问题，即仅仅建立于人类无知和狭隘之上的问题；唯理主义不晓得怎样用合理方式回答这个问题，只好幻想一个"自由原因"来填补头脑中的空隙了。但唯理主义是那样不彻底的；它立刻就放弃这个"自由原因"了，立刻就拿自然界的必然性来代替自由了，不像旧时信仰一般，那旧时信仰是从最初的自由出发，构成一条充满了自由、充满了任意行为和奇迹的不断连锁的。

唯有无意识、不果断和不彻底，才能够想拿宗教信仰去同自然界和自然科学联系起来。倘若我相信一个神、一个"自然原因"，那我也必须相信：唯有神的意志才是自然界的必然性，譬如水使得事物潮湿，并非由于水的本性而是由于神的意志，只要神愿意，水随时都可燃烧起来，像火一般。我信有神，这就意味着：我信没有什么自然界，没有什么必然性。人不抛弃对神的信仰，便须抛弃物理学、天文学、生理学！没有人能够服侍两个主人。而且倘若人们拥护上帝信仰,人们也就必须拥护那对魔鬼和巫师的信仰。后者与前者是不可分离的,不仅因为二者同样地普遍,而且因为二者有同样的性质并出于同样的原因。神是自然界的精神,即自然界给予于人类精神的印象之人格化,或者可以说,是人从自然界描绘下来的一种精神上的影像,被人从自然界抽取出来并设想为一个独立实体了。恰像人的精神一样:人们想象,死后人的精神成了鬼,但这个鬼也不是别的东西,正是死者遗下的影像,被人把它人格化了,并设想为与实在而有形体的活人不同。谁信有个精神或鬼怪,有那个大自然鬼怪,谁也要信有其他的精神或鬼怪,有那个人鬼。

我是由于一种外来的刺激,才说了这一些离开本题的话。我原来的意思只要说:人们倘要假设人有一个特殊器官为宗教之用,那首先就必须假设有一个特殊器官为迷信、为无知和懒惰之用。但确有些人,他们在这方面是唯理主义的,不相信的,在那方面又是迷信的,因为他们对于这类事物恰好没有明了,因为某些完全未知的影响和原因恰好不让他们超出这点或那点以外去。人们倘若要拿什么器官来解释这个矛盾,那就必须假设同一个人身上具有两种恰相反对的器官或感官了。不错,确有些人,他们在行为上否认、责骂和嘲笑他们在头脑中所信仰的东西,反之他们在头脑中又否认他们在心中所承认的东西;譬如他们害怕鬼,却否认有鬼,却以自己夜间把一件衬衣误认做鬼这件事为可愤和可耻。人们倘若为解释一个特殊现象起见,而假设有个特殊的感官或器官,那么对于上面那些人就必须假设他们具有一个特殊的神圣器官为害怕鬼世界之用,同时又具有一个特殊的凡俗器官为否认鬼世界之用了。为了一种显著的现象,立刻发明出一个完全特殊的原因,这当然是最便当的事情；但是这种便当已经激起我们对于这种解释方式发生疑惑。至于说到宗教问题，那么在我看来，要拿一种特殊的感情，一种特殊的感官或器官，来说明宗教的起源，简直是没有道理，像我以上的说明所指出的。

我还是主张拿感官来做明显的证据。某件事物，我们唯有根据它的现象、它的影响、它对于感官的表现，才能够认识它；宗教也是如此。宗教上最重要、最足以表现其本质，同时又最显著的行为，便是祈祷或礼拜——礼拜本是感官所能觉到和表现为感性姿势或记号的祈祷。所以，我们考察各民族的各种礼拜方式，就可以发现出所谓宗教感情，同人类在宗教以外和没有宗教时所有的感情并没有什么分别。迈涅尔斯在他的《宗教批判通史》中，关于这一点搜集了重要的材料，像关于其他几点一样，他说："向高级神灵敬礼，同向无限威权的统治者敬礼一样，其最普遍最自然的表示便是把全身匍匐在地下。双膝下跪虽然不像全身匍匐那么普遍，也是各种不同民族中所常见的现象。埃及人向他们的神下跪行礼，向他们的国王和国王的钦差也是下跪行礼。犹太人同现在的伊斯兰教徒一样，不许坐着祈祷，因为东方人历代相传的礼节，不许底下人在长上面前坐着，无论是臣民对于君主、伙计对于老板、妻子对于丈夫、儿女对于父亲或奴仆对于主人。在古代东方，像在古代希腊和意大利一样，从远古以来，臣民向君主、奴仆向主人、妻妾向丈夫、儿女向父亲表示敬畏和服从时，总是吻他们的手、膝、足以至于衣裳缕子。底下人对长上怎样做，人对神也就怎样做。人向神像表示敬意时，或是吻手，或是吻膝，或是吻脚。自由的希腊人和罗马人甚至敢于吻神像的颊和嘴。"

根据以上的例,我们可以看出:人对神,并没有不同于对人的其他的崇拜礼仪、其他的敬意表示,所以人在宗教对象、神面前所感到的那种意向和感情,在非宗教对象面前同样也可以感到,因此,宗教感情并不是什么特殊的东西,即是说并没有什么特殊的宗教感情存在。人对他的神下跪;但对他的统治者,对那操纵他的生命的人,也是下跪;对于他们,他也是卑躬屈节地祈求怜悯;总而言之,无论对人对神,他都表示同样的敬畏。譬如罗马人尊敬祖国、长辈和父母,与崇拜神灵一样地虔诚。西塞罗说,虔诚是人对神灵应有的报答;但他在另一地方又说,虔诚也是儿女对父母应有的报答。[24]据伐列流士·马克西姆斯所说,在罗马人中,伤害神灵的人和伤害父母的人应受同样的处罚。父母的威严是同神一样的。但他又说,祖国的威严还凌驾于父母之上,换句话说,罗马人的最高神还是罗马。印度人的所谓五大宗教仪式,照《印度法典》规定每个家长每日都应当遵行的,其中有一个叫作"人的仪式",即对于客人的恭维和尊敬。东方人尊敬君主本来也发展到极高的宗教奴性程度。譬如在中国,一切臣民,甚至朝贡国的君主,都必须向皇帝行三跪九叩礼,每月中某几日高等官员应向皇帝朝拜,在皇帝不临朝时也应向空的御座朝拜。人们甚至必须向皇帝的圣旨和诏书行三跪九叩礼。日本人尊敬他们的皇帝到了这样高的程度,"以至于唯有最高阶级的大人物才有在皇帝脚上接吻的荣幸,这时他们的眼睛还不敢往上看哩。"正因为人,尤其东方人,向他们的君主表示出人所能表示的最高的敬畏,所以他们的幻想才把他们的君主做成了神,才拿神的一切属性和头衔加在他们的君主头上。大家都知道土耳其苏丹和中国皇帝戴着何等夸大的头衔。但是甚至东印度的小君主也叫作"万王之王，日、月、星之兄弟；潮汐及海洋之主人。"在埃及人中，王权同神权也是一个东西，拉姆塞士王据说就是自己拿自己当一个神。

基督教徒从东方人继承了宗教，同时也继承了尊奉君主为神的这个风气。异教恺撒所戴着的神性头衔，也就是最初几代基督教恺撒所戴着的头衔。现时，基督教徒对于他们的君主还是表示这样谦卑、这样奴性，像人们对于一个神所能表示的；他们的君主的头衔现时还是那么夸张，同古来人们由于媚神而加在神上的头衔一样；现时，他们加于神权的头衔和加于君权的头衔，其间还是没有本质上的差别，而只有外交官等级上的差别。并没有什么特殊的宗教感情、特殊的宗教意识、特殊的宗教对象、专为宗教崇拜之用的对象，所以，偶像崇拜和真神崇拜，宗教和迷信，归根到底都同是植根于人的本质之中的。

第二十五讲

我在上一讲的末尾说到偶像崇拜和真神崇拜都植根于人的自然本质中。无论前者还是后者,都没有什么特殊的器官。并且,如果主张宗教有这样一个器官,那么就必须也一般地以同样的理由为迷信要求这样一种器官。但是,偶像崇拜与真神崇拜之间的区别从何而来呢?这个区别的由来,仅仅在于那些应当唯有一个被奉为"神圣"的对象才配受到的感情和敬意,同样也能够被应用到另一个对象上去,不管是自然的、感性的还是精神的对象。我在《基督教的本质》中说过,宗教,即在公开的信心和一定的礼拜形式中表现出来的宗教,乃是爱的一种公开表白。那个对象,那个女人,她对于这个男子施行最高的权威,至少在这个男子眼中看来,她是最杰出的和最高超的女人,正因她这样激起这个男子一种依赖感,使得他觉得没有她便不能生活,至少不能幸福地生活,于是这个男子便选择她做他的爱的对象,向她献上牺牲和敬礼,好像信仰宗教的人对于他们的神一般,至少她还未曾为他所占有,还只是他的愿望和幻想的一种对象时是如此的。宗教——爱也是宗教——也就是这样。宗教崇拜树,但并非漫无分别地崇拜一切的树,而是其中最高超的树;它崇拜河流,但崇拜的是最有力最能造福于人的河流,譬如埃及人崇拜尼罗河,印度人崇拜恒河;它崇拜井泉,但并非一切井泉,而是具有某种特色的井泉,譬如古代德国人特别崇拜咸水的井泉;它崇拜发光的星,但不是一切星,而最特异的星,日、月、行星及带有其他特点的星;它也崇拜人,但不是随便什么人,而是一个美丽的人,像希腊人所崇拜的,譬如爱吉斯坦人尊奉克洛东之菲力(Philipp von Kroton)为神,因为他是个美男子,虽然他是死在他们的国内;或是一个君主,一个专制皇帝,像东方人所崇拜的,或是一个有功于祖国的英雄,像希腊人和罗马人所崇拜的,或是一般的人性本质、精神、理性,因为他认为这些是最庄严、最优越、最高尚的东西。但是我对于这个女人的爱和敬意,我可以拿来向别的女人表示;同样,我对于这株树的崇拜,我也可以拿来向别的树表示,像德国人崇拜橡树,斯拉夫人崇拜菩提树一样;同样,我对于抽象的人性本质,对于精神的崇拜,我也可以拿来向实在的个人表示;同样,我对于抽象的自然界本质以及被设想为自然界的原因的实体,即神、创造主等的崇拜,我也可以拿来向感性的自然界东西,向所谓被造之物表示,因为感性东西被人的一切感官所欢迎,而非感性东西则受一切感官所排斥,因而对于人的权威减少得多了。

于是,发生了宗教的嫉妒,宗教对象即神的嫉妒。"我是一个嫉妒的神,"[①]耶和华在《旧约》中就是这样说。这句话,犹太教徒和基督教徒以不同方式重复了千百次。神是嫉妒的或被人设想为嫉妒的,因为人对于这个神的忠诚、爱、崇拜、信托、畏怖以及其他种种热情,人也能拿来表示于其他的对象、其他的神,以至于自然

---

① 见《申命记》,第5章第9节。——校者

事物和人性事物，但这个神则要专享这些。于是，由于所谓积极的即任意的法则，就发生了偶像崇拜和真神崇拜间的差别。你们不要信托人，而要信托我；你们不要害怕自然现象，而要害怕我一个；你们不要崇拜星辰，以为你们的福利是由星辰得来的，而要崇拜我，我差遣星辰给你们服务。——耶和华，一神教的神，便是这样告诉他的信徒，制止他们去崇拜偶像的。但是倘若有个特殊的宗教感情，有个特殊的宗教器官存在，那耶和华就无需乎这样说，无需乎这样命令人们来信托他，来崇拜他一个了。我无需乎命令眼睛说：你不应当听，你不应当为声服务；也无需乎命令耳朵说：你不应当看，你不应当为光服务——同样，倘若有个特殊的宗教器官的话，宗教对象也无需乎对人说：你应当崇拜我一个；因为，宗教器官是不会转向于非宗教对象的，正如耳朵不会转向于光，眼睛不会转向于耳朵的对象一样。眼睛不嫉妒耳朵，不害怕耳朵占夺了它的对象，同样，神也是不会去嫉妒自然事物或人类事物的，倘若果真有个专为宗教或神而设而不能移作别用的器官存在的话。

宗教的器官，其实就是感情，就是想象力，就是对于幸福生活的要求和努力；但这些器官绝非仅仅适用于特殊的对象，即人们所设想的什么宗教对象——即使有宗教对象的话，那么，每个对象、每个力量、每个现象，无论是人类的或自然界的，也都可以成为宗教对象的。但是宗教的对象，至少真正意义上的宗教的对象，唯有在特殊条件下才能成为幻想、感情和幸福欲的对象；这特殊条件就是我们以上所发挥的，即人缺乏文化、科学、批评，缺乏判别主观物和客观物的力量，因之将某个对象或某个事物只当作感情的东西、幻想的东西、与幸福有关的东西，而不同时当作恰如其实的东西、当作理智和感官的对象。当然,在自然主义者看来,自然界也是幸福欲的一个对象——因为,倘若住在地牢内,没有空间,没有空气,没有光,谁能幸福呢?——也是想象力、感情以至于依赖感的一个对象,但这却仅仅基于其客观的、实在的本质;正因如此,自然主义者也就不受幸福欲引诱,不为感情所支配,不被幻想所迷惑,这样就使他不将自然界看作主观的,即有人格的、任意的、好意和恶意的、赏善和罚恶的实体,不认为按其本性必须将牺牲和礼物献祭给他,必须对他唱赞美歌和感谢歌,必须敬畏地对他祈祷和拜跪,也就是说,不把自然界看作宗教的对象。再举一个例来说。自然主义者和人道主义者也是尊敬死人的,但并非将死人当作神来崇拜,因为他们并不像宗教想象力那样把那仅仅想象出来的东西做成实在的有人格的实体,因为他们并不把他们从死人得来的印象搬到对象那里去,并不曾把死人看作可怕的东西,看作还具有意志和祸福人的能力的、人们必须同对实在的东西一般崇拜它害怕它对它祈祷和乞怜的东西。

现在仍然回到我们的本题上来罢。从异教到基督教,从自然宗教到精神宗教或人类宗教,其间的过渡,我是拿想象力来说明的。首先我指出:一个神就是一个影像,一个幻想的东西;同时我又指出基督教或一神教的神和异教或多神教的神之间的分别,就在于异教的神是一种物质的、形体的和个别的影像,基督教的神则是一种精神的影像,是言语;所以,为了认识基督教的神的本质起见,人们只要了解言语的本质就够了。但接着,我对于我的宗教起源于想象力的见解又加以限制,我又把宗教想象力的产物同纯粹诗的幻想分别开来,并指出宗教想象力唯有与依赖感联系起来才能发生影响,而神并非仅仅是幻想的东西,它兼是心的需要的对象,在生命的最重要顷刻、在幸福和不幸中感动了人类的那些感情的对象;神,正由于人总想保持适意的好的东西而排除不适意的不好的东西,所以又是渴望和要求幸福的对象。这一点就使得我们明白了宗教和文化、祈祷和工作中间的分别:就宗教具有文化的目的而言,宗教是与文化和劳动相一致的,但宗教想要不用文化手段去达到这个目的。指出了这点差别之后,我便回到宗教,把它当作幸福欲的事情。这里我就下了一个大胆的断语,即说:神就是人的被实现出来的或被设想为实在东西的愿望;神不是别的,正是人的在幻想中得到满足的幸福欲。但我指出:人或民族有种种不同的愿望,从而就有种种不同的神,因为一切的人虽都想望幸福,但这个人以这个东西为他的幸福的对象,那个人又以那个东西为他的幸福的对象。异教徒的神与基督教徒的神不同,因为他们的愿望互不相同。或者可以这样说:基督教的神和异教的神的分别仅仅立足在基督教徒的愿望和异教徒的愿望的分别上面。路德说:"你的心是怎样,你的神也就是怎样。"迈涅尔斯在《宗教批判通史》中说:"在基督教发生以前,一切民族向神祈祷,只为的求取暂时的福利和避免暂时的祸害。[25]野蛮的渔猎民族祈求神繁荣他们的捕鱼和狩猎,畜牧民族祈求神繁荣他们的牧场和畜群,农耕民族祈求神繁荣他们的田园和谷物。一切的人毫无差别地都要求健康和长寿(为自己和家人),要求财富、良好天气以及对于敌人的胜利。"换句话说,异教徒的愿望是受限制的、感性的、物质的,拿基督教徒的话来说,就是尘俗的、肉体的。但正因为如此,异教徒才有物质的、感性的、受限制的神;而且有好多值得想望的感性的好东西,就有好多的神。譬如他们有一个财富之神、一个健康之神、一个幸福之神、一个成功之神等等；而且人的愿望既然按照各人的职业和地位而不同，所以在希腊人和罗马人中，每个行业都有各自的特殊的神：牧人有牧神，农人有农神，商人有麦叩利神（Merkur），商人为了利润而向他祈祷。[26]

异教徒愿望的对象，当然不是什么"不道德"的事情；愿望身体健康，这并不是不道德的事情，恰好相反，这是一种完全合理的愿望；愿望发财，这也不是不道德的事情，虔诚的基督教徒继承了丰富遗产或发现了什么宝藏时，也是要感谢他们的神的，要说这是不道德的事情或非人性的事情（因为唯有非人性的事情才是不道德的事情），那除非是异教徒想望或祈求他们的父母和亲属快快死去好来占有死者的财产。异教徒的愿望乃是不超出人性以外、不超出今生、不超出这个感性的实在的世界以外的愿望，但正因为如此，他们的神也不是什么不受任何限制的超自然的东西，像基督教徒的神那样。不是的！异教徒没有什么外于世界的和超世界的愿望，同样也就没有什么外于世界的和超世界的神；他们的神宁可说是同世界一致的。基督教徒的神则不然；由他高兴，他可以把世界做成他所要做的东西，世界还是他从虚无中创造出来的，因为在他看来，世界一个钱不值，因为世界不存在时他已经存在了。但异教徒的神，当创造和发生影响的时候，是同材料、同物质联系在一起的；甚至那些与基督教观念相接近的异教哲学家，也相信物质、世界原素是永恒存在的，也只给他们的神以世界雕绘者的地位，而不给以世界创造者的地位。异教徒的神同物质联系在一起，因为异教徒的愿望和思想本是同物质、同实在世界的内容联系在一起的。

异教徒不使自己从世界、从自然界分离出来；他们只能将自己思想作世界的一个部分，所以他们没有那种与世界不同并脱离了世界的神。在他们看来，世界就是神圣而庄严的东西，或宁可说是他们所能想象的最高的和最美的东西。所以异教有神论哲学家，是以同一个意义使用"神"、"世界"、"自然"这三个名词。人是怎样，他的神也就是怎样。异教神就是异教人的影像，或者——像我在《基督教的本质》中所说的——就是异教人的被对象化了的、被表象为独立实体的本质。各个不同的神或各种不同的宗教，其间的共同点就是人类本性的共同点。无论各人如何不同，但一切的人总是人；人类、人类组织这个共同点便是一切神的共同点。埃塞俄比亚人把神画作黑色的，同他们自己一样；高加索人也把神画成自己的颜色；但无论何人都给他们的神以人的样态或人的本质。

可是把神与神间的差异性搁起不谈，专谈他们的共同性，这种见解是很肤浅的。因为，在异教徒看来，唯有异教神，唯有那些表明他们与别的人和别的民族的差别的神，才是神；在基督教徒看来，亦唯有基督教神才是神。好多严格的基督教徒，因此以为异教徒并没有信仰神；因为，异教徒的神并非基督教意义下的所谓神，他们有好多的神，这已经违反了基督教徒关于神的概念了。基督教神则是基督教人的本质被人格化或对象化了的，或被想象力表象为一个独立实体了的。基督教徒有着超地的、超感性的、超人的、超世界的愿望。基督教徒——至少真正基督教徒。没有像近代那些俗世基督教徒和口头基督教徒那般夹杂着异教成分的——并不想望财富、荣誉、长寿和健康。在基督教徒眼里看来，健康有什么用处呢？今世整个生命就是一种病症了；唯有像圣奥古斯丁所说的,在永恒生命之中才有真正健康可言。在基督教徒意义下说来,长寿有什么用处呢?同他们脑中所设想的永恒比较来说,最久的生命也是稍纵即逝的一瞬间而已。尘世的荣华和名誉又有什么用处呢?同天上的光荣比较来说,正像烛火之光同白日之光比较一样。但正因为他们有这种愿望,所以他们也有一个超地的、超人的、外于世界和超世界的神。他们并不像异教徒那样,把自己看作自然界的一个分子、世界的一个部分。《圣经》上说:"我们并没有固定的住所,我们都在找寻未来的住所。""我们的故乡是在天上"。教父拉克丹修明白地说:"人不是世界的产物,也不是世界的一个部分。"安布罗兹说:"人是居乎世界之上。"路德也说:"一个灵魂胜过整个的世界。"

基督教徒有一个自然之自由的原因,有一个自然之主宰,他的意志、他的言语操纵着世界;总之,基督教徒有一个神,他不联系于所谓因果连锁,不联系于那将果连结于因、将后因连结于前因的一种必然性和线索;反之,异教神则是联系于自然必然性的,即便是他所宠爱的人,他也不能使之脱离必然要死的命运。基督教徒所以有一个自由的原因,因为在他们的愿望里面,他们不把自己去同自然界的关联性和必然性联系起来。基督教徒想望并相信一种存在,一种生命,那里他们可以解除一切自然需要、一切自然必然性,那里他们活着,但不须呼吸、睡眠、吃饭、喝水、生产和传种。而在异教徒方面,则连神也必须睡眠、爱慕、吃饭和喝水的,因为异教徒自己并不要解除自然必然性,也不能想象一个没有自然需要的存在。可见,基督教徒有着解除一切自然需要和必然性的愿望,就将这愿望实现为一个神,这神确实不受自然界所束缚,而基督教徒这种愿望的实现上所遇到的自然界一切限制和障碍也能够而且确实被这神所铲除了。自然界本是人类愿望的唯一的限制。想要同天使一样地飞,或者想要一下子就来到很远的一个地方,这种愿望要受重力限制;想要一天到晚从事于宗教冥想和感情而不做别的事情,这种愿望要受身体需要的限制;想要做一个没有罪过或受福(这是一样的)的人,[27]这种愿望要受我的存在的肉体性和感觉性的限制;想要永恒生活着,这种愿望也要受有限物必然的死的限制。基督教徒现在幻想出一个神,他站在自然界之外和之上,自然界在他的意志前面成了一文不值的东西,而且不能做出什么事情——以此基督教徒就实现了以上所说的一切愿望,或者造成了这种实现的可能性。

凡是人实在并不如此而愿望如此的,人便拿来当作他的神,或者这就是他的神。基督教徒愿望做一个完善的、无罪的、非感性的、没有任何肉体上需要的、受福的、不死的、神性的东西,但他们并不是这个东西;所以他们把自己所愿望而将来要做成的东西,想象为一种与他们不同的东西,并称之为神,但这东西根本上不是别的,正是他们自己的超自然的愿望的本质,因之也正是他们的本质,不过超出自然界界限以外去罢了。可见,以为世界是一个自由的外于世界的和超自然的东西所创造的,这个信仰与对于天堂永恒生命的信仰有极密切的关联。基督教徒的超自然的愿望,唯有下面一点能够保证其实现,即自然界本身就是依赖于一个超自然的东西,由于这东西的意志而后存在。自然界倘若不是神所创造的,倘若是由于自身而存在的,倘若是必然的,那么,死也是必然的了,一般说来人的存在所遵守的一切法则或自然必然性也都是不可改变、不可转移的了。自然界既没有始点,也就没有终点。但基督教徒相信并愿望自然界或世界要完结;他们相信并愿望一切自然设施和自然必然性都要终止;所以,他们必须相信自然界、肉体实体以及生命都有一个始点,而且有一个精神的任意的始点。始点乃是终点之必要的前提,对于神的全能的信仰乃是对于不死的信仰之必要的前提——神的全能能起死回生,能做一切不可能的事情,对于它,任何自然法则,任何必然性,都不存在的。人借助于无中创有的信仰,给自己保证说(像我在《基督教的本质》中所说的),或者恰切点说,给自己安慰说:对人说来,世界是没有什么的而且不能做什么的。路德说:"我们有一个神,他大过于整个自然界;我们有一个这样强大的神,只要他说话,一切事物都产生出来了。我们既然得到了神的爱宠,我们还害怕什么呢?"他在摩西注释中又说:"谁相信有个神是世界的创造者,他从无中造出一切的有,谁就必须这样推论并说:因此神也能够起死回生了。"可见,对于奇迹的信仰,同那对于神的信仰,至少对于基督教徒了解下的神即基督教神的信仰,本是一个东西。

第二十六讲

为了认识宗教的本质,尤其基督教的本质,奇迹概念是最重要概念之一。我们必须把这个概念详细讨论一下。首先我们必须注意,不要把宗教奇迹同所谓自然界奇迹混为一谈;所谓自然界奇迹,譬如"天空奇迹",像一位天文学家给他的天文学著作的标题,又如"地质学奇迹",像一位英国人给他的地质学著作的标题。自然界奇迹就是那些激起我们钦佩和惊奇的事物,因为它们超出于我们的狭隘的概念圈子以外,超出于我们的切近的和惯常的经验和观念圈子以外。譬如我们看见远古以前居住在地球上的动物遗下了变成化石的骨架,我们看见凶猛兽和大懒兽、鱼龙和蛇颈龙这类像蜥蜴一般的大型动物的骨架,我们总要惊诧起来,因为它们身体的巨大是超出了我们从现时活着的动物所抽取来的标准以外的。宗教奇迹则与地质学上这些凶猛兽和大懒兽、鱼龙和蛇颈龙毫不相干。所谓自然界奇迹,在我们看来才是奇迹,但就其本身说来或在自然界看来,并不是什么奇迹;所谓自然界奇迹,都在自然界本质中有其原因,不管这类原因是否被人发现或被人了解。有神论的或宗教的奇迹,则超出自然界力量以上,不仅在自然界本质中没有其根据,而且简直同自然界本质互相矛盾;这种奇迹乃是一个与自然界不同而站在自然界以上和以外的实体之制造物及证明这东西存在的证据。譬如伏修斯在他的著作《论异教的起源和发展》中说:"神虽然给诸天定下它们必须遵守的秩序,但神自己并未放弃改变这些秩序的权利,神甚至命令太阳停止不动。所以由于神的命令,处女能够生子,瞎子能够看见,死人能够复活,这当然是违反自然界的所谓必然的秩序,违反自然界的必然性的。"为了使人相信宗教奇迹起见,人们当然要借那本来不是什么奇迹的所谓自然界奇迹做护符。在一切时代、一切宗教中,人们使用了好多的虔诚的诡辩来愚弄人,使之保持着宗教的奴性,上面那种诡辩就是这好多诡辩中的一种。但宗教奇迹和自然界奇迹间的分别,我们从下面一点就可以明显地看得出来,即是:自然界奇迹同人类漠不相关,宗教奇迹则与人类、与人类利己主义有利害的关系。

可见宗教奇迹,其根据并不在外在的自然界,而是在人。宗教奇迹是以人的某种愿望、某种需要为其前提。宗教奇迹发生于灾难之中,即仅仅发生于这个情况之下,此时人要解除一种祸害,而这祸害是依照自然规律而发生,非人力所能解除的。宗教本质就表现在奇迹里面。像宗教一般,奇迹也不仅是感情和幻想的事情,而且是意志和幸福欲的事情。所以我在《基督教的本质》中把奇迹叫作一种被实现了的或被表象为实现了的超自然的愿望。我说是一种超自然的愿望,因为基督教徒的愿望就其对象和内容来说是超出自然界和世界界限以外的。一般说来,凡是愿望都是超自然的东西,至少在形式上,在其希图借以实现的方式上是如此。譬如当我在远乡飘泊的时候,我想望回到家里去。这个愿望的对象并不是什么非自然的和超自然的东西,因为我循着自然的道路可以达到这个愿望,我只消动身回家去就够了。但是愿望的本质,恰恰在于我想要无需耗费时间马上就到家里,恰恰在于我想心里愿意怎样事实上立刻就怎样。我们现在考察一下奇迹,我们就可以发现:在其中表现出来的,不外是愿望的本质。基督医好了病人;医病并不是什么奇迹,不是有好多病人循着自然道路而治好的么?但基督医病是依照病人愿望去医治的,他立刻就医好了病人,无须遵照自然治法那种迂缓、烦难和多费的道路。路德说:"他说病好了——于是病人就好了。所以他不需要什么药品,只要说一句话就够了。"基督甚至能够医好远地的病人,他不离原地就能医病,病人也不能等待医生到来;愿望这东西还能够从远处对人施行魔术,愿望不受空间和时间所限制,它是自由的,像神一般。基督不仅医好了那循着自然道路也能医好的病症,他而且医好了那不可医治的病症,他使生来的瞎子能够看见。①"从创世以来未曾听见有人把生来是瞎子的眼睛开了。这人若不是从上帝来的,什么也不能做。"②

但这个神性的奇迹力,也不过把人类愿望的力量感性化、显示给我们罢了。对于人类愿望,世间没有什么不可能的事情,没有什么不可医治的病症。基督使死人复活,拉撒路就是他救活的,"拉撒路在坟墓里已经四天了,他已经发臭了因为他死了已经四天了。"③但我们在我们的愿望和幻想里面天天都在使亲爱的死人复活起来的。当然这始终只是在我们的愿望和幻想里面。但是一个

---

① 艺术也治愈了天生的瞎子,但是,只是在这样的场合下,即如果瞎眼是可以治愈的,从而,治愈就不是什么奇迹了。——著者
② 《约翰福音》,第 9 章第 32—33 节。——校者
③ 同上书,第 11 章第 39 节。——校者

神能够做人所想望的事情,换一句话说:宗教的想象力,在它的神中,实现了人的愿望。可见,对神的信仰和对奇迹的信仰是一个东西;奇迹和神的分别仅仅是行为和行为者的分别。奇迹乃是证据,证明行奇迹者就是一个万能者,他能实现人的一切愿望,正为如此他才被人尊奉并崇拜为神。一个神,如果除了做那些在自然过程中早有根据的、循着自然道路本可以达到的,因之没有他、并不需要祈祷也能实现的事情以外,不行什么奇迹,不实现什么愿望,不倾听什么祈祷,那他就是一个没有用处的神了。近代基督教徒,即所谓思维信仰者或唯理主义者,他们对待奇迹的办法是再肤浅再任意没有了;他们要废弃奇迹而保存基督教、基督神;他们循着自然道路来解释奇迹,因而消灭了奇迹所有而且应有的意义;或者他们用其他方式轻易地把奇迹撇开不谈了。上面已经提到的那位近代思维信仰者,①甚至征引路德如下的话来替他的肤浅而轻易的奇迹观做辩护:"因为与其注重基督的事业,毋宁注重基督的言语,而且倘若人们必须二者择一的话,那我们宁可没有基督的事业和故事,而不可没有基督的言语和学说——所以圣书是非常值得赞美的,其中记载的大都是基督的言语和学说。因为即使没有基督所行的奇迹,即使我们一点不知道这些奇迹,我们只要有了基督的言语也就够了,没有他的言语,我们就不能有生命。"如果路德在这里或那里对奇迹表示冷淡,那他所谓奇迹乃是指那些没有宗教意义、没有信仰、只当作一种历史的即过去的死的事件而言。这个或那个犹太人的病被神奇地医好了,这个或那个人神奇地得到饭

---

① 指白莱志拿特。——译者

吃——这事同别人有什么相干呢？当作历史事件来说,奇迹效力只及于发生的时候和地方,如此当然只有一种相对的价值,只对于当时当地目见身受的人有一种价值,如那些思维信仰者所说的。但这恰好不是奇迹的真正的宗教意义。

奇迹应当是事实上的证据,来证明行奇迹者是个万能的、超自然的、神性的实体。我们所钦佩的,不当是奇迹本身,而是其原因,而是行奇迹者,当人需要时就能行这奇迹并能行和这类似的奇迹。在这个意义上说来,言语、学说当然胜过事业；事业联系于一定的空间和时间而且只关涉于某几个人,言语则普遍于各处,到了我们现在也没有失却其意义。但是奇迹所说的,倘若我了解正确的话,其实也就是言语和学说所要说的那种意思,不过学说是一般地用言语来说的,奇迹则借助于感性的例证说了出来。言语说："复活在我,生命也在我。信我的人,虽然死了也必复活。凡活着而信我的人,必永远不死。"①但是,拉撒路死后复活这奇迹说的是什么呢？基督自己从坟墓里复活出来又说的是什么呢？说的正是言语一般地要说的意思,不过用例证来说、用个别的事实来感性地证明罢了。可见奇迹也是一种学说、一种言语,不过是一种戏剧上的言语、一出戏。我在《基督教的本质》中说,奇迹具有一般的意义、一个例证的意义。路德说："这些奇迹是为我们这些被拣选的人而写的。这样的事实,譬如走过红海,乃是一种譬喻,一种例证,告诉我们这事也能为我们而发生的"；换一句话说:在类似的灾难当中,神也要做出类似的奇迹。所以,倘若路德说过轻视奇迹的话,那他仅

---

① 《约翰福音》,第 11 章第 25 —26 节。——校者

是指那些死的、历史的、与我们不相干的事件而言。但路德对于其他对象，以至一切学说、一切信条，在被人视为历史的而不拿来同现在、同活的人、联系起来时——甚至对于神，在被人看作"自在之物"而不看作"为人之物"时，也说过同样轻视的话。关于这点，请你们参看我的《路德了解下的信仰本质》中特别征引来的文句。总而言之，倘若路德说过轻视奇迹的话，那么他的轻视就是表示这个意思：你倘若不相信基督使拉撒路复活起来，那只要他愿意，他也能够使你自己、你的兄弟，以至你的儿女复活起来，而你相信这，对你有什么好处呢？你倘若不相信基督用五个饼喂饱了五千人，那只要他愿意，他也能够用这样少的食粮或简直不用什么材料来喂饱你以及一切饥饿的人，而你相信这，对你有什么好处呢？由此可见，路德并不承认基督教初期才有行奇迹力量那种说法，像普通人所假定的，他们以为唯有此时才需要施行奇迹，以传播基督教信仰。顺便说一句：这种区分是何等的荒谬！奇迹不是无论何时都必要的，便是无论何时都不必要的。譬如拿目前来说，我们这个时代就是更加需要奇迹的，因为有好多根本不信仰宗教的人，也许比其他任何时代还多些。所以路德不承认基督教初期才有行奇迹力量那种说法，他说："我们还有权力做出这类事情"，当然只是当必要的时候，像他在别地方所说的。

因此，人们要将对神的信仰从对奇迹的信仰分别开来、将基督教学说从基督教奇迹分别开来，那就是最没有法则、随意所欲而又不合真理的念头。这仿佛人们要将原因从其效果、将规则从其应用、将学说从证明这学说的例证分别开来并孤立起来一般。你们不要奇迹，你们就是不要神。你们超出世界或自然界之外去假设一个神，你们也就要超出自然界影响以外去。倘若一个神，即一个同世界或自然界有别的实体，乃是自然界或世界的原因，那么，一定有着与自然影响不同的影响存在，作为这个实体的行为及其存在的证据了。这种影响正是奇迹。除了奇迹以外，没有别的事情可以证明有神存在。神不仅是与自然界不同的实体，而且是与自然界相反的实体。世界是一个感性的、形体的、肉体的实体，神则是一个非感性的、非形体的实体，照我们那些思维信仰者的信仰说来就是如此。但既然有这样一个东西存在，那么这个东西的影响也必然存在了，亦即那些与自然影响相矛盾的影响也必然存在了。这种影响正是奇迹。倘若我否认奇迹，那我就必须留存在自然界、世界里面；而且即使我把自然界、世界，即把这些为我的感官所能觉到的形体，这些星辰、这地球、这些植物、这些动物，设想为发生出来的东西，设想为某种原因的效果，那我也只能假定一个本质上与自然界并非不同的原因；我是由于滥用字义，才把这原因称为神的，因为一个神总是表示一个任意的、精神的、幻想的、又与自然界不同的实体。为了超出自然界以外到一个神去，我必须跳跃一步。这一步跳跃就是奇迹。

唯理主义者，思维信仰者，仍信有个神；他们相信，像上面征引的那位唯理主义者所说的，人们"没有一点理由，便将我们所称为法则或世界秩序的东西设想为是事物本性所具有的，其实事物并不定立法则，只是承受法则罢了。"自然界当然不定立任何法则，但他也不承受任何法则。唯有人类中统治者才定立法则，亦唯有人类中被统治者才承受法则。定立法则和承受法则，这两个观念是不能应用于自然界的，简单地因为日、月、星等及其组成元素并不是人。并没有一个立法者,他命令氧必须以这个比例去同其他元素化合,氧也不是承受这条法则,这条法则本来存在于氧的特性中,而氧的特性又与氧的本性和存在是一个东西。但唯理主义承认有个神,他给世界定立法则,恰像国王给臣民定立法律一般,这法则不是自然界和事物本性所具有的;如此,唯理主义倘若是彻底的,也就必须承认有证明这立法者存在的证据,有证明我们所称为法则或世界秩序的东西并非事物本性所具有的证据,这类证据便是奇迹。譬如,要证明女人必须与男子交媾始能生育这条法则并不是妇人本性上所具有的必然法则,而是完全依赖于神的意志的——那就必须举出:女人没有与男子交媾也能生育这个事实。但思维信仰者并不相信奇迹,他们否认奇迹,换一句话说,他们否认那信了有神存在以后所必然要有的可感觉的、可捉摸的、不合理的影响和效果;但是这些不合理事情的原因,他们并不敢否认,因为这原因不是可以目见和手捉的,须加以彻底思想和研究才能探索出来,而他们是太懒惰、太褊狭、太肤浅了,不能做这种事情。可是,如果我是彻底的,我既然抛弃了效果也应当抛弃原因,否则我既然承认了原因也应当承认效果了。把自然界当作依赖于神,这就意味着把世界秩序、自然界必然性当作依赖于意志,也就是说,在自然界顶端安放一个君主、一个王、一个统治者。但是一个君主必须能够立法和废法,才能证明他是一个真正的统治者;同样,一个神也必须能够废除自然界法则或至少必要时停止自然界法则的效力,才能证明他是真正的神,唯有证明他废法,才能证明他立法。奇迹便是他废法的证据。涅默修斯主教在他的著作《论人性》中说:"神不仅站在一切必然性以外,而且是(必然性的)主人和制作者;因为,他既然要做什么便能做什么,他就不是按照自然界必然性或法律条文去做;对于他,一切都是可能的(偶然的),连所谓必然的也是可能的(偶然的)。日月本是必须运动而且永远按照同一样式运动的,他有一次却使日月停止不动,为的表明:对于他,一切都不是必然的,一切都可以由他任意改变的。"

思维信仰者企图用下面的遁辞来避开奇迹的必然性问题:"神的意志是最完善的,既然如此,便不能够改变,而且必须不改变地趋向于一个目的;所以,神的意志也必须是最固定不变的,必须作为不变的法则、固定的规律,不容许任何例外而表现给我们。"这话说得何等可笑! 一种意志,表现出来的不是意志,却是不变的法则——那也就不是什么意志,而只是自然必然性的一种精神的代名词罢了,只是唯理主义的骑墙性和肤浅性的一种表现法罢了,唯理主义一方面受了神学支配不能在自然界完全真理中承认自然界,另一方面又受了自然界支配不能在神学的彻底结论中承认神学,所以它拿来放在世界顶端的,恰好是它自己的两边摇摆性的写照,说是意志又不是意志,说是必然性又不是必然性。一种意志,它始终做同一样的事情,那它就不是意志。我们所以否认自然界具有意志、具有自由,仅因为它做的事情始终是一个样的,我们所以说苹果树的结苹果是出于必然而非出于自由意志,仅因为它结的始终是苹果,而且始终是同一种类的苹果;我们所以说鸟的歌唱并非出于自由意志,也仅因为它唱的始终是同一样的歌,而不能唱别样的歌。人就不是像树一般始终生产同一样的果子;人也不是像鸟一般始终唱着同一样的歌;人有时唱这支歌,有时唱那支歌,有时唱忧愁的歌，有时唱欢乐的歌。差异性、繁复性、可变性、非规律性、反法则性，唯有这些，才是我们所设想的一种具有意志的自由原因的现象和效果。譬如基督教徒根据星宿的不变的和合于规律的运行推论出它们并非异教徒所信仰的什么神性的自由的东西，因为它们的运动若是自由的，它们就可以有时走到这边有时走到那边了。基督教徒这话说得不错：一个自由的东西唯有在自由的非固定的表现中才证明自己是自由的。江河和泉源在我们面前响着流过去，本质上说来，给我的始终是同一个印象，至多依照水量多少有较强较弱的不同罢了。但人的歌唱给我何等千差万殊的印象！有时使我这样，有时使我那样，有时激起这个感情，有时激起那个完全相反的感情，有时呈现这种音调，有时呈现那种音调。一个单调的东西，它始终表现同一样的现象，始终给人同一样的印象，那它就不是自由的东西，恰像给人同样印象的不变的水不是自由的属人的东西一般。

那些理性信仰者是愚蠢的，他们排除神的行奇迹的力量，只因这力量是过于属人的一种观念。倘若人们排除了神的人性或似人性，人们也就排除了神性。什么东西使得神不同于人呢？正是自然界，正是从自然界抽取出来的属性或力量，如使得草木生长、使得小孩子结胎于母腹之中那些自然界力量。人们倘若要求一个与人全无共同点的东西，那么人们就是拿自然界来代替神的位置了；但倘若人们要求一个具有意志、理智、意识和人格的东西，像人一般，那么人们也应当要求一个完全人性的东西，也不该否认神施行奇迹，否认神在不同时期和不同环境里有不同的计划和做不同的事情，总而言之，不该否认神的意志是变易无常的，像君主的意志或一般人的意志一般。因为,唯有变易无常的意志才是意志。法律学家说:"Voluntas hominis est ambulatoria usque ad mortem"(人的意志是变易无常的,直至身死为止)。我始终不变地愿望着的东西,我就不需要去愿望它;所谓"始终",所谓"不变",就是意志的废弃和死亡。我要走,因为我以前都是坐着或站着。我要工作,因为我以前都是休息着和闲居着;我要休息,因为我以前都是工作着。唯在有对立、有变易、有断缀发生的地方才有意志。但在宗教信仰的领域,自然界的永久单调中发生这种变易、这种断缀,却就是奇迹了;因为,宗教信仰是安放一个有意志的实体在世界顶端上的。可见,没有最厉害的任意妄想,不能使奇迹从那对神的信仰脱离出去。

但是这种任意,这种摇摆,这种不彻底,正是我们那些思维信仰者或唯理主义者的本质啊,正是一般近代基督教徒的本质啊!再举一个例来证实我这个断语。上面征引的那位唯理主义者有一点意见,与其他好多唯理主义者相反。后者解释复活说:基督在十字架上并没有断气。那位唯理主义者则承认有复活这一回事,以为这是一种历史事实,但他不仅没有做出与承认这复活相连带的那些结论,而且没有承认《圣经》中记载那附随于这所谓事实的种种情况。马可、马太和路加一致地说:耶稣死时"忽然殿里的幔子从上到下裂为两半";①马太又说:"地也震动,磐石也崩裂,坟墓也开了,"②基督死时和复活时都是如此——这些,那位唯理主义者

---

① 参看《马太福音》,第 27 章第 51 节;《马可福音》,第 15 章第 58 节;《路加福音》,第 23 章第 45 节。——校者

② 《马太福音》,第 27 章第 51—52 节。——校者

都解释作口头传闻添加进去的话。但是倘若基督果真是死后复活起来，而不是从昏迷中醒觉过来的，那么这个死后复活就是一种奇迹，而且是一种十分重大的奇迹，因为这是对于死的胜利，对于自然必然性的胜利，这必然性而且是最艰苦最难克服的，甚至异教诸神还自认力量太薄弱不敢去克服它。那么重大的一件奇迹，怎会孤独发生呢？不是必然有其他的奇迹同它联系起来么？人们既然承认这个奇迹，不是当然地和必然地要相信当自然必然性的连锁，当这个将死人拴系于死、拴系于坟墓的连锁，被强力切断的时候，整个自然界都会震动起来么？我们的相信宗教的祖先，在思想上，是比我们现在那些思维信仰者更有信仰得多的；因为，他们的信仰是首尾一贯的；他们想：我既信仰这个，我也必须信仰那个，不管我是否喜欢那个；我既承认原因，我也必须承认这原因的效果；总之，我既说 A，我也必须说 B。

第二十七讲

上次讲演时,我说过,耶稣死时种种奇情异事,与复活有极密切关联。基督果真是死后复活的话,那复活就是一种奇迹,就是神的全能的一种证据,在神的全能面前,死是不足挂齿的一回事;但一件奇迹是不会孤独发生的,它需要其他的奇情异事为之证明。倘若没有其他奇迹为之准备和衬托,复活就成为毫无意义的事情。某人死后复活起来,要以此向世界证明:世间没有死这一回事(因为复活的意义就是如此),那么他的死就不是同普通人一样自自然然的死。倘若我像那位唯理主义者一样,把那些与复活有密切关联的奇迹都解释作诗意辞句、幻想产物,那我就必须向前更进一步,把复活本身也解释作宗教幻想的一种产物了。

凡是人所愿望的,所必然愿望的——(就他所站立的立足点而言是必然的),就是人所信仰的。愿望就是现在没有的事情而要求它有;想象力、信仰,使得人将这事情设想作存在着的。譬如,基督教徒想望一种天堂的生活,他们没有尘世的愿望,像异教徒一般,他们对于自然世界和政治世界都没有兴趣。譬如希腊教父提奥多理说:"柏拉图下了一个定义,说真正哲学家是个不关心政治生活和活动的人,但他这定义并不适用于异教哲学家,而只适用于基督教徒。最大的哲学家,如苏格拉底,还在竞技场和工作场活动着,还当过兵士。但从事于基督哲学或福音哲学的人，则脱离了政治漩涡而退隐到孤寂地方去从事宗教观点并过着与这观点相适应的生活方式，毫不为妻室、儿女和尘世荣华的顾虑所分心。"基督教的愿望是向着另一个更好的生活，所以他们相信确实有这样一个生活。凡是不想望另一个生活的人，也就不相信有另一个生活。神、宗教，不是别的，正是人的幸福欲、幸福愿望在幻想中得到满足者。所以，基督教徒要求一个天堂幸福生活，一个没有终结和不受死所限制的生活——这个愿望就被宗教想象力设想为已经实现在死后复活的基督之中了；因为，基督教徒的复活，他们的不死，就是依赖于基督的复活的；基督就是基督教徒的模范。这个愿望的成全或宁可说对于这种成全的信仰，即基督的真正复活，也许会有一种历史的因由，譬如说基督的众门徒以为他已经死了，他们已经追悼过他了，所以当他回来时，他们就把他看作真是死后复活过来的一般——何况在基督教以前好久就已有了对于复活的信仰，这种信仰早已是古代波斯琐罗斯德教的一个信条。但那是矜衒博学的和完全误解宗教的，倘若人们将那只存在于信仰中的事实附会到历史事实上，并要在其中探求出历史的真理。历史的绝不是宗教的，宗教的绝不是历史的；或者可以这样说，一个历史人物，一件历史事实，在其成为宗教对象时，就不是历史的了，而是一个感情产物或想象力产物。耶稣也是如此，以前有一次讲演（见第91讲）时我已经说过了，耶稣像《圣经》给我们传下来的，已经不是一个历史人物而是一个宗教人物；《圣经》给我们把耶稣描画成了一个能行奇迹的全能的怪物，一切愿望，凡基督教徒不认为不好的和不道德的，他都能实现出来，而且确实实现出来；因之亦即给我们描画成了一个幻想力的产物。

为了排除奇迹,那些思维信仰者也借助于下面的理由,就像上面征引过的那位唯理主义者所说的:"奇迹概念若是要为神意启示来做一个科学的证据(?)的话,那就应该把它看作感性世界中那种不能用因果之间的自然连锁来说明的事实。由此可以推论出神的手直接干涉并影响于感性世界。但要确定某种事实不能按照自然秩序来造成,我们就必须完全认识整个的自然界及其一切法则。可是没有人有这样的认识,而且人也不能有这样的认识,所以下面的判断——某件事实绝对不能由事物的关联中发生出来而必须由于神的万能的一种非常影响而后发生,就无论如何不会完全明白无疑的。"但是,奇迹和自然影响间的分别,本来是明显而不至使人误认的,以至人们能够绝对无疑地断定说:奇迹不能从自然事物关联和因果连锁中发生出来,因为人的愿望和幻想正是站在事物关联和自然必然性以外和以上的,而奇迹就是愿望和幻想所拿来当作实在的事情而呈现给我们的——譬如本来不可医治的瞎子,他要看见,他这个愿望就是超出与瞎子本性有关的一切自然关联以外,而且是同满足这愿望的自然条件和法则直接相矛盾的。所以古时神学家所下的定义是完全对的,他们说:奇迹不仅超出而且违反自然秩序和自然本性;这个定义将愿望的本性显示给我们。因此,人们当然能够十分果决地断言:奇迹是不能拿自然界即外在的自然界来解释的,只能是从神的万能的非常影响之下发生出来;不过应当注意,神的这个超自然的能力其实正是人的愿望和想象力的能力。总而言之,宗教的本质,神的本质,不过显示愿望的本质以及与愿望不可分离的想象力的本质;因为,唯有想象力才把神设想作一个存在于思想以外的东西；对于思维信仰者的神，对于哲学思想家的神也是如此，这个神不是别的，正是这些思想家思想出来的东西。从上面的解释，我们也可以明白：关于奇迹的可能性、实在性和必然性的问题或辩论是何等愚蠢的事情！这种辩论，这种问题，只能发生于这个时候，那时人们把奇迹单独拿出来看，或只抓住奇迹的外表现象，并不追究其内心的心理学基础或人性基础，而其实那外表现象是由内在的基础发生出来的。奇迹是由于人而发生的，或者依照宗教信仰来说，是由于神假手于人而发生的；奇迹的心理学的或人性的起源，从这一点已可明显地看出来了。这里也可以看出所谓自然界奇迹和宗教奇迹间明显的分别，这种分别我们以前已经谈起过了。没有人，宗教奇迹便是不可想象的；因为，宗教奇迹只是同人发生关系。至于自然界奇迹，即我们所惊叹的那些自然现象，虽然没有人存在和惊叹，仍然发生出来。地质学上奇迹，大懒兽、凶猛兽、鱼龙和蛇颈龙，没有人类以前就已经存在了，至少我们现在的地质学是这样告诉我们的。但是没有约书亚以前，太阳在其自然的轨道上是未曾停止过一次的。

我们把宗教看作起源于人的愿望，把神、对象化了的宗教本质解释作同愿望是一个东西，这个看法表面上似乎是不合事实，因为在宗教里面，至少在基督教里面，人们时常这样祈祷：主啊，无须实现我的意志，尽管实现你的意志罢！宗教而且命令人牺牲自己的愿望的。但是基督教徒——当然指古代诚实的基督教徒，而不是指近代的基督教徒——仅仅牺牲了求富、求子、求健康或长寿等的愿望，而不曾牺牲求不死的愿望，求神性的完善和福乐的愿望。他们把那一切认为是暂时的、尘世的、肉体的愿望，使之屈服于这个主要的天堂幸福愿望之下；而且基督教徒的神，同这个主要愿望，同这对于永久天堂生活的观念和幻想，并没有什么分别；他们的神就是这个被人格化了的、被设想为一个实在实体的愿望。在真正的基督教徒看来，可见神和天堂幸福本是一个东西。我们就拿一般的人来说，即使他们没有这种超尘世的愿望，像基督教徒一般，即使他们是立足在实在生活的地基上而且具有普通利己主义的愿望，他们为要实现他们的主要愿望起见，也必须为这主要愿望而牺牲无数次要的愿望的。一个人除了求富或求健康的愿望以外没有其他愿望，那他必然是压抑下无数的愿望，以图发财或健康。譬如他在某一顷刻愿意享受某种快乐，但为防止暂时的冲动、刺激或愿望的满足会妨害他的主要愿望起见，这时他就必须放弃这种享乐。所以基督教徒说"无须实现我的意志，尽管实现你的意志罢"这话，其本意只是要讲求神无须实现他们那些要求这个或那个的意志或愿望，这种意志或愿望即使实现出来，以后也许要陷害他们的，总之即请求神无须实现他们的所谓暂时荣华的意志；但这话绝不是请求神无须实现他们的幸福欲的意志，无须实现他们对于永久的天堂幸福的愿望。基督教徒当想望或祈祷神的意志的实现时，他们当然是假定神的意志只为人的好处，至少人的永久的福利[28]。由此可见，把宗教和神归宿于人的愿望，绝不会与宗教命令人放弃这种或那种个别愿望相冲突。无论如何，这一点是确定的：人停止存在，宗教就停止存在，但是愿望停止存在，人也就停止存在。没有愿望，就没有宗教，就没有神；但没有愿望，也就没有人！这两种愿望，没有前者就没有宗教或神，没有后者就没有人类或人就不是人——其间的分别只在这一点：宗教的愿望只能实现于想象力和信仰之中，至于作为人的人，或者拿文化、理性和自然直观代替宗教，拿地代替天的人，他们的愿望则不超出自然界和理性的界限以外，则限止于自然可能性和实现的范围以内。

愿望的本质和宗教的本质之间那种表面上的矛盾，也可以用下面的话来表明。人的愿望是随意所之，不守法则和没有拘束的；宗教则定立法则，加人以种种义务和限制。可是义务不是别的，正是人的基本意向、基本倾向和基本愿望；这些，当未开化时代被宗教或神做成了法律，当已开化时代则被理性、人类自己本性做成了法律，人应当使这种或那种特殊的欲求、愿望和热情屈服于这些法律之下。一切宗教，尤其在人类文化史上占重要地位的宗教，其本意不外是要图谋人类的福利。宗教所以将种种义务和限制加在人身上，只是因为相信没有这些便不能达到并实现人的基本目的、人的要求幸福的基本愿望。在实际生活上当然会发生那种情形，即一个人的义务和他的幸福欲互相冲突着，人们甚至必须为了义务而牺牲自己的生命；但是这种情形是悲剧的、不幸的或特殊的、非常的情形。人们不可以拿这个情形做根据，由此将义务和幸福欲之间的矛盾做成了法则、规律和原则。一般说来，义务除了图谋人类好处之外，本来没有其他的作用。人所想望的，所超过其他一切而想望的东西，人就拿来给自己定为法律或义务。一个民族以及其中个人，其存在或福利（这是一样的，因为没有福利还有什么存在可言？）若是联系于农业，没有农业人便没有幸福、不能成为人（因为，唯有幸福的人才是人，才是完全的、自由的、真实的人，才是自觉为人的人），于是农业的繁荣和成功就成了人的主要愿望，同时也就成了一种宗教义务和事件了。同样,人的愿望和目的,若是没有扑灭那些害人的野兽,便不能达到,于是这种扑灭就成为宗教的义务,而那个帮助人满足这愿望、实现其幸福并达到其目的的动物,譬如古代波斯教的狗,也就成了一个宗教的、神圣的和神性的动物了。总而言之,义务和愿望的矛盾,只是从人类生活特殊情况抽取出来的矛盾,并没有普遍的真理和效力。反之,人在心坎里所愿望的东西,就是人的生活和行动的唯一的规律和义务。义务、法律,不过把人的不自觉的意向所想望的东西,转变为意志和意识的一种对象罢了。试从人类精神差异和精神倾向上举出一例以为证明。譬如你的愿望(当然是有根据的愿望),你的倾向,是要做一个艺术家,那么你的义务也就是去做艺术家,并以此决定你的整个生活方式。

但是,人又怎样将自己的愿望转变为神灵,譬如求富的愿望转变为一个财富之神,求丰收的愿望转变为一个丰收之神,求幸福的愿望转变为一个幸福之神,求不死的愿望转变为一个克服了死的不死之神呢?凡是人所愿望的,依照其立足点所必然地和本质地愿望的,人便信仰它,便在宗教所托根的地基上把它当作某种实在的或可能的东西;人不怀疑于这东西之能实现;在人看来,实现这东西的保证,正是人的愿望。在人看来,愿望本身已经是一种魔力了。在古代德国话中,"愿望就是行魔术之意"。在古代德国语言和宗教中,最高的神有种种名称,其中有一种就叫作"愿望";据雅谷·格林说,古代德国话就拿"愿望"这名词来"表示种种幸福的总和,一切赏赐的实现";格林而且认为德文 Wunsch(愿望)这字是从 Wunjo 一字变化出来,而 Wunjo 就是各种快乐、欢喜或完善之意。十三世纪好多诗人将"愿望"人格化起来，当作强有力能创造的东西，格林也以为这是古代异教徒用语遗留下来的一种痕迹，他又说：人们大都可以拿神名来替代这些诗人所用的"愿望"字眼的。他虽然指出当初用语中"愿望"的意义与后来用语中的不同，后来的只是想望神所占有的赏赐和完善性之意，但我们不能忽视：当初在语言和宗教意义之下，愿望和愿望对象本是一个东西。凡是我想有的，健康、财富、完美等，我在幻想里确实都有了；因为，当我想望健康时，我已把自己设想作健康的了。正因为如此，作为愿望的愿望，便成了一种神圣的东西，一种超自然的魔力，因为，凡是值得想望的力量和赏赐，"愿望"都能从那个幻想的丰饶之角内取出来给我。基督教的祝福，同异教的愿望是一个意思。祝福就是想望好处，因之祝福就是愿望，但同时"祝福"也有人们为自己和他人而想望的对象或好处之意。路德在他的《祝福注释》中说："所以在圣书里面，普通也这样说：给我一个祝福罢。你已经没有祝福了么？这话意思是说，给我一点东西，譬如资财、面包或衣服罢！因为，一切都是上帝所赠与的，而且我们所有的东西都是经过上帝的祝福而后有的；因此，一个祝福便是上帝的一个赏赐，由于上帝的祝福而给予我们。"神性的愿望或祝福和人性的愿望或祝福，其间的分别只有这一点：神性的愿望乃是已经满足了的、已经实现了的人性的愿望。神既然可以而且必须被当作人的被满足于幻想之内的幸福愿望，人们既然可以称"祈祷为万能的"，神的全能本身既然只是人的被转变为或被设想为客观东西的祈祷和愿望的全能，同样，神也就可以叫作愿望了。

宗教，像诗的艺术一般，总是将那仅仅存在于观念中的东西，设想作确实地感性地存在着，总是将愿望、思想、幻想和感情转变为与人不同的实在的实体。对于巫术和魔术的信仰，正从这里发生出来的，即是：人们给予愿望以一种超出人以上而从外面影响人的力量，人们相信只要愿望某人受灾，某人就果真受灾。罗马人和希腊人甚至将复仇、诅咒、蛊祟等尊奉为男神或女神，以为这样便可以实行所诅咒的话或满足复仇的愿望。这类的神，这地方叫作第拉(Dirä)，那地方叫作亚拉(Arä)。对于诅咒如此，对于祝福也是如此。路德在他的摩西注释中说："《圣经》里有着事实上的祝福，不单是有着愿望上的祝福，而且有着决定这愿望祝福的东西，话说什么，事实上就赐给什么。……所以当我说：但愿神能赦免你的罪过时……人们可以称我这话为一种爱的祝福。至于许诺的祝福、信仰的祝福和当前赏赐的祝福，则是说：我赦免你的罪过。"这话正是说，信仰、想象力使主观的东西转变为客观的东西，想象的东西转变为实在的东西，"愿我是""愿我有"转变为"我是""我有"，总之，使愿望转变为事实。但因为人当然是将他的愿望——无论是好的或坏的，无论是祝福或诅咒——形成为某种字眼或某种辞句的，所以他又以为这种辞句、字眼或名称有一种超出于人以外的客观的影响，即具有魔力。譬如信教的罗马人相信人们使用某种祈祷辞句或魔术辞句就可以呼风唤雨，求熟避火，医治病伤，并可以禁制人留在固定的地方不至于跑到别的地方去。又如老巴伐利亚人至今还相信人们可以"祷死人"，即用祈祷手段致人于死。正是由于这种信仰或迷信，人们才害怕说出他们所畏怖的东西的名称，因为他们以为说出了某个名称就要召来这名称所代表的对象了。北美洲野蛮人十分害怕死人，甚至不敢说出死人的名字，活人和死人同名的须得另外改换一个名字。他们相信,有人叫了死人的名字或想起了死人,死人的鬼魂就存在着,反之没有人去叫他、想他,死人便不存在,即他们把死人当作不存在,死人便是不存在。希腊人和罗马人也相信,一个预兆,唯有当人们重视它时才能发生影响;这是完全对的,因为,唯有当我给它以快乐的或忧愁的意义时,它才能发生好的或坏的影响。好多民族,甚至大多数民族,在幼稚或野蛮状态中,也都相信他们梦见死人时,死人确实是出现于他们面前;他们一般地将某件东西或某个对象的影像和观念,当作这东西或这对象本身。未开化的民族甚至相信梦中灵魂脱离了躯壳,而走到人做梦时幻想所到的地方去;所以他们以为梦中的旅行就是实在的旅行。他们的幻想告诉他们的谎话和虚事就是真理和事实。格陵兰人相信,醒时灵魂也常常离开躯壳到远地旅行去的,因为人们醒时也常常想到远地,而他的精神所到的地方,肉体并未曾到。

  以上这些观念,也不过是感性的、粗浅的、明显的例证,以证明人们一般地如何将主观的东西转变为客观的东西,即如何将那只存在于他的思维、表象、想象以内的东西转变为那存在于思维、表象、想象以外的东西,尤其当他所想象的东西是与幸福欲有关的一种对象,是他所想望的好东西或所害怕的恶东西的时候。因为,同畏怖一样,对于某物的爱、要求、羡慕,也能使人盲目,使得他除了所爱的和所想望的以外看不到什么东西,使得他忘记了其他的一切。或者换别的话来说:人并非漫无分别地将每个观念、幻想、思想和愿望都转变为实在的东西,而只转变那主要的,那与他自己的本质有最密切关联的,那足以表现他的本质之特性、因而被他当作与他自己的本质一般实在的,那因为托根于他的本质之中而具有必然性的。譬如异教徒认为他们的神是实在的东西,因为他们不能设想其他的神,因为他们的神只是与他们的异教徒本质相一致,只是适合于异教徒的需要和愿望。反之,基督教徒则不怀疑:异教徒的神只是一些幻想的东西;但这不过因为这些神所赐予的好处、所满足的愿望,在真正基督教徒看来,只是虚华无谓的东西罢了。对于真正基督教徒,健康尚非必要,还要一个健康之神做什么?财富尚非必要,还要一个财富之神做什么?对于他们,唯有能促进永久的天堂幸福的东西,才是必要的。总而言之,基督教徒仅仅认为这样的思想、观念、想象才是实在的东西,即与他们的基督教徒本质相一致、相联系,是他自己的本质的一种肖像,把他自己的本质对象化。譬如,基督教徒不怀疑不死的真理性和实在性,不怀疑死后另有一种生命,这生命其实只存在于他们的表象和想象之中。他们所以不怀疑,乃是因为这些想象是与他们的超出实在世界以外的基督教徒本质相联系的。正因为人只相信一个表现和反映人的自己本质的神,正因为人只把被设想的、被表象的或被想象的东西,只把那与他的最深秘的心愿相调和的东西,当作实在的东西,所以我在《基督教的本质》中才这样说:对于神的信仰,不是别的,正是人对于自己的信仰,人在他的神中不崇拜别的东西,不爱别的东西,除了他自己的本质;但正为如此,我们现在的任务才必须是把人的这个不自觉的、颠倒的、幻想的崇拜和爱转变为自觉的、正当的、合理的崇拜和爱。

第二十八讲

以上说到人把他的感情、愿望、想象、观念和思想转变为实体，换句话说，人所愿望的、所表象的和所思想的东西，就拿来当作一件事物，以为存在于自己头脑以外，而其实不过存在于自己头脑之内罢了。克雷伯(Kleuber)在他的奥马慈教的《真德亚吠陀》中说（但他的话对于一切宗教都是适用的，不过对象不同罢了）："一切思想对象（这里是指一切思想差异或思想实体而言），在这里都成了实在的实体，因之也都成了敬礼的对象。"为此之故，所以人才会将那本来只是一个思想或一个字的"无"，移置于自己身外并形成了一种观念，以为"无"是先于世界而存在，甚至以为世界是从"无"中创造出来的。但是人主要地只把那与他自己本质相关联的思想和愿望转变为实体、事物、神。譬如野蛮人把每个痛苦感觉转变为一个害人的恶神，把自己幻想出来的而为自己所害怕的每个形象转变为一个妖怪。文明人也把自己的人性感情转变为神性的东西。在一切希腊人中，据伏修斯说，唯有雅典人给"同情"设立一个祭坛。这样，做政治活动的人，就把他们的政治上的愿望和理想转变为神。在罗马还有一个自由女神，革拉古为她建立一个庙宇；那里，"协和"也有一个庙宇，"公益"、"荣誉"，总之一切对政治活动的人有特殊重要的事情亦然。反之，基督教徒的国家则不是属于这个世界的国家,他们把天堂当作他们的祖国。所以初期基督教徒不像异教徒一般来庆贺人的生忌,却来庆贺人的死忌,因为他们以为死不仅是尘世生命的终点,而且是新的天堂生命的始点。这便是他们和异教徒不同之点;异教徒的整个本质深沉于自然世界和政治世界的本质内。所以,基督教徒只把那与他们这个特色、本质相关联的愿望、思想和观念认为实体。异教徒将人连皮带毛做成为神,基督教徒则只将人的精神的和感情的本质做成为神。基督教徒从他们的神排除去一切感性的属性、情绪和需要,但这只是因为他们也从自己的本质排除去了这一切东西,因为他们相信他们的本质、精神,也要像他们所说的,解脱这种形体上的外壳而变成纯粹的精神,不吃也不喝。

一切现在人事实上不是而希望并相信将有一日能是、将有一日要变成的,一切仅仅是愿望、欣羡努力和幻想的对象而不是感性直观的对象——这种东西,人们便称为一种理想。人或民族的神,不是别的,正是这人或这民族的理想,至少那种不像野蛮人那样总是停留在老地方停留在野蛮地台上、而要向前发展、因此有了一部历史(因为,历史的基础就在人类不断改进并创造更舒适的生活的意向和努力里面)的民族是如此。《新约》说:"你们要完全,像你们的天父是完全的那样"。《旧约》也说:"我是主,是你们的神,因此你们应当使你们自己成为神圣的,因为我是神圣的。"所以倘若人们把宗教一般只看作对于某种理想的崇拜,那么人们把抛弃宗教这事情称为违反人性的,就完全是对了,因为人必须设立一个努力目标,一个理想。但是,作为一般宗教对象以及基督教对象的那种理想,并不能作为我们的努力目标。神,宗教的理想,虽然始终是人性的东西，但已经被剥除了好多为实在的人所具有的属性了；神并不是整个的人性本质，只是从人、从整体分裂出来的一件东西，只是人性的一种记号。譬如，基督教从人的肉体分裂出人的精神、灵魂，并把这个脱离了肉体的精神做成了他们的神。甚至异教徒，譬如希腊人，虽然是将人连皮带毛做成为神，但也只是将人的姿态做成为他们的神的姿态，而这姿态乃是眼睛的对象，并不是肉体触觉的对象。他们在实践上、生活上、仪式上虽然款待他们的神如像款待实在的人一般，虽然还拿食物和饮料供养他们的神，但在他们的观念和诗艺中，这些神也不过是抽象的东西，没有血也没有肉。这话对基督教神说来尤其真确。可是，我既然是个有形体的感性的实在的东西，现在一个抽象的非感性的无形体的东西，一个没有感性的需要、意向和情绪的东西，怎样可以要求我变成与它相似的呢？它怎能成为我的生活和行为的准则和模范呢？一般说来，它又怎能给我定立法律呢？神学说，人不了解神；人本学说，但神也不了解人。一个精神能知道什么是感性的意向、需要和情绪么？

信仰宗教的人高喊说：没有神，道德法则又是从哪里来的呢？蠢才！适合于人性的法则，也只是从人发生出来的。一个法则，我不能去实行它，它超出我的力量以上，那它也就不是为我而设的法则了，就不是人性的法则了；一个人作的法则，可见是起源于人。一个神能做一切可能的事情，换句话说，即一切幻想得到的事情，因之也能要求人去做一切幻想得到的事情。神可以对人说：你们应当成为完全而神圣，像我一样；同样，神也可以对人说：你们不应当吃喝，因为我，你们的主，你们的神，并不吃喝。在一个神看来，吃和喝是最鄙贱、最庸俗、最兽性的东西。可见，一个神给人定立的法律，即那些以一个只存在于幻想中的抽象东西为其根据和目的的法律，简直不适用于人，而且结果造成了极大的虚伪（因为，不否认我的神，我便不能做人）或极大的矫情，像基督教史及与之相类的宗教史所证明的。一个精神的即抽象的东西或神，被人拿来当作人生的法则，其结果必然造成残身和禁欲等现象。可见，基督徒世界的物质灾害，归根到底只是他们的精神的神或他们的理想。一个精神的神当然只关心人的灵魂幸福，而不理会人的肉体幸福。肉体幸福和精神幸福甚至站在极厉害的互相矛盾地位，像那些最虔诚和最杰出的基督教徒所说的。所以，人现在必须拿另一种理想来代替宗教的理想。我们的理想不应当是什么阉割了的、失去肉体的、抽象的东西，而应当是完全的、实在的、圆满的、各方面开展了的人。不仅灵魂上幸福、精神上完美是属于我们的理想之内，肉体上完美、肉体上幸福和健康也是属于我们的理想之内！这点，希腊人可以做我们的榜样。肉体上的游戏和锻炼，也是他们的宗教礼节。

此外，宗教的理想还始终同各种不合理的以至迷信的观念联系起来。宗教把这理想设想为一个实体，他的意志操纵着人的命运，他是有人格的、独立的、与人性本质不同的，人应当崇拜他、爱他和害怕他，总之，人应当拿对待一个实在的活的实体的感情去对待他。人除了关于一种感性的、物理的实在和存在以外是没有别的什么观念、什么预感的。所以，理想虽然只是一种思想上的东西或道德上的东西，宗教却把它同时设想作一种物理的东西。那个在人看来是最高的东西或理想，宗教也拿来当作是自在地第一的东西,以为一切其他感性的、形体的东西都是由它发生出来并依赖它而存在的。这是宗教的愚蠢念头:拿人的目的当作世界的始点,当作自然界的原则。因为人感到并知道他依赖于他的理想,因为他感到没有这理想便什么都不是,失了这理想便也失了他的存在的根据和目的,所以,他也相信,世界一般没有这理想便不能存在,便什么也不是。人类虚荣心不仅表现于国家的灿烂制服,而且也表现于宗教僧侣和教士的谦和衣裳;拿近代用语来说,这也是浪漫主义,它拿它的宗教理想放在第一把交椅上,一切其他事物都为这理想而牺牲,为了借以表示它的崇拜。一个情人,至少浪漫的情人,总是为了自己的爱人而觉不到其他一切女人的德性和魔力。在他看来,他的爱人是人间仅有、举世无双的不可名状、不可形容的美人,是一切女性的德性和魔力的标准和总和,其他的女人都缺乏这一切的魔力,因为这一切的魔力都给这唯一的美人所独占了——人对于他的宗教上的爱的理想,也就是这样。在这个理想面前,其他一切事物和本质都成了一文不值,因为这个理想乃是一切德性、一切完善性的总和。在这人看来,一切其他事物的存在是不可解释的,因为,那是对于他无足重轻的,正如一切其他女人的存在对于浪漫的情人一样。但现在,不管他的宗教理想如何,不管是否唯独他的宗教理想有存在价值,这一切其他事物仍然是存在着,于是他必须发现一种理由来说明这种存在,无论这理由是何等的拙劣。他发现这一切其他事物与他的宗教理想相似,虽然是极模糊地相似;他发现这一切其他事物也具有神性,虽然是极不完满的;正如浪漫的情人至少给予其他一切女人以一种恩典,即让她们存在于他的唯一的美人旁边,因为她们也有与这唯一的美人相似的地方。其他的女人至少也是女人,正如其他的实体至少也是实体,同那神性的实体一般。

唯有这,才是他所发现的说明其他一切事物存在的理由。由于这个理由(当然不仅由于这个理由),所以人拿他的宗教理想放在一切东西之上,以为一切东西不仅是有了这理想以后才有的,而且是从这理想发生出来的。人说一切东西是有了这理想以后才有的,那是因为人认为一切东西都是按照地位高低而先后发生的,因为人把那地位上占第一的东西也当作时间上占第一的东西,因为人,尤其产生宗教的古代的人,总是以为更老的更早的东西比更少的更新的东西要更高些。① 人说一切东西是从这理想发生出来的,那只是由于一种消极的原因,只由于人的无知,只因为人不晓得应当怎样解释一切东西的发生。一个错误总要引出另一个错误。宗教的第一个错误就在于将宗教理想当作最初本质,第二个错误就在于将其他东西看作从这理想发生出来;但是第一个错误必然引出第二个错误。"错误须从根本纠正。"这话也可应用于宗教,也可应用于政治。但在医学、道德和教育方面,一般人都承认并赞美这话,在政治和宗教方面,人们却又反对这话了。我们的对象是宗教,我们试在宗教方面举一个例。唯理主义看出并纠正宗教信仰上可以捉摸的错误,但这些都是次要的错误,至于主要错误,至于引出其余错误的根本错误,唯理主义则反而拿来当作神圣的东西,不敢侵犯。唯理主义者问无神论者说:无神论是什么? 无神论者可以回答说:唯理主义就是半生不熟的、半途而废的、不彻

---

① 例如:"古代离开神灵最近。"(西塞罗:《论法》)——著者

底的无神论；无神论则是完成了的、彻底的唯理主义。或者可以这样回答：唯理主义者是外科医生，无神论者则是内科医生。外科医生只医治那可以捉摸的病症，内科医生则医治那不可用手指和钳子去把捉的病症。但我们还是丢开这段插话而回到本题去罢。

基督教徒的神，他们的宗教理想，就是精神。他们撇开了他们的感性本质；他们不理会饮食男女等鄙贱的"兽性的"冲动；他们把肉体看作一种与生俱来的污点，玷辱了他们的光荣，使他们不能成为纯粹的精神实体，暂时迫得他们去降低并否定他们的真正本质——看作一种臭皮囊，他们的天国的一种鄙贱的代替物。他们要成为纯粹的精神。古代基督教徒虽然相信肉体的复活，基督教徒（至少古代基督教徒）的信仰和异教哲学家的信仰，虽然有这点不同，即基督教徒不仅相信精神、思维能力和理性的不死，而且相信肉体的不死；路德说，"我不仅要在灵魂上活着，在肉体上我也要活着。我要兼有肉体"；但是，这个肉体恰完全是属天的、精神的肉体，即一种幻想的肉体，这肉体像一般宗教对象一般，在我们看来，不是别的，正是人类愿望和幻想的一种产物。这个精神的肉体同人的幻想一般，能够转瞬间到一个遥远地方，能够通过关闭的门走进房里来；因为，关闭的门和墙壁并不能障碍我去想象房里发生的事情。这种肉体，无论拳打、脚踢、枪击、刀砍都不能伤害，正如一个幻想、一个梦景不能为这些所伤害一般。可见，这种肉体是一种十分怪异的肉体，是人的那种超自然愿望实现出来的：人想望具有一个肉体，但不要疾病、灾害、烦恼、创伤和死亡，因之也无需一切的需要；因为，我们的种种病伤，正是从我们肉体的种种需要而来的，譬如需要空气，即需要肺脏，因之就会有肺痛和肺病，倘若我们无需空气,因之也没有肺脏,那我们就可以比现时减少一种病源和一类病症了。但那个属天的、精神的肉体则不需要空气、食物和饮料;这是一个没有任何需要的、神性的、精神的肉体;总之,这是一个与人类幻想和愿望没有分别的东西,一个事实上不是肉体的肉体。所以,基督教徒虽然想望这种属天的肉体,我们仍然能够说,基督教徒,甚至古代基督教徒,是以精神为他们的理想和目的。各派基督教徒中间的差异,只在这一点:古代相信奇迹的基督教徒主要是拿想象力的精神,拿那饱含着感性的、感情的影像的精神,作为他们的理想或模范;信神的基督教哲学家是拿能思想的精神,像那从影像抽象出来的一般概念,作为他们的理想或模范;唯理主义者和道德家则是拿实践的、道德的精神,拿那在行为上表现出来的精神,作为他们的理想或模范。

因为有感情、能思维、有意志的实体即精神被基督教徒当作最高的实体、当作他们的理想,所以也就被他们当作最初的实体、当作世界的原因了;换句话说,基督教徒将他们的精神转变为一种客观的、存在于他们以外的、与他们不同的实体,因此他们以为那个存在于他们以外的客观世界就是从这个实体发生出来的。他们说:神,即那个被对象化了的、被设想为存在于人类以外的精神,用自己的意志和理智创造了世界。他们却判别这个创造世界的精神和他们自己的或人类一般的精神,把前者看作完善的、无限的精神,把后者看作有缺陷的、狭隘的、有限的精神。这个判别过程,这个从"有限"精神到一个无限精神的推论,这个证明有神存在——在这里即证明有个完善精神存在的方法,是属于心理学范围。那个所谓宇宙论证明法是从一般世界出发的,那个生理学或目的论证明法是从自然界的秩序、关联和目的性出发的，反之，这个心理学证明法，这个足以表现基督教本质的证明法，则是从人的心灵、人的精神出发的。异教神是从自然界抽象出来和发生出来的神，基督教神则是从人的心灵或精神抽象出来和发生出来的神。这个心理学证明法大略如此推论：人有精神，我们不能怀疑人的精神之存在，这是我们身内一种看不见的非形体的东西，它能思想、有意志，又有感情；但人的精神的知力、意力和能力，是多缺陷的，受感性所限制并依赖于肉体的；可是，受限制的、有限的、不完善的、依赖的东西，乃是以不受限制的、无限的、完善的东西为前提，所以有限精神是以一个无限精神为其基础，所以有这样一个无限精神存在，这个精神就是神。但因此就可推论出这样一个精神的独立性实在存在么？无限精神不正是人的想望成为无限和完善的精神么？这个神的发生不也是依靠人的愿望帮忙么？人不是愿望摆脱肉体的限制，愿望无所不知、无所不能、无所不在的么？如此，这个神，这个精神，不也是人要成为无限精神的那个愿望的实现么？我们不是把人性本质在这个神里面客观化了么？基督教徒，甚至现在那些思维或理性信仰的基督教徒，不是根据人的想要无所不知的意志，人的无限的、在这里未得满足而且不能满足的知识欲，根据无限的、非尘世上荣华富贵所能满足的幸福欲，根据那向着完善的、未曾为感性冲动所玷污的道德要求，而去推论出一种不受今世时间和地球地点限制的、不为肉体和死亡拘束的、无限的人类生命和存在的必然性和实在性么？但他们不是以此表明出（虽然不是直接地表明）人性本质的神性么？因为，一个永久延续的、没有穷尽的、不受时间和空间限制的、又能无所不知无所不完善的实体,不就是一个神或神性实体么？如此,他们的神,他们的无限精神,不也就是他们所要成就的东西的模范,他们自己将来发展的目标么？

神性精神和人性精神究竟有什么分别呢？唯一只在前者是完善的、无限的,后者则是有缺陷的、有限的;至于本性,则二者都是一样的;在基督教心理学家看来,精神与物质或肉体没有什么共同之点;照他们说,精神是一个与感性的、肉体的东西绝对不同的东西。但神也是如此。神不能被看见、被感觉、被捉摸,精神也是如此。精神思维,神也思维;基督教徒,甚至理性上信仰的基督教徒,以为一切事物只是被实现出来的、被感性化了的、被形体化了的神的思想;精神有或是:意识、意志、人格;神也是如此;所不同的,只在于在人方面的是受限制的、有限的,在神方面的则是不受限制的、无限的。但神的无限性究竟表现什么呢？不外乎表现人的愿望、想象力和抽象力的无限性或不受限制性;这种能力的无限性,即人能从个别的东西和特殊的东西抽取一般的东西,譬如我从好多不同的树中抽取出树的一般概念,而舍弃那使个别的树在实际上能与其他的树分别出来的一切差异性或特殊性。无限的精神不是别的,正是精神的类概念,但被想象力奉了人类愿望和幸福欲的命令而感性化为一个独立实体了。圣托马斯·阿奎那说:"一个字或一个定义,愈是不确定,愈是一般,愈是抽象,便愈是接近并适应于神。"我们以前一般讲神的存在和本质问题时已经说到这点了。现在,讲到基督教本质,这本质就是精神,我们就要拿神的精神属性来证实这点。譬如《圣经》说:神是爱,即神是被思想为一般的爱。人的爱有种种不同,有朋友的爱、祖国的爱、男女的爱、父母子女的爱、对于一般人的爱等等。人的爱是建立在趣味、感觉或感性之上的。爱若是从这一切种类抽象出来,若是排除了一切感性的和特殊的属性,若是纯粹就其本身来看,那就等于是神的爱了。再举神的言语为例。古代基督教徒是比近代的更能自圆其说的,他们几乎把整个心理学和人类学都放在神学里面,他们就主张神性言语也属于神性精神之内,而这完全是对的。精神唯有在言语中才能精神地、最适当地表现出来,而且思想和说话(即使不是用嘴唇表现出来的)也是不可分离的,言语消失了,思想也消失了,名没有了,名所代表的实也没有了。所以人开始说话,开始造成言语时,才开始思想。所以如果人们认为神具有精神、理智,如果人们说到神的思想,那么人们也必须说神的言语,才能自圆其说。人们既然不怕羞惭,敢说感性的、形体的世界是由一个精神的思想和意志产生出来的,敢说事物不是因为存在才被思想,而是因为被思想才存在;那么也应当不怕羞惭,敢说这种世界是由言语产生出来的,敢说并非因为有事物才有言语,而只因为有言语才有事物。作为精神的精神,仅仅经过言语而发生影响,而现身在世界中来,而发为现象。

古代神学和宗教,以为世界是由于上帝说话,由于神性言语,然后发生出来——这个说法可见是适合于那作为一个精神的神的本质。关于世界起源于言语的这个观念,并非犹太教或基督教所专有的,在古代波斯教中已经有了。在希腊宗教中叫作 logos 的,在波斯教中就叫作 honover,据近代研究者如洛特说(《埃及教和波斯教的神学》),这不外是真正言语之意。但神的言语不是别的,正是言语一般的概念,至少在基督教神学中是如此;神性言语并非这个或那个确定的言语,并非拉丁语、德语、希伯来语、希腊语,并非个别的或特殊的、在空气中发响声的、带时间性的言语;凡是神学家拿来装置在神的言语上面的这一切属性以及相类的属性,都可以适合于言语概念或所谓一般的言语、自在的言语。现在,宗教的和神学的想象力便把这个类概念、这个共通于千差万殊的言语的言语本质独立化了起来,成为一个特殊的、具有人格的、又与言语或其本质不同的东西;这就好像这种想象力将那本是世界本质的神的本质想象为一个与世界本质不同的特殊的东西一样。以上关于言语、关于爱所说的话,也可适用于一般精神,适用于理智、意志、意识、人格——这些都是被设想为神的属性或被尊奉为神的。被尊奉为神的,始终只是一种人性力量、属性或能力;但它既被尊奉为神,它便脱弃它作为实在的、人性的东西时所有的一切特殊性质了;于是,这个蒸发过程发展到了极点之后,剩下来的只有一个空名了,只有意志之名、意识之名,而没有意志本质、意识本质,没有那使得意志和意识所以成为实在的意志和意识的东西;所以,神学发展到最后便成为一个空洞的然而诚敬的修辞学了。

第二十九讲

关于有神存在的心理学证明法，我认为是足以表现基督教本质特点的一种证明法；我对于这个证明法的说明，其意义或核心就在于要说：证明一个神或无限精神（因为，基督教的神就是无限精神）的存在，不过间接地证明人类精神的无限性，反之，关于不死的证明则是直接地说出无限性是人类精神的一个属性。基督教徒正是这样推论：既然有个有限的精神就必须有个无限的精神，既然有个不完善的、部分知的和部分能的精神，就必须有个完善的、全知的和全能的精神。但他们也是这样推论：人的精神力量和才能既然在这个生命和这个肉体范围之内没有用武之地，既然不能依照愿望和能力而展开，所以人必须有个永久的和无限的生命；人既然要知道一切，既然有无限的求知欲，所以人必须有个时候知道一切；人既然有无限的达到完善的力量，又有无限的达到完善的意向和幸福欲，一种在这小小地球、在这短短生命、在这"流泪谷"里所不能满足的意向，所以人或人类精神必须有个时候变成完全道德和完全幸福的，或者拿近代那些思维信仰者聪明而不彻底的话来说，即使非变成绝对地完全，至少也要一步比一步更加完全地不停地走去。这里，我们看出：关于神的推论和关于不死的推论，根本上是一个推论；正因为如此，神性观念和不死观念，在本质上，在根本上,也是一个东西。关于神的推论,只是关于不死的推论的前提;神性乃是不死的前提,没有神便没有什么不死。但不死才是神的存在的意义和目的,或关于这存在的推论的意义和目的。没有神,那对于不死的信仰便没有支点,没有始点、根据和基础,总之便没有原则。不死乃是一种与感官报告(感官证实了人必有死)相违反的、超感性的、超绝的愿望和思想。倘若没有一个超绝的、反感性的和超感性的、又适应于这个愿望和这个思想的实体存在,我怎能相信这种思想是真理、这种愿望能实现呢?我又怎能拿这信仰同自然界、世界联系起来呢?

自然界中,除了繁殖以外,除了一个东西只在同种的东西中,只依照属、类而延续下去以外,换句话说,除了始终有个新个体起来代替死去的个体的位置以外,并没有其他的不死。在下等动物里面,譬如蝴蝶,甚至生产行为直接同死连系起来。蝴蝶产生了其他的蝴蝶或蝶卵,自己便死去了。若是没有繁殖,也便没有死,因为一个生物在生产过程中消耗了它的生命力;为的使自己增加起来,换句话说,为的造出与自己相类的许多东西,它便抛弃了自己存在的唯一性和必然性。人类失却其生产力以后,当然还能活很长久,但那时老态也开始了,也接近于死亡了,虽然是慢慢地接近。如此,我怎能拿不死信仰同自然界联系起来呢?自然界给人以死,唯有神才给人以不死。当然,当人相信了不死以后,人在自然界中也找得出不少的关于这个信仰的例证,换句话说,人依照自己的了解,便利自己的信仰,去解释自然界。某些现象,譬如寒暑更迭和日月升降等,基督教徒拿来当作他们的不死和复活的证据和榜样,因为他们有了那种信仰,便带了那种信仰眼镜去看一切;但同样现象，异教徒又拿来当作他们一定要死去的证据和榜样，因为他们不相信什么不死。譬如贺拉斯说，春风吹化了冰，夏天驱逐了春天，成熟果子的秋天一到，夏天也消失了，但以后又回转到没有生命的冬天去。可是，月的圆缺补偿了天的损失；我们一经降落到虔诚的爱内亚、有钱的吐鲁斯和安库斯所在的地方去的时候，则只成了灰尘和幻影而已。还有一层，倘若我不相信本有一种无肉体的灵魂或精神存在，不相信这个无肉体的精神是最高的和最有力的东西，在它面前一切感性的形体的东西都成了一文不值、一事不能，我又怎能相信在肉体不可否认地、显然地死亡以后，还有所谓灵魂、精神、人性本质存在？可见，对于不死的信仰是以对于神的信仰为前提的；换句话说，人设想一个神，因为没有神，人便不能设想什么不死。在观念上、在学说上、在理论上，不死只是对于神的信仰的一种结果，但在实践上或事实上，不死信仰则是对于神的信仰的基础。人并非因为相信神，所以去相信不死，而是因为相信不死，所以去相信神，因为没有神的信仰便不能解释不死信仰。表面上看来，神是第一，不死是第二；事实上则不死是第一，神是第二。神成了第一，只因为神是不死的工具和条件；或者用别的话来说：神成了第一，因为神是人格化了的、独立化了的幸福和不死，是将来的人性本质被设想并实现为目前事物——所以对于不死和神性的信仰，并不是特殊的信仰条文或信仰对象；对于神的信仰简直就是对于不死的信仰，反之，对于不死的信仰也简直就是对于神的信仰。

对于这个断语，即说神和不死是一个东西、并没有什么不同，人们可以拿下面的话来驳斥：有人能信仰神而不信仰不死，而且不仅好多个人如此,整个民族也是如此。不过,一个神,若没有同人的不死观念或不死信仰联系起来,还不算是一个真正的神,只是个神化了的自然本质罢了;因为,一个自然本质的神性和永久性当然不包含人的不死在内的;因为,自然界没有心,感觉不到人的愿望,不关心人的祸福。当我像古代波斯人和其他民族一样,把日、月、星等设想为永久存在的东西时,这种设想对我有什么关系呢?日、月、星等,人眼未见以前早就存在了;并非因为我看见它们,它们才存在,而是因为它们存在,我才看见它们;即使它们是为一个能见的东西而存在的,但若没有我们所称为光的东西作用于眼睛,它们仍然不为我的眼睛而存在;总而言之,我看见它们,是以它们的存在为前提,我没有看见它们以前,它们就存在了,以后即使我没有看见它们,它们仍是存在的;因为它们并非为了给我看见而存在着。从这里,对于我的眼睛的不死或一般的我的本质的不死能够做出什么有利的结论呢?有神而没有不朽,可见这个神就是某种自然对象;不然便是一种贵族的(虽然也是人性的)个体,如多神教徒尤其希腊人的神。希腊人称人为可死者,称神为不死者。这里,不死和神的概念也是一个东西,但不死乃是神的特权,人享受不到这个特权,因为神是贵族,是不肯让出他们的权利的,因为神是嫉妒的和自私的东西。神虽然完全具有人性,希腊人所有一切的嗜好和感情,他们虽然都有,但他们形成了一个特殊阶级,因之不让下贱的人同享他们的幸福和不死。"神给可怜的人类以恐惧和痛苦,神自己则是幸福而无愁地生活着",在《伊利亚特》中如此说。在荷马——希腊诸神的父亲或教父——诗篇中,神的不死其实也没有什么多的意义的,因为那里神虽然没有实在死去,却有死去的可能。与不死信仰没有关联的神,不然便只是一个民族神,譬如古代犹太人的神。犹太人不相信什么不死,他们只相信种族的因生产而繁殖;他们只想望寿命长些,后代多些。古代一般民族尤其东方民族都是这样,在这些民族看来,没有子女而离开世界就是最大的不幸,现时还是如此。但耶和华,至少古代的耶和华,其本质与古代以色列民族的本质并没有什么分别。以色列人厌恶的东西,也是他们的神所厌恶的;以色列人爱嗅的香气,在主耶和华看来也是可爱的香气。"挪亚出方舟后向主献上燔祭,主嗅着那可爱的香气。"①是的,希伯来人自己的食物也就是神的食物。一个民族神只能同那关于民族的无限扩展和延续的思想联系起来。耶和华对犹太人始祖亚伯拉罕说:"论福,我必赐大福给你,论子孙,我必叫你的子孙多起来,如同天上的星,海边的沙。"②

没有给人以不死的意识,人也找不到自己能永久生存的保证,这样的神,便只是有名无实的神。这样一个徒有其名的神,举例来说,便是好多所谓思辨哲学家的神,他们紧紧抓着神,却否认不死;他们所以紧紧抓着神,只因为没有神便有好多事情不能设想和解释,只因为必须填补他们的体系和头脑中的缺陷;如此,这样的神便只是一种理论上的哲学上的东西。这样的神,也是好多唯理主义自然科学家的神,他不是别的,正是人格化了的自然界或自然必然性,正是整个宇宙,人的不死观念当然不和他协调,因为人在宇宙观念之中不再注目于自己了;或者说,他正是自然界或世界的第

---

① 参看《创世记》,第 8 章第 20—21 节。——校者
② 《创世记》,第 22 章第 17 节。——校者

一原因；但世界的第一原因还不是神。我可以设想一种纯粹的自然力当作世界的第一原因。神主要是崇拜、爱和礼拜的对象；但一种自然力，我却不能爱，不能去崇拜和礼拜。神绝不是自然物，也不是自然力，而是抽象力、想象力和心力。神主要是属内心的实体。我在做这次演讲根据的那本《宗教的本质》中倒数第二章内说过，神并不是你用望远镜在天文学天空上看得见的事物，也不是你用显微镜在植物学花园内寻得出的事物，也不是你用矿物学锤子在地质学矿山中找得到的事物，也不是你用解剖学刀子在动物和人类脏腑里面发现得出的事物：唯有在人的信仰、想象力和心里面，你才找得到神；因为，神本身不是别的，正是幻想或想象力的本质，正是人心的本质。可见，神主要地是满足人的愿望的一种东西。但是，人的愿望，至少那些不以自然必然性来限制其愿望的人的愿望，首先就是那个希冀长生不死的愿望；是的，这个愿望乃是人的最后的和最高的愿望，乃是一切愿望的愿望，因为生命本是一切福利的总和，所以一个神如果不能满足这个愿望，不能废除死或至少不能拿别一个新的生命来补偿死，那他就不是神，至少不是真正的适合于神概念的神。信仰不死而没有信仰神，就是无根据的；同样，信仰神而没有信仰不死，也是无意义的了。神主要是人的一个理想、一个模范；但人的模范，不是为了自己而存在，而是为了人而存在的：它的意义、目的只在于使得人变成这个模范；模范只是人的被人格化了的、被表象为自己的本质的未来本质。因此，神主要是共产主义的实体，而不是贵族的实体；他所成的和所有的一切，都拿来同人平分；他的一切属性都成为人的属性；而这完全是对的，因为这些属性正是由人发生出来和抽象出来的，结果仍将归还于人。譬如路德说："神是福乐的，但他不愿自己独享福乐。"

宗教把神表象为一个独立的具有人格的实体，因之，也把不死以及人部分地占有或将有的其他神性属性设想作并描写作一种赠品、一种礼物，同神性的爱和仁慈一样，但在我们现时宗教发展最后阶段中，在关于最终事物的学说中，人所以变成为神性本质，其真正原因乃由于神，至少基督教的神，不是别的，正是人的本质。可是人的本质既然是神性本质，那么个人必然是神或将成为神了。在基督教中，那个神人基督，便是神性和不死的模范和保证，不仅是人的一般本质和抽象本质之神性和不死的模范和保证（这一般本质、抽象本质便是精神、理性、意志、意识，在不可目见和手捉的神，即所谓圣父里面被神化），而且是单个的即实在的人、个体之神性和不死的模范和保证。所以在基督中，我们可以明显看出，神性本质是一个与人没有分别的东西。近代的思维信仰，由于肤浅和不彻底而抛弃了神人，但仍抓住神不放，换句话说，近代信仰抛弃了那对于神的信仰的必然结果，而仍保留其原因；像我在另一个地方所已经指出过的，近代信仰保留了学说，而抛弃了这学说的应用以及足以证明这学说的例子和个别的感性的情况。近代信仰保留了精神——唯理主义者同古代基督教徒一样地说神是一个精神——却丧失了头脑，不管怎样聪明，怎样信仰理性；近代信仰有一个没有头脑的精神，至于古代基督教徒，则完全合乎理性和自然地在那以他们的神人为代表的神性精神之上添加了一个头脑，以为精神的必要器官和标志。唯理主义者有一个神性意志，但没有这意志所必需的条件和表现手段，没有运动神经和筋肉，总而言之，没有基督教神在神人所行奇迹中借以证实他有一个实在意志的那种工具;唯理主义者常说神善和神意,但抛弃了神人的人心,无此人心,善和神意都成了没有真理的空话;唯理主义者将不死建立在神的观念之上,神的观念虽然不是不死的唯一基础,至少也是一个基础。他们还将神性属性看作不死的保证,"神既然存在,我们也就可以是不死的",但他们却反对那证明神性和不死间这个不可分离性或统一性的证据,他们以为神性本质和人性本质统一于神人这话是偶像崇拜的迷信。"神既然存在,我们也就可以是不死的",这句话必须以另一句话为前提或解释为另一句话,才有根据、才合道理,这另一句话是说:神既然是人,人也就是神,因此神的那个不受死亡必然性所支配的属性,也就是人的一种属性。

总而言之,从神的概念和存在推出人的不死,这种推论仅仅建立在神性本质和人性本质间的统一性即无差异性上面。宗教信仰,虽然只将不死看作神的仁慈的一种效果,神的自由意志的一种恩典,但仍是将不死建立在人性本质和神性本质及精神之间的亲缘关系上面的。但亲缘关系是以本质或本性的统一性和等齐性为前提,或宁可说仅是统一性和等齐性的一种感性的表现。所以——这里,我对于我以前说过的一句话,加以相当限制和纠正——人对于不死的信仰,甚至也能联系于一个不关心于人的对象、一个自然物及其他星辰,但这里所说的当然不是基督教意义下的那种不死;不过,须在这个条件之下,即人将自己看作与这些星辰有亲缘关系的东西,相信人自己的本质和这些星辰的本质同是出于一个本性的。我既然是天上降生下来的,既然是天上的东西,那么当我将自己设想作不死的时候,我当然不会死去的,正如这些星辰一样。它们的不死保证了我自己的不死,因为父亲怎能让自己的儿女死去呢？不然，做父亲的岂不是同自己的血肉、同自己的本质作对么？一个天上的东西只能产生天上的东西，同样，一个不死的东西也只能产生不死的儿女或东西。所以，人设想自己的存在是由神而来的，为的以此保证自己的神性起源，保证自己本质的神性即不死性。谁超出了死，超出了自然必然性的效果以上，谁也就必须超出这效果的原因，超出自然界。谁不愿意终止在自然界中，谁也就不能从自然界开始，而是从神开始。我的创造者，我的原因，不是自然界，不是的，而是一个超自然的神性东西；这话换一句浅显的话来说，便是：我就是一个超自然的、神性的东西；但我所以是超自然的、神性的东西，并非由于我真是一个超自然的东西所产生的，而是由于我自以为起源于这样一个东西，因为在我未曾这样想以前，在我的本质基础上，我已经以为自己就是这样一个东西，因而不能设想自己是从自然界、从世界发生出来的了。路德在他的对《摩西第一书》的注释中说："我们看见，人是一种特殊的被造物，是为了分享神性和不死而被创造出来的，因为人是比天地间所有一切东西都更好些的一种被造物。"他在我的著作中已经征引过的另一个地方又说："我是一个人，这个头衔比一个君主还要高些。原因是：神并未曾创造君主，神唯有创造人，使得我成为一个人。"那位学说和思想与基督教非常接近的异教哲学家爱比克太德也说："如果有人正确地认为，我们大家有着神做我们的主要原因，神就是人的（及诸神的）父亲，那这人一定是自认为非同小可的。如果皇帝认你做他的儿子，那时大家都要欣羡你。那么，以为你是神的儿子，这个思想不是可以提高你、使得你骄傲起来的么？"但是，每件事物，每个实体，不也是神的一个创造物么？在宗教方面看来,神不是创造一切么?不错,但神当作动植矿物的创造者来看,同当作人的创造者来看,其意义是不同的;对于人说来,神是人的父亲;但神不是动物的父亲,不然基督教便同禽兽结成兄弟了,好像他们说神是人的父亲,而推论出一切的人都是而且应当是兄弟一般。譬如路德在他的《说教集》中说:"他(神)是你们的父亲,而且是你们专有的父亲,却不是鸟、鹅或鸭的父亲(也不是无神的异教徒的父亲)。"柏拉图派,他们的神学几乎同基督教徒的一个样,不过没有什么基督论;他们也分别做艺师、做工匠的神和做父亲的神,他们把创造精神实体、创造人的神叫作父亲,而把创造无灵魂的实体和动物的神叫作艺师、工匠(见普卢塔克的《柏拉图式的问题》)。可见,说神是人的父亲或人是神的子女,这个学说的意义是说:人有神性的起源,人是神性的,因之有不死的本质。作为人类共同父亲的神,不是别的,正是被人格化了的人类统一性和等齐性,正是类的概念,在这概念中人与人之间一切差异都被舍弃了,但这概念又与实在的人不同,而是被表象为一个独立实体的。

所以,属神的属性成为人的属性,乃是完全自然而且必然的事情;因为,凡是可以适用于类的,也可适用于个体;类本来不过是包括一切个体、共通于一切个体的东西罢了。因此,在信仰一个神,而没有信仰不死的地方,人们或是未曾发现神的真正意义和概念,或是又已失去这个意义和概念。这意义和概念就是说:神是人的被人格化了的类概念,是人的被人格化了的神性和不死。人对于神(当然指那不是表现自然本质的神而言)的信仰,可见只是像我在《基督教的本质》中说过的人对于自己本质的信仰。一个神只是一个实现和满足人的愿望的东西。但是,倘若我不预先或同时相信我的愿望的真实性、合法性和绝对有效性,我怎能信仰一个实现我的愿望的东西呢?倘若没有相信我自己,没有相信我的本质的真理和神圣,我怎能相信做一个神、一个愿望实现者的必然性基础的那种实现我的愿望的必然性呢?我所愿望的,本就是我的心情,我的本质。我又怎能使我的本质同我的愿望分开来呢?可见,对于神的信仰只是依赖于人对于自己本质的超自然性的信仰。或者可以这样说:人不过将自己的本质在神性本质中对象化罢了。现在把上面说过的话简括起来,便是:人在神的全知中,只实现了自己那个要知道一切的愿望,或只对象化了人类精神的那种能力,即不以知道这个或那个对象为限,而是包揽一切;人在神的全在或无所不在中,只实现了自己那个不受任何地域限制的愿望,或只对象化了人类精神的那种能力,即人在思想中能够随意到达一切地方;人在神的永恒或无时不在中,只实现了自己那个不受任何时间束缚、不会终止的愿望,或只对象化了人类本质,人类灵魂的无终和（至少当人能自圆其说地想下去时）无始,因为人类灵魂若是不会死的,不会终止的,那也是不能发生、不能开始的,像好多人所彻底相信的了;人在神的全能中,也只实现了自己那个想要能做一切的愿望,这愿望与那要知道一切的愿望本有密切关联,或者正只是那愿望的一种结果,因为据英国人培根说,人知道多少才能做多少,凡是简直不知道怎样去做一件事情的人,他就不能做这件事情,"能"是以"知"为前提的,所以谁愿望知道一切,谁也就愿望能做一切,或者,人在神的全能中,也只对象化了和神化了自己的全能,自己的不受限制地去做一切事情的能力。一个基督教思想家,格劳修斯,他有著作论到基督教的真理,他说:动物只能做这件事或那件事,人的能力则是不受限制的。在属神的福乐和完善中,人也不过实现了自己那个要求福乐和完善以至于道德上完善的愿望,因为,没有道德上完善也就没有什么福乐可言。那个人心里藏着嫉妒、恶毒、复仇、悭吝和贪酒,他怎能福乐呢?由此可见,神的本质正是或应是或将是人的本质,但不是依照散文的实在来说的,而是依照人的诗意的要求、愿望和观念来说的。人的最热烈的、最深秘的、最神圣的愿望和思想,正是或曾是不死生命的愿望和思想,人要变成一个不死实体的那种愿望和思想。愿望或思想为不死的那种人性本质,可见就是神性本质。或者这样说:神不是别的,正是未来的不死的人性本质,但被思想为一个独立的东西,与现在肉体地感性地生存着的人不同。神乃是一个非人的、超人的实体,但未来的不死的人也是一个超出现在实在的可死的人以上的实体。神和人如何地不同,被信的、未来的、不死的人和现在的、实在的、可死的人也就如何地不同。总而言之,神性和不死间的统一和无差别,因之神性和人性间的统一和无差别,就是宗教疑谜,尤其是基督教疑谜的解决。正像作为人类愿望和想象力的一个对象和本质的自然界是自然宗教的核心一样,作为人类愿望、想象力和抽象力的对象和本质的人也就是精神宗教的核心、基督教的核心。

第三十讲

　　以上我证明了：唯有在不死之中才可发现并达到神的意义和目的；神性和不死本是一个东西；神起初是个独立的东西，最后作为不死而变成人的一种属性——证明了这个，我便实现我的任务的目的，因之也就达到我的讲演的结论了。我是要证明：自然宗教的神就是自然界，精神宗教、基督教的神就是精神，一般说来就是人的本质；我而且为了这个目的，即使得人从今以后在自己身上来找寻并发现自己行为的决定原因、自己思想的目的、自己烦恼和痛苦的治疗根源，而再不到自己以外去寻求，如异教徒一样，也不要到自己以上去寻求，如基督教徒一样。对于那个与我们最有关系的基督教方面来说，我当然不能拿着这个证明来解释基督教的一切学说和观念，我更没有将这个证明推广到基督教哲学的历史上去，当初我却是计划这样做的。但对于一个对象，如这一些讲演的对象，其实也没有必要发挥到个别的和特殊的问题上去。无论对于什么对象，根本原则是主要的东西，次要的理论可以经过简单的推论从根本原则演绎出来。至于我这个学说的根本原则，我已经发表出来了，而且发挥得尽可能地清楚了。起初几次讲演，我当然可以说得简单些。但请大家原谅我，因为我不是什么学院式的讲师，我没有讲学习惯，面前又没有详细编好的讲义，因之我不能按照学院式的时间表来量度和分配我的材料。可是倘若我要拿上次讲演所做出的证明来结束我的讲演，那我就是功败垂成了，因为我还没有攻击基督教徒推论神性和不死时所根据的前提。

我说：神是人类对于幸福、完善和不死等的愿望的实现者，或这种愿望的实在性。人们根据我这话可以这样推论说：由此可见，谁从人那里夺去了神；谁也就是从人的肉体摘去了人的心。不过我反对宗教和神学在推论神或（这是一样的）不死的必然性和存在时所根据的那些前提。我说过，仅仅在幻想中得到满足的或仅仅依存于一个幻想实体的存在的那些愿望，其实乃是人心的幻想的愿望，而不是其实在的、真正的愿望；我又说过，宗教想象力在神性或不死中所消除的种种限制，其实乃是人性本质的必然的属性，是不可与人性本质分离的，因之并不是什么限制，唯有人的幻想认为是限制罢了。譬如，人连系于地域和时间，像那位理性信仰者所说的，"人的肉体将人束缚在地球上，因之妨害了人去知道月球上或金星上的事情，"——但这对于人并不是什么限制。把我束缚在地球上的那个重力，不是别的，正是表现我与地球的关联，我与地球的不可分离性。倘若我切断了我同地球的这个关联，那我还成什么东西呢？不过一个幻影罢了；因为，我本质上是地球生物。我的想到其他星球上去的愿望，可见只是一个幻想的愿望。即使这个愿望能够实现出来，我仍要确信：这仅仅是个幻想的愚蠢的愿望；因为，那时我住在其他星球上要觉得异常不舒服的，那时我要觉悟还是留在地球上更好些、更合理些，可是已经悔之太晚了。

人的好多愿望，倘若以为它们都是希望要实现的，那就是误解这些愿望了。这些愿望只要始终留于愿望地位，只在幻想中有其价值，其实现将要引起人的最悲惨失望。永生愿望便是其中之一。这个愿望倘若实现出来，人将要从衷心上厌倦于永久生命而渴慕死亡。事实上，人不过不愿早死、不愿横死或凶死而已。一切都有一个限度——一个异教哲学家说——无论对于什么事情，人们最后都要厌倦的，对于生命也是如此，所以人最后也想望死亡。可见，常态的、合于自然的死，透彻生活过了的人的死，并非什么可怕的事情。老人甚至时常想望死。德国哲学家康德不耐烦地等待着死，他如此渴望死，但并非为着死后复活，而是要求他的归宿。唯有那些不自然的不幸的死，小孩子、青年人以及年富力强的人的死，才激起了我们去反对死，并造成了对于一个死后新生命的愿望；未死者看见了这些不幸的死亡，无论感觉如何恐怖和痛苦，我们却不能因此便承认有个死后生命，简单地因为从这些非常态的死亡（这些，即使数目比自然的死亡还要多些，也仍是非常态的死亡）中至少只能推论出一种非常态的死后生命，然而这样一个特殊的死后生命是难以置信的和不合道理的。

但正如永生愿望一样，全知愿望和无限完善愿望也是幻想的愿望，正是那个不受限制的求知欲和求完善欲使人幻想出来的，日常经验和历史都可以证明。人并不要知道一切，只要知道他所特别爱好和感兴趣的东西。具有广博知识欲的人本是很罕见的，即使有这个人，他也绝不是要无差别地知道一切东西；他不要知道一切矿物，像专门矿物学家一样，不要知道一切植物，像专门植物学家一样；他知道了一般的东西就可满足了，因为一般的东西恰好适应于他的一般的精神。同样，人也并不要能做一切，而只要能做那他自觉有特别冲动要去做的事情；他并不努力趋向于一个无限制的、不定的完善性，这种完善性只能实现于一个神中或无尽的天堂生命中，他只趋向于一种确定的有限制的完善性，限制于一个确定范围之内的完善性。我们不仅看见某些个人达到一定的立场以后、才能发挥到和完成到一定的程度以后，他们就停留着不再进展了；我们而且看见，整个民族也是几千年之久停留在同一个立场上，没有动弹。譬如，中国人、印度人，他们今天还是站在他们几千年前所站的地方。这种现象，与唯理主义者所设想于人的、所安置于天堂无限生命中的那个无限制的完善意向怎么能够调和呢？反之，人不仅有一种向前进步的意向，而且有一种休止在和保持在那业已达到又适应于其本质特性的立场上面的意向。历史上的斗争，就是从这两种相反的意向发生出来的；我们现在的斗争也是如此。进步派、所谓革命党人要向前进，保守派则要将一切照原样保留着。但是在对于死的关系这方面来说，保守派大多数是信仰宗教的人，却不主张保守，而为了延续其存在起见，要在死后生命中施行最彻底的改革，最革命地变换自己的本质；革命派也不是要无限地向前进步的，他们有一定的目的，达到这目的之后，他们就要停住而变成保守的了。所以不断地有其他的新的少年的人起来，他们把那中断了的历史纱线继续纺下去，这纱线是老进步派实现了他们的愿望的目的，因之达到了他们的本质和理智的极限以后，所丢弃下来的。

正像人没有无限制的求知欲和求完善欲一样，人也没有什么无限制的、不厌倦的、非地球上事物所能满足的幸福欲。人，甚至对于不死有着信仰的人，倒不如说也是完全满意于这个地球上生命的,至少当他得意时,当他不缺乏必需物品时,当他没有遭遇什么特殊的严重的不幸时。人只要铲除今世生命的种种灾难,并不要一个本质上不同的彼世生命。譬如,"格陵兰人以为乐土是在海底,因为他们的食粮大部分是从海里得来的。他们说,那里有良好的水,有丰饶的鸟、鱼、海豹和驯鹿,人们无须费力便可捕捉得到,甚至在大锅里煮得好好的,拿起来吃就是了。"这里,我们便看到一个例证、一幅画图,表现人类的幸福欲。格陵兰人的愿望,没有超出他们的国土、他们的自然境界以外去。他们本质上并不要什么东西,除了他们的国土供给他们的以外;他们只要当地所产的东西,能有良好的品质和丰富的分量。死后在乐土里,他们仍要捕鱼和海豹;他们之所以为他们,这对他们并不是什么限制,也不是什么负担;他们并不要超出他们的类、他们的重要的地位和职守以外去;他们只要渔猎工作在乐土里能更舒服些和更容易些就好了。这是一个何等朴实的愿望啊!文明人当然没有这样狭小的愿望,他们的精神和生活并不拘束于一个狭小的地域,像野蛮人的精神和生活一样,野蛮人除了自己国土以外不认识其他的地方,他们的理智没有伸张到几里以外去。文明人则不然,他们——借用上面的例来说罢——不仅愿望本国可以食用的动物和果实,而且愿望得到最遥远国土的享乐品;他们的享乐和愿望,同野蛮人比较起来,是多到无限的;虽然如此,他们仍然没有超出地球上自然界以外去,也没有超出人类一般本性以外去。在类上来看,文明人是同野蛮人一样的;文明人并不要他们所不知道的什么天堂食物,他们只要地球上的产品,他们并不要一般地废止吃,只要废止那粗野的、专限于这个地方产品的享乐。总而言之,合乎理性和自然的幸福欲，并不超出人的本质以外去，并不超出今世生命、这个地球的本质以外去；这个意向其实只要铲除那非必要的、不属于生命本质的、实际上可以铲除的祸害。

由此可见，那些超出人类本性或人类以上去的愿望，譬如简直不吃、简直不受肉体需要所支配的愿望，乃是幻想的愿望；因此，满足这愿望的东西，实现这愿望的死后生命，也就是幻想的东西和生命了。反之，那些没有超出人类或人类本性以外去的、不是建立于没有地基的幻想和不自然的夸张上面，而是建立于人类本性实在需要和意向上面的愿望，则在人类之中、在人类历史进展里面可以得到实现。可见，说有个宗教的或神学的天堂，有个未来的生命，以为人类进于尽美尽善之用，这样的话，除非是人类永远停止在一个立场，除非人类在地球上没有任何历史、任何进步可言，才能够成立；但即使在这种情形之下，这样的话纵然可以成立，也仍旧不合于真理。

何况，人类是有文化史的；甚至动物和植物在时间进程中也在变化自己和改进自己，以至我们在自然界中不能发现和证明什么是这些物种的先代了！有无数的东西，我们的祖先不能做的，也不知道的，现在我们能做了，也知道了。试举一例（这例我在我的《从人本学观点论不死问题》书中已经举过了，但我禁不住要在这里再举一次，因为这例是十分恰当的）：哥白尼临死时，懊恨他一生没有看见过水星，无论他如何渴望、如何努力去看。现在，天文学家拿着他们的优良望远镜，连白天也看得到水星了。[1] 人的愿望，只要

---

[1] 参阅《费尔巴哈文集》第 7 卷，《从人本学观点论不死问题》中第 4 篇。——中文编者

不是幻想的，就可以这样在历史进程中、在将来实现出来。如此，我们现时认为只是愿望的东西，将有一个时候实现出来；无数的事情，在现时信仰观念和宗教机关的傲慢的护持者和保卫者看来，甚至以现时社会的和政治的状况说来，是不可能的事情，但将有一个时候要变成实在的事情；我们现时所不知道而愿意知道的无数事情，我们的后代将会知道。所以，我们拿人类和人类本性来代替神性的位置（在神性中只能实现人的那些没有根据的夸张的愿望），拿文化来代替宗教的位置，拿超越于我们坟墓以外的地上彼世、历史的将来、人类的将来来代替超越于我们坟墓以外的天上彼世。

基督教是以实现那不可实现的人类愿望为目的的，但正因为如此就忽略了那可以实现的人类愿望。基督教允许人以永恒生命，以此断送了人的受时间限制的生命，要人去信任上帝的帮助，以此断送了人对自己力量的信任，要人去信仰天堂上更好的生活，以此断送了人对地球上能建立更好生活的信仰，断送了人实现这生活的努力。基督教拿人在幻想中所愿望的东西给人，但正因为如此就没有给人以人在事实上所要求和愿望的东西。人在他的幻想中要求一种天上的无稽的幸福，事实上则是要求一种地上的合理的幸福。所谓地上幸福，当然不是指财富、奢侈、荣华、贵显、阔绰及其他虚浮事情而言，而是只指那些必要的东西，人没有那些必要的东西便不能过着人性生活的。但是，世间有无数的人缺少生活所需的最必要的东西啊！根据这个理由，那些基督教徒便宣布说：否认有天堂这事，乃是罪恶的或无人道的事情，因为如此就从地球上不幸的人那里夺去了唯一的安慰，夺去了对于一个更好的彼世的希望了。基督教徒现在还以为彼世的道德意义、彼世和上帝的统一就在这里；因为，没有彼世，便没有什么赏罚、什么公理了，至少那些非由自己罪过而过着痛苦和不幸生活的人，必须在天堂得到补偿的。不过，这个替彼世辩护的理由，只是一种借口，因为，人们根据这个理由，至多只能推论出一种为不幸者而设的彼世或不死，这种彼世或不死不是为其他的人而设的，不是为在地球上已经是够幸福的、找得到必要的手段以满足和发展其人性的需要和才具的那种人而设的。根据上面的理由说来，对于那种人只有两条道路，他们或者是死了便不存在了，因为他们已经达到人类愿望的目的了，或者在彼世要过着比今世更不好的生活，要在天上处于他们的兄辈以前在地上所占据的地位。譬如堪察加人就确实相信：在这世界是贫穷的人，到另一世界就变成富人，反之富人要变成穷人，如此，这两个世界合算起来就有一种平等存在。但那些根据上述理由来替彼世辩护的基督教先生们，是不要这个，而且不信这个的；他们仍然要在彼世生活，好像不幸者、穷人。

　　替彼世辩护的理由是如此，那个替神的信仰辩护的理由也是如此；好多学者口头上挂着那个理由，他们说：无神论固然是对的，他们自己也是无神论者，但无神论乃是学者先生的事情，而不是一般人的事情，不是为着一般民众的，所以公开传播无神论乃是不妥当、不合用、甚至有罪过的事情。不过，说这类话的先生们，是拿着空泛不定的什么"民众"字眼来掩饰他们自己的摇摆、糊涂和寡断；"民众"只是他们的一个借口罢了。凡是真正确信的事情，人不仅不怕说出来，而且必须公开说出来。凡是没有勇气走到光明来的东西，也就没有忍受光明的力量。可见，那个害怕光明的无神论是一种完全无价值的和空洞的无神论，它没有什么话可说的，因此它也不敢表示自己的意见。那些秘密的或暗中的无神论者仅仅自言自语或自己思想说,"没有神存在"。他们的无神论仅仅包含在这句否定的话中,而且在他们那里,这句话是孤独存在着的,所以虽然他们有了无神论,一切都保留着原来的样子。如果无神论不是别的,只是一种没有内容的纯粹的否定,那它当然不适用于民众,即不适用于人、公众的生活;但这仅仅因为它无论对于什么都不适用。不过,无神论,至少真正的不怕光明的无神论,同时也是一种肯定。无神论否定那从人类抽取出来的东西,即所谓神,只为了要拿人的实在本质作为真正本质来代替神的位置。

有神论,对于神的信仰,反而是否定的;它否定了自然界、世界和人类;在神面前,世界和人成了一文不值的东西,未有世界和人类以前就有神,没有世界和人类,神也能够存在,神就是世界和人类的无;至少虔诚的上帝信徒相信神是随时可以毁灭世界的;在真正有神论者看来,没有什么自然界的力和美,没有什么人类德行;信神的人从人类和自然界夺去了一切,只为了拿来装饰和点缀他们的神。譬如圣奥古斯丁说:"唯有神是可爱的,整个世界,即一切感性的东西,则是可憎的。"路德在一封拉丁文书信中说:"神要做唯一的朋友,否则不做朋友。"他在另一封信中又说:"唯有神值得信仰、希望和爱;所以这些也叫作神学上的德行。"可见有神论是"消极的和破坏的",它的信仰仅仅建立在世界和人类即实在人类的虚无性上面。但现在,神既然不是别的,正是那个抽象的、幻想的、被想象力独立化起来的人类和自然界的本质,由此又可见:有神论是为了一个纯粹思想上和幻想上的东西而牺牲了人和事物的实在生命和本质的。反之,无神论则为了实在生命和本质而牺牲了思想上和幻想上的东西。所以,无神论是积极的、肯定的,它将有神论所夺去的那种重要性和尊贵性交还给自然界和人类,它使得自然界和人类(其最好的力量以前给有神论吸尽了)苏生过来。我们在前面已经看见,神是嫉妒自然界、嫉妒人类的;神要唯一地受人崇拜、爱和服侍,要唯有自己存在着,其他一切都应消灭;换句话说,有神论是妒忌人类和世界的,不希望它们得到什么好处。但嫉妒和妒忌乃是破坏的、否定的感情;无神论则是宽宏的、慷慨的,它欢喜各人的意志和才能,它诚心地欣悦于自然界的美和人的德行。但欣喜、爱并不是破坏的,而是鼓励的、肯定的。

无神论是如此,对于彼世的否定也是如此,这本是不可与无神论分离的。倘若这个否定只限于一种空洞的、没有内容和效果的否定,那么还是让彼世存在着好,至少彼世存在或不存在都是一样的。可是,否定彼世就导致肯定今世;否认天上将有一个更好的生活,就必然要求改善地上的生活,必然将更好的未来生活从那袖手静待的信仰对象转变为义务,转变为人类积极活动的一个对象。有些人占有一切,其他的人则一无所有,有些人浪费着生命、艺术和科学上一切的享乐品,其他的人则连最必需的东西也得不到,这当然是万分不公平的事情。但若是由此推论说:必须另外有个生命,人在地球上所缺乏的东西和所遭受的痛苦将在那里得到补偿——那便是愚蠢的念头了。这样推论,就好像要从我国从前有过的秘密审判的缺陷来推论天上必须有个公开的和面对面讲话的审判制度一样愚蠢。根据人生现有的种种不公平和祸害,只能做出一个必然的结论,即唯一用意志和努力去改革它们,而不是去信仰一个彼世,这个信仰反而使人袖手静待而不去撼动它们。人们可以反驳我说:姑且承认我们的社会生活和政治生活上种种不好的事情将来可以改革,但那时对于因这种种不好的事情而受苦且死去的人究竟有什么用处呢?一个更好的将来,对于一般过去的人究竟有什么关系呢?当然没有什么关系,但彼世对于他们也是没有什么关系的。彼世带着它的救治手段来得太迟了,它救治一个祸害是在祸害已经过去以后,是在死的时候或死去以后,即在人没有了祸害感觉,因之也没有了政治需要的时候;因为,死虽然对于我们是不好的,至少当我们还活着,并想象死夺去了我们的生命连带也夺去了我们对于善、美和舒适的感觉和意识的时候是如此,但也有一种好处,即解除了我们的感觉和意识,同时也解除了我们的一切祸害、烦恼和痛苦。那产生彼世的爱,拿彼世来安慰受苦的人的爱,乃是在病人死后来医治人,在人渴死以后给人饮料,在人饿死后给人食品。

所以,我们还是让死人平安休息着,不要去骚扰他们罢!这里,我们还是学着异教徒的榜样罢!我在《从人本学观点论不死问题》中说过:"'盲目的'异教徒是聪明的,他们在墓前追悼死人时呼唤'憩息吧,你的骨骸!'或'静息吧!'反之,基督徒们,或者是作为唯理主义者,在垂死者耳旁狂呼滑稽的'永远存活,永远繁荣!'(vivas et crescas in infinitum),或者作为假虔诚的灵魂医师,例如艾森巴特博士,心里实在是畏惧死,但是,却牛羊般地大呼'上帝可畏!'企图以此作为他们属天的福乐的抵押品。"[1]所以我们还是放

---

[1] 见《费尔巴哈文集》第 7 卷,《从人本学观点论不死问题》中第 4 篇。——中文编者。

开死人，而仅关心于活人的事情罢！倘若我们不是信仰一个更好的生活，而是要求一个更好的生活，而且不是单人独力去要求，而是合群聚众去要求，那么我们也将可以造成一个更好的生活，至少我们将铲除自古至今人类所遭受的种种伤心惨目的不公不平的事情。但是为了要求这个并实现这个，我们就必须拿对人的爱当作唯一的真正的宗教，来代替对神的爱，必须拿人对自己的信仰、对自己力量的信仰，来代替对神的信仰，必须相信人类命运不是依赖于人类以外或以上的什么东西，而是依赖于人类自己，相信人的唯一的魔鬼就是人，就是野蛮、迷信、自私和凶恶的人，人的唯一的神也就是人自己。

说了这几句话，我便结束我的讲演了；但愿我完成了这回讲演所担负的使命，这使命我在开头一次讲演时已经说过，即是：要使你们从神的朋友转变为人的朋友，从信仰者转变为思想者，从祈祷者转变为工作者，从彼世的候补者转变为今世的研究者，从基督教徒(他们自己供认，他们"一半是禽兽，一半是天使")转变为人，转变为完全的人。

附录和注释

〔1〕(第四讲,本卷第36页)

当我们由恐惧来解释宗教时,正像我在以后一讲中所指出的,我们必须并不仅仅着眼于恐惧之最低形式,即对这个或那个自然现象的恐惧,例如伴随着一次海上风暴、一次暴风雨、一次地震而开始和结束的恐惧;换句话说,我们必须并不仅仅着眼于具有时间性和地点性的恐惧,而是应当着眼于并不固限于确定的对象物的恐惧,应当着眼于人类心情之总括表象中一切仅属可能的不幸事故、无处不在和无时不在的、也即无穷尽的恐惧。路德在他1520年致库尔侯爵弗里德里希的安慰信(根据斯派拉丁的译本)中说道:"当人把他的心情转向未来的祸患或邪恶——它们是如此地多和如此地大,以至于对于它们只给定有重大的心情活动中的一种被叫作恐惧的心情活动——时,就使一切现存的祸患和邪恶都显得轻易、温和和微不足道……圣保罗也对罗马人说:不要自作聪明,要存恐惧之心,居于恐惧之中。并且,这祸患越是在程度上和大小方面不确实可知,就也越是来得巨大……这样,日常出现的祸患或困苦不外乎就是使我们忆想到伟大的恩典,使我们敬拜上帝,不使我们被遭遇到的大量的祸患、困苦和不幸所压迫。因为,如果某一个人遭受到无穷的和无数的打击,并最后被一次打击所伤,那怎么能谈得上奇迹呢？是的，他没有遭遇到一切打击，这是一个恩典。"奥古斯丁在《上帝之城》中说道："飞来横祸是无其数的：酷热和严寒，暴风大雨，泛滥，陨石，闪电，雷击，冰雹，霹雳，地震和地陷，崩溃；役畜之冲撞、恐惧或劣性；许多有毒的灌木、水、气体和兽类；猛兽之仅仅伤及皮肉的甚或致命的咬伤；狗疯。人必须提心吊胆地担心哪许多飞来横祸呢？在一次海上航行中人必须担忧怎样的祸患呢？在一次陆上旅行中人又必须担忧怎样的祸患呢？如果不是把未可预料的飞来横祸暂且撇开不管，那怎么能在这世界上随便哪个地方行走一步呢？一个人从市场回家，尽管双脚健全，但还是跌了跤，把腿折断，并因此死去。什么东西比坐着更平安呢？然而，牧师爱里（Eli）从他的坐椅上跌下来而死去。"加尔文在他的《基督教本义》中说道："有无数的祸患围绕着人的生命，并且以无数的致死场合来威胁人的生命。你上船；这样，你离开死仅只一步路的间隔。你骑马；这样，一条腿出毛病就使你生命有危险。你在城市中穿过街道；这样，屋顶上有多少块砖，你就有多少的生命危险。你手里拿一把刀；这样，你在眼前就有了鲜明的死。你看凶野的野兽，它们都全副武装地要来谋害你。这样看来，还有什么东西能比人的生命更可怜呢？"基督教诗人特里勒尔[①]在他的《诗的观察——反对无神论者与自然主义者》中关于这一方面这样认为：

[①] 他是莱辛的同时代人，1695年2月10日生于埃尔福特，比莱辛晚一年于1782年5月22日死于威丁堡。从职业来说他是个医生，并且又是一个并非默默无闻的语言学家；此外，像他的朋友和导师法律家巴尔特·勃洛克斯一样，他用做诗来为正统派服务。他出了洋洋六大卷文集，但是，在他逝世以前，它们就已经给忘记了，因为它们很快就被瑞士人博得梅尔和勃拉丁格儿当作他们批判美学的攻击的剑靶了。——德文本编者

每一件事物都被赋有
致我们于死地的武器；
无论这里与那里，
都设下了无数的陷阱。

冰雹、烈火、大水和狂风，
霹雳、悬崖和地坑，
子弹、火药、硫磺、毒素和浓烟，
齐都垂涎于我们的生命。

钢刀、钉耙、斧头和锯子，
战车、大炮、利箭、矛枪和甲士，
绳索、油脂、沥青、石灰、沙粒和污泥，
这一切，尽都是死所需要。

一只鸡蛋，一粒葡萄核，
螺旋上一小块玻璃，
一只苹果，一块银币，一根头发和骨头，
这些东西虽然微小，但也都危险。

一只蟾蜍的不硬的甲壳，
能够意外地杀死一个人；
从屋顶上掉下一块砖头，
多么容易地可以射中我们啊！

是的，虽然我们掌管世间动物，
可是，几乎动物中的每一个，
只要事情巧合，
都能够把我们带进坟墓。

小小的一些幼虫，
切断了我们的生命线，
我们的嘴巴和耳朵，
成了它们的入口处。

后人继你而到这世上，
回想起灾难祸患防不胜防，
不久前你还活跃各处，
如今却就命归阴府。

在今世生命里，
你要走羊肠小道；
数千数万飞来横祸，
等着把你送向死亡。

虽然这位属灵的特里勒尔还说了许多话，但我们觉得至此已经很够了！

那么，神灵们是怎样起源于人的恐惧的呢？方式各各不同。例如，如果人对于善比对于恶更少敏感，如果他太以轻浮和没有思想，以至于不能突出生活的善，那么他就只有一些恶的神灵；如果恶之表象和感觉跟善之表象和感觉不相上下，那他就也有不相上下的善的神灵和恶的神灵；反之，如果善之表象和感觉胜过了恶之表象和感觉，那他就有一位善的、胜过邪恶之势力的上帝。换句话说，恐惧是宗教或神性之积极的或者消极的根据，二者必居其一；这也就是说，宗教起源于对恐惧的顺服或者反抗，二者也必居其一。在第一种场合下便产生出可怕的神灵，而在第二种场合下便产生出良善的神灵。恐惧是一种祸患，而对待祸患的态度则或者是默默忍受，或者是主动设法；或者是我听任其存在，违背己意地身受其害，或者便是对付它。无限多可能的祸患和生命危险经常作为邪灵而在幻想中浮现于人的恐怖心情面前，由于反抗对这些祸患和生命危险的恐惧，就促使人想象出一个无限良善的实体，一个全能的爱，这种爱所能行的善事不下于恐惧所能行的恶事，它能够保佑我们摆脱一切祸患，并且，在想象之中实实在在保佑我们。① 这样，属神的爱并不比属人的恐惧更来得广一些，因为，它所能够创造的善，并不胜过恐惧所能够创造的恶；爱之天堂是永存的，但恐惧之地狱也是永存的；被爱放到世界中来的天使是无其多的，但被恐惧放到世界中来的魔鬼同样也是无其多的；爱一直伸展

---

① 正是由于这种无所不在的恐惧，才使多神教信仰或迷信以保护神和护灵充满着每一个地点、每一个角落、每一个空间点。例如，帕鲁顿修在反驳西麻克时说道："你们总是把你们的护灵献给大门、房屋、界石、马厩，把数千数万个护灵归给城市的各个场所和各个部分，为的是使几乎每个角落都有其专有的精灵。"所以，如果博学的先生们尽管眼看到无数由人们为了恐惧而建立起来的祭坛，却仍旧不把恐惧当作一种神性——并且是第一个神性，那就只是由于他们见木不见林了。——著者

到世界之始端,但恐惧却一直延展到世界之末端;爱创造了世界的首日,但恐惧却创造世界的末日。简言之,什么地方不再存在有属人的恐惧之取之不尽的全能,什么地方就不再存在有属神的爱之全能。宗教之产生自恐惧以及对恐惧的反应,我们有一个随手可取的例子可以用来说明,这例子便是新教主义,特别是路德主义之产生。新教主义、路德主义仅仅起源于对非人道的、发怒的、嫉妒的上帝的畏怖、恐惧,因为这位上帝在《旧约》里面本身就被称为是以色列的畏怖和恐惧,他毫无保留地、一丝不苟地要求人也做到像他一样,也即要求人不成其为人,不成其为活的实体,而是成为一个道德精灵,成为条文式的律法。可是,路德虽然曾经是神甫,以后又是新教教士,但他却生来就讲究实践、感性生活,这就使他不能够通过祈求、禁食和绝欲而把自己献身给这位被称为 Schaddai（这个字发源自荒凉、灭绝）的上帝。路德不愿做天使而要做个人;他是一个处于神学之中而反对神学的神学家;他企求反对神学之恶的本质,因为神学借口使人与上帝和好而要人与他自己的本质处于不睦,它用属神的嫉妒之胆汁来毒化人心脏中的血液,用属神的愤怒之地狱火来灼烧人头中的脑子,它就因为人想要做个人而判处其以永恒的死,①以此作为一种有效的拯救手段。可是,因为

---

① 基督教神学之害人的、邪恶的本质,特别在加尔文的著作中以其经典的强度表述出来。"肉体的一切欲望——永生之欲望似乎并不是一种属肉体的欲望——都是罪恶";"每一个罪都是死罪";"保罗说,律法是属灵的;这样他就指出,律法不仅要求灵魂、灵、意志的顺从,而且也要求天使般的纯洁(angelicam puritatem),这种天使般的纯洁,净除了一切属肉体的污秽,仅仅追求灵。"在天使灵魂的面具下面隐藏着的却是怎样一种魔鬼式的荒唐啊!——著者

路德是在神学或宗教本身中来寻找反对宗教或神学之可怖影像的手段的,也即他是在属人的上帝里面来寻找反对非属人的上帝之邪恶本质的手段的,就好像信仰自然宗教的人在属人的自然里面寻找反对非属人的自然的手段——例如,通古斯人在宗教的、属人的传染病中寻找反对自然的、非属人的传染病的拯救手段——一样,所以,不言自明,没有而且也不会有什么彻底的治疗。路德的书信就证明了这一点。这些书信在心理学意义上来说是极其重要的,因为它们给我们指出了路德的公开人格与私底下的人格之间的区别,指出了讲坛上信仰之力量与走下讲坛以后信仰之力量(或者不如说信仰之没有力量)之间的区别;它们给我们指出了,虽则信仰对别人产生了值得赞美的、造福的影响,但在他自己本人身上却很少感受到其影响,他自己经常被他的宗教想象力之可怖影像所迫害。可是,很幸运的,虽然他的一些神学偏见,他却还是与宗教或神学一起、在宗教或神学以外又找到了反对罪恶、地狱、魔鬼或者——这是一样的——上帝愤怒之威力的拯救手段。在一封致塞恩弗尔的拉丁文书信中他写道,音乐也能提供给人以否则只能由神学提供的东西,即一种欢畅的和平静的心情,魔鬼——一切忧愁与烦恼之创始者——逃避音乐之声,几乎同逃避神学之言语一般无二。是的,在一封致韦勒的信中他写道,人们有时必须多饮一些,多喝一些,多玩一些,多谈笑一些,甚至于犯罪,来抵制和嘲笑魔鬼,为的是不给他任何机会来对琐碎小事作良心非难。实际上,这是一种虽则是最最反神学的、但却正因此而是最久经考验的、人本学的拯救手段!

〔2〕①(第五讲,本卷第42页)

依赖感或依赖意识——在人里面,二者是不可分割的,"凡是我不知道的东西,就不会使我热"——是否正确而普遍地概述了宗教之主观的、也即属人的(并且是实践的、而不是理论的)根据呢?虽然我已经列举了足够的证据来肯定回答这个问题,然而我还是想援引更多的证明。不过,我只是从古典的异教徒那里、而不是从基督徒那里援引证明;这倒不单是因为在基督徒那里被造物对"不依赖的原因"的依赖甚至被当作他们的神学与形而上学之专门术语,而且又因为古代古典的民族并不像基督徒那样压制或隐藏人的原来的、自然的感觉和意念——普利尼的名句:"希腊人实事求是",在这里也然适用,并不为了一个刻板的、教条的上帝概念而牺牲它们,因而,无论在政治中或在宗教中,都给我们提供了有关上帝观念之创生的最富有意义的例证和最为重要的启明。荷马在《奥德赛》中说道:"一切人都需要神灵。"但是,需要不就正是依赖之病理学的说法吗?在此我应当说明一下,在《信仰的本质》以及《基督教的本质》中从属人的东西与属神的东西的对立开始,在《宗教的本质》中从依赖感开始,其实二者是异途同向的,只是,那个对立,乃是由于对依赖感的反思、觉悟才得以存在的。如果说人们需

---

① 在这一注释下包括了一系列的说明,而这些说明乃是一部独立的著作*的组成部分或片断。可是,我们的政治如此无可救药和令人绝望,一切企图都难以遂愿,故而我就将这些说明附在这些讲演后面,从而,请同情的读者们在读过了讲演后才来读它们。——著者

* 费尔巴哈在这里是指自己的著作《诸神世系学》(Theogonie),这本书于1857年作为他的《全集》(1846—1866)的第9卷问世。——据俄文本编者

要神灵,那么,势所必然的,神灵必定具有人们所缺乏的东西,从而,属神的无缺乏性正构成了属人的缺乏性之对立面。这种对立,后期希腊人的反思或哲学便就已经明白说明出来了。虽然在荷马那里属神的本质便已经作为虚幻的、福乐的、不死的、全能的实体而被用来与人的困苦的、贫穷的、必死的、无能的本质相对立,可是,这种对立当然地乃是以一种最富有感情的或最富有诗意的方式表明出来的,这样,无血的神灵与有血的人之间的对立,在神灵之清澈的液汁中完全化成了水。然而,还是来说《奥德赛》吧!《奥德赛》(根据福森的译本)中说道:"各式各样的东西都来自上帝,善与恶都来自宙斯,因为他以全能统治着(字面上说:他什么事都能做)。""会死者不可能永寐不寤地始终如一,因为,神灵们给人安排了每一件事的限度与目的。"可见,人对于睡眠的依赖,睡眠之必然性,乃是一个莫拉女神①,也即是属神的命运。的确,睡眠本身便是一个属神的东西,是"会死者和不死的神灵之统治者"。"统治万物的父如何易日,会死的凡人的感觉便如何改变。"在幸运的日子里,他精神焕发,在不幸的日子里他就无精打采;但是,这些日子,却都依赖于神灵与人的父。在《伊利亚特》中说道:"在上面天上,战争之胜负掌握在不死的神灵们手中。"当奥德修斯和阿亚克司竞走而将近终点时,巴拉斯·雅典神应前者的祈求而阻碍阿亚克司前进,使他跌倒在牛粪上,让奥德修斯赢得了冠军。可见,人的胜败,顺利地到达终点抑或中途滑跤,都依赖于神灵。赫西俄德说道:"如果航行恰当其时,那么你的船就不会被毁坏;如果波

---

① Moira,希腊神话中的命运女神。——译者

赛冬①或宙斯——不死的王——并不故意用地震神来结束腐化败坏,那么大海就不会消灭人,因为,善与恶都在他们掌握之中。"在荷马的一首颂赞万物之母大地神的颂歌中说道:"可尊敬的神,你赐下了子女和果实等财富,会死的人的生命之予夺,依赖于你(在你那里,$σεῦ\ δ'\ ἔχεται$);你内心敬重的人有福了,他绰绰有余地应有尽有。"泰奥格尼德说道:"你应当祈求神灵,因为他的权力是大的,没有神灵们,无论善事和恶事都不会对人发生。""我们的思想是空虚的,我们人什么也不知道,神灵们随心所欲地行这行那。""没有人是他自己的祸福的根由,神灵是祸福二者的给予者。没有人能预卜祸福而行事。"可是,如果一切都依赖于神灵,善与恶,生与死,健康与疾病,幸运与不幸,财富与贫乏,胜利与失败,那么,依赖感显然便是宗教之根据;由它可以明白,人何以把自己的主动变成受动,把自己的愿望和企望变成祈求,把自己的德行变成赏赐,把自己的缺陷变成惩罚,总之,把自己的得救由自我活动之对象变成宗教之对象。不过,我们还是要给出专门的证明。普卢塔克说道:"一切人都需要神灵,可是,并不是一切人都需要一切的神灵。"伐尔洛在他的关于农业的著作中说道:"并不是这样!例如,如果我是个农民,那我就不像荷马和恩纽斯那样向缪斯神祈求,而是去祈求更伟大的十二神灵;不过,也不是那城市里的、全身镀金地供在神坛上的那种神灵,而是那主要是农民的引导者(或主人)的十二神灵。这样,首先便是朱比特神和大地神,因为,天和地掌握农业的一切收成。其次便是太阳神和月亮神,因为,如果要种些什么

---

① Poseidon,希腊神话中的海神。——译者

到地里去，就得靠他们来知道季节。再次是谷神和酒神（Bacchus），因为，他们的果实是维持生命所最必不可少的——因为，食物和饮料由他们而来。然后是火神（Brand）和花神（Flora），因为，如果他们肯与人为善，那烈火便不会毁坏庄稼和树木，它们能够繁茂地成长。再后我又敬奉密涅瓦神（Minerva）和维纳斯神，因为一个掌管农艺，另一个掌管园艺。最后，我又崇拜水神和成功神，因为，没有了水，地就要贫瘠，没有了成功和好结果，一切努力就都是枉然。如果我是一个牧人或畜牧家，那我就特别崇奉巴勒斯神，并且，正像在奥维德的《斋戒集》中所说的那样，求他驱逐疾病，保佑人、畜和狗的健康和饱食，赐给树木和青草，赐给水以供饮喝和沐浴，赐给牛乳和干酪、羊肉和羊毛。可是，如果我是个商人，那我就崇奉麦叩利神（Mercurius），求他使我营业牟利。"可见，人们需要神灵，但只是那些赖以生存——不管是自然世界中的生存还是公民世界中的生存——的神灵；并且，正是这种需要，即他们的生存、他们的命运对神灵们的这种依赖，才是宗教之根据，可以借以说明为什么他们被看作是神灵，被奉为神灵。所以，上帝之从实践里面、从生活里面被吸取出来的第一个定义，便仅仅在于他是人为了本身的生存所需要的东西，并且是为了本身的物理生存所需要的东西，因为，物理生存是精神生存之基础，也就是说，上帝是一个物理的实体；或者，就主观而言，人的第一个上帝便是需要，并且，是物理的需要；因为，我之把一个满足我的需要的对象奉为上帝，这仅仅依赖于这种需要对我所施加的强度与威力。神圣的奥古斯丁在他的《上帝之城》中说道，我们在自己本身便具有属神的三位一体之影像；"我们存在着，并且知道自己存在着，并且爱我们的这种存在与知道。这样,在哲学家那里,科学便被划分为自然科学、逻辑学和伦理学。圣灵便是仁慈,便是爱或爱之源泉;第二人格①是言语、理智,或者说,是智慧之源泉;第一人格,父神,是存在或存在之根由。"这也就是说,正是最古老的第一位上帝,在道德的和精神的上帝之前和之后的上帝,才是物理的上帝;因为,正像圣灵不外乎就是被神化了的道德本质,圣子不外乎就是被神化了的逻辑本质一样,圣父也不外乎就是被神化了的物理、自然本质,而人就是仅仅由这里面抽离出存在之抽象概念和抽象说法的。奥古斯丁趁此机会说道:"存在本身(或者,纯粹的存在)由于一定的自然必然性而成为令人愉快的东西,这样,正只是因为如此,故而甚至贫困者也不愿逝世;因为,他们之所以害怕死,觉得好死不如恶活,难道不正是由于他们生来害怕不存在吗?所以,即使是非理性的动物,也希望存在着,尽一切可能逃避死亡;所以,哪怕是没有感觉的植物,甚至于完全无生命的物体,也都设法维持和保持它们的存在。"我们由此可以看出,存在之抽象概念,仅仅在自然之中才有血有肉,才有真实性和现实性,从而,正像存在乃是智慧与仁慈之前提一样,物理的上帝也是精神的和道德的上帝之前提;我们由此又可以看出,人借以与自己本身以及与生命相关联的爱之纽带,乃是联系一切神灵的锁链,朱比特神之所以是至高的和最强有力的上帝,便只是因为那追求存在、生活的愿望乃是人的至高的和最强有力的愿望,可是,这个愿望的满足,生命,却归根结底仅仅依赖于朱比特神,因而,朱比特神以其隆隆雷声所激起的对他的敬畏,乃是人

---

① 指圣子。——译者

热爱生命和害怕死亡的结果。这样,希腊的神灵和基督教的上帝之不断发展,乃仅仅由于"怒火",仅仅由于属人的欲望之幽暗,仅仅由于属人的需求之混杂。倘若人并不感觉到饥饿是一位"可怖的暴君",那么,人怎么会说面包是神圣的,怎么会把谷神当作一个属神的赐福者来颂赞呢?决不会!什么地方没有魔鬼,什么地方也就没有上帝,什么地方没有饥饿,什么地方也就没有谷神;什么地方没有渴,什么地方也就没有酒神。所以,当学者先生们——因为对他们来说,宗教,也即正是古代各民族的宗教,仅仅只具有一种理论上的或审美的兴趣——认为宗教本身仅仅只起源于理论上的或观念上的动机,当他们因了神话式的奇形怪状——就是想象力用以来装饰宗教之赫克利斯盾牌的那些奇形怪状,而忘记了,虽然有这种至今还使他们头痛的人为的器具和饰物,可是,盾牌却正没有别的什么目的,只是为了保护人的生命时,那种机会便是极其宝贵的了。

———

因为一切都依赖于神灵,而神灵却又是主观的、也即具人格的、独自的实体,是像人一般地思维和感觉着的实体——《旧约》里面耶和华说道:"我是一位嫉妒的上帝,"①在欧里庇德斯那里,维纳斯说道:"当神灵受人敬奉时,便感到满意了,";在奥维德的《斋戒集》中神灵们说道:"我们是一个好名望的民族,"因为一切都依赖于神灵们之是否赐恩,都依赖于神灵们之爱或怒,故而,他们之受到尊奉,自然不仅仅由于属人的利己主义,而且又由于属神的利

---

① 《申命记》,第5章第9节。——译者

己主义；他们之受到尊奉，并不仅仅因为他们与人为善，而且也因为他们希望受到尊奉。总之，不仅仅因了人的缘故，而且也因了他们自己的缘故，他们才受到尊奉。人要尊奉一个主观的或具人格的实体，便只有对他行适应于他的直感、适应于他的本质的事，也即只有排除一切不合他心意的事。为了尊重一位贵宾，我们就扫清家里一切垃圾，丢掉一切忧虑与悲哀，解除一切不睦与怨恨，把一切会使贵宾产生不美观的、不合意的印象的东西都拿掉。同样，在奉献给神灵们的荣誉的节日里，人也然如此；他放弃一切与神灵们的本质有所违背的事务、行动与享受；他忘记了自己的喜乐与苦痛，为的是仅仅感知神灵们的喜乐与苦痛——例如，在代美忒神（Demeter）的节日里，便是如此。可是，正是这种以神灵本身的直感与利益为转移的对神灵的敬奉，同时也就是以人的直感与利益为转移的敬奉；因为，只有通过这种纯洁无瑕的、不自私的敬奉，我才获得他们的恩惠；但是，既然我有了他们的恩惠，那我也就有了一切我所愿望的东西，我就坐在一切财富之源头。同样，使神灵们息怒，使他们与人和好，其情形也然如此。所以，不管我把这当作手段还是当作目的，都没有什么两样，因为，去掉了上帝的愤怒，也就去掉了一切祸患；根据被去除掉，结果也就不复存在。奥维德在他从多米地方——属地的朱比特、也即奥古斯都皇帝因愤怒而把他驱逐到那个地方去——写的哀歌中说道："我的最大的罪便是冒犯了他（即奥古斯都）。""虽然说除了皇帝的愤怒以外没有什么别的祸患在压迫着我，可是，皇帝的愤怒本身不就已经是祸患了吗？""一切祸患都由皇帝的失宠而起。"对于属天的神灵，也是这样。所以，平息他们的愤怒，便就意味着阻塞一切祸患之源泉。

———

因为神灵们主宰生死祸福，故而，道德，即善恶正邪之理论区分及实践区分，也与他们以及对他们的敬拜发生了联系。我之所以说"发生了联系"，乃是因为，宗教与道德——至少是就我们现在所采取的意义上的道德——原本就是格格不入的，其理由简单而明显，因为在道德中人是与自己和自己的亲近者发生关系，而在宗教中人却是与另一个与人区分开来的实体发生关系。波但在他的《魔狂》中说道："整个一本《圣经》充分地证明上帝最为厌恶巫道（即那些抛弃上帝而与魔鬼勾结的人），他们远比弑父者、血族通奸者和兽奸者更应当受到诅咒。"他又说："一个巫道，即使并没有带来什么损害，并没有使人和牲畜遭受祸患，可是，就是因为他抛弃上帝而与魔鬼勾结，也即有损上帝的尊严，故而就应当活活地被烧死。"路德说道："想杀人并不像不信那么罪大恶极，因为，杀人是违犯第五条诫命，而不信却是违犯第一条、并且是最大一条诫命。"加尔文说道："无可置疑的，在律法和诸先知书中，信仰以及与敬拜上帝有关的东西居于首位，爱则被放置在信仰下面。"旧教教会公然认为，只有异端者才会认为凡是没有爱而只有信仰的人都不成其为基督徒；从而，旧教教会准许大家可以没有爱、也即没有道德而只有基督教、信仰、宗教。并且，虔诚的俄罗斯人——我们的业已绝望的宗教绝对主义者与政治绝对主义者之最后靠山——如此认真地守他的四旬斋，甚至于宁可偷窃或杀人而绝不敢违背禁例。（斯陶德林：《宗教史杂志》）"亚美尼亚的教士们也宁可宽恕已犯的杀人罪和别的一些粗鲁的罪恶，却绝不饶恕违背四旬斋的禁例。

希腊基督徒中间最不敬虔的人、也把四旬斋看作是最道德的。"(迈涅尔斯,前书)刑法学家卡普卓夫如此地虔信基督,严守宗教,他每个月都吃圣餐,并且曾经不少于五十三次地读整本的《圣经》,然而,或者说也许正因为如此,这位虔诚的人却判处不少于二万个可怜的罪人以死刑。(斯太因:《刑法史》)"蒙莫朗西……也许可以说是天主教派里唯一的为爱教而爱教的首脑……如果相信勃朗多姆的话,那么可以知道,他确实曾经命令人去打人、杀人、放火,只要一面读着祈祷词,并且从不中断自己的祈祷,那就还是敬虔的。"①(《辞典大全》,罗里耐编)可见,信仰与爱,宗教与道德,究竟有什么相干呢?毫不相干,就好比那同信仰有关的上帝跟同爱有关的人毫不相干一样;因为,按照信仰,上帝与人形成最鲜明的对比:上帝是非感性的实体,人是感性的实体,上帝是完善的实体,人却是贫乏的、可怜的、毫无价值的实体。那么,怎样可以从信仰中归结出爱来呢?这就如同完善性不可能起源于可怜性,缺乏不可能起源于充满一般。是的!道德与宗教,信仰与爱,是直接互相矛盾的。谁只要爱上了上帝,谁就不再能够爱人;他对人间一切失去了兴趣。可是,反之也然。谁只要爱上了人,真正从心里爱上了人,那他就不再能够爱上帝,不再能够拿自己的热乎乎的人血徒然地在一个无限的无对象性与非现实性之虚空的空间中蒸发掉。人们说,宗教通过一个无所不知的实体之观念而使人不去犯罪。然而,

---

① 至于道德的品格与属灵的品格之间的矛盾,人性与宗教性、道德性与教会性之间的矛盾,就像我们的新、旧教的属灵者们在日常生活中所表现出来的那种矛盾,我却不想来讨论,因为我觉得写一些连我们那些感觉迟钝的农民也感到一目了然的事,是不必要的和不值得的。——著者

古人已经说过,人们在祈求上帝时应该以为似乎确实有人在倾听着,"谁在人面前不畏缩,谁就也许会欺骗上帝"。人们说,宗教惩罚罪人。但是,它也有着足够的方式来恕人无罪——不管是仰赖基督的功绩还是依靠赦罪符,不管是靠牛粪还是靠洗礼水,或者,说得更确切一些,它有着足够的方式方法来恕罪人无罪——因为,正像可尊敬的信者自己承认的以及他们的品格和生活所证明的那样,对于罪,信仰是完全无能为力或几乎是无能为力的,甚至于把黑人洗成白人。那位虽然属于启蒙之时代、但却正因此而也属于不信之时代的异教诗人奥维德,在他的《斋戒集》——这本书的由来,却仅仅在于一种古物学的灵感——中情不自禁地惊奇于他的虔敬的前辈们何以会相信一切犯罪、甚至可怕的杀人罪都能够通过一条河流的河水而被涤除掉。然而,尽管信仰与爱、宗教与道德如此地互相矛盾,道德却还是不仅像我在一开始时所说的那样去与宗教发生联系,而且,实际上,还是以宗教为基础的呢。不过,这里面的缘故,却完全不是人们通常所以为的那种缘故。宗教是全能的;它掌管天地,掌管太阳的行进与停止,掌管雷电、雨晴,总之,掌管人所爱和所怕的一切东西,掌管祸福和生死,从而,它使爱之诫命(或道德)成为属人的自爱、幸福欲之对象,因为,它用一切仅仅可以愿望而已的善来奖赏其履行,而又用一切仅仅可以愿望而已的恶来惩罚其不履行。耶和华上帝说道:"你若不听从耶和华你上帝的话,不谨守遵行他的一切诫命律例,就是我今日所吩咐你的,这以下的咒诅都必追随你、临到你。你在城里必受咒诅,在田间也必受咒诅。……耶和华必在你手里所办的一切事上,使咒诅、扰乱、责罚临到你,直到你被毁灭,速速的灭亡。……耶和华要用痨病、热病、火症、疟疾、刀剑、旱风、霉烂攻击你,这都要追赶你直到你灭亡。……耶和华必用埃及人的疮、并痔疮、牛皮癣与疥,攻击你,使你不能医治。耶和华必用癫狂、眼瞎、心惊攻击你。你必在午间摸索,好像瞎子在暗中摸索一样。你所行的必不亨通……"①"看哪,我今日将生与福、死与祸陈明在你面前。吩咐你爱耶和华你的上帝,遵行他的道,谨守他的诫命、律例、典章,使你可以存活,人数增多,耶和华你上帝就必使你手里所办的一切事,并你身所生的、牲畜所下的、地土所产的,都绰绰有余,降福于你。"②我们从这些经文中看到,宗教使得对德行的爱成为对长寿与安乐的爱,使得对违背道德诫命③的恐惧成为对埃及人的疮、痔疮、牛皮癣、疥的恐惧,总之也即使其成为对一切可能的不幸的恐惧;我们看到,所谓"道德基于或必须基于宗教"这样的说法,其实并没有什么别的意思,只是意味着道德必须基于利己主义,必须基于自爱,必须基于幸福欲,舍此以外道德便毫无根据可言了。犹太教与基督教之间的区别,仅仅在于在犹太教那里道德是基于对暂时的、属地的生活的爱,而在基督教那里则是基于对永恒的、属天的生活的爱。至于人们缘何并不认识到,与爱有所区别的信仰、与道德有所区别的宗教,其秘密乃只是利己主义,那却只是因为宗教利己主义并不具有利己主义之外观,只是因为人在宗教里

---

① 《申命记》,第 28 章第 15—29 节。——译者
② 并非逐句抄引。参见《申命记》,第 30 章第 15—16、10 节。——译者
③ 在这个地方不仅应当谈到道德诫命,而且也应当谈到宗教诫命。可是,因为这里正着眼于道德与宗教的分别,故而我们自然必须仅仅突出道德诫命。——著者

面是在自我否定之形式下肯定自己,并不是在第一人称中维护他的"我",并不是在命令式中而是在祈求式中、并不是在主动式中而是在被动式中维护他的意志,并不是自己爱自己,而是谦虚地让自己被爱。这样,与爱或道德有所区别的路德派信仰之内容,不外乎就是处于被动式之中的自爱之内容,这就是:上帝爱我,或者,我被上帝所爱;可是,因为我被上帝所爱——这就是信仰与道德的联系,所以我爱人们;因为我的利己主义已在宗教中得到满足,所以我不需要在道德中满足它;凡是我在道德里面化费掉和失去了的,由于信仰,由于确知被一位支配着一切珍宝与财富的全能者所爱,我就百倍地又获得了,或者,先就已经百倍地由这里面获得了。不过,让我们还是再回到我们所引的《旧约》经文上来吧!什么东西属于宗教,什么东西属于道德,什么东西属于上帝,什么东西属于人呢?属于人的是禁止杀人、禁止奸淫、禁止偷窃、禁止做假见证、禁止贪念邻人的妻子、房屋、田地等等;因为,虽然对贼来说禁止偷窃是非人性的,是与他的利己主义处于最大的矛盾之中的,然而,它却还是与占有者的利己主义处于最大的一致。一般地,道德与律例基于极其简单的基本原则:"己所不欲,勿施于人。"可是,没有人会愿意他自己的生命、妻子、田地、好名声被偷去,因此,每一个人——因为,即使贼也不愿意他偷来的东西又被偷去,杀人凶手也不愿意自己的性命被断送掉——的这个意愿,公然地被确立为普遍的律法,违者受罚。那么,什么东西属于上帝或宗教呢?一方面是埃及人的疮、牛皮癣、疥以及别的一些被宗教判加于恶人头上的祸患,另一方面则是长寿、人丁兴旺、田地丰收等宗教应许赐给善人的福乐;因为,此福抑或彼祸,都非人的能力所能及。① 但是,二者都是幸福欲之对象,前者是以肯定的方式,而后者是以否定的方式,前者是作为爱之对象、愿望之对象,而后者则是作为恐惧之对象、厌恶之对象。那么,什么东西是专门地、真正地属于宗教的呢? 只是幸福欲,只是利己主义,并且,是那不能在人手中得到满足的利己主义。我愿望我、我的妻子、我的田地、我的牲畜得到一切仅仅可以想象得到的恩典;但是,对于那侵犯和损害我的妻子、牲畜、生命者,我就千方百计地诅咒之,特别是如果他并不——并且,确实也并不总是——处于我的权力之中;但是,上帝或信仰之全能却成就或能够成就这两大愿望,即赐福的愿望和诅咒的愿望。可见,由于宗教主宰生与死、天堂与地狱,由于它使律法成为全能者——一切属人的愿望与恐怖之概念——的诫命,它便在自己手中或者说自为地具有利己主义,并由此而对人们、尤其是野蛮人施加一种可怕的威力,使道德之威力,尤其是抽象的、哲学的道德之威力,在它面前化为乌有,从而,丧失了它,就显得无可补偿的了。然而,不可忽视的是,宗教只是通过想象力才施加这种威力,或者说,它的威力仅仅存在于想象力之中;因为,如果它的威力并不仅仅只是一种臆造的威力,如果宗

---

① 当然,就神灵们罚恶奖善而言,他们乃是道德的威力,但是,他们所固有的、构成他们的本质的东西,却并不是道德,而只是罚恶奖善的权力而已。"上帝要求于你们的不仅是基督教的信仰,他也要求你们善良、与人为善和对亲邻友人满有爱心。"然而完全不是这样;上帝要求于你们的仅仅是信仰,而人才要求你们善良、与人为善、满有爱心,因为,上帝仅仅对信仰感兴趣,而人却对道德感兴趣。你信仰些什么,这与我毫不相干;但是,你是什么,你做些什么,那就不然了。当然,信仰之衬衣比道德之外套更贴近"我",但是,对"你",外套就比衬衣更近一些,并且,对"你"来说,只有我的外套才存在,我的衬衣根本就不存在。——著者

教实在是法与道德之实证的根据与支座,那么,宗教上的应许和惩罚也许就应当延伸到创立和保持国家,那么,人也许就不会采取如此繁多、如此巧妙、如此可怖的惩罚来阻挡犯罪了。换句话说,我们可以承认"宗教是国家的基础"这样的说法,但是,必须补充一点,即只有在想象之中、在信仰之中、在个人见解之中才是如此;因为,在现实中,国家,即使是基督教国家,也并不是基于宗教之威力——虽然它们当然也使用它(或者,说得更确切一些,也使用信仰,即人之软弱的一面)作为手段来达到他们的目的,而是建立在刺刀和别的残酷刑具之威力上面。一般说来,人实际上的行动根据,完全不同于在他们的宗教想象中所相信的行动根据。虔诚的菲利浦·德·康米恩在他的《路易十一编年史》中说道:"一切祸患或过犯都来自缺乏信心,如果人们坚定不移地相信上帝和教会关于永恒而可怖的地狱惩罚对我们所说的话,那么,他们就不会做他们所做的事了。"但是,这种信心软弱从何而来呢?乃是由于信仰力不外乎就是想象力,而虽然想象力之威力如此大,然而现实之威力无比地更来得大,并且是正与想象之本质相矛盾的威力。信仰,跟想象力一样,是夸张的;它赖以存在的便是趋于极端、夸张;它只知道天堂和地狱,只知道天使和魔鬼,它希望使人成为多于他应当是的,但却正因为这样而使人成为少于他能够是的;它希望使他成为天使,但却因此而在适当的机会使他成为一个真正的魔鬼。这样,由于散文式的现实之对抗,信仰之夸张的和幻想的本质便正好转变为自己的对立面!所以,既然宗教信仰——正像最伟大的信仰英雄们也承认的那样——由于直接侮辱了感官之铁证、自然直感和人生来固有的对不信的偏爱而如此容易地转变为自己的对立面,那么,倘若法与道德除了宗教信仰以外再没有别的什么基础的话,那就于人生大大不利了。但是,某种极其勉强的、建筑在对一种有充分根据的倾向加以暴力的压制上面的、每时每刻都遭受到理智之怀疑与经验之反驳的东西,怎么能够成为可靠而牢固的基础呢?如果相信国家——我当然是指一般的国家,并不是指我们的人为的、超自然主义的国家机构——没有宗教信仰便站立不住,那无非等于相信天然的脚不能够站立和行走,人只有踏在高跷上面才能行走和站立。但是,道德与法所立足于上的这天然的脚,便是对生命的爱,便是利害关系,便是利己主义。所以,认为一旦抛弃了上帝则势必也要使法与非法、善与恶之间的区别消失掉,这样的观念或恐惧,是最最没有根据的了。只要"我"与"你"之间的区别存在,则上面这个区别也就存在并且将要存在下去,因为,只有"我"与"你"的区别才是道德与法之源泉。即使我的利己主义允许我去偷窃,然而,别人的利己主义却绝不允许;即使我出于自己本身完全不知道和不愿意知道什么大公无私,然而,别人的私自利益却使我觉悟到大公无私是一种美德;即使我的男性的利己主义偏向于一夫多妻制,然而,女性的利己主义却抗拒这种偏向,坚决主张一夫一妻制;即使我并不觉察我眼中的梁木,然而,这梁木里面的每一片木屑却都将成为别人的挑剔之眼中刺;总之,即使我对自己是善是恶漠不关心,然而,别人的利己主义却就不会对这漠不关心。迄今为止,谁是国家之统治者呢?上帝吗?不!神灵们仅仅在幻想之天堂中统治着,但却并不在凡俗的实在地域上统治着。那么是谁呢?只是利己主义,但当然并非质朴的利己主义,而是二元论的利己主义;这利己主义,为自己发明出天堂,为别人却发明出地狱,为自己发明出唯物主义,为别人却发明出唯心主义,为自己发明出自由,为别人却发明出奴役,为自己发明出享受,为别人却发明出禁欲;就是这利己主义,使政府把自己所犯的过错推到臣民身上去,使父亲把自己所产生的罪恶归罪于孩子,使丈夫把自己应负责任的软弱拿来去责怪妻子,一般地,对自己一切都宽宏大量,无边无际地维护自己的"我",却要求别人不要有他们的"我",要求他们单靠空气来过活,要求他们像天使一般地完善和非物质。当然,我所指的并不仅仅是那种受限制的利己主义,即人们通常使用这名称时所意味的;其实这只是利己主义的一种而已,虽然是最通俗的。我指的乃是这样的利己主义,它所包含的种和类,总括了属人的本质之一切种和类,因为,不仅有单数的或个别的利己主义,而且又有社会的利己主义,有家族的利己主义,有集团利己主义,有区域利己主义,有爱国利己主义。诚然利己主义是一切祸患之原因,然而,它也是一切良善之原因,因为,若然不是利己主义,那么,是什么东西产生出农业、商业、艺术和科学呢?诚然它是一切恶行之原因,然而它也是一切德行之原因,因为,若然不是利己主义来禁止偷窃,那么是什么东西创造出廉洁之美德呢?若然不是利己主义因为不愿意把自己所爱的对象与别人平分而禁止奸淫,那么是什么东西创造出贞洁之美德呢?若然不是利己主义因为不愿意受骗而禁止说谎,那么是什么东西创造出诚实之美德呢?所以,利己主义是美德之第一立法者和原因,虽然只是出于对恶行的憎恶,只是出于利己主义,只是因为,对我来说是恶行,对它来说便是祸患,反过来,对我来说是一种否定,对别人来说却便是他的利己主义之肯定,对我来说是德行,对它来说便是善举。此外,为了维持国家,至少是我们的恶极的、违背自然和人性的国家,恶行同样也是必要的,虽然并不比人们的德行更必要些。我就近举一个例子——因为我是在巴伐利亚的土地上写作,诚然并不是以巴伐利亚的、当然也不是以普鲁士的或奥地利的精神写作——,例如,倘若我们这里的基督教并不只是单纯的属灵的词句而已,倘若巴伐利亚人民的基督教禁欲精神和非感性精神确实施行其威力,巴伐利亚人民确实不再喝啤酒,哪怕只是不再过度地喝啤酒,那么,巴伐利亚的国家何以存在呢?俄罗斯的国家,虽然"坚定不移地忠实于信仰",但却甚至于以烧酒这种毒品为其主要的财政上的生活来源。可见,无啤酒便无巴伐利亚,无烧酒便无俄罗斯,甚至也没有波—俄罗斯①了。面对着这个以及无数其他的同样通俗的事实,只有厚颜无耻的人才会对民众说宗教是我们那仅仅通过犯罪之镣铐才得以与人的本性结合起来的国家之纽带!然而,我们暂且把政治之恐怖搁下!人们说,道德必须基于宗教,必须基于属神的本质而不是基于属人的本质,不然它便会失却一切权威性与固定性。还有什么东西比属神的本质更相对、更可变、更不可靠呢?道德法则怎能以此为基础呢?这不等于到檐头底下来避雨——从人之本质逃到上帝之本质那里来避难吗?人之本质,尽管千变万化,就其基本意向而言,不总是某种与自己等同的、可靠的、甚至感性地确实可靠的东西吗?俗语说,"整个世界只希望一切顺利而已",不也是这个意思吗?但是,还有什么东西比上帝的本质更不可靠、更可疑、更矛盾、更动摇不定、更不确定、更相对呢?

---

① 波—俄罗斯(Бо-руссия),即普鲁士。——译者

至少,它不是随着时间与人的不同而可变和各各不同吗？在某一特定时间上帝之所以给予人以这一些而不是另一些律法,给予人以这一些而不是另一些启示,其根据不正在于这些人——这些律法与启示便是仅仅与他们相适应的——的本质吗？但是,如果一位立法者给予我以与我的本质相适应的律法——只有这样的律法才是真正的和有效的律法,那么,我的本质不就是律法之律法,不就是律法借以为前提的东西吗？那么,属人的本质与作为道德之根据的属神的本质之间的区别,究竟是怎样的呢？这就是简明的真理与宗教幻象或幻想之间的区别；宗教幻象或幻想使人的另一个"我"、人的本质与他的意志和知识区分开来而独立化成为一个甚至又是具人格的实体。例如,十八世纪一位正统派的博学家(古恩德林)说道："上帝不会命令恶事,因为他是最最善良和聪明的；因此他命令好事。凡是好事,无不妥善恰当。然后,就成为诫命；这样,他命令人去做他认为好的事,禁止人去做于他们有害的事。Finis Dei noster quoque finis sit oportet(上帝的目的也必须是我们的目的)。"当然是这样；因为,我们的目的便是上帝的目的,凡我们所不愿的事,凡是与我们的本性相矛盾的事、恶事、有害处的事,上帝也不愿。但是,虽然实际上属神的律法与本质乃是以属人的本质为前提和基础,宗教幻想却把这颠倒过来了。这同一位有神论者又指出,无神论者虽然"也能够了解那些与人类本性有联系的道德真理",但是,只有有神论才使人掌握手段去将其"实施,因为这实施乃是与我们的肉欲和激情相违背的"。这位有神论者跟所有有神论者一个调子地也说道："从正相反的观点看来,只不过是益处(utilitas)才应当阻止我去偷窃、去杀人或者加害于某人。然而，假定你在一个偏僻的地方遇到了你的死敌，就像扫罗在洞中遇到大卫①一样，你就不会怕因为要满足你的复仇欲而被发现和被惩罚。在上帝面前你并不害怕……你是个无神论者。那么，有什么东西应当阻止你去杀掉你的仇敌呢?"你这自夸的有神论者啊，在这种须凭良心的场合下决定你的行为的，仅仅只在于你是什么，而不在于你相信什么或者想什么；如果你是一个性恶的、好复仇的人，那么，尽管你笃信上帝、敬畏上帝，你却还是要行出恶行来，因为，有利的时刻、情感早使你把这些东西忘记得干干净净了。但是，如果你恰好相反，如果你不同凡俗，品格高尚，如果你实实在在是一个人而不是野兽，那么，即使不怕上帝、不怕人，你也将在你里面找到足够的根据阻止你去行一件恶事。我首先要说的，便是荣誉感；它避免暗暗地去做羞于公开地做的事——但是，可惜基督徒由于其上帝信仰而完全忽视了这个荣誉感；它不愿意去欺骗别人，有了它，人便诚实无诈；但是，就关系到上面所援引的那种个别场合而言，它却使人——如果他不完全是卑俗的畜生——正当他能够支配自己欲望的对象时成为征服自己欲望的胜利者；它是最高权力之胜利，是主宰生死的权力之胜利，但正因此便并不自卑到成为刽子手之可耻的手艺。所以，像在物理学中一样，在伦理学或道德学中，人们也只是出于无知才以神学为其避难所，但正因此而疏忽了去培养包含在人里面的行德行的根据和因素，因而，使民众直到今天还居坐于最深的道德野蛮状态之中。关于上面提到的一种说法，即认为在无神论中道德性仅仅依赖于益处和害处——这种

---

① 事见《撒母耳记上》，第24章。——译者

说法，神学家及其追随者，即神学之思辨的奴仆，至今还常常放在口头上，虽然是用另外的词句，那么，必须说明，这种对立，即使从有神论之观点来说，也是一种虚假的对立。在这种对立中，关键并非在于有害和无害、有益和无益——在这里面二者是一致的，而是在于确实的害处和不确实的害处，确实的益处和不确实的益处。无神论者们的害处是不确实的，有神论者们的害处，他们恐惧的对象，上帝的愤怒、惩罚，却是确实的；但是，反过来，无神论者们的益处也是不确实的，反之，有神论者们的益处，上帝的爱、酬报，却是确实的。或者说，有神论与无神论之间的对立，倒不如说只是无限的利己主义与有限的利己主义之间的对立。虽然在对上帝的恐惧之中利己主义消失不见了，因为，恐惧乃是"我"在一个消灭"我"或能够消灭"我"的威力面前的战栗；但是，在上帝的确实的和无限的酬报之中，无限的利己主义却又显明出来了。所以，就道德方面而论，虽然无神论者因为没有对上帝的恐惧而不及有神论者，但是，另一方面，却也因为他并不着眼于上帝的酬报而胜于有神论者。不过，我并不想谈论以往那种受局限的、肤浅的无神论，特别是法国人的无神论。真正的共和国跟法国人的共和国差得有多远，真正的无神论就跟法国人的无神论差得有多远。这样，对属神的罚恶正义的信仰，乃是基于对内美西斯①、对恶人的沉沦、对善人的胜利的信仰，正像我在另一个地方已经指出的那样，乃是基于这样一种信仰，这种信仰是一切历史行动之根据。但是，这种信仰是一种不依赖于有神论、不依赖于上帝信仰的信仰，因为，善乃包含于

---

① Nemesis，希腊神话中司天诛的女神。——译者

人的本性之中,甚至包含于人的利己主义之中;善不外乎就是与一切人的利己主义相适应的东西,恶不外乎就是只适应于和只适合于仅仅某一个阶级的人的利己主义、从而需要以损害别个阶级的人的利己主义为代价的东西。可是,一切人或起初只是多数人的利己主义,总是强于少数人的利己主义。只要看一看历史!历史上的新时代是什么时候开始的呢?到处是在被压迫群众或大多数人为了维护他们的充分合法的利己主义而反对一个民族或一个阶层之排他的利己主义的时候,是在某些阶级的人或整个民族战胜了贵族少数之狂妄自大而脱离了赤贫者之遭到轻视的幽暗,来到历史名望之光明的时候。这样,人类之现在被压迫的多数应当并且确实将要掌权并且创立一个新的历史时代。并不是教养、精神之贵族应当被扬弃;决不!只是,不应当让一些人做贵族,其他所有的人都做平民,而是应当让一切人——至少是应当——都受教养;并不是私有财产应当被扬弃,决不!只是,不应当让一些人有私有财产,而所有其他的人却一无所有,而是应当让所有的人都有私有财产。

———

宗教之原本的对象,乃是与人区分开来的、不依赖于人的、但却是人所依赖的东西。但是,这却正不外乎就是自然。关于这一点,经典家们的话也是极其宝贵的。举一些例子。奥维德在他的从本都(Pontus)发出的书信中对日曼尼卡斯说道:"只但愿神灵给你年岁,让你长寿,至于其余的东西,那你就将从你自己取得。"李维说道:"年轻的凯索·克文克修斯出身高贵,体格强壮。除了神灵们的这些赏赐以外,他自己又在战争中辉煌地证明了自己的勇敢,在讲坛上光荣地证明了自己的雄辩。"这样,他便被称作为一个具有或装备有自然或幸运之一切赏赐或善美的青年。在越过阿尔卑斯山准备跟汉尼拔交战以前,根据李维的记载,希比奥对兵士们说了如下的话:"我所怕的,只不过是我觉得,以前战胜汉尼拔的,似乎并不是你们,而是阿尔卑斯山,虽然说完全合乎秩序的是神灵自己不依靠人的帮助而对抗与打击不守信的军队统帅。"塔西佗在他的《年鉴》中说道:"以如此多的(人为的)暴行而蒙羞的一年(尼禄统治下的公元第66年),神灵们也用暴风雨和疾病来加以标别。"在普卢塔克的《传记集》中,卢古鲁斯依靠神灵们的帮助而把密特利得提斯六世从海洋里赶走,因为暴风消灭了密特利得提斯六世的舰队;然而,根据弗洛鲁斯的记载,致成这次败仗的,只不过是那似乎与卢古鲁斯结盟的波浪与暴风。可是,无论是说"自然"还是说"神灵",都是完全一样的,因为,神灵本身便只是诗意的自然实体。在西塞罗的著作《神性论》中,科塔说道:"所有的人都以为,他们是从神灵那里得到一切外在的安适,如葡萄园、田地、橄榄园、丰富的野生水果和栽培水果,总之,一切属于安适而幸福的生活的东西。是否有人感谢神灵使他成为一个有德性的人呢?从来没有!人只是感谢上帝使他富有,使他受尊敬[①],使他健康。总之,所有的人都一致认为,应当向神灵们求的是幸福,至于智慧,则应当从自身取得。"贺拉斯在他的书信中说道:"只但愿朱比特给我生命、

[①] 波斯诗人萨迪也说道:"我们并不是通过我们自己的才能来获得财富和势力;只有属神的全能,才把它们分配给我们。"——著者

财产；至于欢畅的精神（平安的心情），那我将自己为自己创造出来"；而根据格流士的记载，检察官美太鲁斯·努米第库斯说道："神灵必须奖赏美德，却并不给予美德。"塞尼卡在他的书信中写道："谁能够怀疑，我们之活着乃是不死的神灵们的赏赐，而我们之活得很好（正直地、道德地活着）却是哲学之赏赐呢？"在这里，多么明白而不会致误地说明，神性或神灵不外乎就意味着自然！凡是在人的势力以外的，凡是不是人的自我活动之作用的，例如生命，那就是上帝的作用，这也就是说，实际上乃是自然的作用。

　　自然是人的上帝；但是，自然处于恒久不息的运动与变化之中，并且，这些自然变化或自然事故毁灭或助成、阻碍或促进人的愿望和企图；所以，便是它们，主要地激起宗教感情，使自然成为宗教的对象。顺风把我带到我所想望的地方：我"同上帝一起"来到那里；暴风扬起灰尘，使我的敌人不能张眼：上帝使他们双目失明；正当我干渴难忍的时候，一场大雨突然使我清新：神灵赐下雨来；疫疠蔓延（不管是在人中间还是在牲畜中间）：疫疠是"上帝的手"或威力。可是，这些自然事故正是与这些和那些属人的愿望相适应或相矛盾，给人们带来幸福或者不幸，这却是在绝大多数场合都是完全偶然的。可见，偶然——主要是幸运的偶然——乃是宗教之主要对象。表面上看来似乎矛盾的是，甚至那直接使人——像老普利尼所说出的那样——对上帝的存在产生怀疑的东西，却也被当作是一位上帝。然而，偶然自在地就具有神性之本质重要的和原本的特征，即它是某种非有意的和非任意的东西，是某种不依赖于属人的知识与愿望的东西，但却又是人的命运所依赖的东西。

异教徒们归给于好运或坏运——命运——的东西,基督徒们便归给于上帝,然而,这却丝毫也不妨碍他们仍旧像异教徒一样地把偶然神化,只是,他们并不把它表象为一种特殊的神性。普遍名词"上帝"乃是一只口袋,可以把一切可能东西都装到里面去;但是,一样东西装在口袋里却并不有异于在口袋外面;只是,对我来说,它丧失了它的可见的属性。所以,就事论事、就内容而言,不管我是说"上帝愿意这样"还是说"偶然愿意这样",都是完全一样的;不管我是说"上帝赐给丰收"还是说"这一次得到了丰收",都是完全一样的;不管我是说"如果上帝愿意,扫帚柄也会叶绿满枝"还是说"如果碰上运气,牡牛就产犊",都是完全一样的;不管我是说"上帝是愚人的保护者"还是说"幸运是愚人的保护者",不管我是说"上帝给予,上帝夺取"还是说"并不是一年到头刮着同样的风",都是完全一样的;不管我是说"一切都遵从上帝的旨意"还是说"一切都受命运摆布",都是完全一样的;不管我是说"由于上帝的关怀,使树木不一直长到天上"还是说"树木并不一直长到天上,这是可庆幸的",都是完全一样的;不管我是说"上帝使谁湿,上帝也使他干"还是说"雨过之后天晴",都是一样的。上帝乃是被转变为具人格的"他"的"它"。"他"比幸运或不幸之"它"更合乎人的心意、更使人称心满意;但这也是唯一的区别了。不管是由于燕子窠的掉下还是由于恶作剧的一拳头而把我的眼睛打瞎,不管是一个偶然的"它"使我从屋顶上掉下来还是一个发脾气的"他"、也许是我的最仁慈的国王为了寻欢作乐而开枪把我从屋顶上打下来,这不幸之事总还是同样的。所以,不用奇怪,在希腊人那里,"上帝"(Theos)这个词便已经具有"幸运"、"偶然"

(Tyche)的意义了；①即便是我们那些基督教前辈们也由于其敬虔的单纯而猜测到了和透露出了属自然的偶然与属神的偶然之同一性，这个同一性，我在《基督教的本质》一书中说成是现代基督徒们的耻辱。纯朴虔诚的阿文丁(Aventinus)说道："上帝、自然和幸运共同决定一切，我们还在左思右想，他们却已经获得了。"而在另外一个场合，他又说道："当匈牙利人被狂风暴雨所击溃的时候，也许是出于上帝的恩典或别的什么，突然之间出了太阳，气候转佳。"

那跟人区分开来和独立于人的实体，即宗教之对象，决不是仅仅只是外在的自然界，而是又是人的自己的、内在的、但区别于和独立于他的知识与意愿的本性。我们明确到这一点，便达到宗教之最重要的一点，达到宗教之原来的位置和起源。宗教的秘密，归根到底只是意识与无意识的东西、意志与不由自主的东西在同一实体中相结合的秘密。人有意志，然而他却是不由自主地有意志——他经常羡慕无意志的实体——，他是有意识的，然而他却是无意识地达到意识——他经常自己剥夺自己的意识，并且，心甘情愿地在每日工作完毕后重又沉于无意识之中——，他活着，然而，

---

① 希腊人不像我们那样用"以上帝的名义"、而是用"以好运气"来开始他们的公开文件和决议。罗马人有时也用"上帝"代替"幸运"或"偶然"，有时又用"偶然"来代替"上帝"。例如，西塞罗给太罗写道："Nisi qui deus vel casus aliquis subvenerit?"（难道只有上帝或某种偶然事件才将帮助你吗）在罗马，幸运女神有不下于 26 个庙宇。正像在我们这里"它"与"上帝"是等价的一样，在罗马人那里，bene vertat Deus（让上帝使这顺利）或 Quae mihi atque vobis res vertot bene（让这结果对我和对你都良好）也是等价的。——著者

他既不能控制生命的开始,又不能控制生命的结束;他逐渐成长,然而,当他长大成人以后,他便觉得自己似乎是天然便如此的,似乎像菌蕈一般突然地一晚便成的;他有一个身体,无论喜乐之时和悲哀之时他都感觉得到这是他自己的身体,然而,他在自己的居所里倒反是个陌生客人;他因了每一次喜乐而获得一种他所不应得的奖赏,但是,他也因了每一次遭难而获得一种他所不应得的惩罚;他在幸运的时刻感到生命是一种他没有祈求过的赏赐,但是,在不幸的时刻,他又感到生命是一种违背自己意志而加在自己肩上的重担;他感到需要之苦痛,然而,他满足它们的时候却不知道他做这事是出于自己的动机还是出于某种陌生的动机,不知道他以此满足的是自己还是某个陌生的实体。人跟他的"我"或意识一起站在一个深不可测的深渊的边缘,而这深渊则不外乎就是他的自己的无意识的本质;他看起来似乎这是一个陌生的实体。那在这个深渊边左右着人的感情,在诸如"我是什么?""我从何而来?""我何以存在?"等惊叹与讶异之语句中暴露出来的感情,便是宗教感情,使我觉得没有"非我"我就一无所是,这"非我"虽然区别于"我",但却又与"我"紧密相联,是一个另外的实体,然而又是我自己的本质。但是,"我"是什么,在我里面的"非我"又是什么呢?"非我"是作为饥饿的饥饿或饥饿之原因;但是,"我"却是饥饿之令人苦痛的感觉或意识,这种感觉或意识同时又促使我把我的一切运动工具都向着那能够平息这种苦痛的对象伸展开去。可见,"我"或人(真正的人)之要素乃是意识、感觉、随意的运动——我之所以说是随意的,乃是因为,非随意的运动已经属于"我"之彼岸,已经属于属神的"非我"之领域——,所以,在疾病之中,例如在癫痫之中,在兴奋过度、疯狂、神经错乱的状态之中,人们看到了上帝的启示或属神的显现。我们上面以饥饿为例所指出的,同样也适用于一些更高的、精神的意向。例如,我仅仅感到有做诗的意向,并且通过随意的活动来满足这种意向,但是,那使我趋向于满足这个意向的意向本身,却是"非我"。不过,需要超出题外地提一下,"我"与"非我"如此地亲密,以至可以相互替代,"非我"不可无"我","我"也不可无"非我";并且,"我"与"非我"的这种统一,乃是个体性之秘密、本质。"非我"怎样,"我"也就怎样。例如,如果食欲是占优势的"非我",那么,"我"或个体性便也是以吃食工具之占优势的发展为其特征的。适应于这个"非我"的,便只有这个"我";反之亦然。倘若不是这样,倘若"非我"本身不是已经被个体化了的,那么,"我"之出现或存在便像神学中上帝的化身或人与上帝的合而为一一样地不可解释、神奇和怪诞了。个体性之根据是什么,宗教之根据便也是什么:"我"与"非我"之联合或统一。倘若人是一个纯粹的"我",那他便没有宗教了,因为,这样一来,他自己便是上帝了;但是,倘若他是一个"非我"或者是一个并不把自己从其"非我"中区别出来的"我",那他同样也不会有宗教,因为,这样一来,他便成了植物或动物了。然而,人之所以为人,却正在于他的"非我"是他的意识之对象,是他的赞叹之对象,是依赖感之对象,是宗教之对象,就像外在的自然界一样。没有了感官、想象力、理性,我还是什么呢?一个外在的幸运事件,在哪一点上胜过一个救我脱离困境的幸运念头呢?如果不是眼睛察看着我所行的步子,那么,天上的太阳帮助我些什么呢?太阳的光辉,比起幻想之魔光来,算得了什么呢?一般地,外在自然界的奇迹,比起内在本性、精神之奇迹来，算得了什么呢？可是，难道眼睛是我的双手的产物，幻想是我的意志的产物，理性是我所作的发明吗？换句话说，难道是我自己"给予"自己这一切奠定我的本质、为我的生存所依赖的高贵的力量和才能吗？也就是说，我之是个人，难道是我的功劳、我的成绩吗？不！我谦虚地承认——就这一方面而言，我的见解完全跟宗教一致，我并不是自己造出眼睛以及别的什么器官或才能；但是，一切属人的能力并不是像宗教所主张的那样是现成地被我获得的，不！——在这里，我便已经跟宗教有冲突了——它们是跟我一起同时由自然之子宫中发展出来的。可见，宗教使并非是人随心所欲便能创造出来的东西成为上帝随心所欲的产物，使并非是人的功劳、制成品的东西成为上帝的功劳、赏赐、制成品。宗教除了人手的随意的活动以外并不知道别的什么生产性的活动，一般地，它除了属人的本质（主观的本质）以外并不知道别的什么本质；在它看来，属人的本质——并且胜过一切神灵——是绝对的、唯一的存在着的本质；但是，虽然如此，它却还是莫名惊诧地在人里面碰上了一个"非我"；因而，它又使人里面的非属人的本质成为一个属人的实体，使"非我"又成为"我"，使其也像人一样的有手（一般地，有随意活动之工具或力量），只是，有这样一个区别，即属神的手能够造出属人的手所不能够造出的东西。这样，我们必须注意到宗教的两个方面。一方面是谦卑；它使人承认他并不是由自己而具有他所是的和所有的一切，即使是他自己的生命和本质，他也只是租来的而不是自己占有着的，从而，每时每刻都有可能从家园里被赶出去——谁保证我不会失去我的理智呢？这样，他毫无理由可以自负和骄傲。① 索伏克里斯在《执鞭英雄阿亚克司》中说道:"人,即使有一个如此强壮的身体,总还是必须想到或害怕自己也会由于最微小的不幸事故而灭亡。"他在这同一个地方又说道:"我们人不外乎是没有实体的飘渺的幻影。只要你想到这一点,那你就决不会对神灵说出一句夸口的话,即使你比别人更强或更富,你也不会扬扬得意,因为,你所有的一切,一天之间便会化为乌有。"当阿亚克司离开父家时,父亲对他说:"儿子!但愿你在战争中胜利,但永远只是与上帝一起胜利。"可是阿亚克司却做了愚蠢而傲慢的回答:"父亲!一个一无所是的人也照样能够与神灵一起取得胜利;我却是希望没有神灵们而在战争中自己树立功勋。"当然,强干的阿亚克司的这一番话不仅是不虔的,而且也是鲁莽的,因为,即使是最勇敢的和最强的人,也会由于风湿性关节炎或其他什么偶然的不幸而手臂麻痹。可见,即使阿亚克司不愿意跟神灵们打交道,他也还至少应当在自己的话中添进谦逊的"如果"二字,应当说:如果没有什么阻碍,那我就将胜利。所以,虔诚不外乎就是谦逊之美德,是像希腊人的 Sophrasyne(涵养,沉着)那样意思

---

① "我"之概念,一般地,人所归给自己的东西之概念,是一个非常不确定的和相对的概念,并且,随着他扩大或缩小这个概念,属神的活动之概念或观念也相应地缩小或扩大。人甚至于能够——当然,经常是出于对神灵们的纯粹的宗教上的礼节和谄谀——进而剥夺掉自己的一切;因为,我之感觉着、意识着、存在着,这归根到底也是存在于"我"以外的那些前提之结果,也是自然或上帝之成绩。实际上,人越是深入自己,他便越是看不到自然与人或"我"之间的区别,他便越是认识到自己只不过是被意识到的无意识的东西(或其中一个),只不过是同时又是"我"的"非我"(或其中一个)。所以,人是最最深刻的和最最深虑的实体。但是,人并不了解和表明出他自己的深刻,从而,把自己的本质分裂成为一个没有"非我"的"我"——他称其为上帝——和一个没有"我"的"非我"——他称其为自然。——著者

的自制之美德——索伏克里斯说,上帝爱沉着的人;由于这种美德,人并不逾越自己的本性之界限,并不在自己的思想和愿望中超越属人的本质与能力之限度,并不擅自霸占不是人所固有的东西;因而,由于这种美德,他拒绝给予自己以创作者之称号,并不把他所创造出来的作品,即使是焰火术和织造术之作品,归功于自己,因为他是由自然而不是由自己而具有这些艺术技巧之才能、原则的。"你要虔诚!"这句话其实就意味着:"考虑一下,你是什么——一个人,一个必死者!"就原本而言或自在地而言,并不是所谓的上帝意识,而是人意识,才是宗教之本质(取其持久的、积极的意义);也就是说,是这样一种意识或感觉,即意识到或感觉到我是个人而不是人之原因,我活着而不是生命之原因,我看见而不是看见之原因。要想扬弃这种意义下的宗教,其荒谬程度便不下于没有天才的人想要单凭其意志和勤奋而使自己成为艺术家。没有天才、因而没有使命地开始一件事业,便意味着没有上帝而开始它;有天才而开始它,便意味着以成功、以上帝来开始它。奥维德在他的《斋戒集》中说道:"在我们里面居住着一位上帝,当他刺激我们时,我们便激动起来。"但是,诗人的这一位上帝,是怎样一位上帝呢?便是被人格化了的诗艺,便是被对象化为属神的实体的作诗天才。歌德说得很妙:"想把某种外国的新时髦搬进来,而对它的需要却又并不植根于本民族的核心之中,一切这样的企图,便都是愚蠢的,并且,一切这样种类的别有用意的革命,都不会成功,因为,它们没有一位避却如此的拙劣行动的上帝。但是,如果在一个民族中实际上需要一次巨大的改革,那么上帝便与其同在,这种改革便会成功。"这也就是说,凡是非必要地、从而也即非正当地——因为,必要之正当性,是最原始的正当性——发生的事,就也是没有上帝而发生的事。如果并没有进行一次革命的必要性,那么就也没有真正的对革命的意向、才干、灵智,从而,它必然失败。一次无神的或者——这是一样的——无成效的行事,便也是一次没有头脑和机智的行事。对于宗教,必须注意到——我们已经在以前注意到了——的另外一方面,便是骄傲;由于有了骄傲,人便偏重于自己,使一切都自我化、人化,并且如此又使人里面的有别于人的东西也成为一个具人格的实体,也即成为这样一个实体,使其成为祈求、感恩与荣耀之对象。由于宗教使非随意的东西成为某种随意的东西,使自然之力量与产物成为赏赐、恩惠,从而使人有责任对这些赏赐、恩惠的发起者、神灵感恩和崇敬,所以,表面上看来宗教似乎具有一种深刻的人道和教养,而正相反的世界观,由于把生命之善看作和设定为自然之强制的产物,所以,表面上看来便似乎显得无情和粗野。塞尼加便已经在他的论恩惠的著作中说道:"你说:这一切善都来自自然。但是,难道你没有觉察到,当你说这话时,你只不过是用另一个名称来称呼上帝而已吗?除了就是上帝以外,自然还是什么呢?这样,当你说你丝毫也不感谢上帝而只是感谢自然时,其实,你,必死者中间最忘恩负义的,什么也没有说;因为,自然无上帝便不复存在,上帝无自然也不复存在,二者是合而为一的。"可是,我们决不要让这些宗教灵光圈给迷住了眼睛,我们应当认识到,人之想要由一个人格型的原因中导出一切自然作用,想要由一个善的意志或实体中导出善的自然作用,由一个恶的意志或实体中导出恶的自然作用,这种意向,乃是基于最粗野的利己主义;我们应当认识到,宗教上的人祭以及人类历史上别的恐怖事件,都只是起源于这个意向;因为,由于这同一个意向,一方面为了所享受到的善而需要来感谢和爱一位人格实体,另一方面又为了所遭遇到的恶而需要来憎恨和屠杀一位人格实体,不问其是犹太教徒、异端者、邪道和女巫。这同样的火,一方面为了自然之善美而直达天庭,以申感恩之意,另一方面却又为了自然之祸患而焚烧异端者、邪道和女巫,以示惩罚。所以,如果说因了施恩惠的雨而感谢可爱的上帝乃是教养与人道之象征,那么,把一次有害的冰雹归罪于魔鬼及其同谋者,便也是教养与人道之象征了。一切的善都来自属神的仁慈,那么,一切的恶就势必来自属魔鬼的邪恶了。二者不可分离。可是,如果人把与他的利己主义相矛盾的自然作用归罪于一个恶的意志,那显然便是彻头彻尾的粗野之象征。为了确信这一点,我们不必一直推想到薛克斯;根据希罗多德的记载,由于恼恨水上没有桥梁,薛克斯曾经用责打三百鞭来惩罚赫勒持滂①。我们也不必一直远移到马达加斯加岛;在那里,人们把在怀孕和生产时使母亲大受折磨的婴孩绞死,因为这些婴孩显然一定是极其恶劣的。我们在自己这里也看得到,我们的粗野无知的政府如何把一切它们所不乐意的人类历史必然性和人类历史发展归罪于个别人的恶的意志;我们看到,无教养的人如何虐待他的牲口、孩子、病人,却只是因为他把自然之缺陷或固有特性看作是执迷不悟之作用;一般地,我们看到,平民如何幸灾乐祸地把人无能为力的、由自然而得的东西归给于意志。因而,如果人把正相反的、施恩惠的自然事变归给于善的或属神的意志,那就也是无教

---

① Hellespont,达达尼尔海峡的古名。——译者

养、粗野、利己主义、自私自利之象征了。区别出"'我'不是'你','你'不是'我'",这乃是一切教养与人道之基本条件、基本原则。但是,谁把自然作用归给于意志,那谁就并不区别自己和自然。并不区别他自己的本质和自然的本质,从而,他就不是对自然采取应该采取的态度。对一个对象的真正态度,乃是适合于其与我的区别,适合于其本质;这种态度,当然决不是宗教的,但也决不是像庸俗的和有学问的平民所设想的那样非宗教的;这两种平民都只知道信仰与不信、宗教与非宗教的对立,却不知道超越于二者的更高的第三者。信宗教的人说:"愿大地如此善美,给我丰收。"不信宗教的人、波利非马斯①说道:"无论大地愿意与否,它必须给我果实。"真正的、既不是信教又不是不信教的人说道:"如果我给大地以它的本质所应得的东西,那它就将给我;既不是它愿意给,也不是它必须给——只有被迫的、违背意志的东西才必须给,而仅仅只是当在我这方面一切条件也已成全,使它能够在这些条件下给出或者不如说产生时,它才将给;因为,自然什么也不给我,我必须甚至以最强暴的方式来自己占取一切至少并不直接与我相关联的东西。"我们由于聪明和利己心而在我们自己中间禁止谋杀和偷窃,但是,在跟别的东西打交道时,在跟自然打交道时,我们就全都是谋杀者和小偷。谁给我权利去取得兔子呢?狐狸和老鹰也像我一样有饥饿和有生存的权利。谁给我权利去取得梨呢?它同样也属于蚂蚁、毛虫、鸟、四脚动物。那么,它真正说来是属于谁呢?谁取得它,就属于谁。这样,我还应当感谢神灵使我仅仅靠着谋杀和

---

① Polyphemos,荷马史诗中独眼巨人族的领袖。——译者

偷窃而生活吗？多么单纯！只有当神灵对我证明我实实在在只是靠着他们才得以生活时，我才是有责任去感谢他们；然而，另一方面，只有当有烤好了的鸽子直接从天上飞到嘴里来时，他们才会对我证明这一点。我说：烤好了的？其实，这还不够。我必须说：嚼好了的和消化好了的；因为，对神灵及其赏赐来说，咀嚼与消化之类麻烦的和不雅观的作用恐怕未必相宜。一位上帝，这世界尚且由他一下子由虚无之中创造出来，怎么会需要这么多的时间和劳累来形成胃里面这样一小团糜浆呢！所以，这里又说明了，神性如此说来乃是由两个组成部分组成的，其中一个部分属于人的幻想，另一个部分则属于自然。一个部分、即区别于自然的上帝说道："祈求吧！"而另一个部分、即并不区别于自然、只是表现出自然的本质而已的上帝却说道："工作吧！"因为，自然是工蜂，而神灵却是雄蜂。这样，我如何能够由雄蜂中引出勤俭之影像与法则呢？谁由上帝而导出自然或世界，那谁就主张：饥饿来自饱足，缺乏来自过剩，沉重来自如人的思想一般的轻浮，工作来自游手好闲；这样的人，就等于想由仙丹里烘出黑面包来，想由神灵们的仙汁里酿出啤酒来。

———

自然是原本的上帝，是宗教之原本的对象；但是，它之为宗教的对象，却并不是作为自然，而是作为属人的实体，作为心情实体、幻想实体、思想实体。宗教的秘密，是"主观的东西与客观的东西的同一性"，换句话说，是人的本质与自然的本质的统一，但这又是有别于实际的自然本质与人类本质的。人以多种多样的方式人化自然本质，反过来——因为，二者是不可分割的——也以多种多样的方式来对象化、外化他自己的本质；然而，在这里，我们仅仅限于讨论两种形式，即形而上学的形式和一神教之重实际的而又富有诗意的形式。后面这种形式特别成为《旧约全书》与《古兰经》的特点。《古兰经》的上帝，跟《旧约全书》的上帝一样，也是自然或世界，是与偶像之人为的、死的、被造的实体正相反的实在的、活的实体。①但又并不是一小部分世界，并不是一小部分自然——例如，穆罕默德以前阿拉伯人所信奉的石头，而是完整无缺的、广大的自然。例如，在《古兰经》（根据乌尔曼的译本）第10章中说道："你们说，是谁供给你们天地之食物？或者，谁掌管听觉和视觉呢？谁由死中引出生，由生中引出死来呢？谁是一切事物之主呢？无疑你将回答：是上帝。这样说了，你们还不想惧怕他吗？"在第16章中说道："上帝让谷粒和枣椰子核发芽长大……他唤起晨光，给夜晚以供休息，给太阳和月亮以供计算时间。这一些制度都来自全能者和全知者。是他由天上送下水来，使我们借以生产出一切事物之精质、一切绿色植物、成列的谷粒、长满着枣椰子的棕榈树和长满各种各样葡萄、橄榄和石榴的果园。你们看看它们的果实如何长出和成熟。实际上，对虔诚的人来说，这里便已有足够的象征了。"在第13章中说道："是上帝，不用看得见的柱子支撑便使天高高在上……是他使地广阔无边，是他安排了经久不变的山脉，创造了河流，使每一种果实有雌雄两性之分。他使昼夜交替……是他

---

① 据钱拉勒亭的记叙，穆罕默德曾派一个热心的穆罕默德信徒去引导一个不信者皈依伊斯兰教。不信者问他："你的上帝是怎样一位上帝呢？他是金的、银的还是铜的？"然后，闪电打在无神者身上，他死去了。这是一个十分粗鲁的、然而却是显明的教训，说明活的上帝与被造的上帝的区别。——著者

在恐惧与希望中把闪电指示给你们看,是他使云中饱含雨滴。雷响颂赞他,天使荣耀他。他派遣他的闪电,按照自己的意志击打。然而,他们却还是在争论上帝,争论全能者。"可见,真正的上帝,跟描摹出来的上帝——偶像——相反的真主,其特征或作用便就是自然之作用。一个偶像不能够产生出什么活物,不能够产生出什么可口的水果,不能够降下甘霖,不能够呼风唤雨来警戒人。能够这样做的,只有这样的上帝:他由自然而成为上帝,并不是只是由于人才成为上帝,从而,不仅外表上看来、而且就其本质而言也是一个活的、实在的实体。但是,一位上帝,若然其作用和特征乃是自然作用,那他也就至多不过是自然而已;然而,正像已经说过的那样,他并不是自然的一个部分,并不是这里是、那里又不是、今天是、明天又不是、并且正因为这样而被人在一个影像之中具体化和永恒化,——而是自然整体。在《古兰经》的第 6 章中说道:"当夜晚的幽暗笼罩着他(穆罕默德)时,他看到了一颗星,说道:这是我的主。但是,当这星落下去时,他就说:我并不爱落下去的星星。当他看到月亮升起时,他又说道:这实实在在是我的主。但是,当这月亮也落下去时,他说:如果我的主不引导我,那我就像这迷误的民众一般无二。可是,当他看到太阳升起时,他又说:看哪,这是我的上帝,因为,这是最伟大的东西。但是,当太阳落下去时,他就说:哦,我的民众,我不再参预你们的偶像膜拜了,我要敬拜那天地的创造者。"可见,永远存在和到处存在,无处不在和无时不在,这乃是真神之特征;但是,自然也到处存在。什么地方没有自然存在,什么地方就也没有我存在;并且,什么地方有我存在,什么地方就也有自然存在。"哪里我应该离开你——自然——呢?""哪里我应该逃避你的本质呢？""我升到天堂上，那里是自然。我躺卧在地狱里，看，那里也是自然。"哪里有生命，那里就有自然；并且，哪里没有生命，那里却还是有自然。一切都充满着自然；那么，你想如何来避开自然呢？然而，《古兰经》里的上帝，像《旧约全书》里的上帝一样，既是自然而同时又不是自然，而是一个主观的、也即人格型的、像人一样地知识着和思维着、像人一样地愿望着和作用着的实体。自然作用，就其为宗教的对象而言，则同时又是属人的无知与想象力之作用，而这些自然作用之本质或原因，则同时又是属人的无知与想象力之本质。人由于无知这一个裂缝而跟自然界分了开来；他并不知道，草如何生长，儿子在母腹里如何形成，雨、闪电和雷如何产生。在《约伯记》里说道："你听到过地有多大吗？我说，你知道这一切吗？你看到过冰雹如何由来吗？谁是雨的父亲呢？你知道天是如何受管制的吗？"①所以，只要自然作用是这样一些现象，这些现象的根据、素材、自然条件是人所不知道的，那么，它们对他来说便是一个纯粹不受制约和不受限制的威力之作用，这威力无所不能，甚至于由虚无之中创造出世界来，因为它直到今天还由虚无之中、即由属人的无知之虚无之中创造出自然作用来。属人的无知是无底的，而属人的想象力是无边无际的；那被无知夺掉其底基、被幻想夺掉其界限的自然力，便是属神的全能了。自然作用，作为属神的全能之成绩，便不再有别于超自然的作用、奇迹、信仰对象了；产生出自然而然的死的和产生出超自然的死人复活——这只是信仰的对象——的，是同一种力量，循

---

① 摘引自《约伯记》，第38章。——译者

着自然的道路繁殖出人的和由石头里或者——如果愿意的话——由虚无之中产生出人的,是同一种力量。例如,在《古兰经》第50章中说道:"这样,正像我们通过雨而使一块死地复活一样,在某个时候也将会有复活……难道我们由于最初的创造而困乏了吗(根据沙伐利的译本:难道宇宙之创造已经使我们筋疲力尽了吗)?然而,他们还是怀疑一次新的创造,也就是说,怀疑复活。"路德在他的对《诗篇》第147篇的简短的解释中说道:"他使冬去夏来,不然的话,就永远是冬天,我们就都要冻死了。但是,他是怎样(或者说,是借着什么)赐给我们夏天的呢?""他一说,冰就融化了。""他借着言语创造一切,他只消一句话就成了;这就意味着他是主。"换句话说,属神的全能乃是与属人的想象力之力量同一的、熔而为一的自然力量——是这样的自然力量,它与自然区别开来、割裂开来,同时又表现出属人的想象力之本质,或者,仅仅表现出属人的想象力之本质。然而,一方面,就自然既创造着而又消灭着而言,一般地,就其给人造成一种显赫威武的印象而言,人使它人化成为全能者,而另一方面,就自然创造出无数的享受而言,一般地,就其作为一切生活善美之总和而给人造成至高的善之印象而言,人又使它人化成为至善者;就自然是以一种使人的理智莫名惊诧的方式产生这一切东西而言,人又使它人化成为一个至慧者或全知者。总之,作为主观本质的客观本质,作为有别于自然的实体、作为属人的实体的自然本质,作为有别于人的实体、作为非属人的实体的人的本质——这便是属神的实体,便是宗教的本质,便是神秘与思辨之秘密,便是伟大的陶马(Thau-ma)——一切奇迹之奇迹,便是人之所以陷于最深的惊异与沉迷之中的缘故①。上帝像人一样有意志,但是,与上帝的意志相比,人的意志还算得了什么!须知上帝的意志产生出各种巨大的自然作用,使大地震动,使山脉巍然高耸,使太阳运动,命令怒吼的海洋平静下来!这意志还有什么不能行的事呢?在《古兰经》和《诗篇》中都说道:"上帝随心所欲地创造。"上帝像人一样有语言,但是,与上帝的言语相比,人的言语还算得了什么!在《古兰经》(根据沙伐利)中说道:"他要某一样东西存在吗?那他只要说一声要有,就将存在了。""如果他想要给予什么东西以存在,那他只要说:存在吧!它们就存在了。"上帝像人一样有理智,但是,与上帝的知识相比,人的知识还算得了什么!前者总括一切,包括无穷无尽的宇宙万物。在《古兰经》中说道:"他知道地上有些什么和海底里有些什么。没有一张树叶掉下是他所不知道的。若不是早已记载在《显明书》上,那么,大地就连一小粒尘土也不会有。"属神的本质就是属人的本质,但是是这样的属人的本质,即在幻想之中总括宇宙万物、有自然为其内容;既是同一个本质,却又是完全另外的,像太阳远离眼睛、天远离地那样地远离我们,像自然一样地有别于我们;既是另外的,却又毕竟是同一个本质。因而,这本质给我们造成了强有力的、神秘的印象,使《古兰经》与《诗篇》也因之显得卓越高超。伊斯兰教的一神教和犹太教的一神教,其与基督教一神教的区别仅仅在于:在前者那里,宗教想象力

---

① 自然本质与人的本质,如此便融化成为一个实体,而这个实体之所以被称为至高实体,却正是因为他是想象力之最高级。这种融化,不言自明,乃是不由自主的。这种融化之不由自主,其根据和名称,乃是由"宗教或神性之本能"而得。——著者

或宗教幻想是向外看的,张开着眼睛,直接依附于感性的自然直观,而在基督教里面,它却是闭着眼睛,使被人化了的自然实体完全跟感性直观之基础分离开来,从而,使这实体由一个原本感性的或精神地感性的实体成为一个抽象的、形而上学的实体。《古兰经》与《旧约全书》中的上帝还是充满着自然力量的,仍旧还浸透着他所从中发源的宇宙大洋之水,但是,基督教一神教之上帝,却是一位完全干燥脱潮的上帝,在他身上已经找不到任何足以说明他由自然中产生出来的痕迹;他像无中创造出来的东西那样地存在着;他甚至用鞭子来禁止这样一个势所必问的问题:"在上帝创世以前,上帝做了些什么?"——或者,更确切一些:他在自然以前便已存在了吗?换句话说,他使他的物理起源隐藏、躲避在形而上学之抽象本质后面。如果说第一个上帝是起源于女性的思维力、想象力跟物质感官之男性力量的交配,那么,与此相反,形而上学式的上帝却只是起源于思维力、抽象力与想象力的结合。在思维中,正像古人所说的,人把形容词跟名词,把属性跟本质,把形式跟物质,割离了开来;因为,他自己不能够接受主体本身,不能够接受物质、本质,他便让其自由自在地留在外面。形而上学式的上帝,则正不外乎就是从自然里面提抽出来的最最普遍的属性之纲要、总要,不过,这纲要、总要却由于人这样将其跟自然之感性本质、物质割离开来而被人借着想象力而将其又变为一个独立的主体或实体。可是,一切事物之最最普遍的属性却就在于既是任何东西而同时又是某个东西。作为存在的存在,与存在着的东西区别开来的、但却又被表象或人格化成为存在着的东西的存在,与自然之本质区别开来的、但却又被表象或人格化成为一个实体的本质——

这便是属神的形而上学或本质论之第一部分和第二部分。但是，人不仅仅跟自然界一切其他的事物和实体一样地都有本质和存在；他又有一个独别的本质；他有理性、精神。可见，属神的形而上学不仅只有上述第一、第二部分而已，而且又有第三部分：逻辑学；也就是说，在人的脑袋里，跟一般地从自然里面抽取来的本质结合在一起的，又有特别地从人里面抽取来的本质。所以，上帝所具有的生存或现实性，乃无异于就普遍意义而言的存在、本质、精神所具有的，也即具有的是主观的、逻辑的、形而上学式的存在。如果想要把形而上学式的存在当作物理的存在，把主观的存在当作客观的存在，把逻辑的或抽象的存在又当作非逻辑的、实在的存在，那就愚蠢到极点了。不过，能够把那经常在脑中盘旋着的、可以为所欲为的被思维的、抽象的本质当作真正的实体，从而能够轻蔑地睥睨自己所够不到的、固执的实在实体，那当然毕竟是极其舒服、极其适意的。当然，"被思维的东西也存在着"，但是，只是作为被思维的东西而存在着；被思维的东西总是被思维的东西，存在着的东西总是存在着的东西；你不能够像变把戏一样变来变去。"那么，在存在与思维之间难道存在着永恒的裂缝和矛盾吗？"当然，在人的脑子里是这样；但是，在现实中，这矛盾早就解决了，当然，只是以与现实相适应的、而不是与你的学派概念相适应的方式来解决的，也就是说，通过这五个感官——少一个也不行——来解决的。

〔3〕（第六讲，本卷第 53 页）

例如，一只鸟飞过；我跟着它来到了一个美妙的水源；这样，这鸟便宣示了幸运。又如,一只猫在我刚要起步时横穿过去而挡住了我;结果这次出门很不顺当;这样,这猫便是不幸之预言者。宗教迷信之领域,根本就是无边际的和无穷尽的,因为,它的因果联系乃是纯粹的偶然。所以,一个动物或别的某个自然实体也能够成为宗教信仰或宗教迷信之对象,不一定要具备某种客观根据或者能够指得出某种客观根据①。但是,前面指出的动物崇拜的根据,却并不因此而告无效,因为,一件事物在现实中所没有的或不是的,在信仰中就有了和是了。蜘蛛是有毒的吗? 不;但是,信仰却使它成为有毒的。药用小米草(Euphrasia officinalis)是一种眼药吗? 不;但是,信仰却使它成为"眼睛之安慰"。燕子给屋子带来幸运吗? 不;但是,信仰却甚至于将自己的杜鹃蛋放到燕窠里去。如果因为人们尊敬动物并不是从利害关系出发就想要非难前面指出的动物崇拜的原则,那么,这正无异于因为驱病符和别的一些符咒是一些没有意思的言语、从而真正说来甚至不是言语就想否认人们确实能够把力量与效验归给这样的言语。超感性(这意思就

---

① 当然,迷信绝大多数都跟一个对象的特殊的、显著的固有属性或特性相关联,但是,迷信所加给这特性的意义,却是纯粹任意的或主观的。巴乌夫在他的《从哲学上探讨埃及人和中国人》(*Récherches philosophiques sur les Egyptiens et les Chinois*)(1774)中论到动物崇拜时说道:"在若干年前,法国农民曾经对生活在大荨麻上面的毛虫蛹表示过宗教崇拜,因为他们相信在它们里面看到了神性之明显的迹象。"神性之这些象征,显然不外乎就是在荨麻飞蛾的蛹上面闪闪发光的金斑点。所以,巴乌夫完全正确地在讲述这个以前开头先说道:"l'esprit du petit peuple peut être fortement frappé par de petites choses."(小事情就可以强有力地打动小民的心)但是,这里所说人里面的"小民"(petit peuple)却就是所谓的宗教感情,换句话说,就是这样的心情,它甚至于也会因了蛹的金斑点这样的假象而着了魔,觉得神秘之至,感到茫然不知所措。——著者

是无聊)、超理性(这意思就是非理性),正就是宗教信仰或宗教迷信之本质。当然,在动物崇拜里面,前面指出的宗教的其余的要素也表现了出来。我们已经看到,宗教式的动物爱护甚至于为了人而把臭虫、跳蚤和头虱做牺牲品。班克洛夫特在他的《北美合众国历史》中关于印第安人的自然崇拜与动物崇拜说得很美和很正确:"鸟极其奥妙地掠过天空,而他(即人)却不能在天空中飞翔;鱼隐藏在既清又冷的海里,而人却不能深入海底;林中的动物,它们的确实可靠的本能远比他的理智更来得保险。这样,这些鸟、鱼、林中动物,对他来说,便显得似乎是一种启示,它们是他所敬拜的神性之外部特征。"然而,如果说他在这前曾经说过:"他的各个神灵并不是恐怖之后果……印第安人崇拜那激起他的惊异或者促进他的想象力的东西"。那么,必须注意,纯粹的惊异、纯粹的想象力决不产生出什么祈祷和献祭。他自己接下去又说道:"野蛮人的敬虔不单是被动的屈服感——他企图使未知的威力同情自己,企图挽回其怒气……无论哪里,在红种人中间,通常都存在有某种类型的献祭和祈祷。如果地里收成很好,如果猎人打猎顺利,那么,他们把这看作是一个马尼图(Manitou)的影响;而且,他们也把完全平平常常的不幸归于一位上帝的怒气。一个印第安人,在拂晓时当他跟他的全家因了失去一个孩子而深深悲哀时喊道:哦,马尼图,你对我太苛刻了;求你消去对我的怒气,宽恕我其余的孩子。"这才是宗教之核心。人并不是理论的实体,而是实践的实体,并不是以太式的想象力之实体,而是扎扎实实的、充满着饥饿与忧虑的现实之实体。所以,完全不用奇怪,正像洛斯基尔所报导的那样,印第安人竟然为了敬奉某一位"食灵"而设下一个祭节;据他们的意见认为,这位"食灵"从来不会吃饱。"信异教的北方①之最大的神灵"艾温德·斯卡尔达斯比利尔(Eywind Skalldaspillir)甚至在歌曲里面把"救济过他的捕鲱业"永恒化!这样一来附带也可以看到,有神论者无中生有地把富有外交色彩的神学式的辨别放到野蛮人口中,企图让他们说他们并不是敬拜动物本身,"而是在它们里面真正地敬拜上帝",那实在是极其愚蠢的。在动物里面除了动物型的本性或本质性以外,还能够崇拜别的什么呢?普卢塔克在他的著作《论埃西和奥赛烈司》②中在论到埃及的动物崇拜时说道:"如果说最优秀的哲学家尚且甚至在无灵魂的事物中看到了神性之影像,那么,就更有可能在有感觉和有生命的东西里寻求这影像了。但是,唯独应当赞扬的,便是那些并不是敬拜这些活物和事物本身,而是通过它们(διὰ τούτων)或借着它们来敬拜属神的东西的人。很容易理解,无灵魂的东西决不会比充满着灵魂的东西好,没有感觉的东西决不会比有感觉的东西优越;属神的本性并不存在于颜色或形状或光泽之中,因为,最无生命的东西便是最劣的东西。可是,凡是活着的、有视觉的、自己会动的和辨别益害的,便像赫拉克利特所说的那样在自己里面具有那统治着宇宙的天意之一部分。"如果属神的本质实质上不同于动物型的本性,那么我就不能够在后者里面或者借着后者来敬拜前者了,因为,我在那里找不到神性之影像,找不到丝毫与上帝相类似之处;可是,如果情形正好相反,那么,人为的区别便是无所谓的了。谁将神灵表象和比拟

---

① 指北欧各国。——译者
② 埃西为埃及神话中的丰产女神,奥赛烈司为埃及神话中的太阳神。——译者

为动物型的,那谁就不知不觉的敬拜动物本身,虽然他在自己的意识与理智面前否认这一点。

————

〔4〕(第六讲,本卷第56页)

普利尼在他的《自然史》中对太阳的赞词,也是很美的。"在所谓的彗星中间,那无比巨大的和强大的太阳在运行着,它不仅是时间和国家的统治者,而且也是星辰与天空的统治者。只要我们仔细考虑它对灵魂的作用,仔细考虑它对整个世界的精神的影响,那我们就必然把这太阳认作自然之最优秀的管理者与神性。这太阳供给世界以光和驱逐黑暗;它的光辉遮过了一切其他的星辰的光辉,它为自然着想而安排着季节的交替和年岁的增加;它使暗淡的天空明朗起来,它也驱逐掉人心情上的阴云。它又把它的光辉借给其余的星辰,正像荷马史诗中所说的那样,以其特有的光辉超越一切其它星辰,看到和听到一切东西。"在这里,我们就总括地具有了宗教的一切要素。

————

〔5〕(第七讲,本卷第66页)

我说,在希腊人看来只有希腊的神灵才是神灵;异教是爱国主义,而基督教却与此相反是世界主义。然而,这个论断,必须还要特别加以说明,因为,它似乎直接跟一般公认的多神教的善于容忍与宽宏大量的善于接受相矛盾。博学的巴尔德甚至在他的《古德意志宗教或海尔太》(第2版)中说道:"虽然每一种宗教都具有某种民族色彩,恰如每一种民族都具有某种宗教色彩一样,然而,宗教却决不是像民族与联邦那样地被划分开来,并且,正像我们今天并没有西班牙的、瑞典的、俄罗斯的宗教,而是只有一个基督教一样,在古代,只是有各个宗派而已,也并没有上述这个样子的划分。"然而,如果说应该由现代各民族共同信奉基督教这一点而推论到古代宗教的统一性,那么,这种统一性就未免不妙了,因为,虽然我们并不谈论到德意志的宗教或俄罗斯的宗教,然而,实际上在德意志的宗教与俄罗斯的宗教之间还是有极大的区别,不下于德意志的本质与俄罗斯的本质之间的区别。关于宗教之统一或差异的问题,就是一般地关于人之统一或差异的问题。并且,只要人们本身是各各不同的和各各不同地思维着(某些人到处都观察出和强调等同的和共同的东西,另一些人则观察出和强调有所区别的和个别的东西),那么,对这个问题的回答就也总是各不相同的。可是,论到我们的专题,那么,在罗马人和希腊人那里,政治的东西与宗教的东西如此密切地相结合,以至于如果我们把他们的神灵从这种结合中拉出来,那这些神灵就不剩下什么了,恰恰相当于如果我们想要把罗马人从"罗马人"里拉出来,把希腊人从"希腊人"里拉出来,却又要单单地让"人"留存下来一样。"朱比特就其普遍的本性而言是一位对应于任何一种关系的上帝,他显示了所有各种各样的亲缘关系与公民关系,以至于可以同意克洛依采的说法,即说他的概念已经被形成为理想的法典。他是'城市保护者'(Polieus)、'弟兄保护者'(Metoikios, Phratrios)、'炉灶保护者'(Herkeios)等等。"(普拉特奈尔:《雅典的法之研究》)可是,如果我抛弃了这个"法典"(Corpus juris),抛弃了这些政治上的头衔,那么,朱比特还给我剩下些什么呢? 一无所剩,或者,只是相当于如果人们从作为雅典人的我那里取掉一切正是基于那些宾词上面的法权、也即如果人们砍掉了我的头而还给我剩下的。精神上的雅典被束缚于地点上的雅典，精神上的罗马被束缚于地点上的罗马——被束缚于"无可换移的幸运地"，就像据李维的记载喀米尔在一次劝罗马人不要离开罗马的演说中所说的那样。同样，罗马的和希腊的神灵也然是区域的神灵。虽然卡匹托利①的朱比特在每一个罗马人脑中也存在于罗马以外，可是，他只有在罗马的卡匹托利才有其实在的存在，才有其"居所"。喀米尔在上面提及的演说中又说道，在这城市中一切地方都充满着神灵和敬神的风俗（即宗教关系）。那么，你们想要离弃这一切神灵吗？这里便是卡匹托利，在这里曾经找到一颗人头，曾经听到回答说在这个地方将要有世界统治之元首。在这里，当卡匹托利这个地方被清扫干净，把许多以往的神坛都撤掉时，青年神和境界神便为了我们父辈的最大的喜悦而不让自己离开这个地方。这里有未斯塔女神的火，这里有从天上降下来的盾牌，这里有一切只要你们留下来便赐恩惠给你们的神灵。所以，当维太利阿斯的士兵们焚烧卡匹托利时，与罗马的和——一般地——异教的观念完全相一致的，在高卢人和日耳曼人中间都普遍有着这样的信念，就像塔西佗在他的《编年史》中所说的那样，都相信罗马帝国的末日来了。以前城市虽也一度被高卢人所占领，但统治权仍旧未为所夺，因为朱比特的居所并没有被破坏。但是，现在极端不幸的焚烧却是属神的愤怒之象征，并且宣示阿尔卑斯山那边的民族要来统治世界。如果罗马人想要占领一座城市，众所周知，他们先要念符咒唤出这座城市的护神，故而，

---

① 卡匹托利（Capitolium），罗马古堡，朱比特神庙所在地。——译者

正像马克洛比在他的《农神节》①中所说的那样,他们秘密地守着那位保佑罗马的神灵,犹如秘密地守着罗马这个城市的拉丁名称一样。可见,他们相信,神灵们的保佑力量被束缚在地点上面,神灵们只在他们空间上、身体上存在着的地方,才起作用。所以,不必奇怪,多神教当在自己本家的、本土的神灵那里找不到什么帮助时便向外邦的神灵伸手,乐于接受他们,以便尝试其拯救力量和保佑力量。即使西塞罗,也还在他的著作《论法》里面称赞希腊人和罗马人并不像波斯人那样使这整个世界做神灵们的神庙和住所,而是相信和希望神灵们跟他们居住在同一些城市里。

——

〔6〕(第八讲,本卷第 77 页)

据希罗多德的记载,只不过是说有一只公羊公然跟一妇人交媾,在这句话后面并没有肯定这妇人究竟是否自愿做兽性好色的牺牲品。可是,如果人们又补充说这事发生在门德司(Mendes),那里的人敬拜羊、特别是公羊,那里班恩神②被描述为有着母羊的面容和公羊的脚,甚至于有门德司(意即公羊)这样一个名称,如果人们进而又补充说公羊的这种与妇人交媾乃是被认为是一种可庆幸的预兆——至少有许多人是这样来解释和翻译希罗多德的,当然极不明确的 ἐς ἐπίδειξιν ἀνϑρώπων 的,那么,毫无疑问,妇人只是出于宗教狂热、也即超人性主义和超自然主义,才克服了人间妇女的只想与人间男子交配的自私意向,从而,正好比基督徒为了信仰

---

① 指古罗马时每年 12 月 17 日在罗马举行的节日。——译者
② Pan,希腊神话中森林畜牧之神。——译者

之属神的荒谬而牺牲他属人的理性——"就因为这是荒谬的,故而我信"——一样,也由于这同样的缘故,她才为了神圣的公羊而牺牲自己的属人的本性与尊严。

———

〔7〕(第九讲,本卷第86页)

此外,众所周知,基督教教会也给其信仰或者——这是一样的——其上帝献上足够的血淋淋的人祭。如果说"属基督的国家"、从而属基督的刑事法庭只是基督信仰之创造物,那么,直到今天,基督徒们在每一个被他们拖上断头台上去的可怜的罪人里面还是给他们的信仰或者——诚如前言,这是一样的——他们的上帝献上血淋淋的人祭。"属基督的"普鲁士王公开地——至少,据报纸报道是这样——只是出于宗教上的理由才拒绝废除死刑!

———

〔8〕(第九讲,本卷第90页)

例如,当公元356年在罗马流行一种传染病时,正像李维在《第五书》中所讲述的,那时就设下了长达八日之久的"神灵宴"(Lectisternium),为的是缓和神灵们的怒气。并且,这种慷慨大度不仅施及神灵,而且也施及人。在整个城市中都敞开了大门,一切东西听任使用,无论相识的与不相识的,都殷勤款待,一切审讯与争吵都暂停下来,甚至于冤家对头也畅谈友谊,牢中囚徒尽行释放。与此相反,当公元359年有消息传到罗马说经过十年围困终于攻克了维爱(Veji)城时,正像李维在同一本书中所讲述的,罗马全城因此而欣喜若狂,甚至等不到元老院的决议一切教堂中就都挤满了来感谢神灵的罗马母亲们,然后元老院便规定,大家都应当整整四天地——比此前任何一次战争都多——向神灵们祈祷,感谢他们。

---

〔9〕(第十一讲,本卷第 114 页)

博学的研究家洛特(E. Röth)完全与我自己的结论相一致,只是循着另外一条道路而已。他在前面已经援引过的关于埃及的和波斯的信仰学说的著作中说道:"在一切古老的宗教中都有一个普遍的现象,即神灵的名字最初不外乎就是简单的普遍名字,因为它们只表征出事物——水、风、火等诸如此类的东西——,甚至并没有人格实体之概念与这些名称相连。只有到了后来,这样的概念才渐渐地由人们附加给神灵实体的一些属性中发展出来,然后,他的专有名称也就从那些附加名称中产生出来,而这些附加名称原先是大量地被附加到神灵实体上去以便表征他的各种各样的属性的。所以,神灵概念越是接近其开始之时便越是不确定,因而,一个神灵名称归根到底总是解消于一个纯粹的物体名称或解消于一个属性词里面。

---

〔10〕(第十二讲,本卷第 131 页)

这里所引的引文,取自狄奥尼斯·伏修斯对迈莫尼德的著作《论偶像膜拜》(*De Idololatria*)的注解。我在这里虽然不是逐字逐句的征引原文,可是,如果你们把这处引文跟另外一些引文(例如,《基督教的本质》中由艾森门格尔的《被发现了的犹太教》中援引来的引文,在那里,明白引出这样的说法:世界只是为了犹太人的缘故才存在着)对照起来看,那么,你们便将信服,它还是表达了原意的。

———

〔11〕（第十二讲，本卷第 132 页）

　　正像人们不能由一个作为本质上区别于自然的实体的一神教上帝中一般地导出自然之多方面性与差异性一样，人们也不能够由他之中特殊地导出属人的本性之多方面性与差异性及其结果——即为不同的宗教作辩护——来。由一神教式的思想实体之单一性中仅仅推导出人的统一性与等同性，也即信仰之统一性。人性实体之差异性与多方面性——宗教上的宽容与正直不偏便是建筑在这个上面，仅仅起源于感性直观之多神教原则。只有直感，只有本性，才告诉我说我并不是唯一的人，在我之外还有别的人存在；但是，教友派①式的内在的光，与自然区别开来的上帝，从感官中抽象出来的理性本质，却只告诉我独自存在着，从而，也就要求别人——只要是可以找得到的——应当像我一样思维和信仰，因为，既然一神教式的统一性是实在的，那么，区别、另外便不是实在的了，其实在性乃是纯粹的幻觉而已：凡是不是上帝，就什么也不是，换句话说，凡是不是我，就什么也不是。（Tout ce qui n'est pas Dieu n'est rien, d. h.：tout ce qui n'est pas Moi n'est rien）所以，如果说一方面信仰唯独一位上帝而另一方面却又容忍别种信仰的人，那么，这一位上帝便是以多方面的和善于容忍的自然本质为基础的了。巴尔得在他的于 1791 年发表的《自然宗教述评》中说道：

----

　　① 教友派（Quaker），自称为"友人会"（Society of Friends），系英格兰的一个基督教教派，其最大的代表为乔治·福克斯（George Fox, 1624—1691）。——译者

"自然主义,就其本性而言,导致容忍和自由。它甚至于不外乎就是对主观真理的信仰"等等。"但是,实证主义者唯独以自己的信仰为真,因为据说这是上帝命令他这样的;这样一来,他就不能够以同样的心情来观察到什么差异性了,因为他认为每一个差异性都意味着偏离那在他猜想起来是上帝唯一命令他去信仰的东西。""我还能够爱被我的上帝所恨恶的、被我的上帝永永远远交付给魔鬼的人吗?"可是,自然宗教之上帝,究竟是什么或者究竟是谁呢?是"爱之上帝,他在赐恩惠和福乐给他的造物里面找得他自己的福乐。""既然上帝就是爱……那么,人类之友必定是上帝的肖像。"但是,谁爱某一个实体,谁就承认其个体性。谁爱花,谁就爱一切花,因着它们无限的差异性而喜悦,并且给每一种花以与其个别的本性相适应的东西。可是,感官向我们显示的这些无限的差异性和个别性,其原则或原因究竟是什么呢? 就是自然;自然之本质正就是差异性和个别性,因为它不像上帝那样是精神的、也即抽象的、形而上学式的实体。虽然上帝也被表象成为"无限量的差异性",但是,这"无限量的差异性"乃只是从自然以及对自然的直观中抽象出来的。那么,自然宗教之上帝到底是什么呢? 不外乎就是自然,不过被表象成为一个具人格的、有感觉的、心地仁慈的实体而已;也就是说,不外乎就是自然之拟人说。在这里我必须说明,不仅异教徒,而且基督徒——决非仅仅只是泛神论者——也总是把自然与上帝联系起来、甚至于等同起来,换句话说,用自然来代替上帝。举一些例子来说明。贝克莱在他的《灵魂的画像》(*Icon Animorum*)中说道:"在这些民族的风俗习惯中,我们首先面临的便是自然之财富;这自然,在外部表现之相似性后面,使如此多各种各样的习惯与意向产生出来。"即使密朗赫顿,也在他的《心理学》中论及胆囊时说道:"创造(万物)的自然聪明地把它藏了起来。"接下去,在论及肺时他又说道:"从肺的机能中便可以知道,自然究竟为了什么目的使肺围绕着心脏。"爱拉斯谟在他的《谚语集》中如此来解释"与神灵争斗"这样的说法:"按照提坦神族样式地与神灵争斗,不就是意味着对抗自然吗?"

———

〔12〕(第十三讲,本卷第 135 页)

这一点,特别显明于一般地关于死——无教养人眼目中最大的祸患——的观念。人最初并不知道死是什么,更不知道它的根据何在。人是一个绝对的利己主义者;他决不能够设想他的愿望遭到否定,从而决不能够设想他的生命的结束,因为,他确是愿望活着。一般地,他丝毫也不了解自然,丝毫也不了解一个跟属人的本质与意志区别开来的实体;那么,他如何会了解到死是某种自然而然的甚或必然的东西呢?所以,对他来说,死具有一个属人的、具人格的、随意的根据。但是,死又是一个祸患,是某种恶的东西。这样,它的原因,便是神灵们的嫉妒,他们不肯让人幸福、快乐(在爱琳娜的一句警句中说道:"你是好嫉妒的,哈迪斯[①]!");或者,是神灵们由于受到某种冒犯而发的怒气(例如,根据马利涅尔所著的《有关友谊群岛(或东加群岛)岛民的报道》,东加群岛人相信,人间每一个厄运都是由于疏忽了某一个宗教义务而由神灵们加给的);或者,纯粹是邪灵以及与其联合的

---

① 哈迪斯(Hades),希腊神话中冥府、阴间之神。——译者

人即巫道们的邪恶。① 例如，巩凡那的韩德人把死归咎于"个别人物和个别神灵的魔力，因为，根据他们的信仰，死并非人的必然命运，人真正说来是不死的（像基督徒们一样的说法），只有当他或者是冒犯了某个神明，或者是某些不怀善意的、但又具有超自然的力量的人物把死加在他头上时，死才会到达于他。例如，一切由于老虎的袭击而致死的场合，都被归咎于这样的人物，因为，按照韩德人的信仰（基督徒，至少是持有纯正信仰的基督徒，也有着这样的信仰），老虎是为了有利于人才被造出来的，可是却被发怒的神灵或巫道利用来为他们的目的服务。"（《外国》，1849年1月）从这些关于死的根据与本质以及其他一切祸患的观念中，也产生出人祭②以及一切别的由信教的人加给自己或加给别人的祸患。上帝乐意于人的死亡，不管是出于嫉妒还是出于复仇感或其他某个自私的理由；这样，为了荣耀他和迎合他的心意，就必须杀死人。可是，最显明地嗜好人血的要算是战神了，因为，胜利——战神的恩赐——就仅仅依赖于敌人的死；这样，完全不必奇怪，人们特别给这位战神献上人祭。一般地，不问是什么缘故，上帝总是乐意于人的遇难，也就是说，为了迎合其心意，为了获得其恩典，便必须先作

---

① 根据沙尔勒伏阿的记载（《巴拉圭史》，第1卷），恰各省的卢尔人将除了小儿天花以外的一切疾病都归咎于一种不可见的动物之邪恶，而这种动物并不有别于一个"灵"。与此相反，同样也根据沙尔勒伏阿的记载（第2卷），希基特人却相信，妇女是一切疾病之原因。在卡斐人那里，如果那管辖天地元素的巫道不能够产生出雨来，那么，就应当把这种缺雨归罪于某一个人，然后，这个人便被巫道做好了标记以后杀掉。（《外国》，1849年5月）——著者

② 当然，人祭不仅仅由这些观念中产生出来，因为，有无数多的人并不是单单被不死信仰用火和剑所毁灭的！——著者

出自愿的牺牲与受难,以避免遭到不自愿的牺牲与苦难。

———

〔13〕(第十三讲,本卷第142页)

此外,根据奥古斯特·威廉·史雷格尔的翻译,字面上说来是:我是永恒的时间(le temps infaillible,根据威金斯1787年的法文译本),我是看到一切和消灭一切的死,我是未来之源。

———

〔14〕(第十四讲,本卷第149页)

"这样,难道你竟附和那种除了概念与名称以外不承认任何普遍性的唯名论者们的荒谬见解吗?是的,但是我却确信自己持着一个十分合理的见解;因为,看在上天分上,请你告诉我,既然你赞成普遍本质,并且认为它是实在存在着的,那么,你到底在世界里面知觉到什么不是个别地存在着的东西呢?上帝就是最个别的了(singularissimus est Deus),①他的一切实体都是个别的:这个天使,这个太阳,这颗星星,总之,没有什么东西不是个别的实体。你说,例如,属人的本性便是普遍的。但是,这个普遍的本性在哪里表明出来呢?至少,我看到柏拉图的这个属人的本性,又看到苏格拉底的那个属人的本性,但是,所有这些本性都是个别的。如果你是目光特别敏锐的,那么,请告诉我,你在哪里看到过另一种本性、即普遍的本性。你说,因为有如此多个别的,因而就在所有里面有一个共同的。是这样吗?但是,你如何来证明呢?至少,对我来说,我有了一个个别的就已经够了,而且,虽然你愿意怎样就可以

---

① 此外,这样的思想也可以在别人那里找到,例如,斯加里格尔。——著者

怎样说,可是,一个个别的也就满足你了;论到我,那我看不到我们两个共同的本性,看不到在你里面和在我里面有同一个本性。你有你的身体、你的灵魂、你自己的各部分和才能,我也有我自己的这一些东西。那么,所谓在我里面和在你里面同等的这个本性,究竟是什么呢?……你深受称赞地说道:即便没有一个人想到,可是,属人的本性不是存在于许多人里面吗?实际上存在于许多人里面的,难道不实际上是普遍的吗?当然,我承认,属人的本性,即便没有一个人想到,然而却确实是存在于许多人里面。可是,我要补充一句:是多种多样地存在于许多人里面。为了保持其普遍性,你想要说它是同一个,但是,为了保持各个个别本性之存在,我却要说它是多种的。……请问,'柏拉图是人'这个命题,意味着人就是柏拉图呢还是另外某一个呢?确实,不外乎就是他自己;同样,如果说'苏格拉底是人',那么,在这里,人不外乎就是(或者说,并不有异于)苏格拉底自己;故而,因为属人的本性同时属于这二者,所以它就不是单重的,而是双重的。这样,你将要反驳我说,'柏拉图是人'这个命题便是一个空虚的和同一的命题,因为,这不过是同语反复而已。我回答说,每一个命题,为了成为一个真正的命题,就必须是一个同一的命题,因为在说到某一件事时不应当说出什么并不就是它自己或者并不存在于它里面的东西来。"(伽桑狄:《谬理习作》)当然,普遍的东西确实也存在着,但是,就它存在着、不是纯粹的思想物而言,它就不是普遍的东西,而是个别的、单个的东西,因而,既可以同意唯实论者的说法说它存在着,又可以同意唯名论者的说法说它并不存在着。人性存在于人里面,每一个人都是人;但是,每一个人是一个自己的、有别于别人的、个别人。你只能够在思想中把那我借以使我自己区别于别人的东西从那我于中同他们等同的东西中抽离出去,也即把个别的东西从普遍的东西中抽离出去,而同时却又做到并不使我化为乌有;在实际上便不可能做到这样。实在的东西是一个绝对的、不可区分的"一",在我里面,没有一个点、一个原子不是个别的。① 神学家们关于上帝所说的话,即说在他里面主词与宾词、存在与本质是同一的,说除了他本身所是的以外不能够再说出关于他的什么东西来,其实,这话倒是适用于个体性、现实性。可是,思维把那我于中与别人等同的东西跟那我借以把我自己跟别人区别开来而成为个别的东西分割开来,也即把宾词跟主词分割开来,把形容词跟名词分割开来,使其本身成为名词;这里面的理由颇简单:无论对其本性——因为,它不能直接接受个体、主体——还是对其使命来说,形容词都是主要的东西。所以,对于抽象思维来说,上帝就也是主要的东西、首要实体了。正像我在这些讲演里和在别的地方已经指出的那样,他不外乎就是 Thesaurus Eruditionis Scholasticae (经院学术之宝贝),是 Lexicon philosophicum(哲学辞典),是 Catholicon seu lexicon ex diversis rebus contractum(普遍的本质或万物之辞典),也就是说,是名称、形容词之汇集;而且,虽然缺乏本质、物质、实体,他却还是被做成为实体,况且还是最高的实体。从抽象的、已经充满着普遍性的思维之观点来看,由单个的东西中导出普遍的东西似乎显得是无理的、荒谬的;因为,在思维中,本质的

---

① 所以,莱布尼茨在他的经院哲学式的论文《论个体之本性》中已经说得非常正确:每一个个体的个体化原则,便就是其整个自有的本质性。——著者

和必然的东西之概念是跟普遍的东西联系在一起的,而偶然的、例外的、无关紧要的东西之概念则是跟单个的东西联系在一起。例如,思维把无限多聚合在一起的沙粒总摄在"沙堆"这样一个共同概念或集合概念下面。在我形成这个概念时,我毫无区别地、笼统地把这许多沙粒混成一堆,现在,似乎这沙堆自为地便是某种独立的东西,与这沙堆相对立地我把这沙粒——我在思想之中或者亲身动手把它们一一取去——规定为单颗的、偶然地存在着的、非本质的,因为它们可以被取掉,并不影响沙堆之存在。可是,其余的单颗的沙粒不还是存在着吗?沙堆不是正不外乎就是众多的单颗的沙粒吗?如果我无限制地取掉单颗的沙粒,那它不是也被扬弃掉了吗?但是,这限制何在呢?就是在思想家觉得研究个别的东西太以无聊的地方。他用一个任意的命题而从沙粒一下子跳到沙堆,一般地,从个别的东西一下子跳到普遍的东西。思想之无限的东西、绝对的东西是普遍的,而感性、现实性之无限的东西、绝对的东西却是个别的,因为,不仅仅存在有这一个个别的东西而已,而且存在有一切个别的东西,但是,这所谓"一切个别的东西"却是不可把握的,因为,它唯独于时间与空间之无限性中才有其存在。"这个地点"是局限的,但是,在它以外还存在有无数别的地点,它们就扬弃了它的局限性;"这个时间"是局限的,但是,在过去的时间与未来的时间之洪流中,这个局限就消失掉了。可是,思维——至少是抽象思维——是怎样扬弃这个局限的呢?通过概念之质变;思维用无处不在、也即无空间的存在来对抗"这个地点"之局限性,用永恒性、也即无时间的存在来对抗"这个时间"之局限性。这样,一般地,思维就干脆由个别的东西一下子跳到普遍的东西,使后者成为一个本质上不同于前者的独立实体。"人们消亡,但人类却留存着。"实在是这样吗?可是,如果根本就没有人存在,那么还有什么人类吗?那么,谁是"消亡着的人"呢?是已经死去了的和还活着的。可是,谁是还留存着的人类呢?是未来的人。但是,正像我们从这一个例子中可以看到的那样,思维——或者说,人在思维里面——到处总是把任何一个特定的总和当作了整个的总和,他某一些个体当作了一切个体,从而,就用类、人类来代替这些未来的个体,这些个体虽然被释放了出来,但是,在思想中却已经被了却、清算了。头脑是宇宙之议会,类概念是那些在他们的无限的现实性之中并没有在头脑里找到位置的个体们的议员、代表。但是,正因为类概念是个体们的代表,正因为我们在说到"个体"、"个别者"这些字眼时只是想到这一些或那一些个体,因而,至少当我们已经有了充满着类概念的头脑、并且已经疏远于对现实的直观时,我们就觉得,从普遍的东西中导出个别的东西,也就是说,从抽象的东西中导出实在的东西,从被思维的东西中导出存在着的东西,从上帝中导出自然,似乎是再也自然不过和合理不过的事情了。其实,这样的导出,其情况也恰好类似于中世纪国法方面的胡作妄为:它使国家的首领成为国家的基础,按照它的论断,皇帝——皇帝成了政治领域上的类概念,在过去罗马时代,甚至于唯独皇帝才是和才被叫作为"公人",其他一切的人则都被叫作"私人"——是一切法权、一切威力、一切高贵之源泉和根据。然而,就原本而言或者就实在的发生史而言,却正好与此相反,"群众——根据古代的概念来说也就是自由民——的权力"乃是君主专制式的原则之先导。

〔15〕(第十四讲,本卷第149页)

在思维与谈话之中,人们已经按照着思维之循序而把一切东西都撕裂开来和独立化起来,从而也就把胃从个体的身体里分裂出来,把心脏从胸腔里分裂出来,把脑子从头里分裂出来;这样,就形成了抽象的个体性,也即纯粹的幽灵、经院式的思想物之固定观念。所以,在思维与谈话之中,正相反的东西自然也是成立着的,这就是:个体以普遍概念为前提;因为,没有了内容,没有了那些使人得以成为人的属性,才能或力量——但是,我们正是在思想中把这些东西跟个体区分了开来,将其独立化为类概念,那么,个体还成了什么呢?就好比是在抽象之中被去除了刀锋的刀一样。当然,那作为我所以要活着的目的的观念或事物,并不跟我一起消亡,当然,当我停止思维的时候理性并不停止存在,但是,这却只是因为有别的个体把握了这个事物,有别的个体代替我而思维。"个体在变迁着,兴趣却留存着。"但是,这只是因为别的个体也有像我一样的兴趣,完全像我一样地希望成为有教养的、自由的、幸福的人。

〔16〕(第十六讲,本卷第179页)

关于我的在这些讲演中所表述出来的政治见解,只想在这个简短的注释里谈一下。亚里士多德在他的那本几乎讨论了当今一切问题、但不言而喻是在古代之精神中来讨论这些问题的《政治学》中已经说道,人们不仅应该识别最好的宪法,而且也应该知道它适合于怎样的人,因为,最好的东西也未必适合于一切的人。所以，如果有人从历史的、也即被束缚在时间和空间上面的立场出发对我解释说，立宪君主制——当然是指真正的立宪君主制——是唯一对于我们适合的、可实行的、因而也即合理的国家形式，那我完全同意。但是，如果有人撇开了空间与时间，也就是说，撇开了这个特定的时间（若干个世纪也只是特定的时间）、这个特定的地点（欧罗巴也只是世界的一个地点），而来向我证明君主制是唯一合理的或绝对合理的国家形式，那我就要加以反对，并且还主张，倒不如说共和制——当然是指民主共和制——是直接被理性了解为与人性本质相适应的、从而真正的国家形式。立宪君主制是政治之托勒密体系，而共和制是政治之哥白尼体系，从而，在人类之未来，哥白尼在政治中也将要战胜托勒密，就像他已经在天文学中战胜了他一样，虽然托勒密式的宇宙体系也曾经一度被哲学家们和学者们认为是不可动摇的"科学真理"。

〔17〕（第二十讲，本卷第 219 页）

此外，不仅异教徒是这样，连古代的以色列人也是如此。当大尼特人从弥迦那里抢掉了他的神像时，他对他们喊道："你们抢掉了我造好的我的神灵（或者，根据别的记载：我的上帝）。"此外，也决不是只有雕塑性的造像者才是造神者，而且，精神上的造像者、诗人，也是造神者，并且还是首要的造神者。只要回想一下荷马和赫西俄德就可以了！奥维德在他的从本都（Pontus）发出的第 4 卷书信集中明显地说道："神灵也在诗里面（或者通过诗）被造成"（或者说，被诗人造成）。如果人们主张，信教者并不是把影像或神像本身当作上帝来敬拜，而只不过是在它们里面来敬拜上帝，那么，只是就上帝也存在于神像和影像以外，也即也存在于信教者的头脑、精神中而言这种区分才是有根据的，换句话说，只是一般地就同一个实体在作为感性的、实在的实体与作为被表象的、精神的实体之间存在有一个区别而言这种区分才是有根据的。可是除了这以外，这种区分便是无根据的了。人于中敬拜上帝的东西，正就是他的真正的、实在的上帝，至于那在这以上和以外的上帝，就只是表象之幽灵而已。这样，新教——至少是古代的、正统的新教——在《圣经》里找到上帝，敬拜《圣经》里的上帝，那它就是把《圣经》当作上帝来敬拜。当然，新教教徒并不像非洲阿香提人（Aschantis）的王虽然一个字母也不识却敬拜着《古兰经》那样地敬拜着作为一本书的《圣经》；他敬拜其内容，敬拜上帝的言语，敬拜那上帝于中表述出他自己的本质的言语，但是，这言语却又是仅仅存在于——至少，不被歪曲地存在于——《圣经》里面。① 路德在 1530 年复活节后第一个星期一在可堡（Koburg）所做的布道中说道："现在，必须尽一切努力使我们知道《圣经》的益处和用处，这就是说，要使我们知道，《圣经》是基督的一切细节之证据。并且还是最高的证据，远远超出一切奇迹，就像基督在说到财主时所说的（《路加福音》，第 16 章第 29—31 节）：他们有摩西和先知，如果他们不相信他们，那么，就是有一个从死里复活的，他们也不会信。死人会欺骗我们，《圣经》却不会。就是这一点，驱使我们如此高举《圣经》，而且，在这里，基督也以为《圣经》是最好的证据。因此，他倒是想要这样

---

① 上帝的言语，又是上帝的思想、上帝的意志、上帝的意念，从而，也就是上帝的本质；所以，《圣经》的内容，也就是上帝的内容、本质。——著者

说:难道你们读《圣经》却不信《圣经》吗？确实,这不过是白纸黑字而已,然而,却包含有最卓越的象征。故而,基督自己也信赖《圣经》更甚于信赖他的显现。"所以,完全没有什么值得奇怪的,在新教教会中,"属神的言语之力量"或"《圣经》之属神的力量"成了神学争论之主要对象,到处都在争论着"属神的言语之道德的、自然的、超自然的、物理的、准物理的、客观的、主观的力量"。例如,有人教导说:"那使人因此而得以恍然大悟和弃邪归正的属神的和超自然的力量,并不是与《圣经》同在,而是就在《圣经》里面(non adesse scripturae,sed inesse),并且,人之得以弃邪归正,并不是借着与《圣经》共存着的力量,而是借着存在在《圣经》里面的力量。"(约翰·鲁道尔夫·史雷格尔:《18世纪教会史》)人们公开主张《圣经》之神性。例如,总教监与牧师长尼切(G Nitsche)在18世纪第一个四分之一中写了两本书:《关于〈圣经〉是否上帝本身的问题》和《这个问题的救脱》。

―――

〔18〕(第二十讲,本卷第226页)

当然,正像已经充分地指出的那样,上帝也是自然之影像,是被想象的自然本质——自然是最先的、原本的、作为背景而留存着的宗教对象——,但是,人,尤其是站在宗教之立场上的人,却只是按照他自己的本质之尺度来想象、表象自然,这样,被想象的自然本质便只是人之被对象化了的本质而已。

―――

〔19〕(第二十一讲,本卷第227页)

当然,要达到燃烧,也必须要具备按燃烧物的不同而各异的温度,但是,要达到诗,同样也必须要具备特定的、按个体的不同而各异的温度——内在的和外在的热——,以便产生灵感之火。当我们来到精神的火中时,物理的火就也产生了;甚至是静坐在阴凉的房中,我们也会感到炎热非凡。反过来,物理的火也把我们置于诗的火中。哪里血液冰冻了起来,那里也就不会有诗情冲动。

———

[20]（第二十一讲,本卷第235页）

班克洛夫特在他的《北美合众国历史》中关于这个问题说道:"整个村庄,乃至整个种族都信从了某个发热病的人的梦幻,整个国家宁可供上他们的收成、他们的贵重的皮毛、他们的猎物和一切其他的东西,唯恐不能成全梦象。哪怕梦要求女人公开卖淫,也只得遵命。对那通过梦显示出来的幽灵世界的信仰（说得更确切一些:对那些在人看来似乎是幽灵、神灵、超人实体的梦的信仰）,曾经是普遍的。在苏必利尔湖附近,一个印第安人的侄儿曾经梦见一条法国狗,他的女人就冒着严寒踏着冰雪走了四百里路想找到这样一条法国狗。"何等的英雄气魄！可惜毕竟是凭着梦幻行事！

———

[21]（第二十一讲,本卷第237页）

在已经不止一次地援引过的《巴拉圭史》中关于瓜拉尼斯人又说道,他们常常由于纯粹的恐惧而中魔死去。巴西人也"极其害怕恶灵,一些人甚至由于看到了一个想象出来的现象而死去"。（巴斯多尔摩:《人在他的野蛮的未开化状态中的认识》,第4部分）

〔22〕（第二十二讲，本卷第242页）

上帝成全了人愿望的东西；他是一个与人的愿望相适应的实体；他与愿望的区别就仅仅在于，在愿望中仅仅是可能性，在他里面便成了现实性；他本身便是被成全了的或者确保可以成全的愿望，①换句话说，他是愿望之被对象化了的和被实现了的本质。据普卢塔克记载，一位希腊诗人（品达尔）说道："他们（指神灵们）没有病痛，他们不衰老，也不知道劳累，他们免于在隆隆巨响中渡过阿刻纶河。②"这不是再也清楚不过地说明神灵就是人们的愿望吗？维勒尤斯说道："除了奥古斯都……显示给罗马国家的以外……人们再也不能愿望从神灵那里得到些什么，神灵再也不会赏赐给人们些什么。"索伏克里斯说道（普卢塔克：《论幸运》）："从神灵那里，我学习应该学会的东西，我寻找应该找到的东西，我祈求应该愿望的东西（或者说，可以愿望到的、值得愿望的东西，ταδεύχτα）。""哈拿没有孩子，耶和华闭住了她的子宫"，这就意味着，她是不会生育的。"哈拿起来祈求主：如果你将赐给你的婢女一个儿子，那我必使他终生归主。主顾念她。我求主，主就赐给我（换句话说，主许可了我的请求）。她怀孕而生了一个儿子，给他起名叫撒母耳，因为，这是我从耶和华那里求来的。"③而根据约瑟夫

---

① 科德华士在他的《知性体系》中问道："如果没有上帝，那么，怎么会一切人都希望有一个上帝？"但是，倒不如反过来问：如果有一位上帝，那么，人们何以和为什么还需要愿望他呢？凡是存在着的，就不是愿望之对象了，愿望有一位上帝，正就证明其实并没有上帝存在。——著者

② 希腊神话中冥土之河名。——译者

③ 摘自《撒母耳记上》，第1章。——译者

翻译的《撒母耳记》,"撒母耳"这个名字的意思便就是"从上帝那里求来的"(*Theaiteton*)。(克莱利克斯:《〈撒母耳记〉注释》)克莱利克斯对这一处经文说明道,不应该由于看到说"耶和华闭住了她的子宫"而就联想到这是奇迹、也即是上帝全能的特殊作用,从而,开启她的子宫就也不是什么奇迹。然而,如果上帝、祈祷仅仅只具有发展自然之业已先成的胚胎的力量与使命而已,除了这个以外就没有其他的力量与使命,那么,上帝、祈祷还算得了什么呢?信仰并不过问解剖生理学上的问题和研究。按照信仰,上帝,或者,祈祷、虔愿之属神的力量,乃是哈拿怀孕的原因。一位上帝,如果自己并不创造出什么来,只能够来孵化由自然主义产下的蛋,那就不成其为上帝了。一位上帝,就像人的愿望、幻想一样地超越于自然,一样地自由,一样地并不束缚于解剖生理学的条件。为了提供更多的例证来说明上帝与愿望之间的联系,我们来看奥德修斯的例子。奥德修斯对欧美斯说道:"朋友,宙斯以及别的一些不死的神灵们许可了你最渴望的东西,为的是你如此仁慈地接待了我。"在《奥德赛》的第21节中,诸牛之长对奥德修斯说道:"哦,宙斯我父,如果你许可这个愿望,让英雄回来,并且有一个不死者引领着,那多好啊!"在奥维德的《斋戒集》中,朱比特对那个友好地招待了他以及他的弟兄海神和麦叩利神的俾俄喜阿农民希留斯说道:"如果你渴望(或愿望)什么东西,那你尽管愿望着;你应当获得一切,或者说,你会得到许可的。"老人回答说:"我有一个忠诚的妻子,但现在已埋在地下了。我已经指着你的名对她起誓,除了她以外决不亲近任何女人。我守着我的话;但是,我的心犹豫不定了,我既想当个父亲,却又不愿意当丈夫。"神灵们全部成全了他的愿望;他们撒尿在牛皮里面,经过十个月,从神灵们的尿里面就产生出一个孩子来。我们暂且不去计较这个寓言的一些湿淋淋的附加物,那么,它所告诉我们的就无异于在一个相类似的场合下《旧约》所说的:"耶和华岂有难成的事吗?"① 这意思就是说,属人的心与愿望之想象力岂有难成的事吗?

———

〔23〕(第二十三讲,本卷第253页)

下面这首由《梨俱吠陀》(*Rig-Veda*)中选出来的颂赞水的印度歌(考尔勃鲁克:《论印度人的古经》,波列依译,附有《印度人最古老的宗教诗作之残篇》),由于其纯朴和真诚而成为最是令人感到兴趣,使我禁不住要在这里注释里加进去。"我要向诸水,向那些给我们的母牛喝饱的女神们呼吁,我们必须献祭品给河流。在水里面有不朽(神露),在水里面有拯救力,你们祭司们要不知疲倦地赞美水。索玛告诉我,在水里面有万药,阿格尼斯(火)赐福给一切,而水则医治一切。你们水啊!但愿你们用消灭疾病的药品来保全我的身体,使我能够长久地看到太阳的光辉。你们水啊!但愿你们从我里面除掉一切邪恶、一切我所犯的暴行,并且除掉我所说出的一切诅咒或谎言。今天我已经敬拜过水,我已经跟水的精质相联(按指洗过浴了),愿你,具有水的阿格尼斯,来用光辉围绕我。"

———

〔24〕(第二十四讲,本卷第269页)

就父母是私人实体,而神灵却是公共的、关系和包括到整个国

---

① 《创世记》,第18章第14节。——译者

家、一切公民的实体而言,前者当然落后于后者,因为,正像伐列流士·马克西姆斯所说的,即使国家没有灭亡,家庭(就是说,这个或那个家庭)也会遭到毁灭,而城市或国家的没落却势必引起一切家庭的没落。所以,论到义务之顺序等第,西塞罗把对神灵们应尽的义务推居第一位,对祖国应尽的义务次之,而对父母应尽的义务则居第三位。但是,程度或者等第区别,并不造成什么本质的区别。况且,在思想程序中第一位的东西,并不就是在自然秩序中第一位的东西。祖国之神圣性,其来源便是自己的出生地[①]、家庭、父辈之神圣性,神灵们之神圣性,其来源便是祖国之神圣性,因为,他们之所以受到敬拜的主要根据,就在于他们是祖国的神灵,就在于他们是罗马的神灵($Di\ Romani$),可是,在有罗马以前,也就没有罗马的神灵了。

―――

〔25〕(第二十五讲,本卷第 275 页)

因为古代的异教徒,尤其是希腊人,把一切不仅形体方面的、而且精神方面的善美和力量都看作是神灵或神灵的赏赐,认识到没有美德和理智或智慧便没有幸福——例如,赫西俄德说道:"对可怜的必死者来说,不义是有害的,"梭伦也说:"虽然我也愿望有

[①] 西塞罗或《论家》之作者说道:"除了每一个公民的家以外,还有什么东西更不可侵犯、更在每一种宗教里面受到保护呢?……这个避难所是如此的不可侵犯,不允许随便谁来使一个人与家庭脱离。"异教国家如此地尊重家庭权利之神圣性,而基督教国家却又如此地野蛮、无耻,而且还是基于最轻率的怀疑,就像一个小贼夜里闯进人家家里去,却还要把原主人拖到监狱里去一样。这二者之间形成了多么鲜明的对照啊!——著者

财富,但却不想用不义的方式来得到财富",所以,理所当然的,不仅是物质的善美,而且,精神的善美,也成了他们愿望与祈祷的对象。诗人们甚至经常用对上帝的祈祷来开始他们的诗歌!但是,他们当然决不知道什么不依赖于外部善美的美德。所以,诗人们悲叹贫穷之不幸,因为他们认为它会败坏人,迫使人志气消沉,行为庸俗。例如,泰奥格尼德说道:"哦,财富(*Plutos*)!你是一切神灵中最美的和最值得爱的。有了你,即使我实在是恶的,我也成了一个好人了。"同样,他们也不知道什么不依赖于形体方面的善美的幸福。例如,在一首希腊宴会即兴歌曲——对海基雅(健康女神)的祷词——中唱道:"没有你,就没有人会幸运!"即便是亚里士多德,也并不知道什么不依赖于外在的"暂时善美"的美德与幸福。

―――

〔26〕(第二十五讲,本卷第 276 页)

当然,异教徒也把贫困、不幸、疾病神化。但是,区别就仅仅在于:善是某种可以愿望得到的东西,恶是某种可以诅咒掉的东西。例如,泰奥格尼德说道:"哦,可恼的贫困!为什么你不想到另一个人那里去,为什么你与我的意志相违背地偏偏要爱我呢?离开我去吧!"

―――

〔27〕(第二十五讲,本卷第 279 页)

因为我在《基督教的本质》和别的地方并没有大谈道德、罪恶,并没有专门写出有着鲜明的标题的一章来论述,所以,我的批评者就非难我,说我并没有掌握基督教。可是,正像以前在别的要点上面我的那些机灵的反对者们正是非难我的正确的观点和圆满之处——这当然只是一种没有证明的主张而已,可是,我现在既没有时间、也没有趣味来做这种证明,来做这种无谓的和无的放矢的批判[①]——一样,在这一点上面,也然如此。正像德行或道德并不是自为地便是属基督的爱之目的和对象一样,恶行或罪也不是自为地便是属基督的恨之对象。上帝是基督徒的目的;但是,上帝并不是、至少并不仅仅只是一个道德实体;仅仅只是道德实体,那就意味着是纯粹的抽象,是纯粹的概念,而概念是没有实存的。但是,根据信仰,上帝却是一个实体,是一个实存着的、实在的实体。上帝当然是神圣的、善的、无罪的;他包括有道德的善美或完善,但是,这只是因为他是一切善美之总和;他乃不外乎就是想象力之被人格化了的和被对象化了的本质,而这想象力是充满着和装饰有自然与人类之一切宝贝、一切善美和完善性。上帝里面的道德完善性或德行,并不是康德式的,并不是跟倾向、幸福欲相矛盾的德行;上帝,作为一切善美之总和,就是福乐;所以,虽然说谁有上帝做他的目的,谁就自然而然也有无罪性、道德完善做他的目的,但是,与此同时,他也直接地、不可分割地有福乐做他的目的。例如,奥古斯丁在他的《忏悔录》第 10 卷中说道:"当我寻找你——我的上帝——时,我就是在寻找永生。"在基督徒那里,上帝就意味着是最高的善,但是,永生(Vita aeterna)同样也意味着是最高的善。基督徒并不是单单地、孤立地去反对罪恶,而是同时又反对其条

[①] 不过,在结尾处,在注释〔28〕的后面,我还是不由自主地做了一个对这个注释的注释。——著者

件、原因、同谋,反对那使罪恶必然于中产生出来的整个的联系:世界、自然、肉体。婚娶是罪吗?不是;可是,在天上——属基督的愿望之目的——他们并不婚娶。吃喝是罪吗?不是;可是却是某种非属神的东西,从而被排斥在基督教之理想外面。基督教的本质,正像我在《基督教的本质》一书中用一种哲学的表达方式完全正确地表明的那样,就是主观性——同时取这个词的好的和不好的意义。换句话说,基督教的本质就是人的灵魂或人格性,它被从自然之局限里解放出来,并且,虽然被从肉体之喜悦里解救出来,但却也被从肉体之重担里解救出来;或者,说得更确切一些,是被神化了的、不受局限的、超自然的幸福欲。

——

〔28〕(第二十七讲,本卷第 297 页)

例如,在一本古老的基督教唱诗书中唱道:"你要把我放在病床上吗?我愿意。我应当处于贫乏之中吗?我愿意。……你给我的是死吗?我愿意;哦,上帝,但凭你的旨意!你要使我到天上吗?主啊,这是我的一切愿望之成全。那么,我应当奔向地狱吗?主啊,我知道这不是你的旨意。你儿子的死就是希望你的旨意不要如此。"在另一首梯修斯(*Titius*)的唱诗中这样说:"他所推延的帮助,他并不因此而取消掉;如果说他并不是每时每刻都帮助,那么,在必要时他还是会来帮助的。"在另一首唱诗中唱道:"决没有一件不幸不是延续很久的,然而,最后还是又停止了。"在另外一首唱诗中唱道:"上帝要怎样,但愿就怎样,我把关心让给了小鸟。如果今天幸运并不来临我家,那么,明天还是会来的。凡是赐给我的东西,就总是不被禁止的,虽然不很容易成全。衷心感谢上帝;应当怎样,但愿就实在是怎样。他将很好地配置我的幸福。"在赫尔曼的一首唱诗中唱道:"要顺服主我们的上帝,愿他凭着他的心意行事,只有对我们有利益的事才合乎他的心意,他要我们大家都好。"最后,在革哈德的一首唱诗中唱道:"基督徒的受苦,意义深远;谁在今世暂时流泪,谁就不会永远悲哀,到那里在基督的乐园里,就将有着完善的欢乐;只有他才意识到最后等待这乐园。"

————

（对注释〔27〕的注释）反批评者总是空洞的、无精神的、无益的、令人讨厌的,因为批评者并不是急于理解著作者,而是急于反驳他,他们把假相当作了本质,毫无批判地使说的成为实有的,使局部的成为普遍的,使个别的成为特征性的,使暂时的成为持久的,使相对的成为不受制约的,他们把并没有联系的东西联系了起来,却把必然联在一起的东西分割了开来;总之,他们任意地、乱七八糟地混淆一切,从而,使反批评者根本无法进行什么哲学上的引证,而是只能够做语言学上的引证。或者,倒不如说反批评者的首要任务变成了教会批评者如何去阅读,尤其是如何去阅读用精神写成的书籍;因为,富有精神的写作方式同时也在于:它预计到读者也有智慧,并不把一切都说明出来,而让读者自己去说出这样一些关系、条件和局限,而只有在这些关系、条件和局限下,一个命题才是有效的和想得通的。所以,如果读者——不管是由于愚钝还是由于爱挑剔——并不弥补这些简略处、漏洞,如果他并不通过自己的努力来补全作者,如果他的一切精神与理智都只是用来反对他,而并不是用来了解他,那么,丝毫也不必奇怪,由于批评者的这种专擅,本来就没有什么防备和主见的著作,就遭到了可悲的结局。为了验证我的这个判断，沙登教授①便是抓住了从我的发展中取出来的一个关键点——一本 1838 年写的评论②——来做他对我的"思维之概念"的批评的本质重要的、决定性的出发点；并且，又以最任意的和无批判的方式将其跟从我的后期著作中取出来的正相对立的内容之命题联系了起来。例如，在第 47 页上，就引用了我的《哲学原理》第 24 节开首一句话："当然，大家承认，灵魂感觉到与自己本身的同一性。"在 1838 年的思想与以后的"扩大（这种扩大，在任何一方面都可以认识到乃是某种离奇的、跟以前的规定或多或少相矛盾的东西）"之间的有机中介，最先便表现为收集在《反对二元论》一书中的对上述那本评论及其立场的批判，这种批判，部分是直接的，部分又是间接的；在那本书中，我从心理学上分析超感性、非物质性、灵魂这些观念是如何发生的，我解释人如何会不能够使思维作用与脑子作用相协调。后来，这种有机中介又表现为我通过无数的例子和对象来证明，超感性的实体不外乎就是非感性的（抽象的或被想象的）感性东西。最后，这种有机中介又表现为我最近的全部著作的主题，即作为思维之主体的人，而这以前我却曾经认为思维本身便是主体，我曾经一成不变地将思维本身看作是孤独自为的。然而，无批判的批评者却忽略了所有这些中介，从一些任意混在一起的命题中抽出精神与物质的

---

① 前爱尔兰根大学教授，生于 1814 年，死于 1852 年。他的在这里论述到的著作，出版于 1848 年，标题为：《论有神论立场与泛神论立场之对立——寄路德维希·费尔巴哈博士》。——据德文本编者

② 系指他的《比埃尔·培尔——根据使哲学史和人类史最感到兴趣的观点来论述和评价》，安斯巴哈 1838 年版。——译者

对立,就将他的对"思维之概念"的批判之空中楼阁建筑在这上面。他的对"存在之概念"的批判,同样也是任意的和无批判的。例如他这样说:"(在费尔巴哈那里)存在成了一个阴影……下沉为思维着的东西、自我性之一部分。这样就无可阻挡地必然产生这样的论题:不放弃理性就不能放弃物质,不承认理性就不能承认物质。"看在上天分上,这个命题究竟如何会装得上去!这其实只是一个被普遍化了的历史事实罢了。怎么能够由它而推论出存在逃避到思维里去了呢?批评者继续又说道:"虽然人们又说:'存在,便意味着是对象'",但是,显然人们又补充道:"'这样,存在就是以意识为前提。只有作为意识之客体,某物才得以成为实在的某物……可见,意识乃是一切实存之尺度。'""有良心的"批评者怎么能够忽视,这个命题只是一个在发展过程中、在费希特式的唯心主义之意义上说出的命题,因为在接下来的命题中立刻又说道:"这样,在唯心主义之中神学之本质便实现了!"其实,从他把我的著作之内容归结为存在与思维的抽象概念这一点,就已可看出他的批评是完全谬误的。在我看来,一切关于没有思维着的实体的思维的哲学,一切关于没有存在着的实体的存在的哲学——只有直感才将这样的实体显示给我们,一般地,一切并不现场地(*in flagranti*)把握事物的哲学,便是空虚而无结果的思辨;我公开地用自然来代替存在,用人来代替思维,并且,正因为这样,就不是以抽象的心理学做我的论题,而是以戏剧式的心理学做我的论题,这种心理学必须与人的心理完整地显示于其中的那些对象相联,也即必须处于其客观表明之中,必须处于其活动之中。沙登先生当然相信已经反驳掉了我,至少已经批判了我;可是,我却要告诉他,他只是梦见了我,而且还是在一个乱梦中梦见了我。现在,再来谈谈沙列尔教授[①]的"批评"。为了回答这个"批评",如果我想要进行正式的反批评的话,我也只能够再对我自己的著作作语言学的解析;因为,这位批评者甚至还没有稍微地正视一下我的形式本质,这样,就使他的判断和责难总是恰好道中了反面,他的浅薄的批评纯粹是兴风作浪,甚至于否认或者至少是挑剔我所说的一些最简单的、最显明的命题,而这些命题却只不过是被转变成为言语的历史事实而已,它们说出了一些普遍公认的真理。例如,说自然宗教是最初的或原始的宗教。不过,我却还是不想来谈一切细节的非难,不想来谈我的批评者由我的思想中推论出来的以及直接找到在我的思想中被表述出来的一切矛盾、无思想与荒谬。我只强调一点,而这一点却正是一切东西都围绕其周围的要点。这就是个体之概念。我的立场与我的批评者所代表的立场,其间本质的差异便在于:他使类或普遍的东西跟个体区分开来,使普遍的东西作为"自己设定自己的"、也即独立的、客观的实体而跟个体相对抗,所以,对他来说,个体便是消极的、有限的、相对的、偶然的东西,从而,对个体加以肯定便成了对"专擅、非道德、诡辩"加以肯定;与此相反,我则把类跟个体同一起来,把普遍的东西个别化,而正因此却也把个体普遍化,换句话说,扩大了个体之概念,这样,对我来说,个体便是真正的、绝对的实体。可见,按照沙列尔先生的观点,人或个体在自己里面有一个"自己设定自己的、在自己里面必然的普遍性",只有通

[①] 1838年以后任哈勒大学教授,生于1810年,死于1868年。与这里有关系的著作是《路·费尔巴哈哲学之说明与批评》,1847年于莱比锡出版。——据德文本编者

过它,个体才能够在实践上和理论上超出自己;有一个"'我'之原则上的普遍性",它成了语言之根据;有一个"本质上的普遍性,通过它,个体便得以超出自己的个别的倾向",便"克服自己的个别的专擅"(例如,在道德里面),通过它,个体便"为理念所推动,而不是为自己的个别的观念所推动"(例如,在艺术灵感里面),通过它,我的思想便"不仅是我的而已,而且表现出本质,本身又是从中媒介之功能"(例如,在知识里面)。这样,在这里,我们在人里面有两个本质,即普遍本质与个别本质;与此相反,在我看来,个体性就包括了整个的人,人之本质只有一个,普遍本质本身又是个别本质。当然,人在自己里面将自己区分开来——他确实是显然可见地由各各不同的、甚至正相对抗的器官与力量构成的——,但是,那他从自己里面区分开来的东西,同样也属于他的个体性,同样也是其组成部分,就像他从中将其区分开来的那个东西一样。如果我战胜了一种倾向,那么,我借以战胜它的这一个力量,不也像我的倾向一样也是我的个体之一种力量,只不过是另一种类型的力量而已吗?① 头脑(知性之安身处)完全不同于肚子(物质欲望与物质需要之安身处)。但是,难道说我的本质仅仅到肚脐为止,并不一直伸展到头脑吗?难道说只有我的肚子之内容才是我的个体性之内容吗?在头脑里我就不再是"我"了吗?不是倒不如说只有在那里我才名符其实的成了"我"吗?难道说思维不是个别的活动,不是

---

① 诸如"超出自己"、"克服自己"等等的说法,其实是在另一些说法(例如,"胜过自己")中找到自己的解释的。一个个体实在能够胜过自己吗?这有所胜过的东西,不就是我的只有到了现在才被指明、才发展了开来的个别的力量和才能吗?可是,绝大多数人却都把某种说法就当作是实有其事。——著者

"个别的状态"吗？那么，又为什么它使我如此紧张呢？难道说思想家的头脑，换句话说，那种把思维这种个别的活动当作自己的首要任务和基本任务的人的头脑，是跟不爱思维的头脑区别开来的吗？这样，教授先生，难道你竟认为，费希特是跟他自己的个别意向相矛盾地来进行哲学思维，歌德是跟他自己的个别意向相矛盾地来做诗，拉斐尔是跟他自己的个别意向相矛盾地来绘画的吗？如果并不正是由于艺术家的个别意向、个别观念和观点是艺术性的才使他成为艺术家，那么，还有什么东西使他成为艺术家呢？艺术家所具有的那个推动他前进的理念，不是正不外乎就是"迄今未曾有过的另一个体之或多或少不确定的影像"（在这里，"个体"是指"艺术品"）"或者，迄今未曾有过的另一个别状态之或多或少不确定的影像"。一般地，究竟什么是"个别倾向和个别观念"呢？是这样一些观念和倾向，它们并不属于这个职业、这个立场、这件事，但是，就潜在而言，它们却跟别的观念和倾向一样地也是本质的、肯定的。例如，我在做一首庄严的诗，在做这诗的时候有各种各样我对其也有着特别倾向的喜剧场面闪现在我脑中，它们打断了我的构思；这些观念是"个别的"，而如果我想要成全我的主题，我就必须赶走、摈弃它们；可是，如果我就把它们当作自己艺术作品的对象，如果我使它们获得应有的地位，那么，它们就不再是如此了。这个人是个画家；他就在他自己的艺术上面有着他的物质生存与精神生存（或道德生存）之根据与支点；然而，除了他的这一位出于倾向而选中的、并且得到公认的妻子以外，他还有别的一些相好；他又是音乐、马术、打猎的爱好者；他因此而荒废了他自己的艺术，并且由此堕落，给他的一家带来危害。在这里，这些相好当然是

"个别倾向",但是,难道它们自在地就是应当责备的吗?在别的个体里面,它们不是有着得到承认的、客观的存在吗?难道说就没有出于意向和当作职业的马术家、音乐家、猎人了吗?这个女佣人偶然发现她的女主人的首饰箱打开着,她看到里面有许多贵重的戒指;在她里面就产生出这样的愿望:要是我也能够由这样的华丽来装饰我的空空的手指,那该多好啊!诱人的机会使愿望成了行动——这个女佣人偷了,并且因此而被关了起来。这种对一块宝石或一只金戒指的倾向,难道自在地就是一个"个别的"倾向,或者说——在我们的思辨哲学家的意义上,这是一样的——是一个应当克服的、有罪的、可罚的倾向吗?不是;因为,在女主人那里,这个倾向就被认为是一种正当的倾向,它的对象被承认是不可侵犯的私有财产。是的,由那连国家元首的冠冕也用以来装饰的黄金和宝石里面,不幸的女佣人对华丽富贵的"个别倾向",甚至在我们面前作为一种"普遍的威力"而闪闪发光。一般地,每一个人都有大量的愿望、倾向、贪念是他所不能够听任其自由发展下去的,因为它们与他的社会本质、他的职业、他的生存、他的关系相矛盾;每一个人都有大量的这样一些愿望与倾向,这些愿望与倾向在他里面只有像蜉蝣、细菌、精子那样短促的生存,因为他正是在空间、时间或别的方面缺乏满足它们的手段,可是,在别的个体中,这些愿望与倾向却大有所为了。但是,由对这些愿望与倾向的否定而推论出一个"自己设定自己的普遍性",推论出一个没有意向、没有愿望、没有个体性的思想怪物来,这却不外乎就好比古代二元论者和幻想家们——当然,仅仅隐蔽在逻辑形式或华美词藻里面——由世界而一下子跳跃到和推论出一个不是属世界的实体,由物质而一下子跳跃到和推论出一个非物质的实体,由肉体而一下子跳跃到和推论出一个无肉体的实体;因为,我乃是为了某一个东西才牺牲这些倾向与愿望的,而这个东西却正不外乎就是一个个别的或者不如说最个别的才能与倾向,我使它胜过其他一切,经过不断的勤奋与练习而达到熟练,并且正由此而也使其得到公认;一般地,在"个别的"与普遍的之间的区别,是一个相对的、正在消失着的区别,凡是在我里面只是私人,在别人里面就是公共的、普遍的大人物了。您,教授先生,以前不也做过副教授吗?可是,什么是副教授呢?是这样一个个体,他的想要讲课的愿望,被"普遍的"大学当局——出于学术上的傲慢与自矜——说成是一种非法的"个别倾向"而置之不理。可是,感谢上帝,现在你是教授了,你以前的私人倾向现在对你来说已经成了职责,已经成了"道德必然性"。然而,彼一时,此一时,大不相同了。正像教授很不想知道关于他曾经是副教授这一回事一样,义务,只要它脱离了生活,登上了抽象道德之大学讲坛,那就同样也很不想知道关于它是从人的"个别倾向"里面产生出来的这一回事。例如,"不可杀人"这一条法律——从而,也是义务——从何而来呢?来自"绝对命令"("*kategorischen Imperativ*")。是的;可是,这绝对命令却就意味着:我不想死,我要活,而我要什么,你就得做什么,也就是说,让我活着。"不可偷窃"这一条法律——从而,也是义务——又从何而来呢?是来自自己设定自己的普遍性吗?为什么倒不是说来自自己设定自己的臀部呢?占有(*Besitzen*),就意味着坐(*Sitzen*)在什么上面,而没有臀部,就无从坐了。你不应当偷窃,这实际上不外乎就意味着你不应当从我的臀部——私有财产权之最终的论据与基础——下面拖掉我的个别倾向与个别自主之座位,不管这座位是一只沙发还是一只草蒲团,是一只王位还是一只教皇的夜座。在德国人的法律中打猎起着如此重要的作用,偷窃或杀害一只受驯的鹿甚至于比杀死一个奴隶还要赔偿得多——这又是从何而来呢?这是来自德国人对打猎的"个别倾向"。可是,在德国的打猎法中,究竟什么东西是不义的、野蛮的东西呢?是对打猎的倾向吗?不是!而是在于大人先生们只主张他们自己的倾向才是合法的权力,却把别人的同样的倾向当作我们的哲学家们所意谓的那种个别倾向而判加罪名。在维尔特的《德国史》中,闵斯特说道:"高官显爵们一致都酷爱打猎,认为只有他们才应当以打猎来消遣这天赐的闲暇,至于别人,那他们就禁止其捕捉鹿、兔等,轻则挖眼,重则砍头。"可是,那激烈地攻击个别自主、个别倾向、个别观念或个别思想的"思辨哲学",又从何而来呢?它正是来自阵营,或者说——这是一样的,阵营正不外乎就是中世纪最最还俗了的修道院——正是来自耶稣会团体。阵营中的人,不管是军事的还是教会的,不管是旧教的还是新教的,都不可以吃、喝、行、睡,不可以行动、感觉、思维,虽然他愿意行这些,并且,按照他的个体性应当行这些。不!一切个别自主都被扬弃掉了,换句话说,一切思维、一切感觉、一切愿望都被扬弃掉了;因为,谁拿掉了我自己的意志(或者说,个别的意志),那谁也就不给我留下什么意志了,而谁剥夺我具有我自己的思想的权利,剥夺我具有我的个别理性的权利,那谁也就一般地剥夺我具有思想与理性的权利。因为,并不存在有什么普遍的理性,就像并不存在有什么普遍的胃一样,虽然每一个人同样都有一个胃,就像都有一个思维器官或思维能力一样。为了确信耶稣会派乃是我们的思辨哲学家们的无意识的原型与理想,就正好像它是我们的绝望的保守派国家艺术家们的有意识的原型与理想一样,我们还是让耶稣会会员自己来讲话吧。在耶稣会的会章里面宣称,耶稣会会员抵制一切人自然而然滋生出来的属自然的倾向,这倾向便是:要具有自己的判断;要遵循自己的判断(圣伊格内修斯①的书信《论顺服之美德》);他必须用盲目的顺服来抛弃自己的一切主张与信念;他必须好比一块木头,它是我们手的无意志的产物,他又必须好比一具尸体,对它可以为所欲为。(《教典简释》,Nr.35,36)完全正确!扬弃"个别自主",从而扬弃自主的运动,就意味着扬弃生命。思辨哲学家,像耶稣会会员、君主主义者一样,是生命的死敌,因为,他超过一切限度地爱"秩序与平静",为的是可以不受扰乱地一直思想下去;但是,就本质而言,生命是不平静的,是不守秩序的,是无政府的,既不能够通过哲学家们有限的概念来把握,也不能够通过君主之有限的法律来统治。可是,耶稣会会员为之而抛弃自己的个别倾向、个别自主和个别理性的那个普遍的东西,究竟是什么呢?什么是各个耶稣会个体里面等同的、同一的东西——在上面引用过的那个会章里便指出,我们所有的人所知道的、所说的,都应当等同——呢?这等同的东西,这普遍的东西,不外乎就是会长的意志、会长的"个别自主",对耶稣会会员来说,这位会长就是上帝的代表,换句话说,就是上帝本身,就像君主主义者所认为的君主一样。圣伊格内修斯说道,耶稣会会员不仅应当愿望同

---

① 指伊·罗耀拉(Ignatius Loyola,1491—1556),真名 Íñigo Lopez de Pecalde,西班牙人,耶稣会创始人。——译者

一个东西,并且也应当感觉到同一个东西,而这里所谓同一个东西,便是会长及其判断要他的会员服从的。教授先生,请看,对一个个体性加以否定,仅仅只意味着肯定了另一个个体性,一般地,普遍的东西就是个别的东西,只不过是有着统治别的个体的权力罢了——因为,如果不是暴力地压制他们的个体性,那就得顺应他们的个别倾向了——因为,即使是耶稣会派,也是以一种特殊的才能和对自己的倾向为前提的。为了另外再举出一个例子,我们来看《圣经》。《圣经》对基督徒来说是唯一的著作;路德在论到《诗篇》第 40 篇时说道:"圣灵说,'在《圣经》里面写着关于我的事',似乎他除了《圣经》以外不知道别的什么书了(虽然世界充满着圣灵)。"不过,虽然基督徒为了这《圣经》而牺牲他自己的主观的或"个别的"理性,可是,难道《圣经》不也是一本个别的书吗?《圣经》的观念,难道就是《古兰经》的观念,就是《吠陀经》的观念,就是《真德亚吠陀》的观念吗? 对基督徒来说是普遍的,对伊斯兰教徒或印度教徒来说不就是个别的了吗? 我们的笃信的前辈们曾经认为是"上帝的言语"的东西,不是早就已经被认识到乃是人的言语了吗?在这里,普遍与个别之间的区别,也是多么相对啊! 在此时此地被认为是"个别的专擅"的,在彼时彼地就是普遍的规律。在今天或者在这里是主观的、异端的见解,在那里或者在明天,便成了神圣的信条了。现在在我们这里,共和制就等于无法无天,君主制就等于法纪严明、井井有条;可是,在罗马人那里,"君主的"这个形容词曾经代表着无法无天、淫乱、傲慢——那时有这样一句话:君主制就是犯罪。而且,这句话不是被历史、也被德国历史所证实了吗?我们这里的君主制,虽然它与群众的愿望和利益相一致,去除了贵族式分权统治的祸害，可是，它不也是产生自个别的统治、个别的贪欲、个别的杀人欲吗？我们这里的死刑——至少是对付有支付能力的自由民的死刑——不也是仅仅跟君主制一起产生出来的吗？（维尔特：《德国史》）在君主制——至少是真正的、专权的君主制——里面，君主的个别专擅不是成了普遍的法律，而他的个别的倾向不是成了普遍的道德吗？在这里，不是有所谓"*L'Etat，c'est moi*"和"*qualis rex，talis grex*"①的说法吗？② 当然，在普遍与个别之间，存在着一个极其实在的区别，但是，这却决不是我们的政治的绝对主义者与思辨的绝对主义者所理解的那种区别，决不会证明他们的看法是对的。凡是只是这个个体或者某一些个体具有的，而别的个体却没有和并不希望的，那就是个别的——语言使这句话局限于此而已。凡是每一个个别者都各自地具有的和希望的，每一个个体都以各自的方式具有的和希望的，那就是普遍的了；因为，譬如说每一个人都有头，但有的是各自的头，每一个人都有意志，但有的是各自的意志。③ 我们把国家——我是指就一般

---

① 前一句意即"朕即国家"，系法国皇帝路易十四所说。后一句意即"皇帝怎样，百姓便也怎样"。——据俄文本编者

② 在李维的《第五书》中也讲到："群众几乎总是跟掌权者相类似。"——著者

③ 所以，普遍的东西也是一个个别的东西，但是，因为每一个个体都具有它，故而，思维就把它从个体里面抽出来，使它同一化，把它表象为一件自在的东西，但却又是为一切个体所共有的东西。这样，经院哲学与唯心主义感到无法解决的一切进一步的关于普遍的东西与个别的东西的关系的困难与疑难，也是由这样的表象中产生出来的。总之，思维把现实界之不连续的东西（das Discrete）设定为连续域（Continuum），把生命之无穷尽的多次设定为同一的一次。认识思维与生命（或现实）之间的本质的、永不消除的差异，乃是明智地探究思维与生命的开始。在这里，只有区分，才是真正的联结。——著者

而言的国家,而不是指现代的国家,因为现代的国家只是在已经被全国一律化了的个体里面才有其存在——从个体里区分出来,我们把民族从个体里区分出来。但是,如果我把组成这个国家、这个民族的个体全都舍去,那么,国家、民族还成了什么呢? 国家不外乎就是一切人或至少多数人所意愿的,而民族不外乎就是一切人或至少多数人所是的,因为,只有多数人才有决定权,只有这个尺度——虽然是完全不确定的和相对的尺度——才被我们认为是普遍性之尺度。根据李维的记载,卡图在他的为俄匹亚法(Lex Oppia)所作的演说中说道,没有一条法是对一切人都完全公正的;因此,主要关键乃在于它是否对多数人和对整体有利。西塞罗在他的(也有人说不是他作的)著作《致海伦尼》中说道,什么样的犯罪可以跟叛国大罪相比较呢? 一切别的犯罪都只危害到个人或者少数几个人,但是,这叛国罪却给一切公民带来了最可怕的不幸,破坏了一切人的幸福。古日尔曼人并不知道什么违犯陛下,只知道"违犯民族"(艾赫霍恩:《德国国家史与法史》)。可是,这民族又是什么呢? 就是一切自由的德国人。"高官显爵们考虑的是比较细小的事,而所有的人则考虑比较重大的事。"(塔西佗)"就许多问题而言,每一个个别的对法律有权的人除了有参预讨论的权利以外,甚至还有绝对的否决权。"(维尔特,前引书)勃鲁脱斯给西塞罗写道:"我将坚持不渝地努力使我们的国家由奴隶制中解脱出来。如果我的这个企望得以成功,那我们所有的人都将高兴,如果不成功,那么,我还将是高兴的,因为,我在度过这一生时所行和所想的,如果不是以解放我的同胞们为目的,那还应当是什么呢?"可见,谁为了自由之理念而活着和死去,那谁就只想到自由的人,只想到自由的个体,虽然并不想到这个或那个个体。但是,我的超然的教授先生啊!难道您竟认为,当我主张与哲学之普遍的东西正相对立的个别的东西时,当我主张与类正相对立的个体时,我只是意谓着排斥了别的个别的东西的这一个个别的东西,只是意谓着排斥了别的个体的这一些个体吗?这样说来,难道您竟认为,我是在辩护君主制的和贵族式的原则,这一迄今为止主张自己就是普遍的东西并且统治着世界的原则吗?您怎么能够把这样的荒谬加在我身上呢?我的原则包括一切个体,也即过去的、现在的和将来的:个体性之立场就是无限性与普遍性之立场,而这种无限性与普遍性,虽然在傲慢的与嫉妒的概念之意义上是"恶的",但是,在生命之意义上却是十分好的,因为只有这才是创造性的和有繁殖力的无限性和普遍性。① 最后,还要来谈一谈在自然史方面的类。"动物在交尾期间显然是证明了类的普遍性是一个现实性。"然而决不是如此!动物的交尾,性欲之猛烈,即使在人里面也不外乎给我们证明了那个也被每一个别的猛烈的欲望所给我们证明的东西。愤怒,受到损害的自我维持意向,没有被满足的食欲、饥饿等,也跟没有被满足的性欲有着同样的作用,这就是,使动物和人发作起来,以致疯狂。在荷马那里,说到饥饿时就已经说过:

再也没有比饥饿更不可约束和可怕的了,

---

① 在实际的关系中,个体主义就是社会主义,但是,并不是指那种法国式的、扬弃了个体性或者——这是一样的,只是个体性之抽象的说法而已——自由的社会主义。——著者

>它经常粗暴地使人们想到自己;
>
>即使是灵魂充满着忧愁的人,也然如此。
>
>虽然我的灵魂因忧愁而沉重,
>
>可是,他还是疯狂地要求着饮食;
>
>我忘记了我所遭受的一切不幸,直到满足了他的欲望为止。

所以,如果说交尾证明了类的普遍性之现实性,也即证明了普遍概念之现实性,那么,饥饿之狂暴就也证明了我的胃之类的普遍性,那么,因了遭受到某种侮辱和损害而惹起的愤怒之狂暴就也证明了我的"我"之类的普遍性。可是,性欲并不是哲学——尤其不是思辨哲学——的朋友,而且也不为普遍概念之现实性作辩护;倒不如说它表现了个体性之锋芒毕露的现实性,因为,只有在它里面,个体性才趋于完全,才完全深入到肉里面去。性的差异是个体性之全盛点、极点,是个体性之最敏感点、名誉点(*Point d'honneur*),而性欲是最野心勃勃的、最浮夸的欲望,是想要成为创造者、作者的那种欲望。无论是精神上还是身体上,人都是只有在他是作者的那个地方才具有最高的自我感,因为,只有在那里才包含有他跟别人的区别,只有在这个地方,他才产生出新的东西来,在这以外,他就只是一个无精神的、无自我的、机械的"重复者"而已。一个人越是伟大,他就越是是一个个体。个体们越是无精神,越是身分低,他们之间的区别便也越是小,一般地,他们便越不是个体。性欲以一个正是与我的这个个别的欲望、需要和——一般地——本质相适应的实体做对象;这也是别的欲望所通同的。一般地,自然只有通过自己本身、也即只有通过等同的、亲近的东西才得以被把握和被接受:空气是通过肺这个最最空气型的器官,光是通过眼睛这个光觉器官,声音是通过有弹性的、振动着的听觉器官,固体、物质的东西是通过唯物主义的触觉器官(这双粗鲁的手),可吃的东西、有营养的东西是通过欲食器官。所以,呼吸过程便是肺与空气(就其中的氧气而言)的交配过程,看见便是眼睛或视神经与光的交配过程。并且,肺与空气、眼睛与光的这种交配,其他的欲望或器官与其对象的这种交配,像原本的、所谓的交配一样也是有结果的,只是,每一种欲望都是供给出一个与自己以及自己的对象相适应的产物来。生产性是自然之本质、生命之本质。肺,作为呼吸器官,产生出火来,而眼睛,作为光的朋友,产生出光像来,可是,性欲,作为一种男性的和女性的欲望,也只是产生出男性和女性来。但是,个体是生产性的吗?个体不就是造成或者创造出孩子来的上帝或类吗?那么,为什么如此多的个体在产出了孩子和在生殖时便死亡了呢?如果不是我自己的本质参预其中,那么,众所周知的交媾之后的萎靡不振又是从何而来呢?如果类,"自己设定自己的普遍性"是生殖之原则,而个体性却不是生殖之原则,那么,孩子和他们的父母的个别的类似性又从何而来呢?当然,如果我缺乏某种器官上的条件或能力——不管是知道的还是不知道的——那么,我当然就不能养出孩子来;但是,如果我缺乏必要的器官上的条件和能力,那我同样也不能够看见、听见、行走、吃东西、小便,①一般

---

① 卡尔内阿德对自己的新娘说:"到了好时辰,我们就将生出孩子来。"可是,我们同样也有权利可以说:"到了好时辰,我们就将小便"(将来会允许这样说的)。当患有肾结石的路德在某一次旅途中能够小便的时候,他说道:"莫大的喜悦促使我把这水——在别的场合下,人们会认为它是最不屑一提的——称为是对我来说最最宝贵的

地,如果人们把我里面的另一个部分、即"非我"、自然从我里面舍去,那么,我也就一无所能,除了名字以外,一无所是了。在以前,我已经表明了我关于这方面的见解了;但是,不言自明,我却愿意给任何人以自由,去任意地局限个体之概念,去把个体身体里面的五脏六腑都挖出来,然后,又用一个上帝,用一个无名无姓的实体,不然,便是用一个思辨哲学的怪物,来塞满这个躯壳。同样,我也不想用这一些说明来使我的反对者及其一帮人大感扫兴,他们仍旧可以相信,他们的关于我的影像就是我的本质,他们的关于我的讽刺画就是我的肖像。

水。"他把这水的原因归结为痛哭祈祷的力量,或者,一般无二地,归结为属神的恩典。"在这个晚上,上帝在我身上显了奇迹,并且也显明了他对虔诚者的祈祷的恩待。"一切思辨的、宗教的和政治的仇视属人的个体性的人,让他们同意用路德的这种宝贵的、甚至属神的水来冲洗他们的脑袋吧。那时,他们就不得不主张,像生殖一样,小便也是类的作用,或者说,是普遍的怪影之作用;那时,他们也许不得不要承认,自然把小便与生殖联合在同一个器官里,为的是显然地指出,生殖跟小便在同样的程度上都是个体们的事情。——著者

图书在版编目(CIP)数据

宗教本质讲演录/(德)费尔巴哈著;刘磊,荣震华译.—北京:商务印书馆,2022(2023.3重印)
(费尔巴哈文集;第6卷)
ISBN 978-7-100-20808-6

Ⅰ.①宗… Ⅱ.①费…②刘…③荣… Ⅲ.①宗教—本质—研究 Ⅳ.①B920

中国版本图书馆 CIP 数据核字(2022)第 039245 号

权利保留,侵权必究。

费尔巴哈文集
第6卷
宗教本质讲演录
刘磊 荣震华 译

商务印书馆出版
(北京王府井大街36号 邮政编码100710)
商务印书馆发行
北京通州皇家印刷厂印刷
ISBN 978-7-100-20808-6

2022年7月第1版 开本710×1000 1/16
2023年3月北京第2次印刷 印张28
定价:146.00元